普通高等院校经济管理类"十四五"应用型精品教材

【物流系列】

国家级一流课程
省级一流课程
湖北省精品资源共享课

物流管理概论

第 2 版

主编 王勇

参编 朱晓伟 朱荣艳 周小芬 张龙 李昕 夏禹 泮佳丽

INTRODUCTION TO
LOGISTICS MANAGEMENT

机械工业出版社
CHINA MACHINE PRESS

本书共 14 章，全面系统地讲述了物流管理的基本原理、方法和工具，主要内容包括：物流概述、物流系统、运输与配送管理、仓储与库存管理、包装与流通加工、装卸搬运、物流信息服务、物流成本管理、物流战略管理、物流组织与控制、供应链管理、第三方物流、企业物流、国际物流。本书在讲述物流管理相关理论知识的同时，重点描述了物流管理的实施方法、手段等丰富的实战内容。

本书可以作为高等院校物资、物流、交通运输、运输管理、电子商务、工商管理、市场营销、管理科学等专业的"物流管理""供应链管理""物流工程""采购管理"等方向课程的教学用书，也可以作为仓储、物资管理、流通管理在职从业人员的职业培训用书和岗位培训参考用书。

图书在版编目（CIP）数据

物流管理概论 / 王勇主编 . —2 版 . —北京：机械工业出版社，2023.4（2024.3 重印）
普通高等院校经济管理类"十四五"应用型精品教材 . 物流系列
ISBN 978-7-111-72711-8

Ⅰ. ①物… Ⅱ. ①王… Ⅲ. ①物流管理 – 高等学校 – 教材 Ⅳ. ① F252.1

中国国家版本馆 CIP 数据核字（2023）第 036002 号

机械工业出版社（北京市百万庄大街 22 号　邮政编码 100037）
策划编辑：施琳琳　　　　　　责任编辑：施琳琳
责任校对：龚思文　王明欣　　责任印制：李　昂
北京捷迅佳彩印刷有限公司印刷
2024 年 3 月第 2 版第 4 次印刷
185mm×260mm・20.25 印张・464 千字
标准书号：ISBN 978-7-111-72711-8
定价：49.00 元

电话服务　　　　　　　　　网络服务
客服电话：010-88361066　　机 工 官 网：www.cmpbook.com
　　　　　010-88379833　　机 工 官 博：weibo.com/cmp1952
　　　　　010-68326294　　金 书 网：www.golden-book.com
封底无防伪标均为盗版　　　机工教育服务网：www.cmpedu.com

第2版前言

我国明确指出在"十四五"期间要建设现代物流与供应链体系,为行业高质量发展指明了方向,此外也提出了今后一段时间在制造业优化升级、产业数字化、企业数智化等方面的任务。这将进一步推动物流业发展。党的二十大报告提出,未来要"加快发展物联网,建设高效顺畅的流通体系,降低物流成本""着力提升产业链供应链韧性和安全水平",还提出增强维护国家安全能力,坚定维护重要产业链供应链安全等。

建设现代物流与供应链体系,构建"双循环"经济新发展格局,要求不断发展和应用现代物流新技术、新业态、新模式,迫切需要具备现代物流与供应链理念、能力和素质的高层次人才作为支撑。新一代信息技术、人工智能技术在物流领域加快应用,推动物流企业向信息化、智慧化转型升级,更需要一大批应用型高级物流与供应链人才。本书的编写面向应用型高级物流与供应链人才的培养,以能力培养中的应用和实践为核心,突出以"问题导向、项目驱动、案例分析"为主的主动性教学方式、方法。

本书基于第1版的结构和内容,着重借鉴了我国2021版《物流术语》,更新了全书中的相关概念,同时借鉴和吸收了国内外物流与供应链管理以及课程思政的基本理论与最新研究成果,密切结合我国产业发展和物流与供应链课程教学实际,从介绍物流的基本概念、基本理论入手,结合当前物流业界的最新实践,对现代物流与供应链的基本理论进行了较为细致的系统介绍,理论性、实践性和适用性均较强,不仅能推动我国高等院校相关专业的教材与课程建设,而且能够较好地满足当前社会组织管理人员的实践需要。

全书共有14章:第1章介绍物流基本概念和分类;第2章介绍物流系统;第3~7章介绍物流实体功能;第8~10章介绍物流管理中的物流成本管理、物流战略管理、物流组织与控制;第11章介绍供应链管理;第12~14章分别介绍第三方物流、企业物流和国际物流。作为面向应用型人才培养的教材,本书注重实践性、应用性,采取理论和实践相结合的方式进行阐述,理论简明适用,实际操作简单明了,并大量使用具体案例说明问题。本书可以作为高等院校物资、物流、交通运输、运输管理、电子商务、工商管理、市场营销、管理科学等专业的"物流管理""供应链管理""物流工程""采购管理"等方向课程的教学用书,也可以作为仓储、物资管理、流通管理等在职从业人员的职业培训用书和岗位培训参考用书。

本书凝结着参与编写的 8 位同志的辛勤劳动和心血。他们分别是王勇、朱晓伟、朱荣艳、周小芬、张龙、李昕、夏禹、泮佳丽。全书由王勇统稿,马云峰审稿,芦倩和朱梦萍负责校对,研究生刘光祖、吴雅君、刘甜和孙伊珞协助校对。本书还得到了晏阳、张素素、徐东锐、宋艾琦、袁贞、朱梦晓等同学的大力协助。

华中科技大学张金隆教授、武汉理工大学张培林教授和杨家其教授、武汉科技大学邓旭东教授等前辈学者对本书的编写提出了许多宝贵意见。机械工业出版社对本书的出版给予了大力支持和帮助。

本书在编写中参考了国内外大量的文献资料,引用了一些专家学者的研究成果和课程思政材料,有的来自正式出版的图书,有的来自互联网,在此对这些文献作者表示诚挚谢意!由于物流与供应链管理特别是第三方物流、物流成本管理、供应链管理在我国正处在阶段性的变革发展中,一些理论和实际操作还在探索之中,因此本书难免有疏漏之处,敬请读者谅解。

由于作者水平有限,书中的缺陷在所难免,在此,殷切期望能够得到读者与同行专家学者的批评和赐教,以便进一步修订和完善。

编者

2023 年 1 月 15 日

第1版前言

在我国，特别是在当前我国社会主义市场经济的发展中，物流作为经济活动的一个过程，已越来越重要，其地位和功能也都发生了深刻的变化。近年来，在国务院和多个部委先后发布的若干个指导意见的促进下，我国物流业保持了较快增长，服务能力得到了显著提升，基础设施条件和政策环境也得到了明显改善，现代物流体系初步形成。本书的编写面向应用型人才的培养，以能力培养为核心，突出以"问题导向、项目驱动、案例分析"为主的主动性教学方式、方法。

21世纪的物流管理是一体化的物流管理，也是现代企业竞争优势的来源。作为一种先进有效的组织形式和管理技术，物流的研究和教育方兴未艾，许多学者积极介入该领域的研究，并取得了丰硕的成果。

本书在借鉴和吸收国内外物流管理基本理论和最新研究成果的基础上，密切结合我国物流业的发展和物流管理教学的实际，从介绍物流的基本概念、基本理论入手，结合当前物流业界的最新实践，对现代物流的基本理论进行了较为细致的系统梳理。本书还选用了近年来国内外物流管理领域中的最新技术和研究成果，理论性、实践性和适用性均较强，不仅能推动我国高等院校物流专业的教材建设，而且能够较好地满足当前企业物流管理人员的实践需要。

全书共14章：第1章介绍物流的基本概念和分类；第2章介绍物流系统；第3~7章介绍物流实体功能；第8~10章介绍物流管理的物流成本管理、物流战略管理、物流组织与控制；第11章介绍供应链管理；第12~14章分别介绍第三方物流、企业物流和国际物流。作为面向应用型人才培养的教材，本书注重实践性、应用性，采取理论和实践相结合的方式进行阐述，理论简明适用，实际操作简单明了，并大量使用具体的案例说明问题。本书可以作为高等院校物资、物流、交通运输、运输管理、电子商务、工商管理、市场营销、管理科学等专业的"物流管理""物流工程""采购管理"等方向课程的教学用书，也可以作为仓储、物资管理、流通管理在职从业人员的职业培训用书和岗位培训的参考用书。

本书凝结着参与编写的7位同志的辛勤劳动和心血。他们分别是王勇（第1、2、4、10、13、14章）、周小芬（第3、11章）、朱姝帆（第5、6章）、朱荣艳（第7章）、周静（第8章）、黄晗（第9章）、朱晓伟（第12章）。全书由王勇和黄晗统筹与规划，王勇负责统稿，黄晗负责全书校对，张龙和车骏协助校对。本书还得到了研究生程淑青、芦倩、胡丽、张宏佳等人以及本科生泮佳丽、张婷、胡慧慧、陶丽君、鄢巧灵等人的大力协助。

华中科技大学张金隆教授和卢炎生教授、武汉理工大学张培林教授和张庆英教授、武汉科技大学邓旭东教授和孙淑生教授对本书的编写提出了许多宝贵意见。机械工业出版社对本书的出版给予了大力的支持和帮助。

本书在编写中参考了国内外大量的文献资料，引用了一些专家学者的研究成果，有的来自正式出版的图书，有的来自互联网。另外，我们对物流的相关案例进行了部分整理和改编。在此对这些文献的作者表示诚挚的谢意。由于物流管理，特别是第三方物流、物流成本管理、供应链管理在我国正处在阶段性的变革发展中，一些理论和实际操作还处于探索阶段，因此书中难免有疏漏之处，敬请谅解。

由于作者水平有限，书中的缺陷在所难免，在此，殷切期望能够得到读者与同行专家学者的批评和赐教，以便进一步修订和完善。

编者

2016年4月6日

教学建议

　　本课程是物流及其相关专业的一门专业基础课,也可以作为工商管理、国际经济与贸易、工业工程、信息管理与信息系统等专业的选修课。通过本课程的学习,学生应了解现代物流的基本内容和体系框架,掌握现代物流的基本概念、基本理论与基本方法,熟悉物流战略规划、物流系统构建、物流作业管理等,了解企业采购物流、生产物流和销售物流的流程与组织方法,了解第三方物流的运作模式,并能熟练地运用物流管理软件,为后续专业课程的学习与实践打下良好的基础。

教学方式方法与手段建议

　　本课程紧密结合当前物流领域的理论与实践,从强化培养操作技能的角度出发,较好地体现了现代物流管理的最新实用知识及技术,重点阐述了物流管理概述、供应链管理、物流系统、运输管理、仓储管理、装卸搬运管理、包装与流通加工、配送管理、物流信息管理、企业物流管理、第三方物流、国际物流等内容。通过对上述内容的学习,学生能够从理论和实践上掌握现代物流管理的基本理论及主要功能。

学时分配建议(供参考)

序号	章节	教学内容	学习要点	学时安排
1	第1章	物流概述	物流的基本概念	2
			物流的基本活动	
			物流管理概述	
			物流的发展历程	

(续)

序号	章节	教学内容	学习要点	学时安排
2	第2章	物流系统	物流系统概述	2
			物流系统的目标及功能	
			物流系统分析	
			物流系统优化	
3	第3章	运输与配送管理	运输及其方式选择	4
			运输合理化和管理决策	
			配送与配送中心	
			配送模式与配送合理化	
			配送作业管理	
4	第4章	仓储与库存管理	仓储管理概述	4
			仓储战略管理	
			库存管理与控制	
5	第5章	包装与流通加工	包装概述	2
			包装技术与包装合理化	
			流通加工	
6	第6章	装卸搬运	装卸搬运概述	2
			装卸搬运机械	
			装卸搬运合理化	
7	第7章	物流信息服务	信息与物流信息	2
			物流信息管理	
			物流信息技术简介	
8	第8章	物流成本管理	物流成本管理概述	2
			物流成本核算	
			物流成本分析	
			物流成本控制	
9	第9章	物流战略管理	物流战略管理概述	2
			物流战略管理的环境分析	
			物流战略规划	
			物流战略的选择	
			物流战略的实施与控制	
10	第10章	物流组织与控制	物流管理组织及体制	2
			对物流的管理	
			物流标准化	
			物流绩效评价	
11	第11章	供应链管理	供应链概述	2
			供应链管理基本理论	
			供应链管理方法	
			供应链管理要素和结构	
			供应链管理的运营机制	

(续)

序号	章节	教学内容	学习要点	学时安排
12	第 12 章	第三方物流	第三方物流概述	2
			第三方物流企业	
			第三方物流服务商的选择	
			第四方物流	
13	第 13 章	企业物流	企业物流概述	2
			企业物流的分类	
			企业物流的运作	
			企业物流整合	
14	第 14 章	国际物流	国际物流概述	2
			国际物流的分类及特点	
			国际物流的基本流程	
			国际货物运输方式	
15		合计		32

目录 Contents

第2版前言
第1版前言
教学建议

第1篇　物流基础　　　　　　　　　　　　　　　　　　　　　　1

第1章　物流概述　　　　　　　　　　　　　　　　　　　　　2
- 教学目标　　　　　　　　　　　　　　　　　　　　　　　　2
- 教学要求　　　　　　　　　　　　　　　　　　　　　　　　2
- 基本概念　　　　　　　　　　　　　　　　　　　　　　　　3
- 1.1　物流的基本概念　　　　　　　　　　　　　　　　　　　3
- 1.2　物流的基本活动　　　　　　　　　　　　　　　　　　　6
- 1.3　物流管理概述　　　　　　　　　　　　　　　　　　　　9
- 1.4　物流的发展历程　　　　　　　　　　　　　　　　　　　10
- 本章小结　　　　　　　　　　　　　　　　　　　　　　　　19
- 复习思考题　　　　　　　　　　　　　　　　　　　　　　　19

第2章　物流系统　　　　　　　　　　　　　　　　　　　　　21
- 教学目标　　　　　　　　　　　　　　　　　　　　　　　　21
- 教学要求　　　　　　　　　　　　　　　　　　　　　　　　21
- 基本概念　　　　　　　　　　　　　　　　　　　　　　　　22

2.1　物流系统概述　　22
　　2.2　物流系统的目标及功能　　24
　　2.3　物流系统分析　　27
　　2.4　物流系统优化　　30
　　⋮本章小结　　33
　　⋮复习思考题　　33

第2篇　物流功能要素　　35

第3章　运输与配送管理　　36
　　⋮教学目标　　36
　　⋮教学要求　　36
　　⋮基本概念　　37
　　3.1　运输及其方式选择　　37
　　3.2　运输合理化和管理决策　　44
　　3.3　配送与配送中心　　48
　　3.4　配送模式与配送合理化　　54
　　3.5　配送作业管理　　58
　　⋮本章小结　　62
　　⋮复习思考题　　63

第4章　仓储与库存管理　　65
　　⋮教学目标　　65
　　⋮教学要求　　65
　　⋮基本概念　　66
　　4.1　仓储管理概述　　66
　　4.2　仓储战略管理　　68
　　4.3　库存管理与控制　　72
　　⋮本章小结　　80
　　⋮复习思考题　　80

第5章　包装与流通加工　　83
　　⋮教学目标　　83
　　⋮教学要求　　83
　　⋮基本概念　　84
　　5.1　包装概述　　84

5.2 包装技术与包装合理化	90
5.3 流通加工	94
本章小结	98
复习思考题	99

第 6 章　装卸搬运

教学目标	101
教学要求	101
基本概念	101
6.1 装卸搬运概述	102
6.2 装卸搬运机械	105
6.3 装卸搬运合理化	111
本章小结	115
复习思考题	116

第 7 章　物流信息服务

教学目标	118
教学要求	118
基本概念	118
7.1 信息与物流信息	119
7.2 物流信息管理	124
7.3 物流信息技术简介	127
本章小结	140
复习思考题	140

第 3 篇　物流管理及应用　143

第 8 章　物流成本管理

教学目标	144
教学要求	144
基本概念	145
8.1 物流成本管理概述	145
8.2 物流成本核算	154
8.3 物流成本分析	160
8.4 物流成本控制	164
本章小结	169

| 复习思考题 | 170

第9章　物流战略管理　172
| 教学目标　172
| 教学要求　172
| 基本概念　173
9.1　物流战略管理概述　173
9.2　物流战略管理的环境分析　177
9.3　物流战略规划　181
9.4　物流战略的选择　184
9.5　物流战略的实施与控制　188
| 本章小结　193
| 复习思考题　193

第10章　物流组织与控制　195
| 教学目标　195
| 教学要求　195
| 基本概念　196
10.1　物流管理组织及体制　196
10.2　对物流的管理　198
10.3　物流标准化　207
10.4　物流绩效评价　212
| 本章小结　215
| 复习思考题　215

第4篇　物流组织与发展　217

第11章　供应链管理　218
| 教学目标　218
| 教学要求　218
| 基本概念　219
11.1　供应链概述　219
11.2　供应链管理基本理论　226
11.3　供应链管理方法　229
11.4　供应链管理要素和结构　235
11.5　供应链管理的运营机制　238

本章小结	244
复习思考题	244
第12章 第三方物流	246
教学目标	246
教学要求	246
基本概念	247
12.1 第三方物流概述	247
12.2 第三方物流企业	253
12.3 第三方物流服务商的选择	265
12.4 第四方物流	268
本章小结	271
复习思考题	272
第13章 企业物流	274
教学目标	274
教学要求	274
基本概念	275
13.1 企业物流概述	275
13.2 企业物流的分类	276
13.3 企业物流的运作	282
13.4 企业物流整合	284
本章小结	288
复习思考题	288
第14章 国际物流	290
教学目标	290
教学要求	290
基本概念	291
14.1 国际物流概述	291
14.2 国际物流的分类及特点	296
14.3 国际物流的基本流程	297
14.4 国际货物运输方式	301
本章小结	305
复习思考题	305
参考文献	308

第 1 篇

物流基础

第 1 章 物流概述
第 2 章 物流系统

第1章 物流概述

教学目标

通过本章的学习,学生应能够熟练掌握物流的定义及其内涵;掌握物流的活动过程,熟悉物流的不同分类形式以及物流的作用;了解不同的物流观点及其发展历程;认识未来物流的发展趋势。

教学要求

知识要点	能力要求	相关知识
物流的基本概念	(1) 理解物流的定义 (2) 了解物流的分类 (3) 了解物流整合	(1) 物流的定义 (2) 物流的分类 (3) 物流整合
物流的基本活动	理解物流的基本活动	物流的基本活动
物流管理概述	(1) 了解物流管理的定义和内容 (2) 了解物流成本管理	(1) 物流管理的定义和内容 (2) 物流成本管理的定义、构成、基本工序以及管理机构
物流的发展历程	理解国内外的物流发展状况	(1) 发达国家物流的发展历程 (2) 我国物流的发展 (3) 国内外物流发展路径比较 (4) 我国物流与国外发达国家物流的差距

基本概念

物流的基本活动　物流系统　物流成本管理　物流的作用　物流的发展

1.1 物流的基本概念

1.1.1 物流的定义

物流是一个十分现代化的概念，由于它对商务活动的影响日益明显，故越来越引起人们的注意。"物流"（physical distribution）一词源于国外，最早出现于美国，1915年阿奇·萧在《市场流通中的若干问题》一书中就提到"物流"一词，并指出"物流是与创造需求不同的一个问题"。因为在20世纪初，西方一些国家已经出现生产大量过剩、需求严重不足的经济危机，企业因此提出了销售和物流的问题，此时的物流是指销售过程中的物流。

第二次世界大战中，围绕战争供应，美国军队建立了"后勤"（logistics）理论，并将其用于战争活动，其中提出的"后勤"是指将战时物资生产、采购、运输、配给等活动作为一个整体进行统一部署，以求战略物资补给的费用更低、速度更快、服务更好。后来"后勤"一词在企业中广泛应用，又有商业后勤、流通后勤的提法，这时的后勤包含了生产过程和流通过程的物流。

经过70多年的探索，在20世纪80年代，物流才有了定论，即为logistics。logistics包含生产领域的原材料采购、生产过程中的物料搬运与厂内物流，以及流通过程中的物流或销售物流，即physical distribution，外延更加广泛。当前国内外对物流的定义很多，它们各有侧重，有的偏重物流系统组成，有的强调物流功能要素。

联合国物流委员会1999年的定义为：物流是为了满足消费者需要而进行的从起点到终点的原材料、中间过程库存、最终产品与相关信息的有效流动和存储计划、实现和控制管理的过程。

2001年美国物流管理协会（Council of Logistics Management，CLM）对物流的定义是：物流是供应链过程的一部分，是为了满足客户需求而对商品、服务及相关信息从原产地到消费地的高效率、高效益的正向和反向流动及储存进行的计划、实施与控制过程。

日本日通综合研究所1981年编写的《物流手册》对物流的定义是：物流是物质资料从供给者向需要者的物理性移动，是创造时间性、场所性价值的经济活动。从物流范围来看，它包括包装、装卸、保管、库存管理、流通加工、运输、配送等诸种活动。

欧洲物流协会（European Logistics Association，ELA）1994年公布的物流术语中，给出的物流定义是：物流是在一个系统内对人员或商品的运输、安排及与此相关的支持活动的计划、执行与控制，以达到特定的目的。

国家标准《物流术语》（GB/T 18354—2021）对物流的定义是：根据实际需要，将运输、储存、装卸、搬运、包装、流通加工、配送、信息处理等基本功能实施有机结合，使物品从供应地向接收地进行实体流动的过程。

这里讲的有三层含义：第一，物流的对象是物品，物品即工业品、农产品、回收品、包裹信函等；第二，物流讲的是物品从供应地向接收地的实际流动过程，供应地与接收地是全球性的，流动过程可能很短、很简单，也可能很长、很复杂；第三，现代物流讲的是多功能一体化服务，涉及八个方面，即运输、储存、装卸、搬运、包装、流通加工、配送、信息处理。谁来一体化运作？就是物流的专业服务商，国际上统称为第三方物流公司。物流是商品实物形态的流通。

通过比较以上物流定义，我们可以分析出它们之间的异同之处。

首先，上述几个定义的共同点是，它们指出物流是一个关于物品的流动过程，该过程包括空间位置和时间的移动，以及物流的基本功能：运输、储存、装卸、搬运、包装、流通加工、配送、信息处理。

其次，上述几个定义有三个方面的不同之处。第一，从对象来看，美国的物流定义所涉及的范围最大，它包括物品、服务和信息三个部分的内容；欧洲物流协会的物流定义范围略小一点，包括人和物品；而日本和我国的物流定义中物流对象的范围最小，只涉及物品。第二，从侧重点来看，美国和欧洲物流协会的物流定义都侧重物流的系统性和管理在物流中的作用，我国和日本的物流定义缺少这方面的规定。另外，美国和日本的物流定义都强调了物流的效益性。第三，从内涵和外延来看，中国、日本和欧洲物流协会的物流定义只涉及企业间的合作范畴，而美国则以宽广的视野、系统的战略思维，要求企业在更广阔的背景上考虑自身的物流运作，即不仅要考虑自己的客户，还要考虑自己的供应商；不仅要考虑到客户的客户，还要考虑到供应商的供应商；不仅要致力于降低某项具体物流作业的成本，还要考虑使供应链运作的总成本最低。

1.1.2 物流的分类

按照不同的标准，物流可做不同的分类。通常，物流可以按以下几种方式分类。

（1）按作用分类。消费品首先以原料的形式从供应商输送到生产商，制成成品后运往分销中心，直到各地区仓库，然后根据需要运送至商店，最终到达消费者手中，消费品消耗完毕后又会经历回收或者废弃阶段，完成一个消费品的"生命周期"。这一系列的供应链流程都会涉及物流，根据其在供应链中所起到的作用，我们将物流分为供应物流、生产物流、销售物流、回收物流和废弃物物流。

（2）按物流范畴划分。物流所覆盖的范围可上至社会，下至单个的小企业，按物流的范畴可将物流划分为社会物流、行业物流、企业物流。

（3）按物流主体方的目的不同来划分。物流可分为第一方物流、第二方物流、第三方物流、第四方物流。

（4）按物流作业执行者的角度分类。在市场竞争的巨大压力下，企业希望通过高效的物流管理来提高整个供应链的运行效率,各个企业根据自己的独特情况,选用物流的执行者可以是企业自身,也可以将物流外包给其他企业。据此,我们可以将物流分为自营型物流、第三方物流和混合式物流三大类。如何选择这三种物流方式是很多企业面临的重要问题,这对企业物流效率的改善有着重要的作用和意义。

1.1.3 物流整合

1. 什么是物流整合

物流整合泛指商品流通过程中各环节所进行的整合物流活动的过程及所采用的方法。

物流整合的成功要素主要包括以下三个方面。

(1) 任何顾客服务均应以产生获利性交易为原则。
(2) 任何物流整合均需考虑物流总成本。
(3) 任何物流整合均需考虑与流通过程上下游企业的整合机会。

2. 物流整合的意义

(1) 通过整合形成规模,使物流的大生产方式得以实现。
(2) 通过整合进行简化。
(3) 通过整合进行集成。
(4) 通过整合为信息技术应用构建平台。
(5) 通过整合可以形成新的管理体制。

1.1.4 物流在国民经济中的作用

物流贯穿于生产、分配、流通、消费整个社会再生产的过程,连接着社会再生产的各个部门,制约着国民经济的发展水平,对国民经济的发展起着举足轻重的作用。

(1) 物流是联系国民经济各部门的枢纽。社会再生产过程中的物流活动主要包括供应过程(为生产提供原材料、能源等实物流动)、生产过程(原材料、半成品以及成品在生产场所内的流动)、流通过程(生产部门或流通部门将商品送到消费者手中的流动)、服务过程(贯穿于以上各个过程中的后勤服务工作,如储存、流通加工、配送、信息传递等)四个过程。这些物流过程发生在城市和乡村的各个生产部门、流通部门,起着连接生产、分配、流通、消费各个环节,沟通城乡各个地区的纽带作用,并且它们相互提供对方所需要的各种物质资料,用于对方的生产性和生活性消费,它们之间相互联系、相互促进、相互制约、相互竞争,形成了错综复杂的关系。物流一旦发生障碍,不但会影响生产和人民的生活,还会影响整个国民经济的发展。

(2) 物流是生产过程不断进行的前提条件。为使生产连续进行,必须保证生产资料不间断地流入生产企业，其成品又要不断地流出生产企业。同时在生产企业内部，各种物质资料也要在各个生产场所和工序之间相继传送，使它们在一系列加工后，成为生产和生活所需要的成品。在这些生产场所内外的物质资料的流动中，不管哪一个部分发生故障，生产都会中断。

（3）物流是进行商品流通的物质基础。商品从生产领域进入消费领域，这中间仅有商品流通过程中商品所有权的转移是不行的，因为消费者消费的是实际商品，这些实际商品必须通过运输、储存、包装、装卸、搬运、流通加工等流通过程中的物流活动才能到达消费者手中，否则商品流通就要停滞，商品的价值和使用价值也就无法实现，社会再生产过程就要中断。

（4）降低物流成本、增加利润是促进国民经济发展的重要手段。生产成本和流通成本是物流成本的重要组成部分。物流工作的优劣，直接决定着成本、利润的高低，进而决定着经济效益、国家财政收入的高低。我国之前对物流工作不够重视，造成流通堵塞、费用增加，损失较大。全国仅由于包装不善、野蛮装卸、运输不当等，每年造成的商品损失高达100多亿元。可见降低物流费用，获取第三利润（降低物料消耗、节约劳动消耗分别为第一、第二利润）源泉的潜力是巨大的。

1.2 物流的基本活动

无论是传统物流，还是现代物流，运输和储存都是最基本的活动，而在一定范围内将两者有机地结合起来的配送活动在现代物流中开始崭露头角，我们也把它作为物流基本活动来论述。从空间上看，物流系统是一个由线和点构成的网络。线上的活动就是运输，点上的活动就是仓储及一些辅助作业。

现代物流的构成要素不同于传统物流，不仅有实现物品实体空间位移的运输要素和实现时间变化的储存要素，还有保证物流顺利进行以及实现物流高效率的装卸、搬运、包装、流通加工、配送、信息处理要素，它们是互相联系、互相制约的。

1. 运输

在物流的诸多环节中，运输环节具有中心地位。运输虽然不产生新的物质产品，却能实现产品在空间上或时间上的转移，创造场所性与时间性的价值。物流系统是一个网络结构系统，系统中的运输活动使物品在位置空间中发生位移，这称为线路活动。其他的活动称为节点活动。运输在物流网络的结构中是一个重要的基础条件，没有这个条件，网络就不能构成。运输系统影响着物流其他构成要素，选择的运输方式决定着装运货物的包装要求，使用不同类型的运输工具决定着其配套使用的装卸搬运设备以及接收和发运站台的设计。

运输是物流系统的核心，是物流合理化的关键，运输功能在物流系统中处于核心地位。显然，运输合理化直接影响到其他物流系统的构成。只有实现运输合理化，才能使物流系统结构更合理，结构功能更强大，系统功能更优良。运输有诸多作用，也同样有它相应的职能，如产品移动职能、短时产品库职能、储存职能。

2. 储存

储存是现代物流系统中关键的功能要素之一，被人们称为"物流的支柱"之一。在任何社会形态中，不论是什么类型的物质，也不论是什么原因导致其停滞，物资在没有进入生产或消费活动之前或者活动结束之后，都会存放起来，这就叫储存。

储存可以创造时间价值。许多商品的生产和消费之间客观存在时间差异，通过储存蓄水池式的调节作用，使商品在更高价值的时间去实现其价值。货物的供给与需求之间既有联系，又有矛盾，要化解这些矛盾，必须依赖储存，利用这种方式平衡商品差异，可以降低成本。

储存合理化可以有效减少时间、资金占用，加速资金周转，储存能保护商品价值和使用价值。在储存中认识和掌握储存物资质量变化的规律，用相应的技术和措施，最大限度地减缓储存物资变化，以保证其价值的稳定。储存能够提供其他的价值服务，例如，可以通过优化与改变包装来提高增值服务，也可以对水果之类的东西进行温控，提高仓储增值服务。在物流服务面临种种挑战时，全球市场的活跃也增加了种种机会。当货物的装运经历过卡的供给线时，增值服务在仓库层次的重要性也随之增加。

3. 配送

配送是指在经济合理区域范围内，根据用户要求，对物品进行拣选、加工、包装、分割、组配等作业，并按时送达指定地点的物流活动。

配送功能是物流系统中由运输派生出的功能，处于物流过程末端的短距离地点，处于"二次运输""末端输送"的地位，与运输相比，更直接并靠近用户，体现了物流的最终效应，提高了用户的满意度。

物流成果主要通过配送来实现，通过合理化管理，促使物资流通的社会化，改善生产企业的外部环境，提高物品的保证程度，改善支线输送条件，使整个运输过程得以完善和优化。

4. 装卸搬运

装卸搬运是指在同一地域范围内进行的以改变物品的有效状态和空间位置为主要内容与目的的活动。装卸搬运在物流活动中起着承上启下的作用，是提高物流系统效率的关键，在物流合理化中占有重要的地位。装卸搬运是伴随运输和仓储等活动而产生的必要的物流活动，但是和运输创造的空间价值不同，它本身不具有明确的价值。

物流的主要环节包括运输和仓储等要靠装卸搬运连接起来，物流活动其他各个阶段的转换也要通过装卸搬运连接起来。由于装卸搬运发生次数频繁、作业频繁，又是劳动密集型，其消耗的费用在物流成本中占有相当大的比重。但是，由于其具有隐秘性，长期以来不被人们重视，因此，通过装卸搬运合理化管理，降低装卸搬运成本，提高物流效率是实现现代物流管理的一个重要内容。

5. 包装

包装是指在物流过程中保护产品、方便运输、促进销售，按一定的技术方法使用容器、材料及辅助物等将物品包封，并予以适当的包装标识的工作总称。包装也指为了达到上述目的而在使用容器、材料和辅助物的过程中施加一定的技术方法等的操作活动。简而言之，包装是包装物及包装操作的总称。

包装在物流中可以分成很多种类，按包装在流通中的作用，可分为运输包装和销售包装两大类。运输包装又称工业包装或者外包装，它是以保护商品安全运送、提高运输效率为目的的包装。销售包装是指以销售为主要目的的包装。这种包装的特点是外形美观，有必要的装潢包装单位，适用于顾客的购买以及商店陈列的要求。按包装的形态可分为内包装、中包装和外包装。内包装：商品销售包装，是指一个商品整体为一个销售单位的包装形式。中包装：若干个内包装组成一个整体的包装形式，是介于内包装与外包装之间的包装形式。外包装：商品的最外层包装，又称商品的运输包装。

包装在物流中有许多功能：保护功能、销售功能、方便功能。包装的保护功能是其最重要和最基本的功能，主要指保护商品在流通过程中时间价值和使用价值不受外界因素的影响。包装的销售功能是商品经济高度发展、市场竞争日益激烈的必然产物。包装的方便功能主要是为了实现便于运输和装卸、便于保管与储藏、便于携带与使用、便于回收与废弃处理等。包装技术是包装活动中所使用的硬技术和软技术的总称，重要的有防震保护技术、防破损保护技术、防锈包装技术、防腐包装技术、防虫包装技术、危险品包装技术、特种包装技术等。

包装要注意的是包装材料的应用。包装材料与包装功能存在着不可分割的关系，无论是物品对于包装材料的选择，还是包装技术的实施，都是为了保证和实现物品包装的保护性、便利性等功能。由于包装材料的物理性能和化学性能千差万别，所以包装材料的选择对保护物品有着非常重要的作用。常用的包装有：纸质包装材料、木质包装材料、金属包装材料、纤维包装材料、陶瓷包装材料、合成树脂包装材料。目前在世界范围内，纸质包装材料所占的比重最大，其中瓦楞纸箱是颇受欢迎的纸质包装产品。但是纸的防潮防湿性能较低，这是纸质包装材料的最大缺点。目前在世界金属包装材料中，用量最大的是马口铁和金属箔两种。而木质材料作为包装材料的比重在不断下降，因为木材资源有限。合成树脂包装材料是指各种塑料制品，它们有许多优点：质轻，机械性能好，适宜的阻隔性与渗透性，化学稳定性好，光学性能优良，卫生性能良好，良好的加工性和装饰性。但同时合成树脂包装材料也有很多缺点，如强度和硬度不如金属材料高，耐热性和耐寒性不好，材料容易老化等。这些缺点使它们的使用范围受到限制。

现如今，包装已经开始合理化，广泛采用先进的包装技术，由一次性包装向反复使用的周转包装发展，通过组合运输实现无包装的物流。推行包装标准化，使包装趋向现代化。实行包装现代化有利于包装工业的发展，从而促进物流的发展。

6. 流通加工

流通加工是一种特殊的物流功能要素，是在物品从生产领域到消费领域流动的过程中，为了促进销售、维护产品质量并提高物流效率，对物品进行的加工；物品在从生产地到使用地的过程中，根据需要施加包装、分割、计量、分拣、刷标记、贴标签、组装等简单作业的总称，以满足消费者的多元化需求，并提高服务水平的附加值需要。

流通加工和一般的生产加工在加工方法、加工组织、生产管理方面并无明显区别，但在加工对象、加工程度方面差别较大。流通加工的出现不仅与现代生产方式有关，还与现代社会消费的个性有关。流通加工的出现大大提高了物流系统的服务能力，使物流系统可以成为利润中心，可以使物流过程减少损失，加快速度，降低操作成本，进而降低整个物流系统的成本。

流通加工可以分为：增值性流通加工，即为了弥补生产领域加工不足的深加工，为了满足需要进行的多样性加工，为提高原材料的利用率进行的流通加工，为提高流通效率进行的流通加工；增效性流通加工，即为保护产品所进行的加工，为提高物流效率、方便物流的加工，为促进销售进行的流通加工，衔接不同运输方式的流通加工。

1.3 物流管理概述

1.3.1 物流管理的定义和内容

所谓物流管理是指为达到既定的目标，从物流全过程出发，对相关物流活动进行的计划、组织、协调与控制。

物流管理的内容包括以下几个方面。

（1）对物流活动诸要素的管理，包括运输、储存等环节的管理。

（2）对物流系统诸要素的管理，即对其中的人、财、物、设备、方法和信息等六大要素的管理。

（3）对物流活动中具体职能的管理，主要包括对物流计划、质量、技术、经济等职能的管理等。

1.3.2 物流管理机构

1. 物流管理组织的概念

组织是进行有效物流管理的手段，建立健全合理的物流管理组织是实现物流合理化的基础和保证。

物流管理组织，是指在企业或整个社会中为进行物流管理，把责任和权限体系化了的组织。它包含两方面的内容：一是组织设计，二是组织管理。

2. 物流管理组织的原则

建立与健全物流管理组织必须遵循以下原则，即有效性原则、统一指挥原则、合理管理幅度原则、协调原则及职责与职权对等原则。

3. 物流管理组织结构

（1）组织结构图，以制造企业的物流组织结构图为例，如图 1-1 所示。

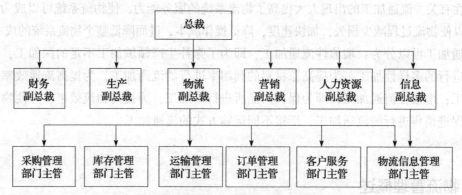

图 1-1 制造企业的物流组织结构图

（2）部门职责。部门职责主要体现在以下几个方面。

1）采购管理：处理采购申请，选择供应商，进行价格谈判，签发采购订单，接收货物等。

2）库存管理：入库管理、库存盘点、库存保管与养护、出库管理、库存控制与统计分析。

3）运输管理：运输方式选择、运输路线选择、运输计划编制、运输合同管理、运输统计分析。

4）订单管理：销售订单管理、接收订单、订单处理、通知仓库备货、安排运输等。

5）客户服务：客户档案管理、客户合同管理、客户分析、客户投诉处理、服务标准制定等。

6）物流信息管理：为上述功能提供信息服务。

1.4 物流的发展历程

1.4.1 发达国家物流的发展历程

第二次世界大战后，物流管理的方法被广泛应用于企业管理，并随着制造业对物流管理在降低成本、改善经营绩效和提升企业竞争力等方面所起作用的认识逐步加深,以及社会经济和科学技术的进步而迅速发展。现代物流在西方发达国家大致经历了以下四个发展阶段。

1. 安全库存管理阶段（20 世纪四五十年代）

20 世纪 60 年代以前，企业的采购、库存管理、销售以及运输等部门之间是分隔的，各自的物流活动按不同的职能进行分散管理。如何不影响生产是这一阶段的核心思想。为此，库存管理自然是此阶段物流管理的重点。当时，为了避免原材料缺货的发生，提出了"安全库存"的概念。"安全库存"的实质是保证在任何时候仓库里都有一定数量的存货，即安全库存量，以便需要时随时取用。安全库存的设置主要是为了应对需求的波动。因此，一旦库存储备低于预先规定的数量，即订货点，则立即订货来补充库存，其基本公式是

$$订货点 = 单位时间的需求量 \times 订货提前期 + 安全库存量$$

2. 职能管理阶段（20 世纪六七十年代）

20 世纪六七十年代，计算机得到了广泛的应用。计算机管理系统为快速准确处理物料管理中产生的复杂问题提供了强有力的支持。物料需求计划（MRP）成功地解决了根据最终产品需求生成零部件需求计划的问题，将零部件物流与产成品物流联系起来，不但克服了订货点法的不足，而且大大提高了生产和库存管理的效率。同时，20 世纪 70 年代，市场环境由卖方市场转变为买方市场，也使生产企业不得不对成品分销重视起来，从而产生了分销管理职能。那时的物流活动被分成物料管理和分销管理两大职能：物料管理是对库存管理的扩充和延伸，分销管理负责控制产成品从工厂到顾客的有效输送。归功于 MRP 技术的应用和分销管理的实施，这一阶段的物流活动与 20 世纪 60 年代以前的物料管理活动相比，前进了很大一步。

3. 内部一体化阶段（20 世纪 80 年代~1990 年）

20 世纪 80 年代初，越来越多的企业将物料管理与分销管理视为一个有机的整体，而且逐步将物料管理与分销管理集成起来，产生了全过程物流管理的理念。这种涵盖从原材料采购与运输到产成品分销的所有物流活动及相关的信息和控制系统的物流管理模式，不仅包含了以往的物料和分销管理的全部内容，还涉及传统的市场营销和生产管理的一些职能（如生产计划、销售预测、原材料与在制品管理、顾客服务等）。但这一阶段物流管理的集成仍限于企业内部，故称为"内部一体化"。

4. 供应链管理阶段（1990 年至今）

20 世纪七八十年代，企业内部物流管理功能的集成强调实现本企业运营绩效的最大化。到了 20 世纪 90 年代，由于企业经营业务全球化的趋势日益明显，发展中国家经济的强劲增长创造了巨大的市场需求以及竞争的压力等外部因素的影响，促使企业开始把着眼点放在物流活动的整个过程，即所谓的供应链管理。

1.4.2 我国物流的发展

我国物流的发展，除了和我国的经济发展水平、经济结构、技术发展状况有关外，还和我国的经济体制改革有直接关系。因此，按照我国的经济发展历程，新中国成立以来我国物流的发展大致可以分为五个阶段。

第一阶段为开始创建阶段。这是我国国民经济恢复时期，新中国成立不久，才开始实行"第一个五年计划"。当时，社会经济发展缓慢，科学技术也很落后，有些工业生产和交通运输逐步恢复和建设。人民购买力很低，商业也不景气，这些都影响我国物流业的发展。因此，在大部分流通部门，只根据物流业务的需要，修建一些仓库或租用民房储存商品，购置一部分车辆搞运输。在一些企业里建立了储运部、汽车队等。在行政部门设置了储运局、储运处、储运科来管理这项工作。同时，各地区和一些省、市的商业、物资、粮食、外贸等流通系统，还建立了少数仓储公司或储运公司，它们就是我国早期创建的专业性的物流企业。不过，这种独立经营的物流企业不多，绝大多数附属于各专业公司或批发站的仓库和汽车队。至于工业生产部门，这时物流问题尚未提上议事日程。

第二阶段为初期发展阶段。这一阶段，我国已开始实行"第二个五年计划"，国民经济在恢复的基础上有了较快的发展。工农业生产增长很大，交通运输建设进展较快，城乡物资交流日益兴旺，社会商品流通也不断扩大。因此，我国物流业也得到了相应的发展。特别是在商业、物资、粮食、外贸等流通部门，相继在一些大中城市建立了储运公司、仓储公司、外运公司等"商物分离型"与专业性的大中型物流企业，以及附属于各专业公司、批发站的储运部、中转站、仓库等"商物合一型"的小型物流企业。这样，以国营大中型物流企业为主，小型物流企业为辅，形成了一个四通八达、互相联系、覆盖全国的物流网络。在交通部门的大力支持和密切协作下，这些物流企业从20世纪50年代到70年代，主要担负着我国的物流任务。这些早期的物流企业和第一代物流人，为我国物流业的发展做出了很大贡献。

第三阶段为不景气、停滞阶段。物流业也和其他行业一样，只能维持原状或陷于停滞状态。

第四阶段为改革开放阶段。这一阶段，在党的十一届三中全会上提出了"对内搞活经济，对外实行开放"，并进行城市经济体制改革，使我国四个现代化建设加快了步伐。特别在80年代，我国开始实施"六五""七五"两个五年计划，工农业生产得到了迅速发展，交通运输也加快了建设。同时，随着国内商品流通和国际贸易的不断扩大，我国物流业也取得了长远的发展。除各流通部门专业性的物流企业不断增加外，生产部门也开始重视物流问题，并设置了物流研究室、物流技术部等。此外，不仅加强了国营物流企业，还发展了集体和个体物流企业。这时，出现了国营、集体、个体一齐上，大、中、小并举，社会兴办物流业的大好形势。在交通运输方面，新增建的铁路、公路、港口、码头增加了车辆，改进了技术，提高了车速；部分区段实现了电气化、高速化；开展了集装箱运输、散装运输和联合运输等。这些都为物流业的发展，推行物流合理化创造了有利条件。同时，物流业本身也随着企业改革的深入，坚持"放开搞活"，加强横向联合，逐步打破部门、地区的界限，向社会化、专业化、现代化的方向发展。

第五阶段为社会主义市场经济阶段。1993年11月，党的十四届三中全会通过《中共中央关于建立社会主义市场经济体制若干问题的决定》，此后我国经济建设进入了一个新的历史发展阶段。这一时期，我国正实施"八五""九五"两个五年计划，国民经济有了高速的增长。尤其是高科技的发展和应用，带动了工农业生产和交通运输业的发展，以及流通产业的改革和变化。特别在国内深入开展国有企业的改革和对外进一步开放，引进外资，开办外资、中外合资企业等，这些都为我国物流业的发展带来了机遇和挑战。一方面，对一些老储运企业进行改革、改造、重组等，以适应新的形势发展需要；另一方面，积极建设一些现代物流企业，以迎接国外物流企业的挑战。因此，这一阶段，在市场经济体制的推动下，我国物流市场呈现出一派繁荣发展的景象。除公有制的物流企业外，非公有制的物流企业迅速增加，外资和中外合资的物流企业也逐渐多起来。这对于我国物流业来说，既带来了机遇，也提出了挑战。我们要抓住机遇，迎接挑战，把我国物流业推上新世纪健康发展的道路。

这一时期我国物流发展的趋势和特点表现在以下几个方面。

1. 实行多种经营方式

（1）国营物流企业。这是我国现代物流业的主要组成部分，它担负着国内外绝大部分的物流业务，在物流活动中，始终处于主导地位。国营物流企业可分为"商物分离型"和"商物合一型"两类，分别归属于原物资部、原商业部、原对外经济贸易部和原铁道部、交通运输部门领导。

（2）集体物流企业。近几年来，在我国开办了一些集体物流企业，它们是国营物流企业的一种补充，在完成各项物流任务中起到了一定作用，如汽车运输公司、轮船航运公司、集装箱运输公司、仓储公司、搬运公司、包装公司等。

（3）个体物流企业。由私人经营的个体物流企业，是近些年发展起来的。其特点是小型、多样、专业经营，如运输队、搬运组、仓储专业户、包装服务社等。虽然这些小型物流企业的物流设施和从业人员较少，但灵活、方便、服务周到，很受顾客欢迎。

（4）外资与中外合资物流企业。随着中国经济的发展，国际贸易逐年扩大，物流量也不断增加。为此，我国除继续发展上述这些物流企业外，在今后很长的一段时期，中国物流业也和其他行业一样，将会涌现一批外资与中外合资经营的物流企业或物流中心。它们是这一历史时期的重要特征，标志着我国物流业的发展进入了一个新阶段。吸收国外资金、引进先进技术，为我国物流事业做出很大的贡献。

2. 开发物流先进技术

我国物流技术与一些工业发达国家相比还是落后的。特别是交通运输不够发达，这在很大程度上影响了物流业的发展。我国逐步发展集装箱专用车、船和集装箱码头。铁路加快实现电气化，并采用重载货运列车，增加货运能力。修建一些高速公路，发展大型汽车运输，开展"门到门"的物流服务业务。

在仓储方面，原有旧式半房和低层楼房仓库较多，大部分是人工操作，劳动强度大、生产效率低。我国对这些旧仓库进行技术改造的同时，也修建了一些自动化立体仓库，采用电子计算机控制；实现机械化、半机械化，堆码上垛，达到省力化、快速化；提高劳动效率，减轻劳动强度。我国的少数工厂在20世纪90年代前后为配合现代化的生产，已开始修建自动化立体仓库，效益很好。

在包装方面，从生产过程开始，研究、改进包装规格统一问题。在装卸搬运方面，积极推行托盘化，使用输送机、传送带、叉车和各种小车，实现装卸搬运机械化、半机械化，取代人工操作，缩短装卸时间。

在商品分拣方面，时间长、效率低。今后，企业会采用自动分拣机进行操作，逐步实现分拣自动化等。

3. 物流管理科学化

（1）使用电子计算机进行管理。在瞬息万变的信息时代，物流企业每日每时都有大量的物流业务和繁杂的物流信息，需要及时处理，而且市场竞争剧烈，顾客要求迅速，再靠手工操作是不行的。21世纪初我国已经逐步实现物流管理电子计算机化，即建立电子计算机控制系统，在一些较大的物流企业和物流中心，组成一个电子计算机系统网络，实行现代化的科学管理。

（2）增强物流系统化的观念。在我国物流管理工作中，受原来经济体制的影响，存在着不注意物流系统整体效益，只考虑某一部门、地区或本单位效益的问题，影响了物流系统整体的经济效益和社会效益。之后，随着我国经济体制变革，物流业已经深化改革，进一步实行开放，逐步突破地区、部门的界限，树立物流系统化的观念。

（3）明确物流管理的目标。物流管理是为了实现物流合理化，提高物流经济效益。目标是距离近、环节少、时间短、费用低、安全准确、服务水平高。

4. 积极推行"配送制"

我国在20世纪90年代前就已经逐步推行各种形式的"配送制"，如对生产资料实行配套承包供应，定点、定量、定时送货上门，以及下厂、下乡送货服务等。对生活消费品，也要积极推行"配送制"，按顾客要求的时间、地点、数量，提供送货上门服务，如采用工厂给工厂的配送、工厂给批发商的配送、批发商给零售店的配送，以及工厂、批发商给零售店、消费者直接配送等形式。这有利于实现物流计划化、合理化，提高经济效益。

5. 加强理论研究与人才培养

关于物流学的理论研究，在中国起步较晚，仅有30年左右的研究历史。现在，初步形成了一支物流理论研究队伍，并编著、翻译与出版了一些有关物流的书刊。我国物流界的专家、学者希望与国外的同行朋友们互相合作，进行探索，共同为发展物流科学做出贡献。在物流人才培养方面，我们多年来在一些工业、商业、物资学院里，开设了物流系或物流管理专业，培养了一批批物流管理人才，但数量不多，满足不了我国物流事业发展的需要。因此，在今后一段较长的时间内，我国将加速物流人才的培养，特别要培养掌握现代化科学技术的高级物流管理人才。

6. 发展外向型物流，参加国际经济大循环

我国不仅扩充了对外贸易运输公司和中国远洋运输公司的国际物流业务，还积极发展一些外向型物流企业，在世界范围内，大力开发国际集装箱海陆联运直达运输。为了进一步扩大国际经济合作，加强友好往来，我国已经创造了一个良好的物流业投资环境。

1.4.3 国内外物流发展路径比较

在西方发达国家，推动物流发展管理水平不断升级的主要因素有两个：一是科学技术，特别是计算机技术的迅速发展；二是社会经济发展不断对物流管理提出新的挑战。因此，社会需求和计算机技术推动了西方现代物流管理不断向前发展，它是一个由低级向高级的发展过程，呈现出渐进性、自发性、技术性和成熟性等特点。而在我国，经济体制的变迁和改革开放的不断深化促使物流活动不断变革，以适应经济发展的需要。我国的物流发展更多地呈现出外因性、突变性和多层次性等特点。目前，我国既大量存在以体力劳动为主的手工物流活动，又不乏机械化、自动化的现代物流；我国经济发展还不平衡，东中西部之间差距明显，物流发展也呈现出地区不平衡性。

西方现代物流从后勤服务、实物配送起源，发展到当今的供应链管理阶段，本身就是市场经济发展的产物。而我国一直以来实行的是计划经济体制，到了20世纪90年代，市场经济才有了较充分的发展。因此，与发达的欧、日、美物流发展水平相比，我国的物流发展水平要相对落后。可以说，国外物流发展主要依据的是技术路径，而国内物流发展主要依据的是经济体制变迁路径。

1.4.4 我国物流的现状及其与国外发达国家物流的差距

2001年12月11日，中国加入世界贸易组织（WTO），这不仅对中国政治、经济具有重要的历史意义，同时对我国物流走向世界也具有非凡的意义。中国加入WTO，也就是加入"经济联合国"，我们可在WTO的框架下，发展我国的对外贸易，打破以前西方发达国家所设置的贸易壁垒。

中国的物流在走向世界，参与国际物流市场的运作和竞争的过程中，已出现了一些大的物流企业，如中远集团、中外运集团和中储集团等。但总的来说，物流还是我国国民经济中的薄弱环节，这是因为物流在我国起步晚，它是我国改革开放初期引入的概念，经过30多年的发展，我国物流业虽取得了一些进步，但由于思想观念、管理体制、信息技术应用和重视不够等,因此我国物流还处在时间长、消耗大、效率低、效益差的低层次上的起步阶段,与国外发达国家相比尚有很大差距。但我国市场潜力巨大,发展前景十分广阔。

加快发展我国现代物流,对于优化资源配置,调整经济结构,改善投资环境,增强综合国力和企业竞争能力,提高经济运行质量与效益,实现国民经济可持续发展战略,推进我国经济体制与经济增长方式的根本性转变,具有极其重要的深远意义。

造成我国物流与国外发达国家物流差距大的主要原因有以下几点。

(1) 我国对物流在国民经济中的重大作用和贡献度认识不足,物流成本居高不下,已严重影响了我国企业的综合竞争力。

(2) 我国物流行业的软件和硬件的建设乏力。由于我国物流行业软件建设乏力,所以整个物流领域信息化水平较低,信息技术和信息管理软件在物流管理与物流配送企业中应用较少。

以上这两大原因都制约着我国物流的发展,也是我国物流与国外发达国家物流之间的差距之所在,这迫使并激励我们用信息技术去改造和强化传统的物流技术,使我国物流技术提升到一个新的水平。

那么,该如何加快我国物流发展?由于发展时间及发展路径的不同,我国物流业经过这些年来的发展,虽然取得了一定的成绩,但与国外的一些跨国物流公司相比较,还存在很大的差距。根据我国加入 WTO 时的约定(2016 年年底,我国自动获得市场经济地位),距我国物流业完全放开的时间越来越短,可以采取以下措施加快我国物流业的发展。

(1) 转变经营理念和经营管理方式。

(2) 加强物流理论的研究和人才培养,适应我国现代物流快速发展的需要。

(3) 创造适合物流业发展的制度环境。

案例研究　　我国物流运行总体平稳,物流收入规模持续扩张

中国物流与采购联合会发布了 2021 年 1~10 月物流运行情况,数据显示,1~10 月,全国社会物流总额 261.8 万亿元,按可比价格计算,同比增长 10.5%,增速比上年同期提高 8%,两年年均增长 6.5%。

中国物流与采购联合会相关负责人表示,10 月,我国宏观层面保供稳价和支持实体经济发展政策的力度加大,国民经济继续保持恢复态势。在此背景下,我国物流运行总体平稳,结构调整推进,物流服务供给良好,景气指数处于较高景气区间,物流企业经营延续向好态势。

"从两年平均看,虽较前三季度小幅回落 0.1%,但年均增速仍保持 6%~7% 的中高速增长。"该负责人表示,从累计数据来看,物流需求规模年内增速维持在 10% 以上,物流需求保持较快的恢复态势。

从环比数据来看,尽管 10 月受到疫情、国际供应链不畅等复杂因素影响,但宏观层面保供稳价政策力度进一步增强,效果逐步显现,物流需求增速环比 9 月回升 0.5%。

1. 物流需求结构升级，创新动能带动作用持续增强

数据显示，工业品物流需求增速小幅回升。1~10月，工业品物流总额同比增长10.9%。从当月来看，同比增长3.5%，比上月加快0.4%，工业物流需求增速有所回升。

对此，该负责人表示，综合来看，工业物流年内总体保持稳步恢复态势，10月以来能源保供效果初步显现，煤炭、电力等能源供应偏紧的问题有所缓解，工业物流环比有所改善。

从工业物流结构看，采矿业、电力热力燃气及水生产和供应业得益于能源保供政策发力、优质煤炭产能加速释放，10月分别增长6.0%、11.1%，增速比上月分别加快2.8%、1.4%。制造业升级发展态势明显，增速稳中有升。制造业中高技术、消费品行业等新动能物流发展向好，同比分别增长14.7%、6.5%，增速比上月分别加快0.7%、1.4%，对工业增长的带动作用持续增强。

进口物流量持续回落。1~10月，进口物流量同比下降1.1%；当月进口物流量下降6.6%，且连续5个月有所下降。受基数效应、季节因素及海外疫情反复等因素影响，进口物流量延续回落走势。

从不同货类看，一方面国内保供政策效应不断增强，各类生产资料进口量维持下行走势，铁矿石、石油等大宗商品进口量明显走弱。另一方面，高新技术产品、机电产品进口量仍保持较快增长。

单位与居民物品物流延续较快增长。1~10月，单位与居民物品物流总额同比增长13.0%，两年平均增长13.4%，年均增速与前三季度基本持平。

该负责人表示，自2020年疫情以来，新模式助力消费增长的作用持续显著。网络购物、电商快递稳步向好，带动物流需求规模持续扩大。前10个月，实物商品网上零售额同比增长14.6%，占社会消费品零售总额的比重达到23.7%。

2. 物流收入规模持续扩张，物流业景气指数保持在景气区间运行

数据显示，1~10月，物流业总收入9.7万亿元，同比增长16.1%，增速比上年同期提高15.2个百分点，两年平均增长8.2%。数据显示，物流市场的韧性较强，收入规模扩大，产业转型升级、模式创新的发展态势没有改变。

从结构看，邮政快递收入规模年内均保持20%左右的高速增长。邮政快递业务收入累计同比增长19.5%，在物流业总收入中的占比持续提高，对物流市场规模恢复的支撑作用显著。

该负责人表示，1~10月，中国物流业景气指数平均为53.5%，总体处于景气区间运行。10月，受节假日等因素影响，指数略有回落，但消费端物流需求较为稳定，物流业景气指数保持在景气区间运行。行业运行体现以下几个方面特点。

一是供需两端增速略有放缓。业务量和新订单指数分别为53.5%和52.7%，比上月下降1.5%和0.6%，物流企业业务和市场需求增速有所放缓。

二是物流服务价格水平持续提升。自今年以来，物流供需持续恢复改善，服务价格持续攀升，回升至较高水平。从不同运输方式来看，海运运输市场行情继续向好，综合指数高位上涨。1~10月中国沿海散货运价指数平均为1 267.93点，同比增长25.9%；中国出口集装箱运价指数平均为2 481.82点，同比增长173.7%。价格水平在前三季度较高水平的基础上继续提升，增速比前三季度提高0.8%和4.5%。公路物流运输市场稳中趋升，价格水平小幅提高。1~10月中国公路物流运价指数平均为100%，同比增长1.7%。

三是仓储和快递业持续扩张。从行业看，铁路运输业、道路运输业和水上运输业指数有所回落。在节日消费和"双十一"电商活动等因素带动下，相关企业备货增加，仓储业和快递业业务量持续回升，行业保持活跃的运行态势。

3. 物流企业延续向好发展态势，四成物流企业利润实现两位数及以上增长

该负责人指出，三季度以来，物流企业发展虽然受到局部地区疫情与汛情叠加等因素影响，但物流企业经营仍延续恢复态势。重点调查数据显示，前三季度重点物流企业物流业务收入比上年同期增长29.9%，利润增长38.0%，收入利润率为4.6%，比1~8月提高0.4个百分点。

该负责人表示，具体来看，物流企业经营状况主要呈现以下特点。

一是超五成行业利润同比增长。1~9月，超过五成物流企业实现利润同比增长，占53.0%，其中，有40%的物流企业实现利润两位数及以上增长。企业亏损面为29.2%，同比缩小3个百分点。

二是大型物流企业引领作用显著。1~9月，大型物流企业利润同比增长48%，收入利润率为4.7%，增速及盈利水平高于全部调查企业平均水平9.8和0.1个百分点。

三是资金使用效率有所提升。9月末，重点物流企业应收账款平均回收期同比减少3.2天，企业资产负债率同比下降1.2个百分点，物流企业资金周转效率有所改善。

该负责人指出，物流发展仍面临较多困难和不确定性，原材料价格高位运行推升企业经营成本上涨，中小微企业稳定恢复尚不牢固，部分区域、部分领域的供应链与产业链堵点尚存。1~9月，物流企业每百元物流收入中的成本由1~8月的下降0.7%转为增长2.9%。尤其是小微物流企业盈利空间不断受到挤压（小微企业收入利润率低于调查企业平均水平0.5个百分点）。

综合来看，1~10月物流运行总体延续较快恢复态势，物流供需总体改善，服务价格稳中有升。在此背景下，物流企业业务量保持较快增长，恢复基础得到巩固。利润保持良好增势，效益状况不断向好，盈利水平、资产负债率及资金周转状况同比持续改善。

资料来源：人民网，乔雪峰，我国物流运行总体平稳，物流收入规模持续扩张，2021年11月29日。

讨论题

1. 2021年，我国物流运行总体平稳，物流收入规模持续扩张，你认为主要原因是什么？
2. 你认为我国物流近几年的发展趋势是什么？

本章小结

物流是物品从供应地向接收地的实际流动过程。其可按照不同的标准进行分类。物流的基本活动有运输、储存、配送、装卸搬运、包装、流通加工。现代物流管理的最终目标是降低物流成本,提高物流服务的质量。本章还介绍了国内外物流发展的路径、现状,以及它们之间的差异。

复习思考题

一、单选题

1. 下列对物流概念的理解正确的是( )。
   A. 物流是物品由供应地向接收地的流动　B. 物流不具有普遍性
   C. 物流只存在一种活动　　　　　　　　D. 物流不是商品的流通
2. 从( )角度出发,物流涵盖了供应物流、生产物流、销售物流、回收物流和废弃物流等不同的范畴。
   A. 物流系统的性质　　　　　　　　　　B. 物流活动的空间范围
   C. 物流的作用　　　　　　　　　　　　D. 物流的运输方式
3. 以下属于物流对象的是( )。
   A. 建筑物　　　B. 未砍伐的森林　　　C. 矿山　　　D. 煤炭
4. 流通中包含的主要内容是( )。
   A. 生产　　　　B. 商流　　　　　　　C. 物流　　　D. 信息流
5. ( )属于物流管理组织的原则。
   A. 有效性原则　B. 及时性原则　　　　C. 无序性原则　D. 对称原则

二、多选题

1. 物流按照物流的范畴可以划分为( )。
   A. 社会物流　　B. 行业物流　　　　　C. 企业物流　　D. 国际物流
2. 物流的特点包括( )。
   A. 物流是创造价值的活动　　　　　　　B. 物流活动具有服务性
   C. 物流活动涉及的范围广泛　　　　　　D. 物流的整体性和综合性要求高
3. 现代物流的基本构成有( )。
   A. 装卸搬运、包装　　　　　　　　　　B. 流通加工、信息处理
   C. 储存、交接验收　　　　　　　　　　D. 运输、储存、配送
4. 以下属于物流管理的有( )。
   A. 采购管理　　B. 库存管理　　　　　C. 订单管理　　D. 客户服务
5. 物流对国民经济的作用包括( )。
   A. 物流是联系国民经济各部门的枢纽
   B. 物流是生产过程不断进行的前提条件
   C. 物流是进行商品流通的物质基础
   D. 降低物流成本、增加利润是促进国民经济发展的重要手段

三、判断题

1. 物流中的"物"不能包括不动产。（ ）
2. 物流是一个系统。（ ）
3. 物流包括包装、装卸、搬运、运输、仓储、流通加工和信息处理等基本活动。（ ）
4. 流通加工是特殊的物流功能要素。（ ）
5. 从20世纪90年代至今，我国物流处于快速发展期。（ ）

四、问答题

1. 何谓物流？物流管理的基本内容有哪些？
2. 进行物流成本控制应遵循哪些基本原则？物流成本控制包含哪些基本内容？
3. 物流系统的目标及发展趋势是什么？
4. 物流的分类方法有哪些？如何分类？
5. 简述现代物流与传统物流的区别。

第 2 章 物流系统

教学目标

通过本章的学习,学生应理解系统和物流系统的相关概念,了解物流系统的目标和功能,掌握如何进行物流系统分析和优化。

教学要求

知识要点	能力要求	相关知识
物流系统概述	(1) 了解物流系统的概念 (2) 了解物流系统的模式	(1) 系统的概念 (2) 物流系统的概念 (3) 物流系统的特点及组成 (4) 物流系统的模式
物流系统的目标及功能	(1) 理解物流系统的目标 (2) 理解物流系统的功能	物流系统的目标与功能
物流系统分析	(1) 了解物流系统分析的概念 (2) 了解物流系统的组成要素 (3) 了解物流系统分析常用的理论及方法	(1) 物流系统分析的概念 (2) 物流系统的组成要素 (3) 物流系统分析常用的理论及方法
物流系统优化	(1) 理解物流系统优化的基本原则 (2) 了解物流系统优化的意义 (3) 了解物流系统优化的方法	(1) 物流系统优化的基本原则 (2) 物流系统优化的意义 (3) 物流系统优化的方法

📖 **基本概念**

物流系统　物流系统模式　物流系统分析　物流系统优化

2.1 物流系统概述

2.1.1 物流系统的概念、特点及组成

1. 物流系统的概念

(1) 系统的概念。系统的定义一般可以理解为，系统是由两个或两个以上相互区别或相互作用的单元组合而成的，具有特定功能的有机整体。系统所有组成部分或要素之间的相互作用和相互依赖的某种关系，以及该系统与其所处的内部环境之间的某种关系的集合，简称关系集。每一个单元也可以称为一个子系统。系统与系统的关系是相对的，一个系统可能是另一个更大系统的组成部分；一个系统也可以继续分为更小的系统，如一个机组、一个工厂、一个部门都可以看作一个系统。物流系统是从环境中不断输入要素，经过转换处理，不断输出产品或劳务的循环过程。

一个系统的形成应具备以下三个条件。

1) 由两个或两个以上的要素组成。
2) 各要素之间相互联系、相互制约，使系统保持稳定的功能。
3) 具有一定的结构，确保其有序性，从而使系统具有特定功能。

要素是构成系统的必要因素，是系统最基本的单位，因而也是系统存在的基础和实际载体。

(2) 物流系统的概念。物流是一个系统，因为它具有系统的一般特征。物流系统是指在一定的空间和时间里，物流活动所需的机械、设备、工具、节点、线路等物质资料要素相互联系、相互制约的有机整体。它是由物流各要素组成的，要素之间存在着有机联系，使物流成为总体合理化的综合体。物流系统是社会经济大系统的一个子系统或组成部分。

2. 物流系统的特点

(1) 物流系统是一个"人机系统"。物流系统是由人和形成劳动手段的设备、工具组成的。在物流活动中，人是系统的主体。因此，在研究物流系统各个方面的问题时，要把人和物有机地结合起来，作为不可分割的整体加以考察和分析，并且始终把如何发挥人的主观能动作用放在首位。

(2) 物流系统是一个大跨度系统。物流系统的大跨度体现在：地域跨度大，通常会跨越地区界限；时间跨度大，有些商品在产需的时间方面存在很大差异。

(3) 物流系统是一个可分系统。物流系统无论其规模多么庞大，都可以分解成若干个相

互联系的子系统。这些子系统的多少和层次的阶数，是随着人们对物流的认识和研究的深入而不断扩充的。系统与子系统之间、子系统与子系统之间，存在着时间和空间上及资源利用方面的联系，也存在总的目标、总的费用以及总的运行结果等方面的相互联系。

（4）物流系统是一个动态系统。由于物流系统一端连接着生产者，另一端连接着消费者，所以，系统内的各个功能要素和系统的运行会随着市场需求、供应渠道和价格的变化而经常发生变化，这就增加了系统优化和可靠运行的难度。物流系统是一个满足社会需要、适应环境变化的动态系统，人们必须对物流系统的各个组成部分经常不断地修改、完善，这就要求物流系统具有足够的灵活性与可改变性。

（5）物流系统是一个复杂的系统。物流系统运行对象——"物"，包括全部社会物资资源，资源的大量化和多样化带来了物流的变化。物流系统的范围跨越生产、流通、消费三大领域，这些人力、物力、财力资源的组织和合理运用，是一个非常复杂的问题。在物流活动的全过程中，始终贯穿着大量的物流信息。如何把信息收集全、处理好，并使之指导物流活动，是非常复杂的事情。物流系统要通过这些信息把子系统有机联系起来，亦是一件复杂的事情。

（6）物流系统是一个多目标函数系统。物流系统的多目标常常表现为"效益悖反"现象。"效益悖反"是指物流系统各要素之间存在目标不一致的地方。例如：对物流时间，希望最短；对服务质量，希望最好；对物流成本，希望最低等。物流系统恰恰在这些矛盾中运行。要想达到其中一个目标，必然造成另一个方面的损失，在处理时稍稍不慎就会出现总体恶化的结果。要使物流系统在各个方面满足人们的需求，显然要建立物流多目标函数，并在多目标中求得物流的最佳效果。

3. 物流系统的组成

按照物流系统的构成划分，企业的物流系统可划分为作业系统和信息系统。

（1）作业系统。在运输、保管、搬运、包装、流通加工等作业中使用种种先进技能和技术，并使生产据点、物流据点、输配送路线、运输手段等网络化，以提高物流活动的效率。

（2）信息系统。在保证订货、进货、库存、出货、配送等信息通畅的基础上，使通信据点、通信线路、通信手段网络化，提高物流作业系统的效率。

2.1.2 物流系统的模式

一般来说，物流系统具有输入、系统转化处理、输出、干扰（制约）和反馈等功能，其具体内容因物流系统的性质不同而有所区别，如图2-1所示。

（1）输入。输入包括原材料、设备、劳动力、能源等。通过提供资源、能源、设备、劳动力等手段对某一系统发生作用，统称为外部环境对物流系统的输入。

（2）系统转化处理。系统转化处理是指物流本身的转化过程。从输入到输出之间所进行的生产、供应、销售、服务等活动中的物流业务活动称为物流系统的处理或转化。具体内容有：物流设施设备建设、物流业务活动（如运输、储存、包装、装卸、搬运等）、信息处理及管理工作。

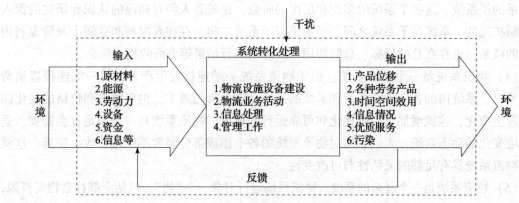

图 2-1 物流系统的模式

(3) 输出。物流系统的输出则指物流系统与其本身所具有的各种手段和功能，对环境的输入进行各种处理后所提供的物流服务。具体内容有：产品位移、各种劳务产品（如合同的履行及其他服务等）、时间空间效用、信息情况、优质服务和污染。

(4) 干扰。外部环境对物流系统施加一定的约束称为外部环境对物流系统的干扰。具体内容有：资源条件、能源限制、资金与生产能力的限制、价格影响、需求变化、仓库容量、装卸与运输的能力、政策的变化等。

(5) 反馈。物流系统在把输入转化为输出的过程中，由于受系统各种因素的限制，不能按原计划实现，需要把输出结果返回给输入并进行调整。即使按原计划实现，也要把信息返回，以对工作做出评价。信息反馈的活动包括：各种物流活动分析报告、各种统计报告数据、典型调查、相关市场信息与有关动态等。

发展至今，物流系统是典型的现代机械和电子相结合的系统。现代物流系统由半自动化、自动化以及具有一定智能的物流设备和计算机物流管理与控制系统组成。任何一种物流设备都必须接受物流系统计算机的管理控制，接受计算机发出的指令，完成其规定的动作，反馈动作执行的情况或当前所处的状况。智能程度较高的物流设备具有一定的自主性，能更好地识别路径和环境，自身带有一定的数据处理功能。现代物流设备是在计算机科学和电子技术的基础上，结合传统的机械学科发展出的机电一体化的设备。

从物流系统的管理和控制来看，计算机网络和数据库技术的采用是整个系统得以正常运行的前提，仿真技术的应用使物流系统设计处于更高的水平。物流已经成为并行工程的基础和计算机集成制造系统（computer integrated manufacturing system，CIMS）的组成部分。

2.2 物流系统的目标及功能

2.2.1 物流系统的目标

现代物流管理追求的目标可以概括为"7R"：将适当数量（right quantity）的适当产品

（right product），在适当的时间（right time）和适当的地点（right place），以适当的条件（right condition）、适当的质量（right quality）和适当的成本（right cost）交付给客户。具体来讲，通过加强物流系统管理可以实现"7R"。

建立物流系统主要是为了实现物流系统合理化，获得宏观效益和微观效益，从而进行物流系统管理。

建立物流系统是为了达到以下五个目标。

1. 服务目标

物流系统是"桥梁、纽带"，作用于流通系统的一部分，它联结着生产与再生产、生产与消费。因此，要求其有很强的服务性（service）。物流系统采取送货、配送等形式，就是其服务性的体现。在技术方面，近年来出现的"准时供货方式""柔性供货方式"等，也是其服务性的表现。

2. 快速、及时目标

快速、及时（speed）目标也称快捷目标。及时性不但是服务性的延伸，还是流通对物流提出的要求。快速、及时既是一个传统目标，更是一个现代目标。其原因是，随着社会大生产的发展，这一要求更加强烈了。在物流领域采取的诸如直达物流、联合一贯运输、高速公路、时间表系统等管理和技术，就是这一目标的体现。

3. 节约目标

节约（space saving）目标也称有效利用面积和空间目标。节约是经济领域的重要规律。在物流领域中除流通时间的节约外，由于流通过程消耗大，而且基本上不增加或提高商品使用价值，所以利用节约来降低投入，是提高相对产出的重要手段。

4. 规模化目标

规模化（scale optimization）目标也称规模适当目标。以物流规模作为物流系统的目标，以此来追求"规模效益"。生产领域的规模生产早已为社会所承认。由于物流系统比生产系统的稳定性差，因而难以形成标准的规模化格式。在物流领域以分散或集中等不同方式建立物流系统，研究物流集约化的程度，就是规模优化这一目标的体现。

5. 库存调节目标

库存调节（stock control）目标也称库存控制目标。这一目标是服务性的延伸，也是宏观调控的要求，当然，也涉及物流系统本身的效益。在物流领域中，正确确定库存方式、库存数量、库存结构、库存分布就是这一目标的体现。

2.2.2 物流系统的功能

1. 运输功能

运输是物流的核心业务之一，也是物流系统的一个重要功能。选择合适的运输手段对于物流效率具有十分重要的意义。在决定运输手段时，必须权衡运输系统要求的运输服务和运输成本。可以以运输的服务特性作为判断的基准，包括：运费，运输时间、频度，运输能力，货物的安全性，时间的准确性、适用性、伸缩性、网络性和信息等。

2. 仓储功能

物流系统现代化仓储功能的设置，以生产支持仓库的形式，为有关企业提供稳定的零部件和材料供给，将企业独自承担的安全储备逐步转为社会承担的公共储备，减少企业经营的风险，降低物流成本，促使企业逐步形成零库存的生产物资管理模式。

3. 包装功能

为使物流过程中的货物完好地运送到用户手中，并满足用户和服务对象的要求，物流企业需要对大多数商品进行不同方式、不同程度的包装。包装分为运输包装和商品包装两种。运输包装的作用是按单位分开产品，便于运输，并保护在途货物。商品包装的目的是便于最后的销售。因此，包装的功能体现在保护商品、单位化、便利化和商品广告等几个方面，前三项属于物流功能，最后一项属于营销功能。

4. 装卸搬运功能

装卸搬运是随运输和保管而产生的必要物流活动，是对运输、保管、包装、流通加工等物流活动进行衔接的中间环节，以及在保管等活动中为检验、维护、保养所进行的装卸活动，如货物的装上卸下、移送、拣选、分类等。装卸作业的代表形式是集装箱化和托盘化，使用的装卸机械设备有吊车、叉车、传送带和各种台车等。在物流活动的全过程中，装卸搬运活动是频繁发生的，因而是产品损坏的重要原因之一。对装卸搬运的管理，主要是对装卸搬运方式、装卸搬运机械设备的选择、合理配置与使用，以及装卸搬运合理化，以尽可能减少装卸搬运次数，节约物流费用，获得较好的经济效益。

5. 流通加工功能

流通加工功能是在物品从生产领域向消费领域流动的过程中，为了促进产品销售，维护产品质量和实现物流效率化，对物品进行加工处理，使物品发生物理或化学性变化的功能。这种在流通过程中对商品进一步的辅助性加工，可以弥补企业、物资部门、商业部门在生产过程中加工程度的不足，更有效地满足用户的需求，更好地衔接生产和需求环节，使流通过程更加合理化。这是物流活动中的一项重要的增值服务,也是现代物流发展的一个重要趋势。

流通加工的内容有装袋、定量化小包装、拴牌子、贴标签、配货、挑选、混装、刷标记等。流通加工功能的主要作用表现在:进行初级加工,方便用户;提高原材料利用率;提高加工效率及设备利用率;充分发挥各种运输手段的最高效率;改变品质,提高收益。

6. 配送功能

配送功能的设置,可采取物流中心集中库存、共同配货的形式,使用户或服务对象实现零库存,依靠物流中心的准时配送,而无须保持自己的库存或只需保持少量的保险储备,减少物流成本的投入。配送是现代物流的一个最重要的特征。

7. 信息服务功能

现代物流是需要依靠信息技术来保证物流系统正常运作的。物流系统的信息服务功能,包括进行与上述各项功能有关的计划、预测、动态(运量,收、发、存数)的情报及有关的费用情报、生产情报、市场情报活动。财物流情报活动的管理,要求建立情报系统和情报渠道,正确选定情报科目和情报的收集、汇总、统计、使用方式,以保证其可靠性和及时性。

从信息的载体及服务对象来看,该功能还可分成商流信息服务功能和物流信息服务功能。商流信息主要包括进行交易的有关信息,如货源信息、物价信息、市场信息、资金信息、合同信息、付款结算信息等。商流中的交易、合同等信息,不但提供了交易的结果,也提供了物流的依据,是两种信息流主要的交汇处。物流信息主要是物流数量、物流地区、物流费用等信息。物流信息中的库存量信息,不但是物流的结果,也是商流的依据。

物流系统的信息服务功能只有建立在计算机网络技术和国际通用的电子数据交换(EDI)信息技术基础之上,才能高效地实现物流活动一系列环节的准确对接,真正创造"场所效用"及"时间效用"。可以说,信息服务是物流活动的中枢神经,该功能在物流系统中处于不可或缺的重要地位。

信息服务功能的主要作用表现为:缩短从接受订货到发货的时间;库存适量化;提高搬运作业效率;提高运输效率;使接收订货和发出订货更为省力;提高订单处理的精度;防止发货、配送出现差错;调整需求和供给;提供信息咨询服务等。

2.3 物流系统分析

2.3.1 物流系统分析的概念

现代物流学的核心问题就是用系统的观点来研究。

物流系统分析是指在一定的时间和空间里,将其所从事的物流活动和过程作为一个整体来处理，以系统的观点、系统工程的理论和方法进行分析研究，以实现其时间和空间的经济效益，或者更详细地描述，是指从对象系统整体最优出发，在优先系统目标、确定系统准则的基础上，根据物流的目标要求，分析构成系统各级子系统的功能和相互关系，以及系统同环境的相互影响，寻求实现系统目标的最佳途径。

进行物流系统分析时要运用科学的分析工具和计算方法，对系统的目的、功能、结构、环境、费用和效益等进行充分、细致的调查研究，收集、比较、分析和处理有关数据，建立若干个拟订方案，比较和评价物流结果，寻求系统整体效益最佳和有限资源配备最佳的方案，为决策者最后的抉择提供科学依据。

物流系统分析的目的在于通过分析，比较各种拟订方案的功能、费用、效益和可靠习惯等各项技术、经济指标，向决策者提供可帮助做出正确决策的资料和信息。所以，物流系统分析实际上就是在明确目的的前提下，分析与确定系统所应具备的功能和相应的环境条件。

根据系统分析的基本含义，物流系统分析的主要内容有系统目标、系统结构、替代方案、费用和效益、系统模型、系统优化、系统的评价基准及评价等。

2.3.2 物流系统的组成要素

1. 一般要素

（1）人的要素，人是所有系统的核心要素，也是系统的第一要素。
（2）资金要素，资金是所有企业系统的动力。
（3）物的要素，包括物流系统的劳动对象，即各种实物。
（4）信息要素，包括物流系统所需要处理的信息，即物流信息。

2. 功能要素

物流系统的功能要素指的是物流系统所具有的基本能力，这些基本能力有效地组合、联结在一起，变成了物流系统的总功能，便能合理、有效地实现物流系统的总目的。

功能要素主要包括运输、储存保管、包装、装卸搬运、流通加工、配送、物流信息等要素。

3. 流动要素

（1）流体，即"物"。
（2）载体，即承载"物"的设备和这些设备据以运作的设施，如汽车和道路。
（3）流向，即"物"转移的方向。
（4）流量，即物流的数量表现。
（5）流程，即物流路径的数量表现，也就是物流经过的里程。
（6）流速，即流体流动的速度。

（7）流效，即流体流动的效率和效益、成本与服务等。

4. 支撑要素

（1）法律制度，决定物流系统的结构、组织、领导、管理方式，是物流系统的重要保障。

（2）行政命令，是决定物流系统正常运转的重要支持要素。

（3）标准化，是保证物流环节协调运行，保证物流系统与其他系统在技术上实现联结的重要支撑条件。

（4）商业习惯，是整个物流系统为了使用户达到满意所提供服务的基本要求，了解商业习惯，将使物流系统始终以客户为主进行运营，从而达到企业的目的。

5. 物质基础要素

（1）基础设施是组织物流系统运行的基础物质条件，包括物流场站、物流中心、仓库、物流线路、建筑、公路、铁路、港口等。

（2）物流装备是保证物流系统开动的条件，包括仓库货架、进出库设备、加工设备、运输设备、装卸机械等。

（3）物流工具是物流系统运行的物质条件，包括包装工具、维修保养工具、办公设备等。

（4）信息技术及网络是掌握和传递物流信息的手段，根据所需信息水平的不同，包括通信设备及线路、传真设备、计算机及网络设备等。

（5）组织及管理是物流系统的"软件"，起着连接、调运、运筹、协调、指挥其他各要素以保障物流系统目的的实现的作用。

2.3.3 物流系统分析常用的理论及方法

1. 数学规划法（运筹学）

这是一种对系统进行统筹规划，寻求最优方案的数学方法。其具体理论与方法包括线性规划、动态规划、整数规划、排队规划和库存论等。这些理论和方法都是为了解决物流系统中物流设施选址、物流作业的资源配置、货物配载、物料储存的时间与数量等问题。

2. 统筹法（网络计划技术）

统筹法，是指运用网络来统筹安排、合理规划系统的各个环节。它用网络图来描述活动流程的线路，把事件作为节点，在保证关键线路的前提下安排其他活动，调整相互关系，以保证按期完成整个计划。该项技术可用于物流作业的合理安排。

3. 系统优化法

在一定的约束条件下，求出使目标函数最优的解。物流系统包括许多参数，这些参数相互制约、互为条件，同时受外界环境的影响。系统优化研究的内容就是在不可控参数变化时，根据系统的目标，如何确定可控参数的值，以使系统达到最优状况。

4. 系统仿真

利用模型对实际系统进行仿真实验研究。根据系统分析的目的，在分析系统各要素性质及其相互关系的基础上，建立能描述系统结构或行为过程的，且具有一定逻辑关系或数量关系的仿真模型，据此进行试验或定量分析，以获得正确决策所需的各种信息。

5. 其他方法

主因素分析法、层次分析法、聚类分析法、遗传算法、模拟退火算法等方法是近年来的流行方法。

2.4 物流系统优化

2.4.1 物流系统优化的基本原则

对于大多数的企业来说，物流系统优化是其降低供应链运营总成本的最显著的商机所在。但是，物流系统优化过程不仅要投入大量的资源，而且是一项需要付出巨大努力、克服困难和精心管理的过程。美国领先的货运计划解决方案供应商 Velant 公司的总裁和 CEO 唐·拉特利夫（Don Ratliff）博士集 30 余年为企业提供货运决策优化解决方案的经验，在 2002 年美国物流管理协会（CLM）年会上提出了"物流优化的 10 项基本原则"，并认为通过物流决策和运营过程的优化，企业可以获得降低物流成本 10%～40% 的商业机会。这种成本的节约必然转化为企业投资回报率的提高。这 10 项基本原则是：目标、模型、数据、集成、表述、算法、计算、人员、过程和回报。

2.4.2 物流系统优化的意义

改善物流系统，既是企业自我完善的需要，也是适应市场变化的需要。顾客需求愈来愈突出个性化，导致不确定性增加，迫使企业必须快速准确地对快速变化的市场做出正确的反应。另外，日益激烈的市场竞争给企业带来了更大的压力。随着经济全球化和知识经济时代的到来，无国界化企业经营的趋势愈来愈明显，整个市场竞争呈现出明显的国际化和一体化。与此同时，高新技术的迅猛发展提高了生产效率，缩短了产品更新换代的周期，加剧了市场竞争的激烈程度。因此,企业物流管理如何适应新的竞争环境已成为我国企业关注的焦点。通过对我国企业面临的环境和挑战的分析,要求企业必须把物流系统优化提上日程。

现代物流系统中,物料的搬运系统及组织管理的工作,常常要求对物资进行统一分配、合理调运、正确规划、全面安排,因而经常会有多种解决方案。例如,制订最佳的投资计划和生产计划,认真选择最佳的生产布局和物料搬运系统流程,确定产品最佳的配套生产方案,制订最佳的物质调运计划等。衡量最佳方案的标准可以从不同的角度出发,以求得某项指标达到最大值或最小值。例如,要求企业的劳动生产效率最高、资源的利用率最高等,这些都是物流系统优化所要研究和解决的问题。

2.4.3 物流系统优化的方法

常用的物流系统优化方法有以下几种。

(1) 数学规划法。数学规划法包括静态优化规划法和动态优化规划法。这是一种对系统进行统筹规划,寻求最优方案的数学方法。其具体理论与方法包括线性规划、动态规划、整数规划、排队规划和库存论等。这些理论和方法都是为了解决物流系统中物流设施选址、物流作业的资源配置、货物配载、物料储存的时间与数量等问题;主要运用线性规划解决物资调运、分配和人员分派的优化问题;运用整数规划法选择适当的厂(库)址和流通中心位置;采用扫描法对配送路线进行扫描求优。

(2) 分支限界法。根据智能化的判定函数,只产生解的部分状态空间树,从而加速搜索过程。运筹学中的博弈论和统计决策也是较好的优化方法,通过计算小部分可行解即可以找到最优解。

(3) 禁忌搜索法。这种方法属于一种人工智能型的局部搜寻方法,是对局部领域搜索的一种扩展,是一种全局逐步寻优算法。通过引入一个灵活的存储结构和相应的禁忌表来避免重复搜索,并通过藐视准则赦免一些被禁忌的优良状态。

(4) 模拟退火算法。模拟退火算法又称模拟冷却法、概率爬山法等。它是基于迭代求解策略的一种随机寻优算法,源于对固体退火过程的模拟,采用 Metropolis 接受准则,并用一组称为冷却进度表的参数来控制算法的进程,使算法在多项式时间内给出一个近似最优解。

(5) 遗传算法。它具有求解组合优化问题的良好特性,是一种比较通用的优化算法,编码技术和遗传操作比较简单,主要操作有选择、交叉和变异。

(6) 蚁群算法。这是一种全局启发式算法,是一种自适应、自组织、本质上并行的方法,是一种正向反馈的方法,可以促使整个系统向最优解进化,而且参数少、易于调整,易于移植到其他组合优化问题。

(7) 微粒群优化算法。这是在模拟鸟群觅食过程中的迁徙和群集行为时提出的一种基于群体智能的演化计算技术。该算法属于求解全局最优化的群体智能算法,具有能并行处理、鲁棒性好等特点,计算效率比传统随机方法高。自提出以来,该算法已得到了学术界的高度关注,在许多领域得到了非常成功的应用,如神经网络训练、预测控制、多目标优化等。

案例研究　　智慧物流系统来了，这个"双十一"你的货物将如期而至

期待已久的"双十一"购物节终于来了，早已下单的你是否会担心"双十一"期间买的物品一个月后才能到？其实，每年的"双十一"购物节都是对快递行业的一次大考，虽然快递包裹越来越多，但是快递并没有变慢，反而越来越快了。这究竟是为什么呢？为什么快递行业面对海量得快递订单反而处理得越来越快了？这就要提到快递行业的高科技助手——智慧物流。

什么是智慧物流？智慧物流是指以物联网技术为基础，综合运用大数据、云计算、区块链及相关信息技术，通过全面感知、识别、跟踪物流作业状态，实现实时应对、智能优化决策的物流服务系统。智慧物流通过依靠互联网、大数据、智能硬件等科技手段，实现物流系统中各个环节的可视化、智能化、信息化和可控化。

1. 智慧物流的应用

（1）分拣环节。在快递的分拣环节，以前需要分拣员对包裹逐个进行扫码入库。而现在，以智能分拣装备为核心的多类型技术装备广泛应用，在很大程度上提高了包裹分拣效率，避免了以往因快递过多所产生的"爆仓"问题。例如，中科院微电子所研究员李功燕的研究团队最新研制的智能物流输送分拣系统，就可完成每小时平均处理十余万件包裹的工作量，单套系统便可以节约人力成本超70%。

（2）仓储环节。传统仓储需要工作人员一一进行手动扫描货物入库，如今智慧物流系统下的智慧仓库，可以凭借传感器及识别技术实现机器自动操作。

通过安装 RFID（射频识别技术）标签，工作人员可以对货物、托盘和操作硬件等资产进行标记，及时获取并传送订单内容和位置等有关信息，做到实时监控货物出入库情况。

（3）配送环节。在快递行业，基于深度神经网络的细粒度分拣码自动生成引擎技术，可实现对货品地址的自学习与自分析，自动生成的分拣和配送编码，能够直接取代传统的邮政编码，从而实现海量包裹的快速分拣和配送。

同时，智慧物流背景下的配送工具也出现了革新。例如2021年"双十一"期间，不少高校都出现了智能物流机器人。这些具有自动驾驶功能的物流机器人，有助于减少人力成本，降低交通安全隐患，以及避免新冠疫情期间人际接触带来的防疫隐患。

2. 智慧物流的发展方向

技术对物流行业的驱动，在未来主要体现在以下几个方面：一是感应，即促使物流行业整个场景实现数字化；二是互联，使整个供应链中每个元素可以有机联动；三是智能，即供应链中相关决策将实现自动化和智能化。

我们相信，随着技术的不断赋能，智慧物流将给物流行业带来更高效便捷的服务、更低廉的成本和更智能化的明天。

资料来源：宋文珍，张玥.人民网.智慧物流来了，这个'双十一'您的货物将如期而至"，2021年11月10日。

讨论题

1. 智慧物流系统的特点是什么？它给物流带来了什么改变？
2. 企业在进行智慧物流设计时需考虑哪些关键因素？

本章小结

本章首先给出了系统和物流系统的概念，然后对物流系统的特点、模式、目标、功能进行分析，最后进行物流系统优化的讨论。

复习思考题

一、单选题

1. 物流系统的主要目标是（　　）。
   A. 追求时间和空间效益　　　　　　B. 使运输效率提高
   C. 减少成本　　　　　　　　　　　D. 提高物流服务水平
2. 物流系统从简单的管理方式迅速向自动化管理演变的条件是（　　）。
   A. 管理理念的发展　　　　　　　　B. 自动物流设备的进步
   C. 人们的需要　　　　　　　　　　D. 计算机科学和自动化技术的发展
3. （　　）是现代物流的一个最重要特征。
   A. 运输　　　　　　　　　　　　　B. 仓储
   C. 配送　　　　　　　　　　　　　D. 流通加工
4. 以下哪个是物流系统的功能？（　　）。
   A. 输入　　　　　B. 输出　　　　　C. 转换　　　　　D. 运输
5. 在物流系统中，产品关系对物流系统的影响不表现在（　　）。
   A. 产品价格和密度　　　　　　　　B. 产品的易破损程度
   C. 产品的特殊搬运要求　　　　　　D. 产品的需求量

二、多选题

1. 一般来讲，物流系统的输入是指物流成本，而物流系统的输出是由（　　）三个部分组成的。
   A. 竞争优势　　　B. 客户服务　　　C. 订单响应　　　D. 企业效益
2. 流通加工功能的主要作用表现在（　　）。
   A. 进行初级加工，方便用户　　　　B. 提高原材料利用率
   C. 提高加工效率及设备利用率　　　D. 充分发挥各种运输手段的最高效率
3. 物流系统中，根据使用目的，仓库的形式可分为（　　）。
   A. 配送中心（流通中心）型仓库　　B. 存储中心型仓库
   C. 物流中心型仓库　　　　　　　　D. 流通加工中心型仓库
4. 以下哪些是物流系统的功能？（　　）。
   A. 运输功能　　　　　　　　　　　B. 仓储功能
   C. 包装功能　　　　　　　　　　　D. 配送功能
   E. 信息服务功能

5. 物流系统的物质基础要素包括（　　）。
   A. 基础设施　　　　　　　　　B. 物流设备
   C. 物流工具　　　　　　　　　D. 信息技术及网络
   E. 组织与管理

三、判断题

1. 物流系统是指由两个或两个以上的物流功能单元构成，以完成物流服务为目的的有机集合体。（　　）
2. 物流系统是一个大跨度系统，这反映在两个方面：一是地域跨度大，二是时间跨度大。（　　）
3. 物流系统稳定性较好而动态性较弱。（　　）
4. 物流系统的复杂性使系统结构要素间有非常强的"悖反"现象，常称之为"交替损益"或"效益悖反"现象，处理时稍有不慎就会出现系统总体恶化的结果。（　　）
5. 物流信息中的库存量信息，不但是物流的结果，也是商流的依据。（　　）

四、问答题

1. 物流系统的特点有哪些？
2. 建立物流系统的目标是什么？
3. 借助优化的算法来解决物流优化方案的关键问题有哪些？
4. 信息服务功能的主要作用表现在哪里？
5. 在设计和管理物流系统时，应从哪几个方面进行考虑？

物流功能要素

第 3 章 运输与配送管理
第 4 章 仓储与库存管理
第 5 章 包装与流通加工
第 6 章 装卸搬运
第 7 章 物流信息服务

第3章 运输与配送管理

教学目标

通过本章的学习,学生应该认识运输和配送的重要性,掌握运输原理及各种运输方式的特点,正确理解运输合理化的概念和运输合理化的具体措施,掌握配送中心的概念、功能、分类和作业,掌握配送路线确定的原则和方法。

教学要求

知识要点	能力要求	相关知识
运输及其方式选择	(1) 了解运输的概念和原理 (2) 了解基本的运输方式 (3) 熟悉不同运输方式的特点与选择	(1) 运输的概念和原理 (2) 基本的运输方式 (3) 不同运输方式的特点与选择
运输合理化和管理决策	(1) 了解运输合理化的含义和要素 (2) 了解不合理运输形式 (3) 掌握运输合理化的形式	(1) 运输合理化的含义和要素 (2) 不合理运输形式 (3) 运输合理化的形式
配送与配送中心	(1) 了解配送与配送中心的概念 (2) 了解配送中心的概念和分类 (3) 掌握配送中心的工作流程 (4) 了解配送中心的功能	(1) 配送与配送中心概述 (2) 配送中心的概念和分类 (3) 配送中心的工作流程 (4) 配送中心的功能
配送模式与配送合理化	(1) 了解配送模式 (2) 熟练掌握配送合理化方法	(1) 配送模式 (2) 配送合理化
配送作业管理	(1) 了解配送作业管理的意义 (2) 了解配送作业管理的内容 (3) 熟练掌握配送计划的制订	(1) 配送作业管理的意义 (2) 配送作业管理的内容 (3) 配送计划的制订

📖 **基本概念**

运输　运输合理化　配送　配送中心　配送合理化

3.1 运输及其方式选择

运输是国民经济的一个重要产业，是物流活动的一个重要组成部分。在电子商务环境下，如果没有供应商与客户间的物品运送，有形产品的贸易将不能实现。合理的运输方式、路线选择对于成本控制、物流效率提高具有重要作用。

3.1.1 运输的概念、原理及其作用

1. 运输的概念

修订后的国家标准《物流术语》（GB/T 18354—2021）中对运输的定义为：利用载运工具、设施设备及人力等运力资源，使货物在较大空间上产生位置移动的活动。

运输具有以下特点：①运输是把产品从生产地运往消费地的活动，从社会生产过程来说，运输生产是在流通过程中完成的；②运输生产不像工农业生产那样改变劳动对象的物理、化学性能及外观形态，不创造新的实物形态的产品，只是改变劳动对象的空间位置；③运输属于边生产、边消费，其创造的产品不具实物形态，既不能储存，也不能调拨。因此，在满足需求的情况下，多余的运输支出就是一种浪费。

2. 运输的原理

规模经济和距离经济是指导运输管理与营运的两个基本原理。

规模经济是指随着装载规模的增长，每单位重量的运输成本下降，整车装运的单位成本低于零担装运。这主要是因为转移一票货物越重，就越能摊薄与此有关的固定费用（接收运输订单的管理费用、开票及设备使用费用等）。

距离经济是指每单位距离的运输成本随距离的增加而减少。与规模经济类似，距离越长，固定费用分摊给更多的公里，导致每公里支付的总费用降低，如具有同样重量的货物运输 100 公里，一次装运成本要低于两次装运成本。综上所述，集中运输可以为企业获得运费的折扣，运输费率（吨公里）随距离的增加而减少。

3. 高效运输系统的重要作用

高效运输系统会使社会各方面受益。高效运输系统会加剧市场竞争，使全社会受益，从而提高人们的生活水平。如果运输系统落后，市场局限在生产地的周边，当 A 地产品要销往

B 地，只有在 A 地的生产成本小于 B 地很多时，即 A、B 两地生产者成本之间的差异可以抵消由 A 到 B 市场的运输成本时，竞争才可能发生。

高效运输系统有利于商品流通规模和范围扩大。随着交通设施建设发展，运输网路的延伸及线路承载能力的提高，商品流通规模和范围也扩大，这有利于销售区域的扩大。运输成本是物流中较大的成本之一，占产品售价相当大的部分，尤其是一些单位重量大、价值较低的产品，如我国常常出现的丰收后滞销的农产品。尽管费用高昂的燃料、车辆和司机使运输成本提高，但由于车辆运输的改进、环太平洋地区制造商的有效运作以及到欧洲的运输费用低廉，客观地说，运输相对成本实际上是在下降。单位产品的成本降低，使企业可以用低价格与各地的生产者竞争。

高效运输系统直接影响企业、车间、仓库、供货商等的选址，企业的存货水平、产品使用的包装等很大程度上也受运输方式选择的影响。如果组织在某一处的设施可以覆盖广泛的区域，那么相对廉价的运输就能改变供应链的形状，从一处设施就可以向特定地区的任何地方以相对廉价的方式快速运送物料，这使许多组织将全国性的仓库转换成能覆盖广阔区域的地区性仓库（配送中心）。

运输费率是物流的重要考虑因素，影响到整个配送方案。如果一个组织利用第三方运输，在设施间运送一单位物料的价格即为费率。它由提供服务的成本，相对客户的价值，运送距离，物品的重量、尺寸、价值，行程的复杂程度等决定。运输费率通常由运输公司、政府政策或垄断供应商的协议所决定，如海运同盟公司在目的地间协定费率；大型运输公司利用行业协会制定费率；政府因为拥有铁路和公路，可以通过垄断地位固定运价。运输服务的使用者对费率影响很小。运输行业竞争激烈，大客户的协商会卓有成效。

运输决定物流的时间和速度，如果能准时、准确、保质地将产品送达用户，将有助于企业提高用户服务水平，由此提高用户满意度。

3.1.2 基本的运输方式

货物运输方式是指运输过程中所使用的基础设施形成的铁路、公路、水上、航空和管道运输及不同运输方式的复合运输。运输方式类型如表 3-1 所示。

表 3-1 运输方式类型

基本运输	陆路运输	公路运输
		铁路运输
	水路运输	河流及运河运输
		沿海运输
		远洋运输
	航空运输	
	管道运输	
复合运输	成组运输	
	多式联运	

每种方式都有不同的特点，在特定环境下，最优选择要依赖运送物品的种类、场所、距离、价值等。例如，要把货物从广州运到南京可以选择铁路、航空或者公路运输；如果想把服装从我国运往纽约，会选用海运模式；如果想把煤气从新疆运往上海，应选择管道运输；如果需要横跨大洋的包裹快递服务，可用航空运输。对于大批量需要越洋运输的货物，还可选择以复合运输的方式进行多式联运。

1. 陆路运输

（1）公路运输。公路运输虽从20世纪初才兴起，但发展极为迅速，成为使用最为广泛的运输方式。公路运输的主要优点：首先是机动性强，能到达任何地方，并提供门到门的服务，减少了与其他方式的转换，货物到达最终用户环节几乎都需要汽车运输的配合；其次是使用者不必自己修建和维护自己的路线，能利用现有的公路网络，同时车辆不必遵守严格的时间表，可以立即上路。因此，公路运输可以较为精确地控制运输时间，这种得天独厚的优势，成为实施准时制生产战略的企业的首选运输方式，如从上海发到江浙地区的货物，就会选择这种运输方式。还有货运车辆投入的资金较低，可以用来运载多条线路的不同货物，与铁路运输的承运商在某些线路的垄断相比，公路运输在同区域内有大量的承运人经营，由于有众多的运营商，故竞争变得异常激烈，导致价格更具有弹性。

公路车辆有许多不同的类型，其中很多是为特定用途设计的，在不同的国家有不同的法规。由于重量和尺寸的限制，公路经常用于小批量货物运输，这样会使运输变得相对昂贵。因此，公路一般用于短途运输，其运输的经济半径一般为300公里。公路用于制成品的运输要比原材料的运输多。另一个问题是汽车容易造成道路交通拥挤，交货延误。与其他运输方式相比，还存在货物更易受到偷盗和环境污染的问题。

（2）铁路运输。铁路运输的主要优点：首先是运载量大，一旦基础设施在适当的位置建好，它的通货能力就比较高，单位运价相对较低，因此，大量笨重、体积庞大、价值较低的货物，如煤炭、木材的长距离运送通常使用铁路，铁路在供应链的上游部分应用得更为广泛；其次，火车可维持一个稳定的速度，并能与其他模式联合运送集装箱和散装货物，铁路对长距离运输更为有效。与公路运输中汽运公司通过租用车辆和使用公共道路就可以运营相比，铁路运营商必须在运营前修建铁路和终端设施，由于对铁路、机车和终端设施的巨大投资，大多数国家的铁路由政府投资兴建和运营。因此，铁路运输承运人数量很少，几乎都是公共承运人（向所有其他组织提供服务），即使铁路服务不是全国性的，政府也允许（接近）垄断。通常在两地间修建的一条铁路有足够的能力满足所有的需求。因此，竞争者再运营同样的设施便不可行。这也是阻碍竞争者进入的一个因素。

2. 水路运输

（1）水路运输的类型。水路运输主要有河流及运河运输（通常称为内河水路）、沿海运输（将物料从一个港口沿近海运往另一个港口）和远洋运输（横跨主要海洋）三种类型。许多国家都有发展完善的河流及运河运输，如加拿大和美国利用的圣劳伦斯河、欧洲的莱茵河、我国的长江和京杭大运河。目前,世界许多国家的内河运输在货物,尤其在散货运输中仍起着重要作用。人们常常将内河运输与小批量、狭窄的小船和驳船联系在一起。

(2) 水路运输的特点。

大多数运输由穿梭于世界航线的大型船只完成,世界贸易的90%靠海上运输,海运对一个国家的国际贸易发展非常重要。水路运输的主要优点是长距离运输、运费低廉,原材料可以散装上船、节能,适用于重物和大批量货物运输。水路运输的主要缺点:第一,它被限制在固定港口,从供应商到客户的运输不可避免地要转换运输方式,即使靠近港口也要如此,搬运费用偏高;第二,它的速度慢,在港口加固及搬运货物需要时间,还有易受天气影响,运输时间难以保证准确;第三,港口建设费用相对较高。

(3) 水路运输船只的类型。

1) 应用标准设计的杂货船,可以装载所有类型的大宗货物。尽管一些船有侧门,车辆可以出入,但是货物装卸常常要用起重机,世界上的许多港口都设有起重设施。因此,应用标准设计的杂货船是世界广泛使用的船只。

2) 散货船,专门装运廉价的散装大宗货物,如粮食或矿石。油轮可装运任何流体,但到目前为止,主要运送石油。由于规模经济,这些船只的容量需要尽可能大。

3) 集装箱船,是专门设计用于运送标准箱的船只,其能力通常以标准箱(20英尺⊖标准货柜)或集装箱大箱(40英尺标准货柜)来规定。一般的集装箱船大约可以运送5 000箱,大一些的可以运送10 000箱。

4) 渡船,通常称为滚上滚下船只(roll on/roll off ship),用于海上相对短距离的运输,如烟台与大连间的近海运输。在欧洲和美国也有长途的滚装船路线。

5) 驳船,挂在远洋航行的拖船后面,用于海面状况较稳定的短途运输,如在美国和波多黎各之间运输。其优点是比一般船只廉价。

6) 两用船。除了专用船之外,也有许多其他设计,以适应国际贸易的发展。例如,利用两用船运输,可以先把汽车运到美国,然后把散装谷物运到日本的滚上滚下/集装箱船;从中东装运石油,回程运送矿石的油类散货两用船。一个更为普遍的组合是乘客/集装箱船,能保证乘客在港口的优先待遇。

(4) 水路运输的主要程序。

第一步:揽货。制定船期表、分送客户,并在有关的航运期刊上刊载。

第二步:订仓。托运人或其代理人向承运人申请货物运输,承运人对这种申请予以承诺。

第三步:装船。托运人应将托运的货物送至码头承运船舶的船边,并进行交接,然后将货物装到船上。

第四步:卸货。将船舶所承运的货物在卸货港从船上卸下,并在船边交给收货人或代理收货人,然后办理货物的交接手续。

⊖ 1英尺=0.304 8米。

第五步：交付货物。实际业务中，船舶公司凭提货单将货物交付给收货人的行为。

第六步：保函。保函即保证书，作用包括凭保函交付货物、凭保函签发货物提单、凭保函签发预借提单等。

3. 航空运输

航空运输主要有三种类型：①定期服务，主要航线利用客机上的剩余空间运送包裹。②货物服务，即运营商定期运营货机，运营商都是公共承运人，为所有用户运送物品。③包机服务，整架飞机受雇于特定的运输。

航空运输能同时运送一定数量的货物，这些物品的运输速度比费用更重要。实际上，它把空运货物限制在一个较低的数量上，即贵重货物的运输。最普通的运送物品也许就是文件和包裹了，如联邦快递和联合速递公司。与水运相同，航空运输有取送物料的问题。在主要机场有各种设施用于从货源向机场运送物料，然后从机场运到用户那里。但是这些转运会占用时间，降低了航空运输的优势。航空运输的另一个问题是成本，对其控制很小，既有高的固定成本（飞机购买费用），又有高的可变成本（燃料费、着陆费、员工工资等），维护飞机起飞的费用高昂，并且没有降低这些成本的可行方法。

4. 管道运输

管道运输主要用于石油和天然气以及自来水与污水的输送，同时也能用于其他几种类型产品的运输。管道有距离长、运送量大的优点，缺点是速度慢（一般每小时的流动速度少于10千米）、刚性大（仅仅在固定点间运输），并且仅仅运送大量某种类型的流体。此外，修建管道需要大量的初始投资，但截至目前，管道仍是最廉价的长距离运送流体的方式，尤其是石油和天然气的输送。

3.1.3 不同运输方式的特点与选择

表3-2列出了不同运输方式的费用、速度、弹性、装载限制和可存取性的排序，其中，1为模式的绩效最优，5为绩效最差。

表3-2 不同运输方式的比较

比较项目	运输方式				
	铁路运输	公路运输	水路运输	航空运输	管道运输
费用	3	4	1	5	2
速度	3	2	4	1	5
弹性	2	1	4	3	5
装载（体积/重量）限制	3	4	1	5	2
可存取性	2	1	4	3	5

由表3-2可以看出，几种基本的运输方式普遍都有各自的特点，根据经验，最廉价的运

输方式也是最无弹性的。

有时选择运输方式很容易,如果想在上海和东京之间运送大宗货物,就会选择水运;对于陆路运输,许多组织喜欢用卡车运输货物,不会考虑其他方式。实际上,方式的选择依赖一系列因素,最主要的就是运送货物的性质、体积和距离,其他因素包括以下几个方面。

(1) 物料价值。贵重物品会增加库存成本,应使用快速的方式。

(2) 重要性。即使是低价值的产品,如果妨碍组织运营,也需要选择快速可靠的运输方式。

(3) 运输时间。由于运作必须对变化做出快速响应,故不允许重要的供应商使用缓慢的运输方式。

(4) 可靠性。稳定的运输通常要比运输时间重要。

其他因素还有谈判的费用及成本、承运人的信誉和稳定性、安全、丢失和损坏、运输的时间和频率、特殊设备的使用等。

3.1.4 复合运输

综上所述,各种运输方式都有其特点,但组织没有必要全程都应用一种方式,最优选择经常是将行程分为几个阶段,每个阶段利用最优模式。当然这要依赖路况、相对成本和方式间的转换费用等因素。复合运输是指行程中包含了两种或两种以上不同的运输方式。其目标是组合几种方式的优点,同时避免各自的缺点,如将水路的成本与陆路的弹性或航空的速度与陆路的成本相组合。

1. 成组运输:复合运输的技术

复合运输的主要问题是每次方式间的转换都会导致延迟和增加额外的处理费用,只有在这种转换能有效运作时才能实现。因此,复合运输的核心就是运输方式间的物料转换系统如何实现无缝运输,最佳方法就是采用统一标准化的装卸措施。成组运输是实现无缝运输的具体体现。成组运输是采用一定的办法,把分散的单件货物组合在一起,成为一个规格化、标准化的大运输单位进行运输。成组运输的主要形式包括托盘运输与集装箱运输。

(1) 托盘运输。托盘是为了便于货物装卸、运输、保管和配送等而使用的,由可以承载若干数量物品的负荷面和叉车插口构成的装卸用垫板。托盘作为集装单元化器具,能将零碎散放的货物组合成规格统一、具有一定体积与重量的货物单元。托盘货物单元可以用叉车进行装卸搬运,也可以利用单元格式货架进行保管存储,还可以直接装进集装箱或其他运输设备。在公路、铁路、水路、航空、多式联运等多种运输方式中应用托盘货物单元作业,可将货物连同托盘一起送到最终用户手中(称为托盘作业一贯化),而不用在中途反复倒盘,减少无效作业,提高物流效率、降低物流成本。

(2) 集装箱运输。集装箱是运输包装货物或无包装货物的成组运输工具(容器)的总称。国际标准化组织(International Organization for Standards, ISO)对其下定义:一种运输设备，应满足以下要求：①具有足够的强度，能长期反复使用；②途中转运无须移动箱内货物，可直接换装；③可进行快速装卸，并可以从一种运输工具方便地换装到另一种运输工具；④便于货物的装满或卸空；⑤内容积达到 1 立方米或 1 立方米以上。

集装箱运输的货物具有简单快捷的操作，提高货运速度，加快运输工具及货物资金的周转，车船周转加快；装卸费减少，劳动条件改善，运输成本降低；简化货物包装，节约货物包装费用，减少运杂费用；降低由于损坏、误放和盗窃的成本，较低的保险费率；减少货损、货差，提高货运质量，不受气候影响，实现了定点、定期运输及装卸作业等优点。自从采用集装箱运输，船只在海运港口停靠时间已大大减少，且能在几小时内返航。从经验上看，原来需要 3 周回转的传统船只，现在使用回转集装箱船只需用一天，超过 70% 的货物运输都使用了集装箱运输。

2. 多式联运：复合运输的形式

修订后的国家标准《物流术语》（GB/T 18354—2021）对多式联运下的定义为：货物由一种运载单元装载，通过两种或两种以上运输方式连续运输，并进行相关运输物流辅助作业的运输活动。

3.1.5 运输的功能

运输的功能主要表现在以下三个方面。

（1）实现物品的空间位移。物品无论处于哪种形式，是材料、零部件、装配件、在制品，还是制成品，也不管它是在制造过程中，还是在流通过程中，运输都是必不可少的环节。运输的主要功能就是产品在价值链中的空间位移。

（2）创造"场所效用"。同种物品由于所处空间场所的不同，其使用价值的实现程度也不同。所谓场所效用就是指由于改变场所而最大限度地提高物品的使用价值和产出投入比。通过运输，可以把物品运到场所效用最高的地方，发挥物品的潜力，实现资源的最优配置。从这个意义上说，运输提高了物品的使用价值。

（3）物品储存。对物品进行临时储存是一个不太寻常的运输功能，即将运输车辆临时作为储存设施。在仓库空间有限的情况下，利用运输车辆储存不失为一种可行的方式。

3.1.6 我国运输体系的发展现状及趋势

随着我国经济的飞速发展，对交通运输提出了越来越高的要求。随着国家综合实力的增强、投资能力的增加，以及各种交通运输技术的不断涌现，我国的交通体系也在日益壮大，运输能力不断增强。整体表现在如下几个方面。

1. 运输总货运量总体上升

到 2020 年年底，五种运输方式的总货运量为 473.6 亿吨，货物周转量为 196 618 亿吨公里。铁路货运量为44.58亿吨，同比增长1.6%；水运货物周转量为105 834.4亿吨公里，同比增长1.8%。受疫情影响，相比于2019年的总货运量提升不大，但整体呈上升趋势。

2. 运输布局显著改善，区域分布更加合理

新中国成立初期，我国铁路、公路线路集中于东北及东部沿海地区，占国土面积56%的西北、西南地区交通十分闭塞。经过60多年的建设，我国已改变了运输布局不均衡的局面。青藏铁路的通车结束了西藏不通铁路的历史，至此我国所有省、自治区、直辖市均有铁路运营。

3. 运输结构发生变化

随着各种运输方式的发展和经济结构的调整变化，运输结构也在发生变化。在客运方面，铁路仍然是长路运输的主力，但在短路运输领域，公路运输显然已经超越铁路，成为优先选择的交通方式。航空运输增长速度较快，所占比重不断增加。在货运方面，2011年铁路运输完成的货物周转量约为18%，公路运输完成的货物周转量约占32%，水路运输完成的货物周转量接近60%。这表明随着国际贸易的快速增长，远洋海运在运输中的比重越来越大。

3.2 运输合理化和管理决策

3.2.1 运输合理化的含义和要素

1. 运输合理化的含义

所谓运输合理化，就是在一定的产销条件下，货物的运量、运距、流向和中转环节合理，能以最适宜的运输工具、最低的运输费用、最少的运输环节、最佳的运输线路、最快的运输速度，将物资产品从原产地转移到规定地点。

2. 运输合理化的"五要素"

影响运输合理化的因素很多，起决定作用的有五个方面，称为运输合理化的"五要素"。

（1）运输距离。运输过程中，运输时间、运输运费等若干技术经济指标都与运输距离有一定的关系，运距长短是衡量运输是否合理的一个最基本的因素。

（2）运输环节。每增加一个运输环节，势必要增加运输的附属活动，如装卸、包装等，各项技术经济指标也会因此发生变化。因此，减少运输环节有一定的促进作用。

（3）运输工具。各种运输工具都有其优势领域，对运输工具进行优化选择，最大限度地发挥运输工具的特点和作用，是运输合理化的重要的一环。

（4）运输时间。在全部物流时间中，运输时间占绝大部分，尤其是远程运输。因此，运

输时间的缩短对整个流通时间的缩短起决定性的作用。此外，运输时间缩短，还能加速运输工具的周转，充分发挥运力效能，提高运输线路通过能力，不同程度地改善不合理现象。

（5）运输费用。运费在全部物流费用中占很大的比例，运费高低在很大程度上决定整个物流系统的竞争能力。运费的相对高低，无论对货主还是对物流企业都是运输合理化的一个重要的标志。运费的高低也是各种合理化措施是否行之有效的最终判断依据之一。

从上述五个方面考虑运输合理化，就能取得预想的结果。

3.2.2 不合理运输形式

不合理运输是在现有条件下可以达到的运输水平而未达到，从而造成了运力浪费、运输时间增加、运费超支等问题的运输形式。主要有以下几种表现形式。

1. 返程或起程空驶

空车无货载行驶，可以说是不合理运输的最严重形式。在实际运输组织中，有时候必须调运空车，从管理上不能将其看成不合理运输。但是，因调运不当、货源计划不周、不采用运输社会化而形成的空驶，是不合理运输的表现。

2. 迂回运输

迂回运输是舍近求远的一种运输。可以选取短距离进行运输而不办，却选择路程较长路线进行运输的一种不合理形式。

3. 对流运输

对流运输又称"相向运输""交错运输"，指同一种货物，或彼此间可以互相代用而又不影响管理、技术及效益的货物，在同一线路上或平行线路上做相对方向的运送，而与对方运程的全部或一部分发生重叠交错的运输。

4. 重复运输

重复运输的一种形式，是本来可以直接将货物运到目的地，但是在未到达目的地之处或目的地之外的其他场所将货卸下，再重复装运送达目的地。另一种形式，是同品种货物在同一地点一边运进，同时又向外运出。重复运输的最大弊端是增加了非必要的中间环节，这就延缓了流通速度，增加了费用，增大了货损。

5. 倒流运输

倒流运输是指货物从销地或中转地向产地或起运地回流的一种运输现象。其不合理程度要甚于对流运输，原因在于往返两程的运输都是不必要的，形成了双程的浪费。倒流运输也可以看成隐蔽对流的一种特殊形式。

6. 过远运输

过远运输是指调运物资舍近求远，近处有资源不调而从远处调，这就造成可采取近程运输而未采取，拉长了货物运距的浪费现象。过远运输占用运力时间长，运输工具周转慢，物资占压资金时间长。远距离自然条件相差大，又易出现货损，增加了费用支出。

7. 运力选择不当

运力选择不当是指未选择各种运输工具优势，而不正确地利用运输工具造成的不合理现象。

8. 托运方式选择不当

对于货主而言，是指可以选择最好的托运方式而未选择，造成运力浪费及费用支出加大的一种不合理运输。例如，应选择整车未选择，反而采取零担托运；应当直达而选择了中转运输；应当中转运输而选择了直达运输等。这些都属于这一类型的不合理运输。

上述的各种不合理运输形式都是在特定条件下表现出来的，在进行判断时必须注意其不合理的前提条件，否则，就容易出现判断的失误。

3.2.3 运输的决策与优化

运输的决策与优化是大多数物流企业追求的目标，而通过对其绩效进行合理的评价可以发现企业物流客户服务中存在的缺陷和不足，为企业的客户服务指明发展的方向，促使企业建立科学的客户服务策略，树立良好的客户服务理念。运输的决策包括三个方面：一是运输方式的选择，二是运输路线的确定，三是运输服务商的选择。

1. 运输方式的选择

运输方式的选择是物流运输系统决策中的一个重要环节，是物流合理化的重要内容。选择运输方式的决定因素包括五个方面：①运输货物的性质；②运输方式的经济性；③运输速度的适用性；④运输的安全准确性；⑤运输的机动便利性。

运输方式的选择包括：①各种运输方式的比较，现代运输主要有铁路、公路、水路、航空和管道五种运输方式；②单一运输方式的选择就是指选择一种运输方式提供运输服务；③复合运输方式的选择有水路联运、水上联运、陆陆联运、空陆联运、大陆桥运输。

2. 运输路线的确定

（1）制定车辆运行路线。尽管路线选择问题种类繁多，但可以将其归纳为以下几个基本类型：起讫点不同的单一问题、多起讫点问题、起讫点重合问题。

（2）安排车辆运行路线和运行时间。车辆运行和时间安排是车辆运行路线选择问题的延伸，车辆运行和时间安排受到的约束条件很多。

3. 运输服务商的选择

只要运输业没有垄断存在，对于同一种运输方式，托运人或货主就有机会面临不同的运输服务商，而托运人或货主甚至供应商在确定运输方式后，就需要对选择哪个具体的运输服务商做出决策，当然不同的客户会有不同的决策标准和偏好，可以运用这几个方法考虑：①服务质量比较法；②运输价格比较法；③综合选择法。

3.2.4 运输合理化的形式

1. 分区产销合理运输

分区产销合理运输，就是在组织物流活动中，对某种货物，使其一定的生产区固定于一定的消费区。根据产销的分布情况和交通运输条件，在产销平衡的基础上，按照近产近销的原则，使货物走最少的里程来组织货物运输。

2. 直达运输

直达运输，就是在组织货物运输的过程中，越过商业、物资仓库环节或铁路、交通中转环节，把货物从产地或起运地直接运到销地或用户，以减少中间环节。有些商品规格、花色比较复杂，可由生产工厂供应到批发站，再由批发站配送到零售商店或用户。至于外贸部门，多采取直达运输，对出口商品实行由产地直达口岸的办法。近年来，自流通领域提出"多渠道、少环节"以来，各基层、商店直接进货、自由采购的范围越来越大，直达运输的比重也逐步增加，它为减少物流中间环节创造了条件。

3. "四就"直拨运输

"四就"直拨运输，是指各商业、物资批发企业，在组织货物调运过程中，对当地生产或由外地到达的货物，不运进批发站仓库，而是采取直拨的办法，把货物直接分拨给市内基层批发、零售商店或用户，减少一道中间环节。其具体做法有就厂直拨、就车站码头直拨、就库直拨、就车（船）过载等。

"四就"直拨和直达运输是两种不同的合理运输形式，两者既有区别又有联系。直达运输一般针对运输里程较远、批量较大的货物；"四就"直拨运输一般是指运输里程较近、批量较小，在大中型城市批发站所在地办理的直拨运输业务。两者相辅相成，往往交错在一起，如在实行直达运输的同时，再组织"就厂""就站"直拨，可以收到双重的经济效益。

4. 合装整车运输

合装整车运输，也称"零担整车中转分运"。它主要适用于商业、供销等部门的杂货运输，如物流企业在组织铁路运输当中,由同一发货人将不同品种发往同一到站、同一收货人的零担托运货物,由物流企业自己组配在一个车辆内,以整车运输的方式,托运到目的地,或把同一方向不同到站的零担货物,集中组配在一个车辆内,运到一个适当的车站,然后中转分运。

5. 提高技术装载量

提高技术装载量,是组织合理运输、提高运输效率的重要内容。一方面,它能最大限度地利用车船载重吨位;另一方面,能充分使用车船装载容积。其主要做法有以下几种。

(1) 组织轻重配套装,即把实重货物和轻泡货物组装在一起,既可充分利用车船装载容积,又能达到装载重量,以提高运输工具的使用效率。

(2) 实行解体运输,即对一些体积大、笨重、不易装卸又容易碰撞致损的货物,如自行车、缝纫机、科学仪器和机械等,可将其拆卸装车,分别包装,以缩小所占空间,并易于装卸和搬运,提高运输装载效率。

(3) 提高堆码方法,即根据车船的货位情况和不同货物的包装形状,采取各种有效的堆码方法,如多层装载、骑缝装载、紧密装载等,以提高运输效率。当然,改进物品包装,逐步实行单元化、托盘化,是提高车船技术装载量的一个重要条件。

3.3 配送与配送中心

3.3.1 配送与配送中心概述

1. 配送的概念

修订后的国家标准《物流术语》(GB/T 18354—2021) 对配送下的定义为:根据客户要求,对物品进行分类、拣选、集货、包装、组配等作业,并按时送达指定地点的物流活动。

2. 配送的特点

从以上配送的概念中可以看出,配送活动具有以下特点。
(1) 任务的多重性。
(2) 各种业务的有机结合。
(3) 技术手段现代化。
(4) 分工专业。

3. 配送的分类

(1) 按配送机构不同分类。
1) 配送中心配送。这是通过"配送中心"这一专门的配送组织机构来完成配送业务的。

配送中心是一种以物流配送活动为核心的经营组织，通常有较大规模的存储、分拣及输送系统和设施，而且要建立较大的商品储备，风险和投资都比较大，其设施及工艺流程一般是根据配送活动的特点和需要而专门设计与建设的。因此，其专业性较强，配送覆盖面较宽，但其投资大，并且一旦建成便很难改变，灵活机动性较差。

2) 仓库配送。仓库配送是以一般仓库为据点进行的配送形式。它可以将仓库完全改造成配送中心，也可以在保持仓库原功能的前提下，以仓库原功能为主，再增加一部分配送职能。仓库配送可以利用原仓库的储存设施及能力、收发货场地、交通运输线路等，较为容易利用现有条件，不需大量投资。但由于其并不是按配送中心的要求而专门设计和建立的，所以一般来讲，仓库配送的规模较小，配送的专业化水平比较差。但是，由于可以利用原仓库的储存设施及能力、收发货场地、交通运输线路等，所以，既是开展中等规模的配送可以选择的形式，也是较为容易利用现有条件而不需大量投资的形式。

3) 生产企业配送。这种配送形式的组织者是生产企业，尤其是进行多种产品生产的企业。这种配送方式越过了配送中心，直接由生产企业进行配送。由于具有直接、避免中转的特点，所以，在节省成本方面具有一定的优势。但是，由于生产企业往往实行大批量低成本生产，品种较为单一，所以无法像配送中心那样依靠产品凑整运输取得优势。这种配送方式多适用于大批量、单一产品的配送，不适用于多种产品"划零为整"的配送，具有一定的局限性。生产企业配送在地方性较强的产品生产企业中应用较多，如就地生产、就地消费的食品、饮料、百货等，在生产资料方面，某些不适于中转的化工产品及地方建材也可采取这种方式。

(2) 按配送商品种类及数量不同分类。

1) 少品种、大批量配送。少品种、大批量配送是指按照用户的要求，将其所需要的单种商品配送给客户的方式。一般来讲，对于工业企业需要量较大的商品，由于单独一个品种或几个品种就可以达到较大输送量，可以实行整车运输，这种情况下就可以由专业性很强的配送中心实行配送，不需要再与其他商品进行搭配。由于配送时商品品种少，所以配送机构内部组织、策划等管理工作较为简单，而且配送数量大，易于配载，车辆使用效率高，配送成本较低。但是，如果可以从生产企业以这种水平直接运抵用户，同时又不至于使用户库存效益下降，采用直送方式则往往效果更好一些。

2) 多品种、小批量配送。多品种、小批量配送是指按照用户的要求，将其所需要的多种商品通过集货、分拣、配货、流通加工等环节分期分批地配送给用户的方式。这种配送方式相对来说作业难度较大、技术要求高，配送中心的设备，特别是分拣设备复杂，配货送货计划难度大，为实现预期的服务目标，必须制定严格的作业标准和管理制度，而且在实际中，多品种、少批量配送往往伴随多用户、多批次的特点，配送频度往往较高。

3) 配套成套配送。配套成套配送是指按照企业的生产需要，将多种商品配备齐全后直接运送到生产企业和其他所需用户的手中。一般适用于需要配套或成套使用的产品。例如，按照装配型企业的生产需要，将生产每一台产品所需要的全部零部件配齐，按照生产节奏定时送达生产企业，生产企业随即可将此成套零部件送入生产线以装配产品。这种配送方式中,配送企业承担了生产企业大部分的供应工作,使生产企业可以专注于生产,它与多品种、少批量的配送效果相同。

(3) 按配送的时间和数量分类。

1) 定时配送。定时配送是指按规定的时间间隔进行配送。配送的货物种类及数量按计划执行或按顾客的订单要求进行配送。这种方式由于时间固定,故双方均易于安排作业计划。但也可能由于配送品种和数量的临时性变化增加管理与作业难度。定时配送有以下四种形式。

①小时配:接到配送订货要求后,在1小时内将货物送达,适用于一般消费者突发的个性化需求所产生的配送要求,也经常作为配送系统中应急的配送方式。②日配:即当日配送,是广泛施行的一种配送方式。日配方式广泛而稳定地开展,可使用户基本上不保持库存。日配方式适合下述情况:新鲜食品的配送、小型商店的配送、受条件限制不可能保持较长时间的库存而临时出现的需求。③准时配送:按照双方协议时间,准时将货物配送到用户的一种方式,是实现配送供应与生产企业的生产保持同步的一种方式,这种方式精细准确,可保证生产的稳定性和连续性。它追求的是供货时间恰是用户需求之时。这种配送方式适合装配型重复大量生产的用户,这种用户所需配送的物资是重复、大量而且没有大变化的,因而往往是一对一的配送。即使时间要求可以不那么精确,但是也难以集中多个用户的需求实行共同配送。④快递方式:一种快速配送服务的配送方式。一般而言,服务地域广泛,服务承诺期限按不同地域会有所不同,面向整个社会企业型和个人型用户,如日本的宅急便、美国的联邦快递、中国邮政系统中的 EMS 快递。

2) 定量配送。定量配送是指按规定的批量,在一个指定的时间范围内进行配送。这种方式数量固定,备货工作较为简单,可以依据托盘、集装箱及车辆的装载能力规定配送的定量,能够有效利用托盘、集装箱等集装方式,可以做到整车配送,配送效率高。由于时间不严格限定,故可以将多个用户的货物凑整车后再配送,有效利用运力。对于用户来讲,每次接货都处理同等数量的货物,有利于人力、物力的准备工作。

3) 定时定量配送。定时定量配送是指按照规定的配送时间和配送数量进行配送,这种方式兼有定时和定量两种方式的优点,但特殊性强、计划难度大,适合采用的用户不多。一般适合用于大量而稳定生产的汽车、家用电器、机电产品的供应物流,按协议或采用"看板方式"来决定配送的时间和数量。

4) 定时定路线配送。定时定路线配送是指在规定的运行路线上制定运行时间表,按照运行时间表进行配送,用户可以按规定的路线及规定的时间接货,以及提出配送要求。这种方式有利于安排车辆和人员。在配送用户多的地区可以免去过分复杂的配送要求所造成的配送组织工作及车辆安排的困难。对于用户来讲,既可以在一定路线、一定时间进行选择,又可以有计划地安排接货力量。一般适用于零售店、连锁商业企业的配送。

5) 即时配送。修订后的国家标准《物流术语》(GB/T 18354—2021) 对即时配送下的定义为:立即响应用户提出的即刻服务要求并且短时间内送达的配送方式。

(4) 按配送企业专业化程度分类。

1)综合配送。综合配送是指配送商品种类较多,不同专业领域的产品在一个配送网点中组织对用户的配送。综合配送可减少用户为组织所需全部物资进货的负担,只需和少数配送企业联系便可解决多种需求。但是,由于产品性能、形状差别很大,在组织时技术难度较大,因此,一般只在性状相同或相近的不同类产品方面实行综合配送,差别过大的产品难以综合化。

2)专业配送。专业配送是指按产品性状的不同适当划分专业领域的配送方式。其可按专业的共同要求优化配送设施,优选配送机械及配送车辆,制定适用性强的工艺流程,从而大大提高配送各环节的工作效率,如金属材料、水泥、木材、平板玻璃、生鲜食品的配送。

(5)按加工程度不同分类。

1)加工配送。加工配送是指和流通加工相结合的配送,即在配送据点设置流通加工环节,或是流通中心与配送中心建立在一起。当社会上现成的产品不能满足用户需要,用户根据自身工艺需要,使用经过某种初加工的产品时,可以在加工后通过分拣、配货再送货到户。

2)集疏配送。集疏配送是指只改变产品数量组成形态,而不改变产品本身物理、化学性态的与干线运输相配合的配送方式,如大批量进货后多批次发货,零星集货后以一定批量送货等。

4. 配送的基本环节

从总体上看,配送由备货(集货)、理货、送货和流通加工四个基本环节组成,每个环节又包含若干项具体的活动。

3.3.2 配送中心的概念和分类

目前,国内外学者对配送中心的界定不完全相同。配送活动是在物流发展的客观过程中产生并不断发展的,这一活动过程随着物流活动的深入和物流服务社会化程度的提高,在实践中不断演绎和完善其组织机构。一般将组织配送型销售或专门执行实物配送活动的机构称为配送中心。

配送中心是物流节点的一种重要形式,是专门用于配送业务的物流节点,是以组织配送型销售或供应,执行实物配送为主要职能的流通型节点。配送中心与传统的仓库和批发、储运企业相比,具有质的不同。日本出版的《市场用语词典》对配送中心的解释是:配送中心是一种物流节点,它不以储藏仓库这种单一的形式出现,而是发挥配送职能的流通仓库,也称基地、据点或流通中心。配送中心的目的是降低运输成本,减少销售机会的损失,为此建立设施、设备并开展经营、管理工作。修订后的国家标准《物流术语》(GB/T 18354—2021)对配送中心下的定义为:具有完善的配送基础设施和信息网络,可便捷地连接对外交通运输网络,并向末端客户提供短距离、小批量、多批次配送服务的专业化配送场所。

1. 按配送中心的职能分类

（1）供应型配送中心。供应型配送中心是专门以向某些用户供应商品，提供后勤保障为主要特点的配送中心。

（2）销售型配送中心。销售型配送中心是以促进销售为目的，用物流服务商流，借助配送这一服务手段来开展经营活动的配送中心。

（3）储存型配送中心。储存型配送中心是充分强化商品的储存功能，在充分发挥储存作用的基础上开展配送活动。

（4）加工型配送中心。加工型配送中心的主要功能是对商品进行流通加工，在配送中心对商品进行清洗、组装、分解、集装等加工活动。

2. 按配送中心的归属分类

（1）自有型配送中心。自有型配送中心是指隶属于某一个企业或企业集团，通常只为本企业提供配送服务，不对本企业或企业集团之外开展配送业务的配送中心。

（2）公共型配送中心。公共型配送中心是以营利为目的，面向社会开展后勤服务的配送组织。

（3）合作型配送中心。合作型配送中心由几家企业合作兴建、共同管理，多为区域性配送中心。

3. 按配送中心服务范围分类

（1）城市配送中心。城市配送中心是为城市范围内的用户提供配送服务的物流组织。

（2）区域配送中心。区域配送中心的库存商品充足、辐射能力强、配送范围广，可以跨省、市开展配送业务。

4. 按配送中心的属性分类

有些专业性较强的商品配送需要建设符合专业要求的配送中心。

3.3.3 配送中心的功能

配送中心是专门从事商品配送活动的经济组织，是将集货中心、分货中心和加工中心合为一体的现代化物流基地。配送中心具有以下几个功能。

1. 储存功能

配送中心的服务对象是生产企业和商业网点，如连锁店和超市，其主要职能就是按照用户的要求，在规定的时间和地点将商品送到用户手中，以满足生产和消费的需要。为了顺利有序地完成向用户配送商品的任务，更好地发挥保障生产和消费需要的作用，配送中心通常都建有现代化的仓储设施,储存一定数量的商品以保证配送服务所需要的货源。无论何种类型的配送中心,储存功能都是重要的功能之一。例如,中海北方物流有限公司在大连拥有10万平方米、配备了国内一流仓储设备的现代化物流配送仓库。

2. 集散功能

配送中心凭借其特殊的地位和拥有的先进的物流设施设备、完善的物流管理系统,将分散在各个生产企业的商品集中起来,经过分拣、配装,送达多家用户。同时,配送中心也可以将各个用户所需要的多种货物有效地组合或配装在一起,形成经济、合理的批量来实现高效率、低成本的商品流通。集散功能是配送中心的一项基本功能,通过集散商品来调节生产与消费,实现资源的合理配置,并由此降低物流成本。

3. 衔接功能

配送中心是重要的流通节点,衔接着生产和消费,通过配送服务,将各种商品运送到用户手中。同时,通过集货和储存商品,配送中心又有调节市场需求、平衡供求关系的作用。可以说,现代化的配送中心通过发挥储存和发散货物的功能,体现出其衔接生产与消费、供应与需求的功能,使供需双方实现了无缝衔接。

4. 分拣功能

作为物流节点的配送中心,其服务对象众多,这些众多的用户之间存在很大的差别,这些用户不仅经营性质、产业性质不同,而且经营规模和经营管理水平也不一样,对配送服务的时间要求、数量要求及品种要求差异很大。面对这样复杂的用户,配送中心必须采取适当的方式对组织来的货物进行分拣,为配送运输做好准备,然后按照配送计划组织配货和分装,以满足用户的不同需要。强大的分拣能力是配送中心实现按客户要求组织送货的基础,也是配送中心发挥其分拣中心作用的保证。分拣功能是配送中心与普通仓库的主要区别。

5. 加工功能

配送中心为扩大经营范围和提高配送服务水平,按用户的要求,根据合理配送的原则对商品进行分装、组装、贴标签等初加工活动,使配送中心拥有一定的加工能力。配送加工虽不是普遍的,但往往是有着重要作用的功能要素,它是配送中心提高经济效益和服务水平的重要手段,必须引起足够的重视。国内外许多配送中心都很重视提升自己的配送加工能力,通过按照客户的要求开展配送加工可以使配送的效率和满意程度提高。配送加工有别于一般的流通加工,它主要取决于客户的要求,销售型配送中心有时也根据市场需求来进行简单的配送加工。

6. 信息处理功能

配送中心连接着物流干线和配送,直接面对产品的供需双方。因此,不仅能实现物的流通，而且通过信息处理来协调各个环节的作业，协调生产与消费。信息化、网络化、自动化是配送中心的发展趋势，信息系统越来越成为配送中心的重要组成部分。

3.3.4 配送中心的作业流程

配送中心的作业流程是以配送服务所需要的基本环节和工艺流程为基础的。功能和商品特性的不同使配送中心的作业过程和作业环节会有所区别，但都是在基本流程的基础上对相应的作业环节进行调整的。

(1) 进货。进货作业包括将货品做实体上的接收，从货车上将货物卸下，并核对该货品的数量及状态（数量检查、品质检查等），然后记录必要的信息或录入计算机。

(2) 搬运。搬运是将不同形态的散装、包装或整体的原料、半成品或成品在平面或垂直方向加以提起、放下或移动，可能是要运送，也可能是要重新摆置物料，而使货品能适时、适量移至适当的位置或场所存放。在配送中心的每个作业环节都包含着搬运作业。

(3) 储存。储存作业的主要任务是将要使用或者要出货的物料进行保存，且经常要做库存品的核查控制，储存时要注意充分利用空间，还要注意存货的管理。

(4) 盘点。货品因不断地进出库，在长期的累积下库存资料容易与实际数量不符，或者有些产品因存放过久、不恰当而致使产品品质功能受影响，难以满足用户的需求。为了有效地控制货品数量，需要对各储存场所进行盘点作业。

(5) 订单处理。由接到客户订货开始至着手准备拣货之间的作业阶段称为订单处理，包括有关客户和订单的资料确认、存货查询、单据处理以及准备出货等。

(6) 拣货。每张客户订单中都至少包含一项以上的商品，将这些不同种类数量的商品由配送中心取出集中在一起，就是拣货作业。拣货作业的目的就在于正确且迅速地集合顾客所订购的商品。

(7) 补货。补货作业是将货物从保管区域搬运到拣货区的工作，并做相应的信息处理。

(8) 出货。将拣取分类完成的货品做好出货检查，装入合适的容器，做好标识，根据车辆趟次或厂商等指示将物品运至出货准备区，最后装车配送。

3.4 配送模式与配送合理化

3.4.1 配送模式

配送模式是企业对配送所采取的基本战略和方法。企业选择何种配送模式主要取决于以下几个方面的因素：配送对企业的重要程度、企业的配送能力、市场规模与地理范围、保证服务及配送成本等。根据国内外的发展经验及我国的配送理论与实践，目前，主要形成了商流物流一体化、商流物流分离、共同配送等几种配送模式。

1. 商流物流一体化模式

商流物流一体化模式即自营配送模式，是指企业物流配送的各个环节由企业自身筹建并组织管理，实现对企业内部及外部货物配送的模式。

这种模式有利于企业供应、生产和销售的一体化作业，系统化程度相对较高，既可满足企业内部原材料、半成品及成品的配送需要，又可满足企业对外进行市场拓展的需求。其不足之处表现在，企业为建立配送体系的投资规模将会大大增加，在企业配送规模较小时，配送的成本和费用也相对较高。

2. 商流物流分离模式

商流物流分离模式即第三方配送模式，其配送组织者是具有一定物流设施设备及专业经验技能的企业，利用职权优势为其他企业提供配送服务。随着物流产业的不断发展，以及第三方配送体系的不断完善，第三方配送模式已成为工商企业和电子商务网站进行货物配送的首选模式和方向。第三方配送模式的运作方式有很多种，主要有以下几种方式。

（1）企业销售第三方配送运作模式。这一形式是工商企业将销售物流外包给独立核算的第三方物流企业或配送中心运作，其配送运作模式如图 3-1 所示。

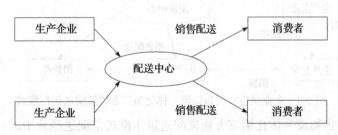

图 3-1　企业销售第三方配送运作模式

（2）企业供应配送第三方物流化配送运作模式。这种配送组织管理方式是由社会物流服务商对某一企业或者若干企业的供应需求实行统一订货、集中库存、准时配送或采用代存、代供等其他配送服务的方式。这种供应配送按用户送达要求的不同可以分为以下几种形式。企业供应配送第三方物流化配送运作模式如图 3-2 所示。

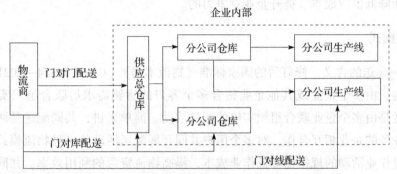

图 3-2　企业供应配送第三方物流化配送运作模式

1) 门对门配送。由配送企业将用户的供应需求配送到用户"门口",以后的事情由用户自己去做。有可能在用户企业内部进一步延伸成企业内的配送。

2) 门对库配送。由配送企业将用户的供应需求直接配送到企业内部各个环节的仓库。

3) 门对线配送。由配送企业将用户的供应需求直接配送到生产线。显然,这种配送可以实现企业的"零库存",对配送的准时性和可靠性要求较高。

(3) 企业供应—销售物流一体化第三方物流配送运作模式。随着物流社会化趋势日益明显,以及企业供应链管理战略的实施,除企业的销售配送业务社会化以外,企业供应配送也将社会化,即由第三方物流公司来完成。特别是工商企业和专职的第三方物流配送企业形成战略同盟关系后,供应—销售物流一体化所体现的物流集约化优势更为明显,即第三方物流在完成服务企业销售配送的同时,又承担用户物资商品内部供应的职能。也就是说,第三方物流既是用户企业产品销售的物流提供者,又是用户企业物资商品的供应代理人。以生产企业为例,企业供应—销售物流一体化第三方物流配送运作模式如图3-3所示。

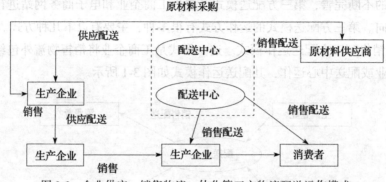

图3-3 企业供应—销售物流一体化第三方物流配送运作模式

这种供应—销售物流一体化第三方物流配送运作模式是配送经营中的一种重要形式,它不仅有利于形成稳定的物流供需关系,而且有利于工商企业专注于生产销售等核心业务的发展。同时,长期稳定的物流供需关系还有利于实现物流配送业务的配送中心化、配送作业计划化和配送手段现代化,从而保持了物流渠道的畅通稳定和物流配送运作的高效率、高效益、低成本。因此,供应—销售物流一体化第三方物流配送运作模式备受人们关注。当然,超大型企业集团也可以自己运作供应和销售物流配送,但中小企业物流配送走社会化之路,是有利于企业降低供应成本、提升企业竞争力的。

3. 共同配送模式

(1) 共同配送的含义。修订后的国家标准《物流术语》(GB/T 18354—2021)对共同配送下的定义为:由多个企业或其他企业整合多个客户的货物需求后联合组织实施的配送方式。共同配送是由多个企业联合组织实施的配送活动。简单来讲,共同配送是两个或两个以上的有配送业务的企业相互合作,对多个用户共同开展配送活动的一种物流模式。共同配送的本质是通过作业活动的规模化降低作业成本,提高物流资源的利用效率。共同配送即企业采取多种方式进行横向联合、集约协调、求同存异及效益共享。

（2）共同配送的具体方式。共同配送的目的主要是利用物流资源。因此，根据物流资源利用程度，共同配送大体上可分为以下几种具体形式。

1）系统优化型的共同配送。

2）车辆利用型共同配送，又分为车辆混载运送型共同配送、利用客户车辆型共同配送、返程车辆利用型共同配送三种形式。

3）接货场地共享型的共同配送。

4）配送中心、配送机械等设施共同利用型的共同配送。

3.4.2 配送合理化

配送合理化是配送系统要解决的问题，也是配送管理的重要原则之一。配送合理化是指以尽可能低的配送成本获得可以接受的配送服务，或以可以接受的配送成本达到尽可能高的服务水平。

1. 不合理配送的表现形式

（1）资源筹措不合理。

（2）库存决策不合理。

（3）价格不合理。

（4）配送与直达的决策不合理。

（5）送货中的不合理运输。

2. 配送合理化的判断标志

对于配送合理化与否的判断是配送决策系统的重要内容，目前国内外尚无一定的技术经济指标体系和判断方法，按一般认识，以下若干标志是应当纳入的。

（1）库存标志。库存是判断配送合理与否的重要标志。其具体指标有以下两个方面：①库存总量；②库存周转。

（2）资金标志。总的来讲，实行配送应有利于资金占用降低及资金运用的科学化。其具体判断标志如下：①资金总量。用于资源筹措所占用的流动资金总量，随储备总量的下降及供应方式的改变必然有一个较大的降低。②资金周转。从资金运用来讲，由于整个节奏加快，资金充分发挥作用，同样数量的资金，过去需要较长时期才能满足一定的供应要求，配送之后，在较短时期内就能达此目的，所以，资金周转是否加快是衡量配送合理与否的标志。③资金投向的改变。资金分散投入还是集中投入是资金调控能力的重要反映。实行配送后，资金必然应当从分散投入改为集中投入，以增加调控作用。

（3）成本和效益标志。总效益、宏观效益、微观效益、资源筹措成本都是判断配送合理化的重要标志。对于不同的配送方式，可以有不同的判断侧重。例如，配送企业、用户都是各自独立的以利润为中心的企业，不但要看配送的总效益，还要看对社会的宏观效益及两个企业的微观效益，不顾及任何一方都必然出现不合理现象。对于配送企业而言（投入确定的情况下），企业利润反映了配送合理化程度。

（4）供应保证标志。实行配送，各个用户的最大担心是供应保证程度降低，这是个心态问题，也是承担风险的实际问题。配送重要的一点是必须提高，而不是降低对用户的供应保证能力，只有这样才算实现了合理。供应保证能力可以从以下两个方面判断：①缺货次数；②配送企业的集中库存量。

（5）社会运力节约标志。末端运输是目前运能、运力使用不合理，且浪费较大的领域，因而人们寄希望于配送来解决这个问题。这也成了配送合理化的重要标志。运力使用的合理化是依靠送货运力的规划和整个配送系统的合理流程及与社会运输系统的合理衔接实现的。送货运力的规划是任何配送中心都需要花力气解决的问题，而其他问题有赖于配送及物流系统的合理化，判断起来比较复杂。可以简化判断如下：①社会车辆总数减少，而承运量增加为合理；②社会车辆空驶减少为合理；③一家一户自提自运减少，社会化运输增加为合理。

（6）用户企业仓库、供应、进货的人力物力节约标志。配送的重要观念是以配送代劳用户。因此，实行配送后，各用户库存量、仓库面积、仓库管理人员应减少才为合理；用于订货、接货、供应的人应减少才为合理。真正解除了用户的后顾之忧，配送的合理化程度就可以说达到了一个高水平。

（7）物流合理化标志。配送必须有利于物流合理。这可以从以下几个方面判断：①是否降低了物流费用；②是否减少了物流损失；③是否加快了物流速度；④是否发挥了各种物流方式的最优效果；⑤是否有效地衔接了干线运输和末端运输；⑥是否不增加实际的物流中转次数；⑦是否采用了先进的技术手段。物流合理化的问题是配送要解决的大问题，也是衡量配送本身的重要标志。

3. 配送合理化可采取的做法

国内外推行配送合理化有以下可供借鉴的办法。
（1）推行一定综合程度的专业化配送。
（2）推行加工配送。通过将加工和配送结合，充分利用本来应有的这次中转而不增加新的中转，求得配送合理化。
（3）推行共同配送。
（4）实行送取结合。

3.5 配送作业管理

3.5.1 配送作业管理的意义

1. 对于配送企业的意义和作用

对于从事配送工作的企业而言，配送作业管理的意义和作用主要有以下几点。

（1）通过科学合理的配送管理可以大幅度地提高企业的配送效率。配送企业通过对配送活动的合理组织可以提高信息的传递效率，提高配送决策的效率和准确性，提高各作业环节的效率，能有效地对配送活动进行实时监控，促进配送作业环节的合理衔接，减少失误，更好地完成配送的职能。

（2）通过科学合理的配送管理可以大幅度地提高货物供应的保证程度，降低因缺货而产生的风险，提高配送企业的客户满意度。

（3）通过科学合理的配送管理可以大幅度地提高配送企业的经济效益。一方面，货物供应保证程度和用户满意度的提高将会提高配送企业的信誉和形象，吸引更多的客户；另一方面，将会使企业更科学合理地选择配送方式及配送路线，保持较低的库存水平，降低成本。

2. 对于用户的意义和作用

对于接受配送服务的用户而言，科学合理的配送管理可以实现如下功能。

（1）对于需求方用户来说，可以通过配送管理降低库存水平，甚至可以实现零库存，减少库存资金，改善财务状况，实现用户经营成本的降低。

（2）对于供应方用户来说，如果供应方实施自营配送模式，可以通过科学合理的配送管理提高其配送效率，降低配送成本。如果供应方采取委托配送模式，可节约在配送系统方面的投资和人力资源的配置，提高资金的使用效率，降低成本开支。

3. 对于配送系统的意义和作用

对于配送系统而言，配送作业管理的意义与作用主要有以下几点。

（1）完善配送系统。配送系统是构成整个物流系统的重要系统，配送活动处于物流活动的末端，它的完善和发展将会使整个物流系统得以完善和发展。通过科学合理的配送管理，可以帮助完善整个配送系统，从而达到完善物流系统的目的。

（2）强化配送系统的功能。通过配送作业管理将更好地体现出配送运作乃至整体物流运作的系统性，使运作之中的各个环节紧密衔接、互相配合，从而达到系统最优的目的。

（3）提高配送系统的效率。对于配送工作而言，与其他任何工作一样，需要进行全过程的管理，以不断提高系统运作效率，更好地实现经济效益与社会效益。

3.5.2 配送作业管理的内容

1. 配送作业管理的目标

配送作业管理的总体目标可以简单地概括为：在恰当的时间、地点和恰当的条件下，将恰当的产品以恰当的成本和方式提供给恰当的消费者。为达到这个目标，必须提高配送的服务质量和用户的满意度，降低配送成本。在实际的配送作业过程中，还要建立具体目标、快捷响应、最低库存、整合运输。

2. 配送作业管理的内涵

虽然不同产品的配送业务之间可能存在部分差异，但大多数配送活动都要经过进货、储存、分拣、配装与送货等作业活动，如图 3-4 所示。

图 3-4 配送的一般流程

配送作业管理就是对如图 3-4 所示流程之中的各项活动进行计划和组织。配送的对象、品种、数量等较为复杂。因此，为了做到有条不紊地组织配送活动，管理者必须遵照一定的工作程序，对配送作业进行安排与管理。

3. 配送作业管理的工作步骤

（1）制订配送计划。配送是一种物流业务组织形式，而商流是其拟订配送计划的主要依据。可以说商流提出了何时何地向何处送货的要求，而配送则据此在恰当安排运力、路线、运量的基础上完成此项任务。配送计划的制订是既经济又有效地完成任务的主要工作。

（2）下达配送计划。配送计划确定后，将到货时间、品种、规格、数量通知用户和配送点，以使用户按计划准备接货，使配送点按计划发货。

（3）按配送计划确定物资需要量。各配送点按配送计划审定库存物资的配送保证能力，对数量、种类不足的物资组织进货。

（4）配送点下达配送任务。配送点向各运输部门、仓储部门、分货包装及财务部门下达配送任务，各部门做配送准备。

（5）配送发运。配货部门按要求将各用户所需的各种货物进行分货及配货，然后进行适当的包装并详细标明用户名称、地址、配达时间、货物明细。按计划将各用户货物组合、装车，并将发货明细交给司机或随车送货人员。

（6）配达。车辆按指定的路线将货物运达用户，并由用户在回执上签字。配送工作完成后，通知财务部门结算。

3.5.3 配送计划的制订

由上述内容可知，一项较完整的计划应包括配送地点及数量、所需配送的车辆数量、运输路线、各环节的操作要求、时间范围的确定，与用户作业层面的衔接达到最佳化目标。高效的配送计划是在分析外部需求和内部条件的基础上，按一定程序制订出来的。配送计划的制订包括以下步骤。

（1）确定配送的目的。

（2）进行调查，收集资料。

（3）内部条件分析。

（4）整合配送要素。

（5）制订初步配送计划。

（6）进一步与客户协调沟通。

（7）与客户进行协调沟通之后，反复修改初步配送计划并最终确定，使其成为正式配送计划。

案例研究　　　　　盒马鲜生的高效配送

盒马鲜生逐渐出现在全国各大一线城市的视野之中，想必大众对"盒马鲜生"这一热词已经不再陌生。盒马鲜生是阿里巴巴对线下超市进行重新组构的新零售业态，盒马鲜生运用大数据、移动互联及自动化技术，采用"店仓一体"的模式，以线下体验门店为基础，并将之作为线上平台"盒马App"的仓储、分拣及配送中心。从供应链、仓储到配送，盒马都有自己的完整物流体系。整个分拣中心实现了真正的无人化，且效率大幅提升。

盒马鲜生区别于传统的超市，不再只是简单的消费购物场所，更是一种生活态度的体现。消费者可以在盒马鲜生线下超市购买商品，盒马鲜生超市有8个区，即水产区、果蔬区、肉禽蛋区、卖熟食的联营档口、有帝王蟹的冷冻冷藏区、卖甜品面包的烘焙区、休闲食品区和就餐区。消费者也可以通过盒马鲜生App下单购买，App上的商品分类囊括时蔬净菜、新鲜水果、肉禽蛋品、乳制品、海鲜水产、速冻食品、零食饮料、厨卫百货、护肤洗浴、母婴保健等，超市的标配齐全。

盒马鲜生最主要的一个特色是，盒马鲜生3公里内免费配送，并且配送服务不设消费门槛（注：现今已改为满49元免运费），只要是3公里范围内的居民，都能享受到最快30分钟的配送服务，哪怕消费者只是下单买一盒牛奶或者一包"盒马日日鲜"蔬菜。此外，盒马线上线下均可无条件退款。

消费者如何确定自己是否在3公里配送范围之内？"盒区房"就是盒马鲜生配送范围的别称，消费者打开盒马鲜生App，搜索自己所在的位置，即可得到"盒区房"范围。盒马的配送范围只覆盖3公里。有人说，"就不能稍微送远一些，3.5公里行不行？"以盒马今天的供应链，如果要给顾客带来最好的体验，就只能覆盖3公里。哪怕3.5公里之外的消费者有很大的需求要满足，盒马也会说"不"，因为盒马衡量的唯一标准就是消费者体验。

资料来源：物联云仓，盒马生鲜配送范围，3公里范围时效30分钟免费配送，2019年3月6日。

讨论题

1. 结合案例和理论知识，分析说明盒马鲜生在运输和配送中的优势有哪些。
2. 从盒马鲜生的物流模式中可以得到哪些启示？

参考答案

1. 盒马鲜生在运输和配送中的优势如下。

其一：高效的即时配送。盒马的物流，可以概括为即时物流模式，即时物流的核心是

"极速"和"准时"。盒马运用大数据、移动互联、智能物联网、自动化等技术及先进设备，实现人、货、场三者之间的最优化匹配，从供应链、仓储到配送，盒马都有自己完整的即时物流体系。

其二：强大的物流体系。物流体系强大的作用还不止体现在缩短物流配送时间这一方面。对于大部分的新鲜食品供应商来说，他们在为消费者提供服务的时候，在物流配送这个环节里面，所耗费的成本是巨大的。盒马鲜生建立的高效的冷链物流体系，就可以起到这方面的作用，不仅可以缩短配送时间，还可以有效监控产品品质，既降低了产品在物流配送过程中的损耗率，也提升了产品的品质及营养度，最终消费者的满意度也会提升，达到了一举多得的目的。

其三：标准化运输模式。保证销售与物流完全配套，盒马鲜生具有一套属于自己的智能物流分拣系统。同时，一家门店的配送范围也被固定，这使盒马鲜生可以实现快速配送，标品大于7天，日日鲜和活鲜1天，其他生鲜类不超3天。

2. 从盒马鲜生的物流模式中可以得到以下启示。

盒马的发展历程虽然经历了一定的坎坷，但其发展模式从整体上看是顺应时代潮流的，是一种成功的新零售和新物流运营模式。其核心原因应该体现在以下三个方面：一是精准定位，瞄准年轻的互联网一代；二是运用互联网大数据去经营，在盒马，消费者的购买行为会汇聚到企业营销系统中，形成顾客数据库，零售商根据数据分析结果指导门店运营，尤其是货品采购，让盒马的商品更贴近消费者需求，这种方式有助于最大限度地提高门店的商品周转率，减少商品的库存天数，进而保证生鲜产品的新鲜程度，降低门店的产品损耗；三是一切以提高消费者价值为追求理念，盒马的新鲜每一刻、小包装的商品结构、网上下单、闪送到家等，无不体现这一理念。盒马还实现了线上线下融合：线上交流保证了实体店能够快速获得顾客的订单和反应，并且为实体店做大数据分析提供数据；线下所提供的商品实体则使顾客可以了解自己购买商品的实况，让顾客能对线上的购买放心。可以说，这些都是盒马给我国新零售新物流行业探索出的非常有价值的经验。

本章小结

运输是物流的主要功能，通常是指用交通工具将物资从一个地方向另一个地方运送，实现物资空间的转移的活动，高效、廉价的运输系统有利于城市化发展，有利于市场竞争、产品价格下降、商品流通规模和范围的扩大。

合理的运输方式、路线选择对于成本控制、物流效率提高具有重要作用。运输合理化，就是在一定的产销条件下，货物的运量、运距、流向和中转环节合理，能以最适宜的运输工具、最低的运输费用、最少的运输环节、最佳的运输路线、最快的运输速度，将物资产品从原产地转移到规定地点。

复习思考题

一、单选题

1. 运输是指人或者物借助运力在（ ）产生的位置移动。
   A. 时间上　　　　　　　　　　B. 空间上
   C. 区域上　　　　　　　　　　D. 时间和空间上
2. 规模原理是指随着一次装运量的增大，使每单位重量的运输成本（ ）。
   A. 上升　　　　　　　　　　　B. 下降
   C. 不变　　　　　　　　　　　D. 上升和下降
3. 下列（ ）不属于运力选择不当。
   A. 弃水走陆　　　　　　　　　B. 铁路及大型船舶的过近运输
   C. 选择运输成本过高的运输工具　D. 运输工具承载能力选择不当
4. 判断配送合理化的库存标志是（ ）。
   A. 库存总量　　B. 库存周转　　C. 成本　　D. 仓库面积
   E. 价格
5. 配送作业难度大、技术要求高、使用设备复杂的配送类型为（ ）。
   A. 小批量配送　　　　　　　　B. 大批量配送
   C. 企业内部配送　　　　　　　D. 企业对企业配送

二、多选题

1. 物流配送按配送商品的种类及数量的不同可分为（ ）。
   A. 少品种、大批量配送　　　　B. 多品种、小批量配送
   C. 配套成套配送　　　　　　　D. 定量配送
2. 下列属于流通活动的有（ ）。
   A. 商流　　　B. 物流　　　C. 资金流　　　D. 信息流
   E. 流通辅助活动
3. 与其他运输方式相比，铁路运输的主要优势体现在（ ）。
   A. 灵活性　　B. 运载能力大　　C. 速度较快　　D. 安全可靠
4. 多式联运的基本特征有（ ）。
   A. 必须有一个多式联运合同
   B. 使用一份全程多式联运单据
   C. 至少两种不同的运输方式
   D. 限于一个国家的范围之内
5. 企业在进行运输服务选择的决策中，应考虑以下哪些方面的因素？（ ）。
   A. 运输成本　　B. 运送时间　　C. 运输可靠性　　D. 货物的损耗

三、判断题

1. 配送是物流中一种特殊的、综合的活动形式。它将商流与物流紧密结合，包含了商流活

动和物流活动，也包含了物流中若干功能要素的一种形式。   （   ）
2. 现代物流观念中，仓库被看作一种存储设施，仅仅担负着存储产品的功能，它增加了整个产品的配送成本，并产生了额外的仓库作业成本。   （   ）
3. 流通加工就是为消费（或再生产）所进行的加工。与直接为消费进行的加工相比，从目的来讲是一样的，这与一般生产相比没有特殊之处。   （   ）
4. 概括地说，运输交易往往受五个方面的影响：托运人（起始地）、收货人（目的地）、承运人、政府和公众。   （   ）
5. 在商品流通过程中，物流和商流是不能够分离的。   （   ）

四、问答题

1. 五种运输方式的特点是什么？
2. 什么是配送中心？配送中心的主要功能有哪些？
3. 配送与物流的关系如何？
4. 什么叫多式联运？
5. 配送活动有哪些突出的特点？

仓储与库存管理

📖 **教学目标**

通过本章的学习,学生应理解仓储管理的概念,了解仓储战略管理,掌握仓储作业管理,掌握库存管理的相关概述,同时掌握物流中库存控制方法。

📖 **教学要求**

知识要点	能力要求	相关知识
仓储管理概述	(1) 了解仓储管理的概念 (2) 了解仓储管理的地位和作用	(1) 仓储管理的定义 (2) 仓储管理的原则 (3) 仓储管理的地位和作用
仓储战略管理	(1) 了解仓储管理的现状 (2) 加强和改进我国仓储管理的对策 (3) 了解仓储管理的未来发展趋势	(1) 仓储管理中出现的问题及解决对策 (2) 我国仓储管理的未来发展趋势
库存管理与控制	(1) 了解库存的概念、种类和作用 (2) 了解库存管理概述 (3) 库存管理与控制方法	(1) 库存的概念、种类和作用 (2) 库存管理的含义、类型和基本目标 (3) ABC 分类法 (4) 物料需求计划(MRP) (5) 供应链库存管理(VMI) (6) 分销需求计划(DRP)

> **基本概念**
>
> 仓储管理 仓储战略管理 仓储作业过程 库存管理 库存控制方法

4.1 仓储管理概述

仓储管理在物流业和整个经济活动中都具有重要的地位与作用。对仓储进行管理，主要是为了使仓库空间的利用与库存货品的处置成本实现平衡。它是降低仓储物流成本的重要途径之一。通过高效率的仓储活动，可以使商品仓储在最有效的时间段发挥作用，创造商品仓储的"时间价值"和"空间价值"。在物流系统中，仓储是一个不可或缺的构成因素。它伴随着剩余产品的产生而产生，又伴随着社会大生产的发展而发展。随着现代物流的迅速发展，仓储的作用与功能已大大超出原有意义上的存储，具有更广泛、更丰富、更深刻的含义。

4.1.1 仓储管理的概念

1. 仓储管理的定义

仓储管理就是对仓储及相关作业进行的计划、组织、协调与控制。具体来说，仓储管理包括仓储资源的获得、仓储商务管理、仓储流程管理、仓储作业管理、保管管理、安全管理等多种管理工作及相关的操作。

仓储管理的内涵随着其在社会经济领域中的作用不断扩大而变化。仓储管理就是对仓储及相关作业进行的计划、组织、协调与控制。仓储系统是企业物流系统中不可缺少的子系统。物流系统的整体目标是以最低成本提供令用户满意的服务，而仓储系统在其中发挥着重要作用。仓储活动能够促进企业提高用户服务水平，增强企业的竞争能力。现代仓储管理已从静态管理向动态管理发展，产生了根本性的变化。

2. 仓储管理的原则

（1）效率的原则。效率是指在一定量的劳动要素投入时的产品产出量。只有较小的劳动要素投入和较高的产品产出量才能实现高效率。高效率就意味着劳动产出大、劳动要素利用率高，高效率是现代生产的基本要求。仓储的效率表现在仓容利用率、货物周转率、进出库时间、装卸车时间等指标上，其原则是"快进、快出、多存储、保管好"。

（2）经济效益的原则。厂商生产经营的目的是追求最大化利润，这是经济学的基本假设条件，也是社会现实的反映。利润是经济效益的表现。

$$利润 = 经营收入 - 经营成本 - 税金$$

实现利润最大化需要做到经营收入最大化和经营成本最小化。

在社会主义市场经济中，企业经营也不能排除追求利润最大化的动机，作为参与市场经济活动主体之一的仓储业，也应围绕着获得最大经济效益的目的进行组织和经营，同时也需要承担部分的社会责任，履行保护环境、维护社会安定的义务，履行满足社会不断增长的需要等社会义务，实现生产经营的社会效益。

(3) 服务的原则。仓储活动本身就是向社会提供服务产品。服务是贯穿在仓储中的一条主线，从仓储的定位、仓储的具体操作、对储存货物的控制都围绕着服务进行。仓储管理就需要围绕着服务定位，就如何提供服务、改善服务、提高服务质量开展管理，包括直接的服务管理和以服务为原则的生产管理。

仓储的服务水平与仓储经营成本有着密切的相关性，两者互相对立。仓储服务好、成本高，收费则高，仓储服务管理就是在降低成本和提高（保持）服务水平之间保持平衡。仓储企业进行服务定位的策略有以下几种。

1) 进入或者引起竞争时期：高服务水平、低价格，且不惜增加仓储成本。
2) 积极竞争时期：用较低的成本实现较高水平的仓储服务。
3) 稳定竞争时期：提高服务水平，维持成本不变。
4) 已占有足够的市场份额，处于垄断竞争（寡头）阶段：服务水平不变，尽力降低成本。
5) 退出阶段或完全垄断：大幅降低成本，但也降低服务水平。

(4) 服务质量的原则。仓储管理中的一切活动，都必须以保证在库物品的质量为中心。没有质量的数量是无效的，甚至是有害的，因为这些物品依然占用资金、产生管理费用、占用仓库空间。因此，为了完成仓储管理的基本任务，仓储活动中的各项作业必须有质量标准，并严格按标准进行工作。

(5) 确保安全的原则。仓储活动中的不安全因素有很多。有的来自库存，如有些物品具有毒性、辐射性、易燃易爆性等；有的来自装卸搬运作业过程，如每一种机械的使用都有其操作规程，违反规程就要出事故；还有的来自人为破坏。因此特别要加强安全教育，提高认识，制定安全制度，贯彻执行"安全第一，预防为主"的安全生产方针。

4.1.2 仓储管理的地位和作用

1. 仓储管理在物流管理中的地位和作用

从某种意义上讲，仓储管理在物流管理中占据着核心的地位。从物流的发展史可以看出，物流的研究最初是从解决"牛鞭效应"开始的，即在多环节的流通过程中，由于每个环节对于需求的预测存在误差，因此随着流通环节的增加，误差被放大，库存也就越来越偏离实际的最终需求，从而带来保管成本和市场风险的提高。解决这个问题的思路，从研究合理的安全库存开始，到改变流程、建立集中的配送中心，以致到改变生产方式，实行订单生产，将静态的库存管理转变为动态的 JIT 配送（定时配送的一种），实现降低库存数量和周期的目的。在这个过程中，尽管仓库越来越集中，每个仓库覆盖的服务范围越来越大，仓库吞吐的物品越来越多，操作越来越复杂，但是仓储的周期越来越短，成本不断递减的趋势一直没有改变。从发达国家的统计数据来看，现代物流的发展历史就是库存成本在总物流成本中所占比重逐步降低的历史。

从许多微观案例来看，仓储管理已成为供应链管理的核心环节。这是因为仓储总是出现在物流各个环节的结合部，例如采购与生产之间、生产的初加工与精加工之间、生产与销售之间、批发与零售之间、不同运输方式转换之间，等等。仓储是物流各环节之间存在不均衡性的表现，仓储也正是解决这种不均衡性的手段。仓储环节集中了上下游流程整合的所有矛盾，仓储管理就是在实现物流流程的整合。如果借用运筹学的语言来描述仓储管理在物流中的地位，可以说就是在运输条件为约束力的情况下，以寻求最优库存（包括布局）方案作为控制手段，使物流达到总成本最低的目标。在许多具体的案例中，物流的整合、优化实际上归结为仓储的方案设计与运行控制。

2. 仓储管理在供应链中的地位和作用

仓储管理对于物流系统的重要意义，我们还可以从供应链的角度来进一步认识。从供应链的角度，物流过程可以看作由一系列的"供给"和"需求"组成，当供给和需求节奏不一致，也就是两个过程不能够很好地衔接，出现生产的产品不能即时消费或者存在需求却没有产品满足时，就需要建立产品的储备，并进行有效的管理，将不能即时消费的产品储存起来以备满足后来的需求。供给和需求之间既存在实物的"流动"，也存在实物的"静止"，静止状态即将实物进行储存（包括仓储），处于静止状态是为了更好地衔接供给和需求这两个动态的过程。

(1) 仓储能对货物进入下一个环节前的质量起到保证作用。
(2) 仓储能够为货物进入市场做好准备。
(3) 仓储是加快商品流通、节约流通费用的重要手段。
(4) 仓储是保证整个社会再生产过程顺利进行的必要条件。

4.2 仓储战略管理

4.2.1 仓储管理的现状

尽管我国仓储及其管理有了很大的发展，但还是在很多方面暴露了其存在的问题。

(1) 仓库数量众多，但布局不够合理。由于各行业、各部门为了满足各自的需要，纷纷建立自己的仓库，导致仓库数量众多，它们都在经济集中地区和交通便利的地方建设仓库，以至于仓储布局极不合理，造成了部分地区仓储大量剩余和部分地区仓储能力不足的两极分化局面。

（2）仓储技术发展不平衡，很多企业对提高仓库作业自动化、机械化的认识不足。一些大型企业的现代化仓库拥有非常先进的仓储设备，包括各种先进的装卸搬运设备、高层货架仓库等，而很多仓库作业仍旧靠人工操作。这种仓储技术方面发展的不平衡状态，严重地影响着我国仓储行业整体的运作效率。

（3）仓储人才缺乏，仓储管理人才更是不足。发展仓储行业，既需要掌握一定专业技术的人才，也需要善于操作的运用型人才，更需要仓储管理型人才，而我国目前这几个方面的人才都很匮乏。根据教育部提供的本科物流专业布点数据，2013年全国本科院校开设物流管理与工程类专业总计475个，但是物流人才缺口仍然达600万，管理人才缺口约30万，仓储人才尤其是仓储管理型人才的缺乏也很严重。

（4）仓储管理方面的法制、法规不够健全。我国已经建立的仓储方面的规章制度，随着生产的发展和科学水平的提高，有些已经不适合实际情况。目前我国还没有一部完整的仓库法律法规，仓储管理人员的法制观念不强，仓储内部的依法管理水平也比较低下，所以仓储企业很难运用法律手段来维护企业的利益。

4.2.2 加强和改进我国仓储管理的对策

物流产业已经成为我国新的经济增长点，作为物流最基本功能的仓储及其管理必须引起我们足够的重视，并采取相应的对策和措施加强与改进仓储管理。

（1）加强仓储基础设施建设。
（2）加快引入竞争机制，建立统一、公平有序的现代仓储市场体系。
（3）加强仓储资源的整合，完善仓储标准化体系。
（4）加快公共信息平台的建设，实现仓储信息化管理。
（5）引进并培育仓储专业人才，完善培训体系。
（6）建立健全仓储管理方面的法律、法规。

除上述六个方面，政府还应该给仓储业的发展以积极的政策，主要有以下几个方面。
（1）仓库作为一个企业是物流运作的主体，作为场地又是物流运作的载体。
（2）原有仓储企业在向现代物流企业转型过渡中，要给予必要的鼓励政策。
（3）要重视现有仓库资源的整合，包括改造。

4.2.3 仓储管理的内容

我国仓储管理经历了三个发展阶段。第一阶段是简单仓储管理。这是在仓库出现初期，生产力低下、发展缓慢、库存数量和品种少、仓库结构简单、设备粗陋，因此该阶段管理工作主要是产品入库的计量及保管好库存物资。第二阶段是复杂仓储管理。随着生产水平的提高，特别是机器生产代替手工生产之后，库存产品数量增多、品种复杂、产品性质各异，对储存条件提出了不同的要求，这一阶段的仓储管理的内容范围扩大，除了单纯的储存和保管物资的场所，还增加了产品的分类、挑选、整理、加工、包装等活动。第三阶段是现代化仓储管理。随着科学技术的进步，特别是计算机的出现和互联网的广泛应用，给仓储带来了一系列的重大变化，这一阶段的仓储已经不是原来意义上的仓储，而是成为一个经济收益巨大的货物配送中心。

仓储管理就是对仓储及相关作业进行的计划、组织、协调与控制。这种对仓库和仓库中储存的物资的管理工作，是随着物资的品种多样化和仓储作业过程、技术设备的科学化而不断变化发展的。

仓储管理的对象是仓库及库存物资，具体管理内容包括以下几个方面。

（1）仓库的选址和设计问题。仓库选址的原则、仓库建筑的面积、格局的设计、仓库内部运输道路与作业流程的布置等。

（2）仓库机械设备的选择与配置问题。根据库存货物的种类和仓库作业的特点，合理地确定机械设备及配备的数量，提高仓储作业效率。

（3）仓储作业过程管理。仓储作业过程简单来说包括组织物资的入库验收、物资的存放、在库物资的保管保养、物资的出库等相关工作的管理。

（4）仓库的库存管理问题。过多的库存不仅会占用大量的流动资金，而且会增加保管储存的费用。根据企业生产及客户需求状况，对库存的物资进行分类，合理确定每类物资的储存数量和时间，既不因物资储存过少而引起缺货损失，又不因物资储存过多而占用过多的流动资金，增加成本。

4.2.4 仓储管理的未来发展趋势

1. 仓储管理的发展阶段

（1）人工和机械化的仓储阶段。这个阶段物资的输送、仓储、管理、控制主要是依靠人工及辅助机械来实现的。物料可以通过各种各样的传送带、工业输送车、机械手、吊车、堆垛机和升降机来移动和搬运，用货架托盘和可移动货架存储物料，通过人工操作机械存取设备，用限位开关、螺旋机械制动和机械监视器等控制设备来运行。机械化满足了人们对速度、精度、高度、重量、重复存取和搬运等方面的要求，实时性和直观性是其明显优点。

（2）自动化仓储阶段。自动化技术对仓储技术的发展起了重要的促进作用。从20世纪50年代末开始，相继研制和采用了自动导引小车（AVG）、自动货架、自动存取机器人、自动识别和自动分拣等系统。到了20世纪70年代，虽然旋转体式货架、移动式货架、巷道式堆垛机和其他搬运设备都加入了自动控制行列，但只是各个设备的局部自动化并各自独立应用，这被称为"自动化孤岛"。

随着计算机技术的发展，工作重点转向物资的控制和管理，要求实时、协调和一体化。计算机之间、数据采集点之间、机械设备的控制器之间以及它们与主计算机之间的通信可以及时汇总信息；仓库计算机及时地记录订货和到货时间，显示库存量；计划人员可以方便地做出供货决策；管理人员可以随时掌握货源及需求。

信息技术的应用已成为仓储技术的重要支柱。20 世纪 70 年代末，自动化技术被越来越多地应用到生产和分配领域。"自动化孤岛"需要集成化，于是便形成了"集成化系统"的概念。在集成化系统中，整个系统的有机协作，使总体效益和生产的应变能力大大超过各部分独立效益的总和。集成化仓储技术作为 CIMS 中物资存储的中心，受到了人们的重视，在集成化系统里包括了人、设备和控制系统。

(3) 智能化仓储阶段。在自动化仓储的基础上继续研究，实现与其他信息决策系统的集成，朝着智能和模糊控制的方向发展，人工智能推动了仓储技术的发展，即智能化仓储。现在智能化仓储技术还处于初级发展阶段，21 世纪仓储技术的智能化将具有广阔的应用前景。20 世纪 70 年代初期，我国开始研究采用巷道式堆垛机的立体仓库。1980 年，由北京机械工业自动化研究所等单位研制建成的我国第一座自动化立体仓库在北京汽车制造厂投产。从此以后，立体仓库在我国得到了迅速的发展。

据不完全统计，目前我国已建成的立体仓库有 300 座左右，其中全自动的立体仓库有 50 多座，高度在 12 米以上的大型立体仓库有 8 座，这些自动化仓库主要集中在烟草、医药保健品、食品、通信和信息、家具制造业、机械制造业等传统优势行业。在此基础上，我国对仓库的研究也向着智能化的方向发展，但是目前我国还处于自动化仓储的推广和应用阶段。

2. 仓储管理的发展趋势

随着科学技术的日益发展，全球经济一体化程度逐渐加深，仓储管理将呈现新的发展趋势。其主要表现在以下几个方面。

(1) "零库存"管理。目前，"零库存"的概念已为我国越来越多的企业所接受。零库存并不等于不设库存，而是对某一企业或组织来说，把自己的库存向上转移给供应商或向下转移给零售商，以实现自己的零库存。在科学技术迅速发展的今天，零库存是完全可以实现的。例如，丰田公司的准时制生产方式完全有效地消除了库存，实现了零库存。从物流运动合理化的角度来研究问题，零库存概念应包含两层意义：一是库存对象物的数量趋于零或等于零（即近乎无库存）；二是库存设施、设备的数量及库存劳动耗费同时趋于零或等于零（即不存在库存活动）。而后一种意义上的零库存，实际上是社会库存结构的合理调整和库存集中化的表现，就其经济内涵而言，它并不来自通常意义上的库场物资数量的合理减少。

(2) 整合化管理。整合化管理就是指把社会的仓储设施、各相关供应商、零售商、制作商、批发商，甚至用户的仓储设施进行整合，以达到企业库存管理的优化。也就是说，在供应链管理的框架下实行仓储管理，对相关仓储管理的作业或设施进行重建。

供应链管理下的仓储管理，能够在动态中达到最优化这一目标，在满足顾客要求的前提下，争取最大的努力降低库存，从而可以提高供应链的整体效益。

(3) 计算机化与网络化管理。计算机具有高强度记忆功能，能把负责的仓储管理工作进一步简化，并大大提高效率；它具有准确的计算能力，使人们增强了对它的信赖；它可以对临时变化进行应付，对临时需要进行适时处理。因此，计算机已经成为库存控制信息系统的核心，作为对各项管理业务发出企业指令的指挥中心而起到重大的作用。

4.3 库存管理与控制

4.3.1 库存的概念、种类和作用

1. 库存的概念

库存是指作为今后按预定的目的使用而处于备用或非生产状态的物品。

库存对一个企业有双重影响：一是影响企业的成本，也就是影响物流的效率；二是影响企业的生产和销售的服务水平。

2. 库存的种类

从企业经营过程的角度划分，库存可分为以下七种类型。

（1）经常库存。经常库存是指在正常的经营环境下，企业为满足日常需要而建立的库存。这种库存随着每日的需要不断减少，当库存降低到某一水平时（如订货点），就要按一定的规则反复进行订货来补充库存。

（2）安全库存。安全库存是指为了防止不确定因素而准备的缓冲库存。安全库存由于不确定性的存在，在进行决策时要比经常库存更难。

（3）季节性库存。季节性库存是指为了满足特定季节出现的特定需要而建立的库存，或指对季节性出产的原材料在出产的季节大量收购所建立的库存。

（4）促销库存。促销库存是指为了解决因企业促销活动引起的预期销售增加而建立的库存。

（5）投机库存。投机库存是指为了避免因物资价格上涨造成损失，或为了从物资价格上涨中获利而建立的库存。

（6）积压库存。积压库存是指因物资品质变坏、不再有效用的库存，或因没有市场销量而卖不出去的产品库存。

（7）生产加工过程和运输过程的库存。生产加工过程的库存是指处于加工状态，以及为了生产的需要暂时处于储存状态的零部件、半成品或成品。运输过程的库存是指处于运输状态，或为了运输的目的而暂时处于储存状态的物资。

从生产过程的角度分类，库存可以分为原材料库存、零部件及半成品库存、成品库存。

按存放地点分类，库存可分为库存存货、在途库存、委托加工库存和委托代销库存四类。

(1) 库存存货。库存存货指已经运到企业，并已经验收入库的各种材料和商品，以及已经验收入库的半成品和制成品。

(2) 在途库存。在途库存包括运入在途库存和运出在途库存。运入在途库存是指货物已经支付或虽未付货款但已取得所有权，正在运输途中的各种外购库存。运出在途库存是指按照合同规定已经发出或送出，但尚未转移所有权，也未确认销售收入的库存。

(3) 委托加工库存。委托加工库存指企业已经委托外单位加工，但尚未加工完成的各种库存。

(4) 委托代销库存。委托代销库存指企业已经委托外单位代销，但按合同规定尚未办理代销货款结算的库存。

3. 库存的作用

对于生产企业而言，为了保证生产活动的顺利进行，必须在各个生产阶段之间储备一定量的原材料、燃料、备件、工具、在制品或半成品等。对于销售商、物流公司等流通企业而言，为了能及时满足用户的订货需求，必须储存一定数量的物资。综合来说，库存能平衡供求关系，弥补时间差，实现物流的时间效用；降低运输成本，提高服务水平，实现企业工厂（车间）或用户所需物资的组合；应对意外情况。

4.3.2 库存管理概述

库存管理是物流管理的核心，库存管理之所以重要，首先在于库存领域的成本是物流成本的重要组成部分，降低库存成本存在广阔的空间；其次是需要通过有效的库存管理在满足顾客服务水平的前提下，保持适当的库存量；同时，通过有效的库存管理可以有效规避库存带来的一系列风险。

1. 库存管理的含义

库存管理是指在保障供应的前提下，以库存物品的数量最少和周转最快为目标所进行的计划、组织、协调和控制。库存管理是对在库物资种类及存量的管理和控制，它只考虑其合理性、经济性与最优性，而不是从技术上考虑存货的保管与储藏以及如何运输。

2. 库存管理的类型

库存管理的类型有很多，可以按库存决策的重复性、供应来源、对未来需求量的知晓度、对前置时间的知晓度以及库存系统的类型等来划分。

(1) 按库存决策的重复性划分。库存决策的重复性是对订货的频率而言的。按照库存决策的重复性，可以将库存管理分为一次性订货和重复性订货。一次性订货（即单周期订货）是指将货物一次订齐，在通常情况下不再重复订货。作为一次性订货的例子有建造房屋用的建筑材料、圣诞树和某些农产品的季节性订货。重复性订货（即周期订货）是指一次又一次地重复订购同一货物。消费掉的存货或零件均要不断补充和重新订购。超级市场和百货公司的货物多半属于这种类型（不过百货公司中的高档商品常常属于一次性订货的物品）。

（2）按供应来源划分。按供应来源可将库存管理分为内部供应和外部供应两类。内部供应是指公司本身生产这种物品。这实质上是公司内一个部门向另外一个生产该物品的部门提出订货。处理这类由公司内部提供物品的存货问题时，要注意与生产进程计划相协调。外部供应是指向另外一家公司订货。订购由外部供应的物品时，应将购货订单送给供应商。组织内部生产的物品可利用加工订单来得到。

（3）按对未来需求量的知晓度划分。我们通常假定需求量分布的特点是在整个时间内需求量不变，但在整个时间内需求量也可能遵循非标准型的经验分布。因此，按对未来需求量的知晓度划分，存货问题可分为确定型、风险型和不确定型。

当确切知道未来的需求量时，存货问题属于确定型。即使在确定型的情况下，由于考虑到浪费、损坏、报废甚至被窃等损耗，存货也常常需要留有余量。

假如知道未来需求量的概率分布，这时存货问题属于风险型。可以从需求量的历史资料中得到有关信息。

还有一种叫作不确定型，也就是说，对未来需求没有一个确定的概念。新投产的产品的存货问题就属于不确定型存货问题。

（4）按对前置时间的知晓度划分。存货问题还可以按对前置时间的知晓度来划分。前置时间可以是不变的，也可以是可变的。如属于后者，则前置时间的分布可根据经验或通过精确测定来确定。

（5）按库存系统的类型划分。存货问题还可按照库存系统的类型来划分。有许多不同的库存系统，其中最常见的有连续性、周期性和物料需求计划库存系统。连续性库存系统是指每当存货余额降至订货点时就进行订货，全部库存业务都要保持记录。这种库存系统之所以称为"连续性"，就是不断更新库存记录，以揭示库存现状和历史实绩。周期性库存系统是按一定的时间周期进行订货。这种库存系统的状况仅在间隔、通常是相等的间断（定期）的时点进行测定。补充存货的决策只能在检查库存状况时做出，通常决策者在检查期以外的其他时间并不了解系统的状况。物料需求计划库存系统订购的存货仅满足预先计划的生产需求。

3. 库存管理的基本目标

库存管理也称库存控制，是指对制造业或服务业生产、经营全过程的各种物品、产成品及其他资源进行预测、计划、执行控制和监督，使其储备保持在经济合理水平上的行为。库存管理的目标就是确定一个合理的库存量，防止缺货和超储，在保障供给、满足用户需求、提高服务水平的前提下使库存货物数量最少、库存总成本最低。

由此可见，库存管理的目标有两个：一是降低库存总成本；二是提高用户服务水平。这两者之间是一个相互制约、相互权衡的关系：降低库存，意味着企业有可能停工待料，销售下降，这必定带来用户服务水平的下降；而保持较高的用户服务水平，也就是使用户尽可能快地获得产品,这就需要维持一个较高水平的库存,致使库存总成本提高。库存控制就是要在这两者之间寻求平衡,以找到一个最佳的结合点。

库存管理的总目标是在库存成本合理范围内达到满意的用户服务水平。为达到该目标,应尽量使库存保持平衡。实施库存管理要基于两点考虑:一是用户服务水平,也就是说在正确的地点、正确的时间,有足够数量的合适商品;二是订货成本与库存持有成本的水平。

4.3.3 库存管理方法

1. ABC 分类法

ABC 分类法是从 ABC 曲线转化而来的一种管理方法。ABC 曲线又称帕雷托曲线,其基本思想是"关键的少数和一般的多数"。在全部库存中,将累计品种数为 5%~15%,而平均资金占用额累计为 60%~80% 的前几个物品,确定为 A 类;将累计品种数为 20%~30%,而平均资金占用额累计也为 20%~30% 的物品,确定为 B 类;其余为 C 类,C 类情况正好和 A 类相反,其累计品种数为 60%~80%,而平均资金占用额累计仅为 5%~15%,如表 4-1 所示。最后对 A、B、C 类重要程度不同的物品实行不同的管理方式和手段。对于不同的类别进行不同的管理,强调重点管理的原则,增强管理的针对性,达到提高管理效率的目的。这种分类数据界限并不是绝对的,可以根据企业的实际情况进行主观调整。

表 4-1 ABC 分类标准

级别	累计平均资金占用额	累计品种数
A	60%~80%	5%~15%
B	20%~30%	20%~30%
C	5%~15%	60%~80%

ABC 分类法操作简单,能够让仓库库存控制做到重点与一般相结合,有利于降低库存和库存投资,加速资金周转。ABC 分类法并不仅仅局限于分成三类,可以增加,但经验表明,最多不要超过五类,过多的种类反而会增加控制成本。

2. 物料需求计划

(1) 物料需求计划的概念。物料需求计划(material requirements planning,MRP)是由美国著名的生产管理和计算机应用专家欧·威特和乔·伯劳士在 20 世纪 60 年代对 20 多家企业进行研究后提出来的。物料需求计划是利用一系列产品物料清单数据、库存数据和主生产计划计算物料需求的一套技术方法。它的基本形式是一个计算机程序,可以根据总生产进度计划中规定的最终产品的交货日期和数量,计算出在指定时间内生产指定数量的各种产品所需各种物料(构成最终产品的原材料、零件、组件)的数量和时间。

最终产品是独立需求的物料项目,原材料、零件和组件是相关需求的物料项目。由定义可知,MRP 主要是用来解决相关需求问题的,可以根据独立需求的数量和时间计算相关需求的数量和时间,决定需要多少相关需求物料是一个简单的乘法运算过程。如果生产一个产品 A 需要 5 个零件 B,那么生产 5 个产品 A 则需要 25 个零件 B。此时,零件 B 是一个相关需求的物料项目,它的实用情况取决于产品 A。

(2) MRP 的基本原理。MRP 的基本工作原理如图 4-1 所示。

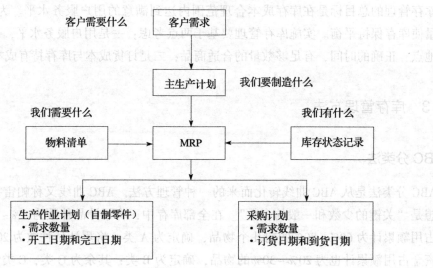

图 4-1 MRP 的基本工作原理

由图 4-1 可知,MRP 的基本原理是:通过市场预测和订单分析,了解客户的需求信息,明确"客户需要什么";为了满足客户的需求,通过主生产计划明确"我们要制造什么";要制造必须有相应的物料,因此通过物料清单明确"我们需要什么";而需要的物料可能已经存放在仓库中,因此,要通过库存状态记录了解"我们有什么";最后,通过 MRP 的处理,可以得出零部件的生产作业计划和采购计划。

其中,如果零部件是靠企业内部生产的,需要根据各自的生产时间长短来提前安排生产,形成零部件生产作业计划,规定每一项自制件的需求数量、开工日期和完工日期;如果零部件需要从企业外部采购,则要根据各自的订货期提前安排采购,形成零部件采购计划,规定每一项外购物料的需求数量、订货日期和到货日期。

3. 供应链库存管理

(1) 供应链库存管理的概念。供应链库存管理(vendor managed inventory,VMI)是一种按照双方达成的协议,由供应链的上游企业根据下游企业的需求计划、销售信息和库存量,主动对下游企业的库存进行管理和控制的库存管理方式。具体来说,该策略体现为由生产厂家根据零售商的信息如销售请款等,判断零售商的库存是否需要补充。如果需要补充,则自动向本企业的物流中心发出发货指令,补充零售商的库存。作为一种全新的库存管理思想,VMI 在分销链中的作用尤为重要,正受到越来越多的重视。

(2) VMI 的基本思想。实施 VMI 策略,首先要改变订单的处理方式,供应商和用户一起确定供应商在订单业务处理过程中所需要的信息和库存控制参数,然后建立一种订单的处理标准模式,如 EDI 标准报文,最后把订货、交货和票据处理各个业务功能集成到供应商处。

（3）VMI 的主要思想。供应商在用户的允许下设立库存，确定库存水平和补给策略形式对库存的控制权。精心设计与开发的 VMI 系统，不仅可以降低供应链的库存水平，而且可使用户另外获得高水平的服务，改进资金流，与供应链共享需求变化的透明性，并获得更多的用户信任。但 VMI 最直接的效益是整合制造和配送流程。将预测与补货纳入商品供应策略后，交易伙伴可以共同决定如何适时、适量地将商品送达用户手中。例如，可以由制造工厂直接配送至用户的配送中心，或由工厂直接配送至零售点，或经由工厂配送至行销中心等。

4. 配送需求计划

配送需求计划（distribution requirements planning，DRP）是 MRP 原理和技术在流通领域中的应用，主要用于解决独立需求中产品的订货、进货以及送货的时间和数量问题。它的基本目标是合理进行分销资源的配置，达到既保证有效地满足市场需要，又使配置费用最省的目的。DRP 主要应用于流通企业（如储运公司、物流中心、流通中心等）和自己具有销售系统及储运设施的生产企业。

一般含有物流业务的流通企业，不论是否从事产品的销售业务，它们都必然有储存和运输的业务，也就是有进货或送货的业务。这些业务或是接受一些生产企业的委托存货，或是自己从生产企业购进货物存放在自己的仓库里，然后为生产企业的销售部门或订货用户送货。这些流通企业可能还有自己的下属仓库或配送中心，广泛地分布在各个地区。在这种业务模式下，企业追求的目标一方面要保证满足用户的需要，另一方面要争取自己的总费用最省，使自己的资源（车辆、仓库等）利用率最高。

有的生产企业，特别是大型生产企业，有自己的销售网络和储运设施。自己生产出来的产品，或完全自己销售，或部分自己销售，部分交由流通企业销售。这样的生产企业面对市场来生产、销售自己的产品，它们既搞生产，又搞流通。它们的分销业务通常由企业的流通部门承担，具体组织储、运、销活动。

4.3.4 库存控制方法

企业库存控制方法较多，每种订货方式各有其特点和适用范围。这里介绍两种常见的订货方法，即定量订货法和定期订货法。

1. 定量订货法

所谓定量订货法是指当库存量下降到预定的库存数量（订货点）时，立即按一定的订货批量进行订货的一种方式。定量订货法又叫连续订货法、订货点控制、固定订货量系统。这种库存控制方法要求必须连续不断地检查库存物品的库存数量，所以有时又称连续库存检查控制法。

在定量订货中，当库存降到某个库存水平时就发出订货信息，我们将发出订货时的库存水平称为订货点。

订货点不能定得太高,如果太高,库存量过大,占用资金就大,导致库存费用上升,成本增加;同样,订货点不能定得过低,如果过低,则可能导致缺货,一方面增加缺货成本,另一方面导致对用户的服务水平下降。

(1) 影响订货点确定的主要因素。①需求速率。需求速率就是货物需求的速率,用单位时间内的需求量 d_p 来描述。显然,需求速率越高,订货点也越高。②订货提前期。订货提前期是指从发出采购订单开始到收到货物位置所需要的时间长度,以 T_k 表示,T_k 值的大小取决于路途的远近和运输工具速度的快慢。③安全库存。安全库存是指为了防止货物发生短缺而设置的库存,以 Q_s 表示。

(2) 订货点的确定。订货点的确定方法要根据不同的情况来分析。

在客户需求速率和订货提前期都稳定不变的情况下,不需要设置安全库存,即 $Q=0$。此时

$$订货点 = 订货提前期 \times 需求速率$$

即

$$R = T_k \times d_p$$

(3) 经济订购批量的确定。

经济订购批量(economic order quantity,EOQ),即通过平衡采购进货成本和保管仓储成本核算,以实现总库存成本最低的最佳订货量。

EOQ 库存策略认为,库存物品是一种用来使供、产、销系统免受过度摩擦的润滑剂。它使各环节分离并独立工作,可以减少预测误差所产生的冲击,并在需求量发生变动时,使资源得到有效的利用。

EOQ 库存控制模型中的费用主要包括以下两个方面。

1) 存储费:包括货物占用资金应付的利息以及使用仓库、保管货物、货物损坏编制等支出的费用。

2) 订货费:当存储供不应求时引起的损失,如失去销售机会的损失、停工待料的损失以及不能履行合同而缴纳罚款等。在不允许缺货的条件下,在费用上处理的方式是缺货费无穷大。

EOQ 库存控制的原理就在于控制订货量,使总库存费用最小。

EOQ 库存控制模型的基本假设如下。

1) 假设每次订货的订货费用相同,且与订货批量的大小无关。

2) 假设单位物品在单位时间内的储存费与物品的购入单价成比例。

3) 假设单位时间内的需求量不变。

4) 提前期固定。

(4) 常见的 EOQ 库存控制模型。常见的 EOQ 库存控制模型有以下几种形式。

1) 不允许缺货的经济批量。它是研究物料订购费用与订购次数和订购数量之间关系的。企业在一定时间内对所需物料订购次数少,用于订购的费用也少,而每次订购批量越大,支出的保管费用就越多。相反,订购次数多,订购费用也多,而每次订购批量小,从而保管费用也少。这里主要是研究在保证企业生产需要的前提下,使订购费用和保管费用之和最小的

订购批量,即经济批量。其计算公式为

$$经济批量 = \sqrt{\frac{2 \times 每次订购费用 \times 年需求量}{物料单价 \times 年保管费用率}}$$

2)不允许缺货,一次订购分批进货的经济批量。企业在经营过程中,往往有不少物料是一次订货分批进货的。这样就形成了一边进货入库、一边出库的状态,入库的速度大于出库的速度,一批订货全部进库后,库存只出不进,经常储备降低到零时,下一批订货又陆续分批入库。其计算公式如下

$$经济批量 = \sqrt{\frac{2 \times 每次订购费用 \times 年需求量}{物料单价 \times 年保管费用率}} \times \left(1 - \frac{每日耗用量}{每日进货量}\right)$$

2. 定期订货法

定期订货法又称定期盘点法订购,是指按预先确定的订货间隔进行订货的一种方式。该方法的关键在于确定一个订货周期 T 和一个最高库存量 Q,这个订货周期就是控制库存的订货时机,最高库存量就是控制库存的一个给定库存水准。每隔一个订货周期 T,就检查库存并发出订购,订购量的大小就是最高库存量与实际库存量之差。定期订货法具有以下特点。

(1)订购批量不断变化。一般来说,定期订货发的订购批量是不断变化的。不同时期的订购批量不尽相同,订购量的大小取决于各个时期产品的需求量。由于每次订购量不同,其运作成本相对较高。

(2)周期末盘点。定期订货法只在订货周期到来时进行产品的盘点,因此必须维持较高的库存量,防止在下次订货周期到来之前出现缺货现象。

(3)工作量少。定期订货法只在订货周期到来时进行产品的盘点,工作量相对较少。

(4)安全库存高。定期订货法的安全库存比定量订货法要高。

3. 定量订货法和定期订货法的区别

定量订货法是在库存量达到规定的订货点后进行订货,这有可能随时发生,主要取决于产品的需求情况;定期订货法只限于在预定的订货周期到来时进行订货。两种方法的区别如表 4-2 所示。

表 4-2 定量订货法和定期订货法的区别

特征	定量订货法	定期订货法
订货量	Q 固定	Q 不断变化
订货时间	在库存量降到订货点 R 时	在订货周期 T 到来时
库存记录	每次出入库都记录,连续跟踪	在订货周期 T 到来时进行盘点
库存大小	小	大
持续所需时间	由于记录持续,时间长	时间短
适用范围	占用资金多的少数品种的物品	占用资金少的多数品种的物品

> **案例研究**   新疆油田推进大共享，落实"零库存"
>
>   新疆油田充分发挥信息共享、资源共享、集中配送优势，推进"零库存"落实、落地。2020 年上半年，新疆油田共为 17 家油田单位配送产能建设、油气生产物资 13.5 万吨，配送及时率 100%，节约运输综合费用 566.4 万元。
>
>   新疆油田全面推行"零库存"管理，推进"框架协议+代储代销+储物于商"。目前，新疆北疆区域仓储物流共享中心已发布集中储备目录 4 个大类 120 个品种，签订区域仓储物流共享协议 7 份。2020 年上半年签订代储代销协议 58 份，总金额 43.45 亿元，已执行 13.1 亿元，节约资金占用费 1 432 万元。同时推广电商采购，通过"平台点击、线下配送、即送即达"模式下订单 2 076 单，金额突破 6 490 万元。
>
>   依托"新疆油田物资信息共享管理系统"，明确"两总库（仓储主基地）+三站（周转库）+N 点（配送点）"功能定位，采取"点餐"式配送、供应商直达送货、"班车制"配送、急用料 24 小时配送等方式，50% 的采购物资实现了工厂到现场配送，快速响应了油田生产需求，缩短采购和运输周期。
>
>   变领料为送料，开辟了 10 条配送主干线和 123 个配送网点，着力打造以克拉玛依、乌鲁木齐总库为中心的 4 小时物流圈、以三个周转库为中心的 1 小时物流圈。此外，新疆油田优选 11 家配送服务商，实现运输价格共享，运输费用同比下降 10%。
>
> 资料来源：中国石油新闻中心，新疆油田推进大共享，落实"零库存"，2020 年 7 月 30 日。
>
> **讨论题**
>
> 结合案例具体分析"零库存"的优缺点。（回答要点：结合"零库存"的特点分析）

本章小结

  本章阐述了仓储管理的定义、任务和原则，仓储管理的地位和作用，以及仓储管理的现状、应对措施以及发展趋势；介绍了仓储管理、仓储战略管理的知识，同时介绍了库存管理的概念和分类、库存管理与控制的方法；最后讲述了库存控制方法中库存的订货方式和经济订购批量（EOQ）库存控制模型。

复习思考题

一、单选题

1. 对企业库存（物料、在制品、产成品）按其重要程度、价值高低、资金占用或消耗数量进行分类、排序，以分清主次、抓住重点，并采用不同的管理方法，这种库存管理方法是（　　）。

  A. 零库存技术   B. ABC 分类法   C. 定量订货法   D. 定期订货法

2. 在 ABC 分类法中，如果按品种占累计品种数和耗用金额占累计平均占用金额的不同进行分类，则 A 类物品的分类标准是（　　）。
   A. 品种占 70%左右，金额占 10%左右
   B. 品种占 10%左右，金额占 70%左右
   C. 品种占 20%左右，金额占 20%左右
   D. 品种占 50%左右，金额占 50%左右
3. 某企业配件年需求量为 6 000 箱，每次进货成本费用为 300 元，每箱年仓储成本为 10 元，经济订货批量是（　　）箱。
   A. 200　　　　　B. 400　　　　　C. 600　　　　　D. 800
4. MRP 是指（　　）。
   A. 物料需求计划　　　　　　　B. 制造资源计划
   C. 企业资源计划　　　　　　　D. 准时化采购
5. 仓库在物流系统中除了能够长期储存原材料和产成品，起到（　　）的作用外，在第三方物流管理模式下，还被赋予了包括运输整合、产品及原材料组合、库存管理等一系列增加附加值的功能。
   A. "蓄水池"　　B. "枢纽"　　　C. "桥梁"　　　D. "控制中心"

二、多选题

1. 从生产过程的角度分类，库存可以分为（　　）。
   A. 原材料库存　　　　　　　　B. 零部件库存
   C. 半成品库存　　　　　　　　D. 成品库存
2. 库存管理有哪几种分类方法？（　　）。
   A. 按库存决策的重复性划分　　B. 按供应来源划分
   C. 按对未来需求量的知晓度划分　D. 按对前置时间的知晓度划分
   E. 按库存系统的类型划分
3. 以下是库存管理方法的有（　　）。
   A. ABC 分类法　　B. MRP　　　　C. VMI　　　　D. DRP
4. 仓储服务管理主要经历了（　　）三个发展阶段。
   A. 简单仓储管理　　　　　　　B. 复杂仓储管理
   C. 现代化仓储服务管理　　　　D. 自动立体化仓储管理
5. 实现保管服务的安全保障主要做好（　　）工作。
   A. 防止失窃　　　　　　　　　B. 消防安全
   C. 安全作业，防止货物损坏　　D. 防止突发事件的发生

三、判断题

1. 物流保管服务管理是作为第三方物流仓储服务管理的重要内容，只包括货物的入库管理、在库管理和出库管理三大块。（　　）
2. 采用 ABC 分类法管理物资时，需要严格控制的是 B 类和 C 类。（　　）
3. 独立需求对一定的库存控制系统来说，是一种内生变量；相关需求则是控制系统的外生

变量。 ( )
4. 仓库的保卫工作要立足于"防范",预防和戒备各种有政治或经济影响的事故发生。
( )
5. 仓库存入的货物如果是自己购买经营的,缺货时需制订进货计划,直接从供应商处进货。
( )

四、问答题

1. 库存管理的目标是什么?
2. 定量订货法和定期订货法各有哪些优缺点?
3. 简述 MRP 的基本原理。
4. 简述 EOQ 模型的基本假设。

第 5 章 包装与流通加工

📖 **教学目标**

通过本章的学习，学生应理解包装与流通加工的基本概念，了解包装的功能和分类，掌握包装合理化的实现途径，同时明确流通加工在物流活动中的地位和作用，掌握流通加工的合理化要求等。

🌐 **教学要求**

知识要点	能力要求	相关知识
包装概述	（1）理解包装的概念 （2）了解包装的功能 （3）了解包装的分类和绿色包装	（1）包装的概念 （2）包装的功能 （3）包装标记和包装标志 （4）绿色包装
包装技术与包装合理化	理解几种包装技术与包装合理化的实现途径	（1）缓冲包装技法 （2）防潮包装法 （3）防锈包装法 （4）防霉包装法 （5）防虫包装技术 （6）危险品包装技术 （7）防水包装技术
流通加工	（1）了解流通加工的概念 （2）熟悉流通加工的类型和常见方式 （3）掌握流通加工的合理化要求	（1）流通加工的概念 （2）流通加工的类型和常见方式 （3）流通加工的合理化要求

> **基本概念**
>
> 包装　绿色包装　包装标志　包装合理化　流通加工

5.1 包装概述

5.1.1 包装的概念和功能

1. 包装的概念

广义的现代包装，可看成是用高超的科学技术，以合理的价格、精确的量值、适当的保护性材料，保证在预定的时间内，使产品经运输、保管、搬送，完美地到达预定地点入库，然后转运到商店等处销售或使用，以保护产品，便于使用和运输、储存，并有助于销售的一种技术。

对包装的定义，各个国家或组织对包装有不同的表述和理解，但基本意思是一致的，都以包装功能和作用为其核心内容。

美国对包装的定义：包装是使用适当的材料、容器并施与技术，使其能使产品安全地到达目的地——在产品输送过程的每一个阶段，无论遭遇怎样的外来影响皆能保护其内容物，而不影响产品的价值。

英国标准协会对包装的定义：包装是为货物的运输和销售所做的艺术、科学和技术上的准备工作。

加拿大包装协会对包装的定义：包装是将产品由供应者送到顾客或消费者，而能保持产品于完好状态的工具。

日本工业标准规格在 JISZ1010（1959）中对包装的定义：包装是指在运输和保管物品时，为了保护其价值及原有状态，使用适当的材料、容器和包装技术包裹起来的状态。

修订后的国家标准《物流术语》（GB/T 18354—2021）中对包装的定义：为在流通过程中保护产品、方便储运、促进销售，按一定技术方法而采用的容器、材料及辅助物等的总体名称。也指为了达到上述目的而采用容器、材料和辅助物的过程中施加一定技术方法等的操作活动。

总的来说，包装的定义有两重含义：一是关于盛装商品的容器、材料及辅助物品，即包装物；二是关于实施盛装和封缄、包扎等的技术活动。包装的主要目的是保护商品、维持价值，它涉及包装材料的选择、包装方法、防护措施、包装装潢等内容。

2. 包装的功能

包装，素有"产品的脸谱""无声的推销员"之称，更成为赢得日趋激烈的竞争的一个重要筹码。它和产品内在质量一样影响着产品的价值，甚至决定着企业的经济效益。因此在新产品设计和老产品改造时，也必须十分注意包装功能的改善，从而提高产品价值。包装的功能概括起来主要有：保护功能、便利功能、促进销售功能及增值功能。

（1）保护功能。保护产品是包装最重要的功能之一。科学合理的包装，能使产品抵抗各种外界因素的破坏，从而保护产品的性能，保证产品质量和数量的完好。产品由生产者手中转移到消费者手中要经历许多流通环节，如装卸、运输、储存、销售等。在此过程中，不可避免地要受到挤压、碰撞、跌落，以及风吹、日晒、氧化、污染等，要避免或尽量减轻这些因素对产品质量的影响，就需要适当的包装来保护产品。

（2）便利功能。所谓便利功能，也就是商品的包装要便于使用、携带、存放等。一个好的包装产品，应该以"人"为本，站在消费者的角度考虑，这样会拉近商品与消费者之间的关系，增加消费者的购买欲，加强消费者与企业之间的沟通，且方便携带、使用、回收与废弃处理。

（3）促进销售功能。设计精美的产品包装，可起到宣传、美化产品的作用。包装既能提高产品的市场竞争力，又能以其新颖独特的艺术魅力吸引顾客、指导顾客，促进消费者购买，是产品"无声的推销员"。优质包装在提高出口产品竞争力，促进对外贸易的发展等方面均有重要意义。

（4）增值功能。增值包装是新环境下的包装需求。在差异化竞争时代，化妆品为了在市场上处于竞争的优势地位，不断通过创新的设计、新材料的使用和特殊装饰手段的应用来突显品牌形象，营造视觉美感和提升产品价值，使之能够从货架上脱颖而出，成为消费者的首选。

除以上四项功能外，包装还具有节约费用等作用。包装材料和容器的选择、包装设计、包装技术与方法等多种因素都与包装的具体功能有直接联系。设计一个包装需要从多角度分析，最后才能确定一个包装件。随着社会的发展，包装业会有一个很大的发展，新的包装理念的形成也将是时代发展的必然产物。

5.1.2 包装的分类

现代产品品种繁多，性能和用途是千差万别的，对包装要求的目的、功能、形态及方式也各不相同。为了使人们对包装有一个清晰的认识，需要对包装进行分类。包装的分类方法有多种。

1. 按包装功能划分

（1）运输包装。运输包装是以满足运输、仓储要求为主要目的的包装。它具有保障产品的安全，方便储运装卸，加速交接、点验等作用。运输包装应满足以下基本要求：具有足够的强度、刚度与稳定性；具有防水、防潮、防虫、防腐、防盗等防护能力；包装材料选用符合经济、安全的要求；包装重量、尺寸、标志、形式等应符合国际与国家标准。

(2)销售包装。销售包装又称为商业包装、消费者包装或内包装。包装的销售功能是保护功能和便利功能的进一步延伸。物资通过包装的造型、色彩、说明等吸引消费者,从而达到宣传、介绍和推销商品的目的。也就是说,这类包装除必须具有保护商品的功能外,更应具有促销的功能,其目的就是吸引消费者,促进销售。这对其造型结构、装潢画面和文字说明等都有较高的要求。

2. 按包装的层次划分

(1)小包装。小包装又称个包装、销售包装,是指以一个商品为一个销售单位的包装形式,其直接与商品接触,是产品的主要保护层。内包装包括金属罐、玻璃和塑料容器、包装袋和纸盒等。这类包装的装潢要求很高。

(2)中包装。中包装是指由若干个单体商品或包装组成的一个小的整体包装,属于商品的内层包装,如铅笔12支装一打。它主要便于运输、计量、陈列及销售。

(3)外包装。外包装又称大包装,是指商品的最外层包装,容纳一定数量中包装或小包装的大包装,主要便于计量和运输。因此,其外观要求不高,但必须标明内容物、性质、体积、重量及出品单位等。

3. 按包装材料划分

(1)纸类包装。
(2)塑料类包装。
(3)金属类包装。
(4)玻璃和陶瓷类包装。
(5)木材包装。
(6)纤维织品包装。
(7)复合材料类包装。

4. 按包装的目的用途划分

(1)内销商品包装要求适合于国内的中、短途运输,包装的大小、内装物数量要与国内消费习惯和消费水平相适应。内销包装一般具有简单、经济、实用的特点。

(2)出口商品包装要适合于国际长途运输,一般以远洋航运、空运、火车和汽车集装箱运输为主。市场销售以超级市场为主要形式,包装的装潢、色彩、形式等要考虑商品销售所在国的不同习惯和特点。出口商品包装的保护性、装饰性、竞争性要求更高。出口商品包装按照国际贸易经营习惯,一般分为储运包装和销售包装两大类。

(3)特殊商品包装一般是指工艺美术品、文物、精密贵重仪器及军需品等的包装。这些商品由于本身价值昂贵,比一般商品包装要求更高和更严格,因而包装成本也较高。

5. 包装的其他分类方法

(1)按包装容器的质地/软硬程度划分:**硬包装、半硬包装、软包装**。

（2）按包装使用次数划分：一次用包装、多次用包装和周转用包装。

（3）按产品种类划分：食品包装、药品包装、机电产品设备（或仪器）包装、危险品包装等。

（4）按包装防护目的划分：防潮包装、防锈包装、防霉包装、防震包装、防水包装、防热包装、遮光包装等。

5.1.3 包装标记和包装标志

1. 包装标记

包装标记是根据物资本身的特征，用文字和阿拉伯数字等在包装上标明规定的记号，主要有一般包装标记、表示收发货地点和单位的标记及标牌标记。

（1）一般包装标记。在包装上写明物资的名称、规格、型号、计量单位、数量（毛重、净重、皮重）、长、宽、高、出厂时间等说明。有时还需写明储存期限或保质期限。有时还有用来说明商品质量等级的，如"一等品""二等品""优质产品"、QS认证、国家免检产品等。

（2）表示收发货地点和单位的标记。这是注明商品起运、到达地点和收发货单位的文字记号，反映的内容是收发货具体地点（收货人地点、发货人地点、收货站、收货港和发货站、发货港等）和收发货单位的全称。

（3）标牌标记。在物资包装上钉附说明商品性质特征、规格、质量、产品批号、生产厂家等内容的标识牌。一般用金属制成。

2. 包装标志

包装标志是为了标明被包装物的特性、保障物流活动安全，以及为遵循理货分运程序的需要而设置的文字或图像说明。包装标志主要有：运输包装收发货标志、包装储运图示标志及危险货物标志/警告标志。

（1）运输包装收发货标志。它又称作唛头，是指在商品的运输包装上书写、压印或刷制的图形、文字和数字。其主要作用是便于装卸、运输、保管过程中的有关人员识别，以防止错发错运。传统的运输标志包括几何图形、收货人代号、参考号码、原产地、目的地、体积、重量、件号等。后来，联合国欧洲经济委员会制定的简化的运输标志只包括四项内容：收货人代号、参考号码、目的地名称和货物件数。运输包装标志具体如表5-1所示。

表5-1 运输包装标志

序号	代号	项目		含义
		中文	英文	
1	FL	商品分类图示标志	CLASSIFICATION MARKS	表示商品类别的特定符号
2	GH	供货号	CONTRACT NO.	供应该批货物的供货清单号码（出口商品用合同号码）

（续）

序号	项目			含义
	代号	中文	英文	
3	HH	货号	ART NO.	商品顺序编号，以便出入库、收发货登记和核定商品价格
4	PG	品名规格	SPECIFICATIONS	商品名称或代号，标明单一商品的规格、型号、尺寸、花色等
5	SL	数量	QUANTITY	包装容器内含商品的数量
6	ZL	重量（毛重、净重）	GBOSS WT、NET WT	包装件的重量，包括毛重和净重
7	CQ	生产日期	DATE OF PRODUCTION	产品生产的年、月、日
8	CC	生产工厂	MANUFACTURER	生产该产品的工厂名称等
9	TJ	体积	VOLUME	包装件的外件尺寸：长×宽×高=体积
10	XQ	有效期限	TERM OF VAIIDITY	商品有效期至某年某月
11	SH	收货地点和单位	PLACE OF DESTINATION ANDCONSIGNEE	货物到达站、港和某单位（人）数
12	FH	发货单位	CONSIGNOR	发货单位（人）
13	YH	运输号码	SHIPPING NO.	运输单号码
14	JS	发运件数	SHIPPING PIECES	发运的件数
说明	（1）分类标志一定要有，其他各项合理选用； （2）外贸出口商品根据国外用户要求，以中文、外文对照，印制相应的标志和附加标志； （3）国内销售的商品包装上不填英文项目。			

（2）包装储运图示标志。它又称指示标志或注意标志，用来指示运输、装卸、保管人员在作业时需要注意的事项，以保证物资的安全。根据国家标准《危险货物包装标志》（GB 190—2009）的规定，在有特殊要求的货物外包装上粘贴、涂打、钉附以下不同名称的标志，如向上、防湿、小心轻放、防热、防冻等。国际物流包装上的标志至少包括下列内容：目的地、装卸货标志。包装储运图示标志如图5-1所示。

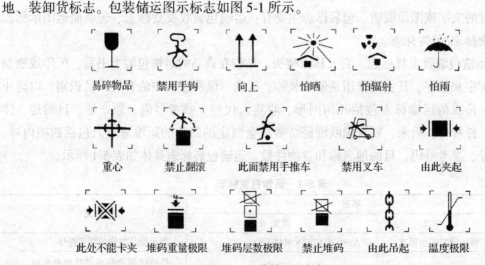

图5-1 包装储运图示标志

（3）危险货物标志/警告标志，是用来表示危险品的物理、化学性质，以及危险程度的标志。根据国家标准《危险货物包装标志》（GB 190—2009）的规定，在水、陆、空运危险货物的外包装上拴挂、印刷或标示以下不同的标志，如爆炸品、氧化剂、无毒不燃压缩气体、易燃压缩气体、有毒压缩气体、易燃物品、自燃物品、遇水燃烧品、有毒品、剧毒品、腐蚀性物品、放射性物品。

5.1.4 绿色包装

1. 绿色包装的定义

绿色包装，即满足包装功能要求的对人体健康和生态环境危害小、资源能源消耗少的包装。

绿色包装一般应具有五个方面的内涵：一是实行包装减量化。包装在满足保护、方便、销售等功能的条件下，应用量最少；二是包装应易于重复利用，或易于回收再生，通过生产再生制品、焚烧利用热能、堆肥改善土壤等措施，达到再利用的目的；三是包装废弃物可以降解腐化，其最终不形成永久垃圾，进而达到改良土壤的目的；四是包装材料对人体和生物应无毒无害，包装材料中不应含有有毒性的元素、病菌、重金属，或这些含有量应控制在有关标准以下；五是包装制品从原材料采集、材料加工、制造产品、产品使用、废弃物回收再生，直到其最终生成新产品，全过程均不对人体及环境造成危害。

2. 绿色包装的特点

（1）符合人类工程学。使用方便、搬运合理、储藏可靠、解读方便，满足各种消费者群体的心理、生理的特殊需求。

（2）有害物质的低排出。一是包装材料容器在生产、加工过程中排出的废水、废气、废物要低；二是包装容器材料中的添加剂在使用寿命周期内的排出量要低或者为零。

（3）保护生态环境。绿色包装要从整个地球生态环境的平衡考虑，选择有利于环境友好的包装容器（材料）和包装设计（例如高分子合成技术、可食性包装材料、豆腐渣制成的包装材料）。

（4）节约能源资源。一是加工包装材料选用节约能源的原料和工艺技术；二是废弃时使之变成新的能源资源为人类再服务。

3. 绿色包装的意义

绿色包装之所以为整个国际社会所关注，是因为环境问题与污染的特殊复杂性，环境的破坏不分国界，一国污染，邻国受损，它可以通过种种途径引发有关自然资源的国际争端。绿色包装的必要性和积极意义主要体现在以下几个方面。

(1) 发展绿色包装，减少流通污染，优化生存环境。
(2) 加快包装的绿色化建设，提高国际竞争力。
(3) 实施绿色包装，促进出口贸易发展。
(4) 采用绿色包装策略，有利于促进可持续发展战略的实施。
(5) 发展绿色包装是保障人的身体健康的需要。

4. 发展绿色包装的主要手段

(1) 积极开发绿色包装材料。
(2) 绿色包装律法调控。
(3) 减少包装材料的种类和数量。
(4) 对包装废弃物进行回收利用。

阅读案例　　　　电商物流巨头们为绿色包装各出奇招

阿里巴巴绿色物流升级媒体沟通会在北京举行，本次活动由菜鸟牵头，汇聚了天猫、淘宝、菜鸟、闲鱼、盒马等核心业务板块的伙伴，共同探讨绿色物流发展。根据菜鸟网络总裁万霖描绘的"2020绿色物流升级图景"，两年后天猫直送把快递袋全部升级为环保袋；淘宝和闲鱼提供上门取件服务，环保快递袋覆盖全国200个城市；零售通要实现百万小店纸箱零新增；盒马要达到物流全程"零"耗材……他表示，菜鸟要让中国所有包裹用上环保面单，一年覆盖400亿包裹，并且要在所有菜鸟驿站小区实现快递回收箱覆盖。

5.2　包装技术与包装合理化

5.2.1　包装技术

物品种类繁多，性能与包装要求各异，因此在包装设计与作业中，必须根据物品的类别、性能及其形态选择相适应的包装技术和方法，从而以最适宜的方法保障物品在物流各环节作业中的安全，以最低消耗，完好地把物品送到用户手中。

1. 缓冲包装技法

缓冲包装技法也称为防震包装技法，是解决包装物品免受外界冲击力、震动力等作用，从而防止损伤的包装技术和方法。其主要有以下几种方法。

(1) 全面缓冲：产品或内包装的整个表面都用缓冲材料衬垫的包装方法。
(2) 部分缓冲：仅在产品或内包装的拐角或局部地方使用缓冲材料。

（3）悬浮式缓冲：先将产品置于纸盒中，产品与纸盒间的各面均用柔软的泡沫塑料衬垫妥当，盒外用帆布包装装入胶合板箱，然后用弹簧吊在外包装内，使其悬浮吊起。

2. 防潮包装法

防潮包装法是指在物品流通过程中，为防止因空气中的潮气（水蒸气）导致发生潮湿、凝结以及进一步发生霉变等的包装技术。方法是采用透湿度低或透湿度为零的材料包装，使包装物与外界潮湿的大气相隔绝，或者为进一步控制包装容器内的湿气在包装中放入干燥剂。干燥剂有化学干燥剂和物理干燥剂。现代防潮包装中，应用最广泛的材料为聚乙烯、聚丙烯、聚氯乙烯、聚苯乙烯、聚酯、聚偏二氯乙烯等。

3. 防锈包装法

在运输、储存金属制品与零部件时，为了防止其生锈而降低使用价值或性能所采用的包装方法。金属生锈是由于空气中的污染物质和溶解在水蒸气中的物质附着于金属表面，并发生化学反应。防锈最常采用的方法就是使用防锈剂，防锈剂可分为防锈矿油和汽化性防锈剂两种。

4. 防霉包装法

防止因霉菌侵袭内部物导致长霉而影响产品质量，采取一定防护措施的包装技法，主要有冷冻包装、高温杀菌法、真空包装、使用防霉剂等。

5. 防虫包装技术

使用有毒性的驱虫剂，即在包装中放入一定毒性和臭味的药物，利用药物在包装中挥发气体杀灭和驱除各种害虫。

6. 危险品包装技术

危险品包装技术就是根据危险品的性质、特点，并按照有关法令和规定专门设计的包装技术与方法。危险品的运输包装上必须标明不同性质类别的危险货物标志，以及装卸搬运要求标志。对于不同危险品所采取的方法不同，具体有以下几种。

（1）易燃易爆物品。如过氧化氢物质具有强烈的氧化性，遇到微量不纯物质和受热，就会急剧分解并引起爆炸。防爆包装方法是采用塑料桶包装，然后将塑料桶装入铁桶或木箱中。每件净重不超过 50 千克，并有自动放气的安全阀，当桶内的压力达到一定气体压力时，能自动放气。

（2）腐蚀性物品。如金属类的包装容器，要在容器内壁涂上涂料，防止腐蚀。注意避免物品与包装容器的材料发生化学作用。对有毒物品防毒的主要措施是严密包装，使其不透气。

（3）气体置换包装。它是采用不活泼气体（氮气、二氧化碳等气体）置换包装容器中的空气的一种包装技术。目的是通过改变密封容器中气体的组成成分，降低氧气的浓度，从而抑制微生物的活动，达到防霉、防腐和保鲜的目的。

（4）真空包装技术。它是在容器封口之前将其抽成真空，使密封后的容器内基本没有空气的一种包装技术。目的是避免或减少氧化，抑制某些霉菌和细菌的生长。

（5）收缩包装技术。它是用收缩薄膜将欲包装物品包裹，然后对收缩薄膜进行有关处理（如加热处理），使薄膜收紧并紧贴物品的一种包装技术方法。

（6）拉伸包装技术。它是用机械装置在常温下将弹性薄膜拉伸后，将待包装物品紧裹的一种包装技术。这种技术可以提高物流效率，方便仓储与使用。

7. 防水包装技术

防水包装技术是指防止水侵袭到包装物内部而采用的包装技术。其做法是采用某些防水材料阻隔层，并通过防水黏结剂或衬垫、密封等措施，以防止水进入包装内部。防水包装多选用的材料有：包装外壁框架材料如木材、金属、瓦楞纸板三大类；内衬材料如各种防水包装用纸、涂布复合塑料薄膜、铝箔或铝塑复合膜等；防水涂料如石蜡、清漆等。

5.2.2 包装合理化的概念及要素

1. 不合理包装

不合理包装是在现有条件下可以达到的包装水平没有达到，从而造成了包装不足、包装过剩、包装污染等问题。目前，不合理包装主要有以下形式。

（1）包装不足。主要包括：包装强度不足，使包装防护性不足；包装材料水平不足，不能起到防护和促进销售的作用；包装容器的层次和容积不足，从而造成被包装物损失；包装成本过高，一方面，可能使包装成本支出大大超过减少损失可能获得的效益，另一方面，包装成本在商品成本中的比重过高，损害消费者的利益。

（2）包装过剩。主要包括：包装材料级别选择过高、包装物强度设计过高、包装技术水平过高、包装层次过多、包装体积过大。

（3）包装污染。主要包括：包装材料中大量使用的纸箱、木箱、塑料容器等，要消耗大量的自然资源；商品包装崇尚一次性、豪华性，甚至采用不可降解的包装材料，严重污染环境。

2. 包装合理化的概念

包装合理化是指在包装过程中使用适当的材料和适当的技术，制成与物品相适应的容器，节约包装费用，降低包装成本，既满足包装保护商品、方便储运、有利销售的要求，又提高包装的经济效益的包装综合管理活动。包装合理化主要表现在以下几个方面。

(1) 包装的轻薄化。由于包装只是起保护的作用，对产品使用价值没有任何意义，因此在强度、寿命、成本相同的条件下，更轻、更薄、更短、更小的包装，可以提高装卸搬运的效率。

(2) 包装的单纯化。为了提高包装作业的效率，包装材料及规格应力求单纯化，包装规格应标准化，包装形状和种类也应单纯化。

(3) 符合集装单元化和标准化的要求。包装的规格与托盘、集装箱关系密切，也应考虑到与运输车辆、搬运机械的匹配，从系统的观点制定包装的尺寸标准。

(4) 包装的机械化与自动化。为了提高作业效率和包装现代化水平，各种包装机械的开发和应用是很重要的。

(5) 注意与其他环节的配合。包装是物流系统组成的一部分，需要和装卸搬运、运输、仓储等环节一起综合考虑、全面协调。

(6) 利于环保。包装是产生大量废弃物的环节，处理不好可能造成环境污染。包装材料最好可反复多次使用并能回收再生利用；在包装材料的选择上，还要考虑对人体健康无影响，对环境不造成污染，即"绿色包装"。

5.2.3 包装合理化的实现途径

要实现包装合理化，需要从以下几方面加强管理。

(1) 采用先进的包装技术。包装技术的改进是实现包装合理化的关键。要推广诸如缓冲包装、防锈包装、防湿包装等包装方法，使用不同的包装技法，以适应不同商品的装卸、储存、运输要求。

(2) 向反复使用的周转包装发展。

(3) 采用单元装载技术，即采用托盘、集装箱进行组合运输。托盘、集装箱是包装、输送、储存三位一体的物流设备，是实现物流现代化的基础。

(4) 实现包装的物流形态。对于需要大量输送的商品（如水泥、煤炭、粮食等）来说，包装所消耗的人力、物力、资金、材料非常大，若采用专门的散装设备，则可获得较高的技术经济效果。散装并非不要包装，它是一种变革的包装，即由单件小包装向集合大包装转变。

(5) 从物流总体的角度出发，用科学的方法确定最优包装。对包装产生影响的第一个因素是装卸，不同的装卸方法决定着包装的类型。目前我国铁路运输，特别是公路运输，大多采用手工装卸，因此，包装的外形和尺寸就要适合人工操作。装卸人员素质低、作业不规范也会直接造成商品损失。因此，引进装卸技术，提高装卸人员素质，规范装卸作业标准等都会相应促进包装、物流的合理化。对包装有影响的第二个因素是保管。在确定包装时，应根据不同的保管条件和方式采用与之相适合的包装强度。对包装有影响的第三个因素是运输。运输工具类型、输送距离长短、道路情况等都对包装有一定影响。

5.3 流通加工

5.3.1 流通加工概述

一般来说，加工是指改变物资的形状和性质（如物理或化学变化等）以形成一定产品的活动，属于生产活动；而流通则是指改变物资存在的空间状态与时间状态的过程，并不改变物资的形态或性质。流通与加工原本是两个相互独立的概念，但如果将它们两者结合起来，就可以组成一个全新的物流功能要素——流通加工。

1. 流通加工的定义

流通加工是根据顾客的需要，在流通的过程中对产品实施的简单加工作业活动的总称。简单地说，流通过程中辅助性的加工活动都称为流通加工。

流通加工是为了提高物流速度和物品的利用率，在物品进入流通领域后，按用户的要求进行的加工活动。流通加工通过改变或完善流通对象的形态来实现"桥梁和纽带"的作用，因此流通加工是流通中的一种特殊形式。经济增长，国民收入增多，消费者的需求出现多样化，促使我们在流通领域开展流通加工。

2. 流通加工和生产加工的区别

流通加工和生产加工的区别如表 5-2 所示。

表 5-2　流通加工和生产加工的区别

比较内容	生产加工	流通加工
加工对象	原材料、零配件、半成品	进入流通过程的商品
所处环节	生产过程	流通过程
加工程度	复杂的、完成大部分加工	简单的、辅助性、补充加工
附加价值	创造价值和使用价值	完善其使用价值，并提高价值
加工单位	生产企业	流通企业
加工目的	为交换、为消费	为消费、为流通

3. 流通加工的特点

与生产加工相比较，流通加工具有以下特点。

（1）从加工对象看，流通加工的对象是进入流通过程的商品，具有商品的属性。流通加工的对象是商品，而生产加工的对象不是最终产品，而是原材料、零配件或半成品。

（2）从加工程度看，流通加工大多是简单加工，而不是复杂加工，一般来讲，如果必须进行复杂加工，应该专设生产加工过程。流通加工是对生产加工的一种辅助及补充。特别需要指出的是，流通加工绝不是对生产加工的取消或代替。

（3）从价值观点看，生产加工的目的在于创造价值及使用价值，而流通加工的目的则在于完善其使用价值，并提高价值。

（4）从加工责任人看，流通加工的组织者是从事流通工作的人员。从加工单位来看，流通加工由商业或物资流通企业完成，而生产加工则由生产企业完成。

（5）从加工目的看，生产加工是为交换、为消费而进行的生产，而流通加工是为了消费（或再生产）所进行的加工。但是流通加工有时候也以自身流通为目的，纯粹是为流通创造条件，这种为流通所进行的加工与直接为消费所进行的加工在目的上是有所区别的，这也是流通加工不同于一般生产加工的特殊之处。

4. 流通加工的类型

（1）为适应多样化需要的流通加工。生产部门为了满足用户对产品多样化的需要，同时又要保证高效率的大生产，可将生产出来的单一化、标准化的产品进行多样化的改制加工。例如，对钢材卷板的舒展、剪切加工；平板玻璃按需要规格的开片加工。

（2）为方便消费、省力的流通加工。根据下游生产的需要，将商品加工成生产直接可用的状态。例如，根据需要将钢材定尺、定型，按要求下料；将木材制成可直接投入使用的各种型材。

（3）为保护产品所进行的流通加工。在物流过程中，为保护商品的使用价值，并延长商品在生产和使用期间的寿命，可以采取稳固、改装、保鲜、冷冻、涂油等方式。

（4）为弥补生产领域加工不足的流通加工。由于受到各种因素的限制，许多产品在生产领域的加工只能达到一定程度，而不能完全实现终极的加工。例如，木材如果在产地完成成材加工或制成木制品的话，就会给运输带来极大的困难，所以进一步的下料、裁切、处理等加工则由流通加工完成，从而使生产能有较高的效率，取得较好的效益。

（5）为促进销售的流通加工。比如，将过大包装或散装物分装成适合依次销售的小包装的分装加工，可以起到吸引消费者、促进销售的作用等。

（6）为提高加工效率的流通加工。许多生产企业的初级加工由于数量有限，故加工效率不高。而流通加工以集中加工的形式，解决了单个企业加工效率不高的弊病，促使生产水平有一定的提高。

（7）为提高物流效率、降低物流损失的流通加工。有些商品本身的形态使之难以进行物流操作，而且商品在运输、装卸搬运过程中极易受损，因此需要进行适当的流通加工加以弥补，从而使物流各环节易于操作，提高物流效率，降低物流损失。例如，石油气的液化加工，使很难输送的气态物转变为容易输送的液态物，可以提高物流效率。

（8）为衔接不同运输方式，使物流更加合理的流通加工。在干线运输和支线运输的节点设置流通加工环节，可以有效地解决大批量、低成本、长距离的干线运输与多品种、少批量、多批次的末端运输以及集货运输之间的衔接问题。在流通加工点与大生产企业间形成大批量、定点运输的渠道，以流通加工中心为核心，组织对多个用户的配送，也可以在流通加工点将运输包装转换为销售包装,从而有效地衔接不同目的的运输方式。比如,散装水泥中转仓库把散装水泥装袋,将大规模散装水泥转化为小规模散装水泥的流通加工,就衔接了水泥厂大批量运输和工地小批量装运的需要。

(9)生产—流通一体化的流通加工。依靠生产企业和流通企业的联合,或者生产企业涉足流通,或者流通企业涉足生产,形成对生产与流通加工的合理分工、合理规划、合理组织,统筹进行生产与流通加工的安排,这就是生产—流通一体化的流通加工形式。这种形式可以促成产品结构及产业结构的调整,充分发挥企业集团的经济技术优势,是目前流通加工领域的新形式。

(10)为实施配送进行的流通加工。这种流通加工形式是配送中心为了实现配送活动,满足客户的需要而对物资进行的加工。例如,混凝土搅拌车可以根据客户的要求,把沙子、水泥、石子、水等各种不同材料按比例要求装入可旋转的罐中。在配送路途中,汽车边行驶边搅拌,到达施工现场后,混凝土已经均匀搅拌好,可以直接投入使用。

5. 流通加工的功能

(1)克服生产和消费之间的分离,更有效地满足消费者需求。
(2)提高加工效率和原材料利用率。
(3)提高物流效率。
(4)促进销售。

6. 流通加工的常见方式

常见方式有剪板加工、集中开木下料、配煤加工、冷冻加工、分选加工、精制加工、分装加工、组装加工、定制加工。

7. 流通加工的效果

(1)提高原材料利用率。
(2)方便用户。
(3)提高加工效率及设备利用率。

5.3.2 流通加工管理

流通加工合理化的含义是实现流通加工的最优配置,也就是对是否设置流通加工环节、在什么地方设置、选择什么类型的加工、采用什么样的技术装备等问题做出正确抉择。这样做不仅能避免各种不合理的流通加工形式,而且可以做到最优的流通加工配置。

1. 流通加工管理的内容

流通加工管理从其本质来说,和生产领域的生产管理一样,是在流通领域中的生产加工作业管理。所不同的是,流通加工管理既要重视生产的一面,更要着眼于销售的一面,因为后者是它加工的主要目的。流通加工管理工作可分为以下四种。

(1) 计划管理。对流通加工的产品,必须事先制订计划。例如,对加工产品的数量、质量、规格、包装要求等,都要按用户的需要,按计划进行加工生产。

(2) 生产管理。生产管理主要是对加工生产过程中的工艺管理。例如,生产厂房、车间的设计;产成品的包装、入库等一系列的工艺流程设计是否科学、合理与现代化。

(3) 成本管理。在流通加工中,成本管理也是一项非常重要的内容。一方面,加工是为了方便用户,创造社会效益;另一方面,是为了扩大销售,增加企业收益。所以,必须详细计算成本,不能进行"亏本"的加工。

(4) 销售管理。流通部门的主要职能是销售,加工也应该主要是为此目的而服务的。因此,在加工之前,要对市场情况进行充分调查。只有广大顾客需要的、加工之后有销路的物品,才能够组织加工。

2. 流通加工管理的职能

从管理的职能方面分析,流通加工应当强调计划职能、组织职能和控制职能。

(1) 计划职能。流通加工的计划职能是十分突出的,涉及加工作业和技术经济方面的内容。只有加强计划性,才能使流通加工既提高设备利用率,又能在保证用户满意度的前提下,避免或尽量减少剩余所造成的浪费。

(2) 组织职能。流通加工的组织职能是将劳动力、设备和材料进行恰当的组织,使流通加工过程能与仓储作业、库存控制、配送作业之间很好地协调而不发生紊乱。由于流通加工造成的剩余材料,往往很可能难以销售出去,造成了一定的浪费,所以流通加工在组织上的难点就是满足用户需求,按时、按量、按规格要求同步作业,一般情况下不应有半成品的积存。

(3) 控制职能。流通加工中的控制职能突出表现在质量控制上,而进度控制、成本控制也很重要。流通加工所依据的质量控制标准是由用户提出来的,特别是服务型流通加工的质量控制水平甚至可能影响到这种服务项目的存在与否。为了满足用户提出的质量要求,在流通过程中既要加强工序控制,又要加强测量仪器的核校,力争以优良的工作质量和工程质量保证流通加工的质量。

3. 不合理流通加工的若干形式

(1) 流通加工地点设置得不合理。
(2) 流通加工方式选择不当。
(3) 流通加工作用不大,形成多余环节。
(4) 流通加工成本过高,效益不好。

4. 实现流通加工合理化的途径

主要从以下几个方面加以考虑。

(1) 加工和配送结合。
(2) 加工和配套结合。
(3) 加工和合理运输结合。
(4) 加工和合理商流结合。
(5) 加工和节约结合。

对于流通加工合理化的最终判断，是看其是否能实现社会效益和企业本身的效益，而且是否取得了最优效益。流通企业更应该树立社会效益第一的观念。如果只是追求企业的局部效益，不适当地进行加工，甚至与生产企业争利，这就有违流通加工的初衷，或者其本身已不属于流通加工的范畴。

案例研究　"北京冷链"已注册完成企业 1.56 万家，日均流通产品约 2 000 吨

第 24 届京港洽谈会举办了"京港食品药品安全合作专题活动"，北京市市场监管局相关负责人介绍，北京市推动进口冷链食品生产经营单位全面应用"北京冷链"食品追溯平台。截至 2021 年，"北京冷链"累计注册完成企业 1.56 万家，记录进口冷链食品品种 7.07 万个，商品批次 22.72 万个，流通产品 81.01 万吨，涉及 123 个国家和地区以及我国全部省级行政区，日均流通产品约 2 000 吨。

"北京冷链"实行"首站赋码"管理，即从京外采购进口冷藏冷冻肉类、水产品并运入北京的北京市进口冷链食品生产经营单位，并以此作为首站，在"北京冷链"中上传相关产品品种、规格、批次、产地、检验检疫等追溯数据，同时使用"北京冷链"按批次为相关产品进行电子追溯码赋码，实现"一码到底"。2020 年 11 月 1 日，"北京冷链"追溯平台正式上线运行，实现了对北京市范围内进口冷藏冷冻肉类和水产品的电子追溯管理。2021 年 2 月，"北京冷链"进一步拓展追溯品种，将进口冷冻食品全部纳入了追溯范围。

从产品的流通量来看，全年共流通进口冷链食品 81.01 万吨，其中冷链畜肉和冷链水产品占了大部分，成为北京进口冷链食品流通品种的主力军。从进口国来源来看，北京进口食品出口国主要包括澳大利亚、巴西、新西兰、加拿大、美国、西班牙、阿根廷、越南、俄罗斯、法国，上述国家占比 70% 以上。为此，我们必须对上述国家的疫情发展形势高度关注，科学动态调整防疫措施。

资料来源：《新京报》，2021 年 12 月 7 日。

讨论题

结合案例具体分析流通加工有何特点。（回答要点：结合流通加工特点分析）

本章小结

本章对包装和流通加工做了具体介绍，首先介绍了包装的概念、功能以及包装合理化。物流

企业可以考虑从采用先进的包装技术、反复使用的周转包装、单元装卸技术、包装的物流形态、确定最优包装等方面入手，实现包装合理化。

流通加工是根据顾客的需要，在流通的过程中对产品实施的简单加工作业活动的总称，要将流通加工与一般的生产加工相区别。在实现流通加工时，要注意使其合理化，为企业创造更多效益。

复习思考题

一、单选题

1. 下列不符合绿色包装材料的是（　　）。
   A. 可食性包装材料　　　　　　　B. 再生的包装材料
   C. 不可降解的塑料袋　　　　　　D. 可降解材料
2. 包装技术的选择应遵循科学、经济、牢固、美观和（　　）的原则。
   A. 高技术　　　B. 适用　　　C. 标准化　　　D. 一次性
3. （　　）具有保护货物、便于处理和促进销售三大作用。
   A. 包装功能　　B. 流通加工功能　　C. 装卸功能　　D. 保管功能
4. 在生产及流通活动中，有一些资材是要回收并加以利用的，发生在这些回收过程中的物流活动称为（　　）。
   A. 回收物流　　B. 供应物流　　C. 销售物流　　D. 生产物流
5. （　　）被称为生产物流的终点，同时也是社会物流的起点。
   A. 运输　　　B. 仓储　　　C. 流通加工　　　D. 包装

二、多选题

1. 按包装功能划分，包装可分为（　　）。
   A. 工业包装　　B. 内包装　　C. 商业包装　　D. 外包装
2. 下列符合包装合理化的是（　　）。
   A. 必须易于入库，易于开包　　　B. 包装样式要与搬运相适应
   C. 每箱装货量标准化　　　　　　D. 包装要与产品的价值相符合
3. 流通加工是（　　）。
   A. 生产加工的补充与完善　　　　B. 残次品的返工
   C. 回收旧货的改造　　　　　　　D. 满足客户个性化需求的商品再加工
   E. 流通过程中的加工活动
4. 流通加工与生产加工的区别主要体现在（　　）。
   A. 加工对象不同　　　　　　　　B. 加工内容不同
   C. 加工目的不同　　　　　　　　D. 加工深度不同
   E. 所处领域不同
5. 现代物流的基本构成有（　　）。
   A. 装卸搬运、包装　　　　　　　B. 流通加工、物流信息

C. 储存、交接验收　　　　　　　　D. 运输、储存、配送

三、判断题

1. 流通的内容包括物流、商流、资金流和信息流。（　　）
2. 商品包装一般可分为商业包装和运输包装。（　　）
3. 流通就是物流。（　　）
4. 流通是联结生产和消费的纽带，是国民经济现代化的支柱。（　　）
5. 加工活动和流通活动是生产系统的两大支柱。（　　）

四、问答题

1. 什么是包装？包装的功能是什么？
2. 商品包装合理化的要点有哪些？如何实现包装合理化？
3. 结合实际，分析包装在现代物流活动中的地位如何？
4. 流通加工与生产加工有何区别？
5. 实现流通加工合理化应主要注意哪些方面的内容？

第 6 章 装卸搬运

📖 教学目标

通过本章的学习，学生应理解装卸搬运的基本概念，了解装卸搬运的几种方式，掌握装卸搬运合理化的措施。

📖 教学要求

知识要点	能力要求	相关知识
装卸搬运概述	(1) 理解装卸搬运的概念 (2) 了解装卸搬运的特点及装卸搬运作业的分类	(1) 装卸搬运的概念 (2) 散装货物装卸 (3) 集装货物装卸
装卸搬运机械	了解几种装卸搬运机械	(1) 起重机械 (2) 连续输送设备 (3) 装卸搬运车辆 (4) 散装装卸机械
装卸搬运合理化	掌握装卸搬运合理化的方法	(1) 影响装卸搬运合理化的基本因素 (2) 装卸搬运活性指数

📖 基本概念

装卸搬运　装卸搬运合理化　散装装卸机械　装卸搬运活性指数

6.1 装卸搬运概述

生产伴随着物料搬运，物料搬运重量常常是产品重量的数倍，甚至数十倍。以我国为例，铁路运输的始发和到达的装卸作业费占运费的 20% 左右，水路运输占 40% 左右。因此，为了降低物流费用，装卸是个重要环节。进行装卸操作时往往需要接触货物，因此，这是在物流过程中造成货物破损、散失、混合等损失的主要环节。

在中国，铁路运距超过 500 千米，运输在途时间多于起止的装卸时间；运距低于 500 千米，装卸时间则超过实际运输时间。我国对生产物流进行统计，机械工厂每生产 1 吨成品，需进行 252 吨次的装卸搬运，其成本为加工成本的 15.5%。

物品装卸搬运活动渗透到物流的各环节、各领域，有联系物流活动各个子系统的功能，是物流顺利进行的关键，是提高效率、降低成本、改善条件、保证物流质量的重要的物流环节之一。

6.1.1 装卸搬运的概念

装卸（loading and unloading）是指在运输工具间或运输工具与存放场地（仓库）间，以人力或机械方式对物品进行载上载入或卸下卸出的作业过程。搬运（handling）是指在同一场所内，以人力或机械方式对物品进行空间移动的作业过程。搬运的"运"与运输的"运"的区别之处在于，搬运是在同一地域的小范围内发生的，而运输则是在较大范围内发生的，两者是从量变到质变的关系，中间无绝对的界限。

装卸搬运就是指在某一物流节点范围内进行的，以改变物料的存放状态和空间位置为主要内容与目的的活动。具体包括装上、卸下、移送、拣选、分类、堆垛、入库、出库等活动。

在同一地域范围内（如车站范围、工厂范围、仓库内部等）以改变"物"的存放、支承状态的活动称为装卸，以改变"物"的空间位置的活动称为搬运，两者全称装卸搬运。有时候在特定场合，单称"装卸"或单称"搬运"也包含了"装卸搬运"的完整含义。

"装卸"与"搬运"的主要区别是："装卸"是指在商品空间上发生的以垂直方向为主的位移，而"搬运"则是指商品在区域内所发生的短距离、以水平方向为主的位移。由于商品在空间上发生绝对的位移或发生绝对的水平位移的情况是不多的，多数情况则是两者的复合运动，因此，有时以垂直位移为主，即"装卸"；以水平位移为主，即"搬运"。

在物流过程中，装卸活动是不断出现和反复进行的，它出现的频率高于其他各项物流活动，每次装卸活动都要花费很长的时间，所以往往成为决定物流速度的关键。在物流活动的全过程中，装卸搬运效率对物流整体效率影响很大。

装卸活动所消耗的人力也很多，所以装卸费用在物流成本中所占的比重也较高。为了降低物流费用，装卸是个重要环节。

6.1.2 装卸搬运的特点

商品的装卸搬运贯穿于商品实体运动的全过程。无论是商品的运输、储存和保管，还是商品的配送、包装和流通加工都伴随着装卸搬运作业。在整个物流活动中，装卸搬运所占的比重很大。因此，装卸搬运效率的高低、装卸搬运质量的好坏、装卸搬运成本的大小，都与整个物流活动关系密切。可以说，装卸搬运合理化是物流合理化的一个重要问题，改善装卸搬运作业是加速车船周转、减少资金占用、简化包装和减少货损的重要手段。

1. 装卸搬运是附属性、伴生性的活动

装卸搬运是物流每一项活动开始及结束时必然发生的活动。例如，一般而言的"汽车运输"，实际包含了相随的装卸搬运，仓库中的保管活动，也含有装卸搬运活动。

2. 装卸搬运是支持、保障性活动

装卸搬运的附属性不能理解成被动性，实际上，装卸搬运对其他物流活动有一定的决定性。装卸搬运会影响其他物流活动的质量和速度，许多物流活动在有效的装卸搬运支持下，才能实现高水平。

3. 装卸搬运是衔接性的活动

在任何其他物流活动互相过渡时，都是以装卸搬运来衔接的，因而，装卸搬运往往成为整个物流的"瓶颈"，是物流各功能之间能否形成有机联系和紧密衔接的关键，而这又是一个系统的关键。能否建立一个有效的物流系统，关键看这一衔接是否有效，比较先进的系统物流方式——多式联运就是为着力解决这种衔接而产生的。

6.1.3 装卸搬运作业的分类

1. 按装卸搬运物流设施、设备对象分类

（1）仓库装卸搬运，是指厂矿或储运业的仓库、堆场、集散点等处，为配合出库、入库、维护保养等活动进行的以堆垛、上架、分拣、取货等操作为主的装卸搬运作业。

（2）铁路装卸搬运，是指在铁路车站进行的装卸搬运作业，包括：汽车在铁路货物和铁路站旁的装卸作业；铁路仓库和理货场的堆码、拆取、分拣、配货、中转作业；铁路车辆在理货场及站台的装卸作业，装卸时进行的坚固作业；清扫车辆、揭盖篷布、移动车辆、检斤计量等辅助作业。

(3) 港口装卸搬运，是指港口进行的各种装卸作业，主要是码头、船舶的装卸搬运作业。港口装卸搬运包括码头前沿的装船，也包括后方的支持性装卸搬运，有的港口装卸还采用小船在码头与大船之间"过驳"的办法，因而其装卸的流程较为复杂，往往经过几次的装卸搬运作业才能最后实现船与陆地之间货物过渡的目的。

(4) 车间装卸搬运，是指车间内部工序间进行的装卸搬运活动，以原材料、半成品、产成品等的取放、分拣、包装、堆码、输送为主。

2. 按装卸搬运的作业方式分类

(1) 吊上吊下方式，依靠吊装装置的垂直移动实现。

(2) 叉上叉下方式，依靠叉车的运动实现。

(3) 滚上滚下方式（滚装方式），货物通过自身车轮或其他滚动行驶系统驶上、驶下/离船或车实现，铁路上称其为"驮背运输"。

3. 按装卸搬运对象分类

(1) 单件货物装卸。单件货物装卸指的是非集装箱按件计的货物逐个进行装卸操作的作业方法。单件作业对机械装备、装卸条件要求不高，因而机动性比较强，可以在很广泛的地域内进行，而不受固定设施、设备的地域局限。单件作业可采取人力装卸、半机械化装卸及机械化装卸。由于逐件处理，装卸速度慢，且装卸要逐件接触货体，因而容易出现货损；反复作业次数多，也容易出现货差。单件作业的装卸对象主要是包装杂货，多种类、少批量及单件大型、笨重的货物。

(2) 散装货物装卸。散装货物装卸是指对大批量粉状、粒状货物进行无包装、散装的装卸方法。装卸可连续进行，也可采取简短的装卸方式，但是都采用机械化设施、设备，在特定情况下，且批量不大时，也可采用人力装卸。散装作业主要有以下几种方法。

1) 重力法。重力法是利用货物的位能来完成装卸作业的方法。利用散货本身的重量进行装卸，首先将散货提升到一定高度，具有一定势能之后，才能利用本身重力进行下一步装卸。它主要适用于铁路运输。重力法装车设备有筒仓、溜槽、隧洞等几类。重力法卸车主要指底门开车或漏斗车在高架线或卸车坑道上自动开启车门，煤或矿石依靠重力自行流出的卸车方法。

2) 倾翻法。倾翻法是指运载工具的载货部分倾翻，因而将货物卸出的方法。它是主要用于铁路敞车和自卸汽车的卸载方法，汽车一般是依靠液压机械装置顶起货厢实现卸载的。

3) 气力输送法。它是指主要设备是管道及气力输送设备，以气流运动裹携粉状、粒状物沿管道运动而达到装、搬、卸的目的的方法。

4) 机械法。它是指采用各种机械，使其工作机构直接作用于货物，如通过舀、抓、铲等作业方式达到装卸目的的方法。常用的机械有带式输送机、堆取料机、装船机、链斗装车机、单斗和多斗装载机、挖掘机及各种抓斗等。

（3）集装货物装卸。集装货物装卸是对集装货载进行装卸搬运的作业方法，适用于经一定包装的粉、粒、液、气状的货物或经分解处置后的特大、重、长的货物。受装卸机具和集装货载存放条件的限制，其机动性比较差，但是一次作业装卸量大，装卸速度快。集装作业主要有以下几种方法。

1）托盘装卸。该方法利用叉车对托盘货载进行装卸，属于"叉上叉下"方式。

2）集装箱装卸。该方法主要是用港口岸壁吊车、龙门吊车等各种垂直起吊设备进行"吊上吊下"式的装卸。

3）货捆装卸。该方法采用各种类型的起重机进行装卸，货捆的捆具可与吊具、索具有效配套，进行"吊上吊下"式的装卸。

4）集装网、集装袋装卸。该方法采用各种类型的起重机进行"吊上吊下"作业，也可与各种搬运车配合进行起重机所不能及的搬运。

5）挂车装卸。该方法是利用挂车的可行走机构，连同车上组合成的载货一起拖运到火车车皮上或船上的装卸方式。它属于水平装卸，是所谓"滚上滚下"的装卸方法。

4. 按装卸搬运的作业特点分类

（1）连续装卸搬运。连续装卸搬运主要是同种、大批量、散装或小件杂货通过连续输送机械连续不断地进行作业，中间无停顿、货间无间隔。在装卸搬运量较大、装卸对象固定、货物对象不易形成大包装的情况下适合采取这一方式。

（2）间歇装卸搬运。间歇装卸搬运有较强的机动性，装卸地点可在较大范围内变动，主要适用于货流不固定的各种货物，尤其适用于包装货物、大件货物，散粒货物也可采取此种方式。

6.2 装卸搬运机械

6.2.1 主要装卸搬运机械

装卸搬运机械是用来搬移、升降、装卸和短距离输送物料或货物的机械，既可用于完成船舶与车辆货物的装卸，又可完成库场货物的堆码、拆垛、运输，以及舱内、车内、库内货物的起重、输送和搬运，主要分为起重机械、连续输送设备、装卸搬运车辆和散装装卸机械等。

1. 起重机械

起重机械用来垂直升降货物或兼做货物的水平移动，以满足货物的装卸、转载等作业要求。不同类型的起重机如图6-1~图6-3所示。

a）梁式起重机　　　　　　b）龙门起重机　　　　　　c）桥式起重机

图 6-1　桥架式起重机

  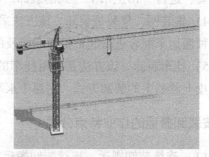

a）浮式起重机　　　　　　b）轮胎起重机　　　　　　c）塔式起重机

图 6-2　臂架式（旋转式）起重机

图 6-3　堆垛起重机

（1）轻小型起重机，仅有一个升降运动的起重机，如滑车、手动或电动葫芦等。其中，电动葫芦配有小车，可以沿轨道运行。

（2）桥架式起重机，可在矩形场地及空间进行作业的起重机。有一个横跨空间的横梁或桥架支撑起重机构、运行机构，完成起重作业，主要有梁式起重机、桥式起重机等。使用广泛的还有门式起重机和装卸桥。这也是可在矩形场地和空间进行作业的起重机，与桥式起重机不同的是，它有两个高支腿的门架，起重小车既可在跨度内，也可在悬臂端完成起重作业。

（3）臂架式（旋转式）起重机。可在环形场地及空间作业。主要由可以旋转和变幅的臂架支撑，完成起重作业。常用的类型有浮式起重机、轮胎起重机、塔式起重机等。

（4）堆垛起重机。可以在自动化仓库高层货架之间或高层码垛货场完成取送、堆垛、分拣等作业的起重机。突出的特点是在可以升降的载货台上装有可以伸缩的货叉机构，能方便地在指定的货格或位置上放取单元化货物。

2. 连续输送设备

连续输送设备也称连续搬运机械，是以连续的方式沿着一定的线路从装货点到卸货点均匀输送货物的机械，如图6-4所示。

 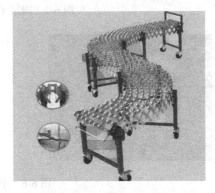

a）固定式输送机　　　　　　　b）移动式输送机

图 6-4　连续输送设备

（1）按安装方式可以分为两类。①固定式输送机。整个设备固定安装在一个地方，不能移动，它主要用于固定输送场合，如专用码头、仓库、工厂专用生产线等，具有输送量大、效率高等特点。②移动式输送机。整个设备固定安装在车轮上，可以移动，具有机动性强、利用率高和调度灵活等特点。

（2）按机械结构特点可以分为两类。

有挠性牵引构件的输送机械：物料和货物在牵引构件的作用下，利用牵引构件的连续运动使货物向一个方向输送，如带式输送机、链式输送机、斗式提升机、悬挂输送机等。

无挠性构件的输送机：利用工作构件的旋转运动或振动，使货物向一定方向输送，如气力输送机、螺旋输送机、振动输送机等。

3. 装卸搬运车辆

装卸搬运车辆是依靠本身的运行和装卸机构的功能，实现货物的水平搬运和短距离运输、装卸的各种车辆，广泛用于仓库、港口、车站、货场、车间、船舱、车厢内和集装箱内的作业。

（1）固定平台搬运车。固定平台搬运车是室内经常使用的短距离搬运车辆，如图6-5所示。

（2）牵引车。专门用于牵引载货挂车进行水平搬运的车辆，没有取物装置和载货平台，不能装卸货物，也不能单独搬运货物。牵引车分为内燃牵引车和电动牵引车，如图6-6所示。

图 6-5 固定平台搬运车

图 6-6 牵引车

(3) 叉车。叉车又名叉车装卸机,以货叉作为主要的取物装置,依靠液压起升机构实现货物的托取、码垛等作业,由轮胎运行机构实现货物的水平运输,如图 6-7 所示。

a) 内燃式叉车　　　　　　b) 低位拣选叉车

c) 高位拣选叉车　　　　　　d) 固定平台搬运车

图 6-7 叉车

(4) 牵引挂车。当牵引车和挂车配合使用时,构成牵引挂车,可在较长的距离内搬运货物,具有较好的经济性和较高的效率,如图 6-8 所示。

(5) 自动导引搬运车。自动导引搬运车(automated guided vehicle, AGV),是指具有电磁或光学导引装置，能够按照预定的导引线路行走，具有小车运行和停车装置、安全保护装置以及具有各种移载功能的运输小车，如图 6-9 所示。

图 6-8　牵引挂车

图 6-9　自动导引搬运车

按照导引原理的不同，自动导引搬运车分为外导式和自导式两大类型。

1) 外导式（固定路径导引）。在运行路线上设置导向信息媒介，如导线、色带等，由车上的导向传感器检测接收到导向信息（如频率、磁场强度、光强度等），再将此信息经实时处理后用以控制车辆沿运行线路正确地运行。

2) 自导式（自由路径导引）。采用坐标定位原理，即在车上预先设定运行作业路线的坐标信息，并在车辆运行时，实时地检测出实际的车辆位置坐标，再将两者比较、判断后控制车辆的导向运行。

4. 散装装卸机械

(1) 装载机。以装载、运输为主，将物资由货场取出，通过运输系统装车或装船等。典型的装载机有装车机、装船机等，如图 6-10 所示。

(2) 卸载机。以卸载、运输为主，将物资从车或船中取出，运往货场或仓库的机器。典型的卸载机有链斗式卸车机、螺旋卸车机等，如图 6-11 所示。

(3) 翻转机。翻转机是指使货车厢翻转倾倒，将物资卸入地下运输系统的一种大型机械。翻转机一般需要与重车推入和空车牵出等辅助机械配合使用。

图 6-10　装载机

图 6-11　卸载机

（4）堆取料机。堆取料机是指既能从货场上挖取散状物资输送到指定地点，又能将散状物资通过运输系统送入货场堆放的大型机械。按照其功能可分为取料机、堆料机和堆取料机三种。

6.2.2　装卸搬运机械的选择

1. 根据作业性质和作业场合进行配置、选择

装卸搬运作业性质和作业场合不同，需配备不同的装卸搬运机械。根据作业是单纯的装卸或单纯的搬运，还是装卸、搬运兼顾，从而选择更合适的装卸搬运机械。

2. 根据作业运动形式进行配置、选择

装卸搬运作业运动形式不同，需要配备不同的装卸搬运机械。水平运动，可配备选用卡车、牵引车、小推车等装卸搬运机械；垂直运动，可配备选用提升机、起重机等装卸搬运机械；倾斜运动，可配备选用连续运输机、提升机等装卸搬运机械；垂直及水平运动，可配备选用叉车、起重机、升降机等装卸搬运机械；多平面式运动，可配备选用旋转起重机等装卸搬运机械。

3. 根据作业量进行配置、选择

装卸搬运作业量的大小关系到设备应具有的作业能力，从而影响到所需配备的设备类型和数量。作业量大时，应配备作业能力较高的大型专用设备；作业量小时，最好采用构造简单、造价低廉而又能保持相当生产能力的中小型通用设备。

4. 根据货物种类、性质进行配置、选择

货物的物理性质、化学性质以及外部形状和包装千差万别，有大小、轻重之分，有固体、液体之分，有散装、成件之不同，所以对装卸搬运机械的要求也不尽相同。

5. 根据搬运距离进行配置、选择

长距离搬运一般选用牵引车和挂车等装卸搬运机械，较短距离搬运可选用叉车、跨运车等装卸搬运机械，短距离搬运可选用手推车等装卸搬运机械。为了提高设备的利用率，应当结合设备种类和特点，使行车、货运、装卸、搬运等工作密切配合。

6. 装卸搬运机械的配套

成套地配备装卸搬运设备，使前后作业相互衔接、相互协调，是保证装卸搬运工作持续进行的重要条件。因此，需要对装卸搬运设备在生产作业区、数量吨位、作业时间、场地条件、周边辅助设备上做适当协调。

6.3 装卸搬运合理化

6.3.1 影响装卸搬运合理化的基本因素

由于装卸搬运活动对物流活动的费用、工作效率及物品损坏率有较大的影响，所以在进行该项活动时应尽量使之合理。一般来说，影响装卸搬运合理化的主要因素有以下五点。

1. 从事装卸搬运的人

一般来讲，无论是采用自动化装卸搬运模式，还是采用人工装卸搬运模式，只要存在装卸搬运活动，就一定少不了从事装卸搬运活动的主体——人（劳动力）。事实上，在各个物流环节中，装卸搬运环节是一项高劳动密集型的活动，因此从事装卸搬运活动的人的素质和劳动效率的高低，必然会极大地影响物流体系的整体效率和效益。

2. 被装卸搬运的物品

在流通领域中流通的"物"的种类是非常之多的，概括地讲，人们生产及生活中所接触

的各种物品都可能是物流的对象。因此,在装卸搬运活动中,因"物"的性质、形态、重量、大小等的不同,装卸搬运方式必然不同。为了实现合理的装卸搬运,必须考虑物品的特性。

3. 装卸搬运的场所

由于运输及保管方式的不同,进行装卸搬运的场所存在很大的差异,如在车站、港口、机场、企业仓库等进行的装卸搬运就有很大的不同。在不同的场所进行的装卸搬运所选择的方式、设备等都有很多方案可供选择。因此在实施合理的装卸搬运时,必须考虑货物所在的场所。

4. 装卸搬运的时间

所谓装卸搬运的时间,就是指装卸搬运所需的时间、频度、时期等内容。针对不同的物及不同的场所,为了实现合理的装卸搬运,必须采用不同的时间安排,如连续流通装卸搬运方式和间隔成组装卸搬运方式等。

5. 装卸搬运的手段

随着科学技术的进步及物流科学的发展,装卸搬运的手段也发生了由人力装卸为主向机械自动装卸为主的变化。一般来说,在人、场所以及时间都相同的前提下,对同一物品进行装卸搬运的手段可以有很多种,而不同的装卸搬运手段所达到的效果必然是不同的,其中只有一种或极少几种才是效率最高的。

6.3.2 装卸搬运合理化的原则

1. 优化装卸程序原则

在装卸搬运时,应从研究装卸搬运的功能出发,分析各项装卸搬运作业环节的必要性,取消、合并装卸搬运作业的环节和次数,避免重复无效、可有可无的装卸搬运作业。

2. 单元化原则

单元化原则是指将物品集中成一个单位进行装卸搬运的原则。单元化是实现装卸搬运合理化的重要手段。在物流作业中广泛使用托盘,通过叉车与托盘的结合提高装卸搬运的效率,通过单元化不仅可以提高作业效率,而且可以防止损坏和丢失,数量的确认也会更加容易。

3. 巧装满载原则

在装卸搬运时,要根据货物的轻重、大小、形状、物理和化学性质,以及货物的去向、存放期限、车船库的形状等，采用恰当的装卸方式巧妙配装，使装卸工具满载，库容得到充分利用，以提高运输、存储效益和效率。

4. 移动距离（时间）最小化原则

移动距离（时间）的长短与搬运作业量大小和作业效率是联系在一起的，因此，在货位布局、车辆停放位置、出入库作业程序等设计上应该充分考虑物品移动距离（时间）的长短，以物品移动距离（时间）最小化为设计原则。

5. 各环节均衡协调原则

装卸搬运作业既涉及物流过程的其他各环节，又涉及它本身的工艺过程。只有各环节相互协调，才能使整条作业线产生预期的效果。因为个别薄弱环节的生产能力决定了整个装卸搬运作业的综合能力，因此要针对薄弱环节采取措施，提高能力，使装卸搬运系统的综合效率最高。

虽然上述原则都是一些基本性要求，但落实起来涉及面广，难度很大，也不是装卸搬运行业自身所能解决的。只有从物流系统的整体上统筹规划，合理安排，使各个环节紧密配合，才有助于这些原则的落实。

6.3.3 装卸搬运合理化的方法

物流中的装卸搬运合理化主要是对装卸搬运方式、装卸搬运机械设备的选择和合理配置与使用，以及装卸搬运作业本身的合理化，尽可能减少装卸搬运次数，以节约物流费用，获得较好的经济效益。

（1）防止无效装卸。所谓无效装卸是指在装卸作业活动中超出必要的装卸搬运量的作业。显然，防止和消除无效作业对装卸作业的经济效益有重要作用。为了有效地防止和消除无效作业，可从以下几个方面入手。

1）尽量减少装卸次数。要使装卸次数降低到最小，避免没有物流效果的装卸作业。

2）提高被装卸物料的纯度。物料的纯度，指物料中含有水分、杂质与物料本身使用无关的物质的多少。物料的纯度越高，则装卸作业的有效程度越高。反之，无效作业就会增多。

3）包装要适宜。包装是物流中不可缺少的辅助作业手段。包装的轻型化、简单化、实用化会不同程度地减少作用于装卸上的无效劳动。

4）缩短搬运作业的距离。物料在装卸、搬运当中，要实现水平和垂直两个方向的位移，选择最短的路线完成这一活动，就可避免超越这一最短路线以上的无效劳动。

（2）充分利用重力或消除重力影响，进行消耗少的装卸。

（3）充分利用机械，实现"规模装卸"。

1）确定装卸任务量。

2）根据装卸任务和装卸设备生产率，确定装卸搬运设备需用的台数和技术特征。

3）根据装卸任务、装卸设备生产率和需用台数，编制装卸作业进度计划。它通常包括装卸搬运设备的作业时间表、作业顺序、负荷情况等详细内容。

4）下达装卸搬运进度计划，安排劳动力和作业班次。

5）统计和分析装卸作业成果，评价装卸搬运作业的经济效益。

（4）提高货物的装卸搬运活性。装卸搬运活性指从物的静止状态转变为装卸搬运运动状态的难易程度。如果很容易转变为下一步的装卸搬运，而不需过多装卸搬运前的准备工作，则活性高；如果难以转变为下一步的装卸搬运，则活性低。

为了对活性有所区别，并能有计划地提出活性要求，使每一步装卸搬运都能按一定的活性要求进行操作，对于不同放置状态的货物做了不同的活性规定，"装卸搬运活性指数"就是标定活性的一种方法。装卸搬运活性指数分为 0~4 共 5 个等级，具体如图 6-12 所示。

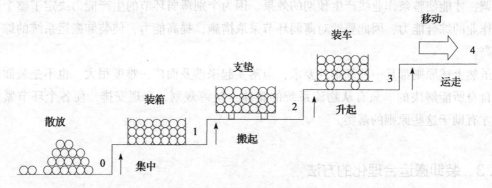

图 6-12 装卸搬运活性指数

装卸搬运活性指数是指搬运某种状态下的物品所需要进行的四项作业（集中、搬起、升起、运走）中已经不需要进行的作业数目。搬运处于静止状态的物料时，需要考虑搬运作业所必需的人工作业。物料搬运的难易程度可以用装卸搬运活性指数来衡量。所费的人工越多，活性越低；反之，所需的人工越少，活性越高，但相应的投资费用也越高。

散放在地上的物料要运走，需要经过集中、搬起、升起和运走四次作业。所需的人工作业最多，即活性水平最低，将装卸搬运活性指数定为 0。

0 级——物料杂乱地堆在地面上的状态。进行下一步装卸必须要包装或打捆，或者只能一件件地操作处置，因而不能立即实现装卸或装卸速度很慢。

1 级——物料装箱或经捆扎后的状态。在下一步装卸时可直接对整体货载进行操作，活性有所提高，但操作时需支起、穿绳、挂索或支垫入叉，因而装卸搬运前的预操作要占用时间，不能取得很快的装卸搬运速度，活性仍然不高。

2 级——箱子或被捆扎后的物料，下面放有枕木或其他衬垫后，便于叉车或其他机械作业的状态，装卸机具能立刻起吊或入叉，活性有所提高。

3 级——物料被放于台车上或用起重机吊钩钩住，能随时将车、货拖走，处于即刻移动的状态，这种活性更高。

4 级——被装卸、搬运的物料已经被启动，直接作业即刻进入运动状态，而不需做任何预先准备,活性最高。

装卸搬运活性指数确定的原则,如表6-1所示。在对物料的活性有所了解的情况下,可以利用活性理论改善搬运作业。

表6-1 装卸搬运活性指数确定的原则

物品状态	作业说明	作业种类				还需要的作业数目	已不需要的作业数目	装卸搬运活性指数
		集中	搬起	升起	运走			
散放在地上	集中、搬起、升起、运走	要	要	要	要	4	0	0
集装在箱中	搬起、升起、运走(已集中)	否	要	要	要	3	1	1
托盘上	升起、运走(已搬起)	否	否	要	要	2	2	2
车中	运走(不用升起)	否	否	否	要	1	3	3
运动着的输送机	无(保持运动)	否	否	否	否	0	4	4

考虑提高某些作业的装卸搬运活性指数,如装卸搬运活性指数为0的散放,通过放入容器中(活性指数为1)或码放在托盘上(活性指数为2)来提升搬运活性,提高工作效率。计算平均活性指数

平均活性指数=活性指数总和÷作业工序数

案例研究　　云南双鹤医药的装卸搬运环节

云南双鹤医药有限公司是北京双鹤这艘医药航母部署在"西南战区"的一艘战舰,是一个以市场为核心、现代医药科技为先导、金融支持为框架的新型公司,是西南地区经营药品品种较多、较全的医药专业公司。

虽然云南双鹤医药已形成规模化的产品生产和网络化的市场经营,但其流通过程中的物流管理严重滞后,造成物流成本居高不下,不能形成价格优势。这严重阻碍了物流服务的开拓与发展,成为公司业务发展的"瓶颈"。

装卸搬运活动是衔接物流各环节活动正常进行的关键,而云南双鹤医药恰好忽视了这一点,由于搬运设备的现代化程度低,只有几个小型货架和手推车,因此,大多数作业仍处于人工作业为主的原始状态,工作效率低,且易损坏物品。另外,仓库设计得不合理,造成长距离的搬运,并且库内作业流程混乱,形成重复搬运,大约有70%的无效搬运,这种过多的搬运次数,损坏了商品,也浪费了时间。

资料来源:百度文库,云南双鹤医药物流案例分析,2018年9月7日。

讨论题

1. 结合案例分析说明云南双鹤医药业务发展的"瓶颈"。
2. 面对云南双鹤医药的现状,你能提出哪些改进措施?

本章小结

本章介绍了装卸搬运的概念和重要性；在物流系统中，装卸搬运是连接保管与运输的重要环节，是决定物流速度的关键，已成为物流环节不可或缺的一环；装卸搬运技术水平是装卸搬运作业现代化的重要标志之一。

复习思考题

一、单选题

1. 下列选项中不属于装卸搬运合理化原则的是（　　）。
   A. 消除无效搬运　　　　　　　　　　B. 提高搬运活性
   C. 尽量采用人工作业　　　　　　　　D. 采用集装单元化作业
2. 搬运是在同一场所内（通常指在某一个物流节点，如仓库、车站或码头等），对物料进行以（　　）为主的物流作业。
   A. 水平移动　　B. 垂直移动　　C. 水平和垂直移动　　D. 倾翻作业
3. 把物料和货物的存放状态对装卸搬运作业的难易程度称之为（　　）。
   A. 搬运指数　　B. 搬运活性指数　　C. 灵活性指标　　D. 存放状态
4. 搬运活性指数用来表示各种状态下的物品的搬运难度，它可以分为（　　）个等级。
   A. 2　　　　　　B. 3　　　　　　C. 4　　　　　　D. 5
5. （　　）往往成为整个物流的"瓶颈"。
   A. 包装　　　　B. 装卸搬运　　　　C. 流通加工　　　　D. 存储

二、多选题

1. 装卸搬运合理化目标包括（　　）。
   A. 距离要短　　　　　　　　　　　　B. 时间要少
   C. 质量要高　　　　　　　　　　　　D. 费用要省
2. 下列属于装卸作业内容的有（　　）。
   A. 装货卸货作业　　　　　　　　　　B. 搬运移送作业
   C. 堆垛拆垛作业　　　　　　　　　　D. 分拣配货作业
3. 托盘搬运的机具主要有（　　）。
   A. 辊式输送机　　　　　　　　　　　B. 链式输送机
   C. 垂直输送机　　　　　　　　　　　D. 无人搬运
   E. 车尾板升降机
4. 物流设备中，常用的动力搬运设备有电动托盘搬运车、（　　）、牵引车、固定平台搬运车、集装箱正面吊等。
   A. 各种叉车　　　　　　　　　　　　B. 自动导引搬运车（AGV）
   C. 叉式自动搬运车　　　　　　　　　D. 悬挂输送机
   E. 入出库输送机系统　　　　　　　　F. 码垛机（堆垛机）

5. 物料的搬运方法是物料（　　）的总和。
   A. 搬运线路　　　　　　　　B. 搬运条件
   C. 搬运设备　　　　　　　　D. 搬运单元
   E. 搬运物料

三、判断题

1. 装卸搬运是一种伴随性的物流活动，它本身不具有明确的价值。（　　）
2. 装卸搬运就是指将货物装上、卸下和移送的活动。（　　）
3. 装卸搬运是指在一定地域范围内进行的，以改变货物存放状态和空间位置为主要内容与目的的物料活动，货物存放状况和空间位置密不可分。（　　）
4. 装卸搬运技术装备具有适用性强、设备能力强、机动性较强等应用特点。（　　）
5. 因为搬运不能增加货物的价值与使用价值，反而会增加货物破损的可能性与成本，因此要千方百计地消除无效搬运，以最少的搬运次数达到目的。（　　）

四、问答题

1. 装卸搬运的原则是什么？
2. 什么是装卸搬运？有什么特点？
3. 在选择搬运与输送设备时，需考虑哪些因素？
4. 何为物资装卸搬运的活性？装卸搬运活性的级别是如何划分的？

第7章 物流信息服务

教学目标

通过本章的学习，学生应基本了解物流信息及物流信息管理，了解各种物流信息技术，知道它们的用途、特点和对我国物流业发展的作用。

教学要求

知识要点	能力要求	相关知识
信息与物流信息	(1) 理解物流信息的定义和特点 (2) 了解物流信息的分类 (3) 了解物流信息的作用	(1) 物流信息的定义 (2) 物流信息的特点 (3) 物流信息的分类 (4) 物流信息的作用
物流信息管理	掌握物流信息管理及物流信息化的发展	(1) 信息系统 (2) 物流管理信息系统 (3) 物流信息化的发展
物流信息技术简介	(1) 了解条码技术 (2) 了解电子数据交换技术 (3) 了解射频识别技术	(1) 条码技术 (2) 电子数据交换技术 (3) 射频识别技术

基本概念

物流信息　物流信息技术　条码技术　电子数据交换技术　射频识别技术

7.1 信息与物流信息

7.1.1 信息

数据是人们用来反映客观事物的性质、属性,以及相互关系的符号,包括任何字符、数字、图形、图像和声音等。例如,"三辆货运汽车",其中"三"和"货运"就是数据。"三"表示了汽车的数量特征,"货运"反映了汽车的类型。

1. 数据

数据是人们用来反映客观事物而记录下来的、可以鉴别的符号,是客观事物的基本表达方式,如图 7-1 所示。

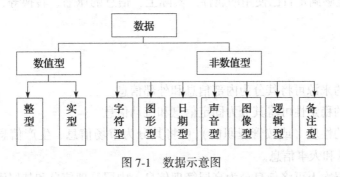

图 7-1 数据示意图

2. 信息的定义

什么是信息?根据人们不同的研究目的和定义的不同角度,信息可以有多种定义。一般来讲,信息是对某个事件或者事物的一般属性的描述。信息是对事物的内容、形式及其发展变化的反映。具体来说,信息是指能够反映事物内涵的知识、资料、情报、图像、文件、语言和声音等。

信息是数据所表达的客观事实。

信息是指数据处理后所形成的,对人们有意义的和有用处的文件、表格和图形等形式。

信息是导致某种决策行动的外界情况。

信息是由实体、属性、值所构成的三元组,即信息=实体(属性1:值1;属性2:值2;…;属性n:值n)。例如,信息=货车(品牌:"东风";吨位:"5")。

3. 信息的特征

(1) 客观性。信息是事物变化和状态的客观反映,其实质内容具有客观性。

(2) 无限性。在整个宇宙时空中,信息是无限的,即使在有限的空间中,信息也是无限的。

（3）价值性。信息是一种资源，具有使用价值，人们可以通过利用信息获得效益。

（4）传输性。信息是可以传播的，人们能通过各种各样的手段把信息传输到很远的地方。

（5）不对称性。由于人们的认知程度受文化水平、实践经验、获得途径等因素的限制，因而造成了对事物认识的不对称性。

（6）时效性。信息是有寿命、有时效的。它的使用价值往往与其提供的时间成反比，即信息生成后，它提供的时间越短，使用价值就越大；反之，它提供的时间越长，使用价值就越小。

（7）共享性。信息与物质和能源的一个主要区别是共享性。在物质和能源的交换中，一方得到的物质和能源正是另一方所失去的，而在信息的共享者获得信息时，信息的提供者并没有丢失信息。

（8）可加工性。人们可以根据自身的不同需求或者目的，对信息进行有目的性的加工，从而使信息具备能够满足自己使用的属性。实际上，信息的压缩、转换等，都是信息的可加工性的表现。

4. 信息的分类

（1）按信息的来源可将其分为内部信息和外部信息。

（2）按信息的稳定性可将其分为固定信息和流动信息。

（3）按信息的性质（或按管理职能）可将其分为市场信息、生产信息、物流信息、技术信息、经济信息和人事信息。

（4）从管理层次上可将信息分为高层管理信息、中层管理信息和基层管理信息。

5. 数据与信息的关系

数据与信息是密切相关的，但是数据不等同于信息，它们之间是有区别的。在实际应用中，我们应该注意以下情形：对于某个人来说是信息的东西，对于另外一个人来说可能只是一种原始数据。这如同工厂的生产一样，一道工序或者一个加工部门的成品，只是另外一道工序或者部门的原材料。数据与信息的关系可总结为以下几个方面。

（1）信息是加工后的数据，可以形象地比喻为"原材料→产品"。

（2）信息和数据是相对的，对于某些人来说是数据，对于另外一些人来说可能是信息。

（3）数据处理必须依据客观规律，如何加工数据是由人来决定的，但须依据客观规律。

7.1.2 物流与信息流

1. 信息流的内涵

信息流的广义定义，指人们采用各种方式来实现信息交流，从面对面的直接交谈直到采用各种现代化的传递媒介，包括信息的收集、传递、处理、储存、检索、分析等渠道和过程。

信息流的狭义定义，指信息处理过程中信息在计算机系统和通信网络中的流动。

2. 信息流与物流的关系

（1）两者的联系。在物流系统中，信息流用于识别各种需求在物流系统内所处的具体位置，两者之间的关系极为紧密，它们互为存在的前提和基础。

（2）两者的差别。从传递内容来看，信息流是一种非实物化的传递方式，而物流转移的则是实物化的物质。

两者的关系如图7-2所示。

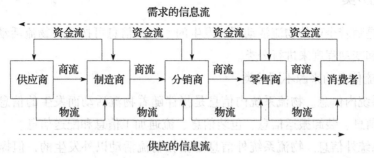

图7-2　信息流与物流的关系

3. 物流信息的定义

物流信息（logistics information）是指反映物流各种活动内容的知识、资料、图像、数据的总称。物流信息是物流活动中各个环节生成的信息，一般是随着从生产到消费的物流活动的产生而产生的信息流，与物流过程中的运输、保管、装卸、包装等各种职能有机结合在一起，是整个物流活动顺利进行所不可缺少的。

由于物流系统是涉及社会经济生活各个方面的错综复杂的大系统，关系到原材料供应商、生产制造商、批发商、零售商、最终消费者及市场流通的全过程，因此，物流信息数量巨大，类别繁多。

4. 物流信息的特点

物流信息除了具有信息的一般属性，还具有自己的一些特点，主要表现为以下几点。

（1）广泛性。物流是一个大范围内的活动，物流信息源也分布在一个大范围内，信息源点多、信息量大，涉及从生产到消费、从国民经济到财政信贷的各个方面。同时，它的影响也是广泛的，涉及国民经济的各个部门、物流活动的各环节等。

（2）联系性。物流活动是多环节、多因素、多角色共同参与的活动，因此在该活动中所产生的各种物流信息必然存在十分密切的联系。这种相互联系的特性是保证物流各子系统、供应链各环节以及物流内部系统与物流外部系统相互协调运作的重要因素。

（3）多样性。物流信息种类繁多：从其作用的范围来看，本系统内部有流转信息、作业信息、控制信息、管理信息等；从其稳定程度来看，有固定信息、流动信息与偶然信息等；从其加工程度来看，有原始信息与加工信息等；从其发生时间来看，有滞后信息、实时信息和预测信息等。在进行物流系统的研究时，应根据不同种类的信息进行分类收集和整理。

（4）动态性。多品种、小批量、多频度的配送技术与 POS、EOS、EDI 数据收集技术的不断应用使各种物流作业频繁发生，加快了物流信息的价值衰减速度，要求物流信息不断更新。物流信息的及时收集、快速响应、动态处理已成为现代物流经营活动成功的关键。

（5）复杂性。物流信息的广泛性、联系性、多样性和动态性带来了物流信息的复杂性。

5. 物流信息的分类

物流信息是随着企业的物流活动同时发生的。物流信息可按其在物流活动中的来源、功能、加工程度和变动程度来进行分类。

（1）按物流信息的来源不同分类。

1）物流系统内信息。物流系统内信息是指伴随着物流活动而发生的信息，包括交通运输信息、仓储信息、装卸搬运信息、包装信息、流通加工信息和配送信息。

2）物流系统外信息。物流系统外信息是指在物流活动以外发生的，但提供给物流活动使用的信息，包括商流信息、资金流信息、生产信息、消费信息，以及国内外政治、经济、文化等信息。

（2）按物流信息的功能不同分类。

1）计划信息。计划信息是指尚未实现，但已当作目标确认的一类信息，如物流量计划、仓库吞吐量计划、车皮计划、与物流活动有关的国民经济计划、工农业产品产量计划等这种信息，它们具有相对稳定和更新速度慢的特点。

2）控制及作业信息。控制及作业信息是指尚未实现，但已当作目标确认的一类信息，如库存种类、库存量、在运量、运输工具状况、物价、运费、投资在建情况、港口船舶的贸易货物到发情况等。

3）统计信息。统计信息是指物流活动结束后，对整个物流活动的一种总结性、归纳性的信息，如上一年度和月度发生的物流量、物流种类、运输方式、仓储量、装卸量等。这种信息具有恒定不变和较强的资料性等特点。

4）支持信息。支持信息是指对物流计划、业务、操作有影响的文化、科技、产品、法律、教育等方面的信息。这种信息不仅对物流战略发展具有价值，而且对控制、操作物流业务也能起到指导和启发的作用。

（3）按物流信息的加工程度不同分类。

1）原始信息。原始信息是指未加工的信息，是信息工作的基础，也是最有权威性的凭证性信息。一旦有需要，可从原始信息中找到真正的依据。原始信息是加工信息可靠性的保证。

2）加工信息。加工信息是指对原始信息进行各种方式和各个层次的处理后的信息。这种信息是对原始信息的提炼、简化和综合，它可以大大缩小信息量，并将信息整理成有使用价值的数据和资料。

(4) 按物流信息的变动程度不同分类。

1）固定信息。固定信息是指物流活动过程中相对稳定的信息，它有如下三种形式。一是物流生产标准信息。这是以指标额为主体的信息，如各种物流活动的劳动定额、物资消耗定额、固定资产折旧等。二是物流计划信息。三是物流查询信息。

2）流动信息。与固定信息相反，流动信息是物流活动中经常发生变动的信息。这种信息以物流各作业统计信息为基础。

6. 物流信息的作用

物流信息在物流活动中具有十分重要的作用，通过物流信息的收集、传递、存储、处理、输出等，成为决策依据，对整个物流活动起指挥、协调、支持和保障作用。其主要作用为以下几个方面。

(1) 沟通联系的作用。物流系统是由许多行业、部门以及众多企业群体构成的经济大系统，系统内部通过各种指令、计划、文件、数据、报表、凭证、广告、商情等物流信息，建立起各种纵向和横向的联系，满足各方的需要。因此，物流信息是物流活动各环节之间联系的桥梁。

(2) 引导和协调的作用。信息随着信息载体反馈给供应链上的各个环节，依靠物流信息及其反馈可以引导供应链结构的变动和物流布局的优化；协调物资结构，使供需之间平衡；协调人、财、物等物流资源的配置，促进物流资源的整合和合理使用等。

(3) 管理控制的作用。通过移动通信、计算机信息网、EDI、GPS等技术实现物流活动的电子化，如货物实时跟踪、车辆实时跟踪、库存自动补货等，用信息化代替传统的手工作业，实现物流运行、服务质量和成本等的管理控制。

(4) 缩短物流管道的作用。为了应付需求波动，在物流供应链的不同节点上通常设置库存，这些库存增加了供应链的长度，提高了供应链成本。但是，如果能够实时地掌握供应链上不同节点的信息，那么就可以缩减过多库存，从而缩短物流链，提高物流服务水平。

(5) 辅助决策分析的作用。物流信息是制定决策方案的重要基础和关键依据。物流信息可以协助物流管理者鉴别、评估经比较物流战略和策略后的可选方案，如车辆调度、库存管理、设施选址、资源选择、流程设计以及有关作业比较和安排的成本—收益分析等均是在物流信息的帮助下才能做出的科学决策。

(6) 支持战略计划的作用。作为决策分析的延伸，物流战略计划涉及物流活动的长期发展方向和经营方针的制定，作为一种更加抽象、松散的决策，它是对物流信息进一步提炼和开发的结果。

(7) 价值增值的作用。在物流领域中，流通信息在实现其使用价值的同时，其自身的价值又呈现增长的趋势，即物流信息本身具有增值特征。企业只有有效地利用物流信息，投入生产和经营活动后,才能使经济效益出现增值。所以,物流信息对提高经济效益也起着非常重要的作用。

7.2 物流信息管理

7.2.1 信息系统

1. 信息系统的概念

信息系统是指运用计算机对信息进行收集、处理、存储和传输的人机系统。通常,信息系统根据某项业务的需要,由多个相互有关的人工处理和计算机处理过程组成,对输入的大量数据进行加工处理,代替人工处理的烦琐、重复劳动,同时系统利用计算机的软硬件,为企业或组织的作业、管理和决策提供信息支持。

信息系统是任何企业或组织中都存在的一个很重要的子系统,它能将整个企业或组织的各个部分紧密联系在一起,从而保证整个组织的顺利运行。

信息系统是对信息进行采集、加工处理、存储和传输,并能向相关人员提供有用信息的系统。

2. 信息系统的五个基本功能

信息系统具有输入、存储、处理、输出和控制五个基本功能。输入功能:信息系统的输入功能决定了系统所要达到的目的及系统的能力和信息环境的许可。存储功能:系统存储各种信息资料和数据的能力。处理功能:基于数据仓库技术的联机分析处理(online analytical processing,OLAP)和数据挖掘(data mining,DM)技术。输出功能:信息系统的各种功能都是为了保证最终实现最佳的输出功能。控制功能:对构成系统的各种信息处理设备进行控制和管理,对整个信息加工、处理、传输、输出等环节通过各种程序进行控制。

3. 信息与决策

信息经分析、处理形成决策,决策执行的结果又成为新的信息,往复循环,如图 7-3 所示。

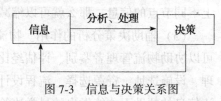

图 7-3 信息与决策关系图

4. 信息系统的结构

(1) 信息系统的物理结构。①集中式。集中式是由一台主机带若干终端,运行如 UNIX 等多用户操作系统,供多个用户使用。②分散–集中式。这就是用微机或工作站执行应用软件和数据库管理软件,通过局域网与由一台或几台作为整个系统的主机和信息交换中枢的小型机乃至大型机相连接。③分布式。20 世纪八九十年代,在计算机网络技术和分布式计算的基础上出现了一种新的客户机和服务器（client/server，C/S）模式。

（2）信息系统的逻辑结构。①基于企业业务功能的信息系统结构。信息系统支持着企业组织机构的各种功能子系统，与企业的业务功能平行地开发出各信息子系统，形成了基于企业业务功能的信息系统结构，主要包括：研究开发子系统、生产子系统、市场销售子系统、物资供应子系统、财务子系统、人事子系统、信息处理子系统、行政管理子系统等。②基于企业管理功能的信息系统结构。企业的管理活动一般分为三个层次，即作业控制层、管理监督层和战略规划层，每一层次的管理决策功能和信息需求各不相同。相应地，信息系统结构也可分为作业控制子系统、管理监督子系统和战略规划子系统。

7.2.2 物流管理信息系统

1. 物流管理信息系统的概念

物流管理信息系统（logistics management information system）是通过对物流相关信息的收集、存储、加工、处理，以便实现物流的有效控制和管理，并提供决策支持的人机系统。它具有实时化、网络化、规模化、专业化、集成化、智能化等特点。

从本质上讲，物流管理信息系统是运用信息技术，通过信息流将各种物流活动与某个一体化过程连接在一起的通道。为了有效地对物流系统进行管理和控制，使物流活动正常而有规律地进行，必须建立完善的信息系统，保证物流信息的畅通。

2. 物流管理信息系统的分析与设计

物流管理信息系统的分析是以系统的观点，对已经选定的对象和开发范围进行有目的、有步骤的实际调查与科学分析。系统分析的主要目的是建立物流管理信息系统的逻辑模型，以实现用户提出的各类功能需求。

物流管理信息系统的设计是在系统分析的基础上，灵活运用物流信息技术，确定系统的实施方案，解决系统的物理设计问题。

7.2.3 物流信息化的发展

1. 物流信息化的意义

物流信息化就是围绕提高企业的经济效益和竞争力，充分利用物流信息技术，不断扩大信息技术在企业经营中的应用和服务，提高信息资源的共享程度。信息化的根本目的是在改造传统产业、发展高新技术产业的过程中，不断提高企业的开发创新能力、企业经营管理能力和竞争力。

2. 物流信息化的特征

物流信息化主要具备六个方面的特征：信息数字化、作业自动化、服务柔性化、组织弹性化、管理一体化、经营虚拟化。

3. 物流信息化的发展阶段

根据物流理论的创新以及信息技术的发展阶段，可以将企业物流信息化的发展大致分为以下四个阶段。

第一阶段是在 20 世纪 50 年代以前。那时的物流活动还不能称为真正意义上的物流，企业物流信息的采集、传输主要依靠普通信函、电话、手工记录，物流信息管理处于较低水平。

第二阶段是在 20 世纪 50 年代初。企业物流信息的管理主要围绕库存和交易，企业开始使用计算机处理信息，利用计算机的最基本功能，对重复数据不必多次输入，对已经存在的数据可以进行简单的统计查询。但由于物流理念及计算机技术的限制，企业物流信息化仍处于较低水平。

第三阶段是从 20 世纪 50 年代中期到 80 年代中期。企业开始注重物流信息管理的系统化和整体化，物料需求计划（MPR）、制造资源计划（MRP Ⅱ）概念被企业提出，企业的信息管理流程逐步体现出中枢神经的作用。

第四阶段是从 20 世纪 80 年代中后期到现在。全面质量管理（TQM）、准时制工作法（JIT）、业务流程重组（BPR）、企业资源计划（ERP）、供应链管理（SCM）、客户关系管理（CRM）、电子商务（EC）的逐步提出，大大丰富了物流管理和信息管理的概念。通信技术诸如宽带技术、无线技术、空间定位技术等，以及信息管理技术，如 Internet、Intranet 的广泛应用，识别技术、数据库技术等的飞速发展，使物流信息管理在真正意义上跃入了高级阶段。

4. 我国物流信息化的现状

目前，我国物流产业总体规模还比较小，一个直接原因是大量的物流活动仍然停留在工商企业内部。我国物流企业信息化发展中主要存在以下几个方面的问题。

（1）条形码技术普及程度不足。
（2）EDI 的应用范围非常有限。
（3）网络技术应用水平低。
（4）物流系统集成软件应用少。
（5）企业规模影响信息化应用。

5. 我国物流信息化的发展趋势

当前我国物流业的发展和物流信息化市场都处于一个加速发展的时期。加入 WTO 以后，我国对外开放的步伐加快，国内物流信息化呈现如下发展趋势。

（1）基础信息化仍然是物流企业需求的主要内容。
（2）连锁分销将成为物流信息化发展最快的领域。

（3）物流信息化的重点从控制转向效率。
（4）企业间协作将越来越普及。

7.3 物流信息技术简介

7.3.1 物流信息技术

信息技术提高了物流中大量的、多变的数据进行快速、准确、及时的采集、分析和处理的功能，大大提高了管理能力和客户服务水平，提高了物流质量，有利于贸易伙伴间的协调。

1. 信息技术的概念

信息技术是指有关信息的收集、识别、提取、变换、存储、传递、处理、检索、检测、分析和利用等的技术。

信息技术能够延长或扩展人的信息功能。信息技术可以是机械的，也可以是生物的；可以是激光的，也可以是电子的。

2. 物流信息技术的概念

物流信息技术（logistics information technology，LIT）是以计算机和现代通信技术为主要手段实现对物流各环节中信息的获取、处理、传递和利用等功能的技术总称，包括计算机、网络、信息分类编码、自动识别、电子数据交换、全球定位系统、地理信息系统等技术。

企业通过使用计算机技术、通信技术、网络技术等信息技术手段，大大加快了物流信息的处理和传递速度，从而使物流活动效率和快速反应能力得到提高。

3. 物流信息技术的构成

根据物流的功能以及特点，物流信息技术主要包括计算机网络技术、数据库技术、数据挖掘技术、条码及射频技术、电子数据交换技术、地理信息系统和全球定位系统等。在这些信息技术的支撑下，形成了移动通信、资源管理、监控调度管理、自动化仓库管理、业务管理、客户服务管理、财务管理等多种业务集成的一体化现代物流信息系统。

（1）物流信息技术的基础。物流信息技术的基础包括两种技术。

1）计算机网络技术。计算机网络技术是计算机技术与通信技术相结合的产物。它能够把不同地理位置上的计算机通过通信线路连接起来，实现数据通信和资源共享。

2）数据库技术。数据库技术将信息系统中大量的数据按一定的结构组织起来，提供存储、维护、查询的功能。可以将物流系统的数据库建成一个物流系统或供应链的公共数据平台，为数据采集、数据更新和数据交换提供方便。

(2)物流信息技术。物流信息技术包括以下几种。

1)条码技术。条码技术是 20 世纪在计算机应用中产生和发展起来的一种自动识别技术,是集条码理论、光电技术、计算机技术、通信技术、条码印刷技术于一体的综合性技术。它为我们提供了一种对物流中的货物进行标识和描述的方法。

2)射频技术。射频技术是一种基于电磁理论的通信技术,适用于物料跟踪、运载工具和货架识别等要求非接触数据采集和交换的场合。

射频技术是一种非接触式的自动识别技术,它通过射频信号自动识别目标对象来获取相关数据。识别工作无须人工干预,适用于各种恶劣环境。

短距离射频产品不怕油渍、灰尘污染等恶劣的环境,可以替代条码,例如在工厂的流水线上跟踪物体。长距离射频产品多用于交通运输上,识别距离可达几十米,如自动收费或识别车辆身份等。

3)电子数据交换技术。电子数据交换(EDI)技术是指通过电子方式,采用标准化的格式,利用计算机网络进行结构化数据的传输和交换。构成 EDI 系统的三个要素是 EDI 软硬件、通信网络以及数据标准化。

4)地理信息系统。地理信息系统(geographical information system,GIS)是多种学科交叉的产物,它是由计算机软硬件环境、地理空间数据、系统维护和使用人员四个部分组成的空间信息系统,可对整个或部分地球表层(包括大气层空间)中有关地理分布的数据进行采集、储存、管理、运算、分析、显示和描述。其基本功能是将表格型数据(无论它来自数据库、电子表格文件,还是直接在程序中输入)转换为地理图形显示,然后对显示结果浏览、操作和分析。其显示范围可以从洲际地图到非常详细的街区地图,显示对象包括人口、销售情况、运输线路和其他内容。

5)全球定位系统。全球定位系统(global positioning system,GPS)是由一组卫星组成的、24 小时提供高精度的全球范围的定位和导航信息的系统。它利用空中卫星对地面目标进行精确导航与定位,以达到全天候、高准确度跟踪地面目标移动轨迹的目的。近年来,全球定位系统已在物流领域得到了广泛的应用,主要应用在汽车定位及跟踪调度、船舶跟踪及最佳航线的确定、空中运输管理和物流配送等领域。

7.3.2 条码技术

1. 条码概述

(1)条码的定义。条码是由一组规则排列的条、空及其对应字符组成的标记,用以表示一定信息,如图 7-4 所示。

(2)条码的结构。一个完整的条码的组成次序为:空白区(前)、起始符、数据符(对于 EAN 码,则含有中间分隔符)、校验符(可选)、终止符、空白区(后),如图 7-5 所示。

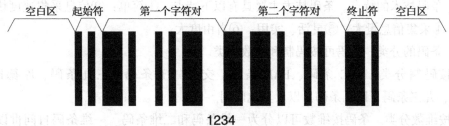

图 7-4　条码示意图

图 7-5　条码结构图

（3）条码的基本术语，如表 7-1 所示。

表 7-1　条码的基本术语

序号	术语	英文表示	定义
1	条码	bar code	由一组规则排列的条、空及其对应字符组成的标记，用以表示一定的信息
2	代码	code	用来表示客观事物的一个或一组排列有序的符号
3	条/空	bar/space	条码符号中反射率较低/较高的部分
4	单元	element	构成条码字符的条或空
5	模块	module	组成条或空的最基本单位
6	条高	bar height	构成条码字符的条的二维尺寸的纵向尺寸
7	条宽	bar width	构成条码字符的条的二维尺寸的横向尺寸
8	连续型条码	continuous bar code	没有条码字符间隔的条码
9	非连续型条码	discrete bar code	有条码字符间隔的条码
10	定长条码	fixed length of bar code	条码字符个数固定的条码
11	非定长条码	unfixed length of bar code	条码字符个数不固定的条码
12	自校验码	self-checking bar code	条码字符本身具有校验功能的条码
13	双向条码	bi-directional bar code	左右两端均可作为扫描起点的条码
14	条码字符集	bar code character set	其类型条码所能表示的字符集合
15	条码密度	bar code density	单位长度或单位面积的条码所表示的条码字符个数

(4) 条码技术的特点。条码技术主要具有以下特点：①简单；②信息采集速度快；③可靠性高；④采集信息量大；⑤灵活、实用；⑥自由度大。

(5) 条码的分类。条码可按码制和维数分类。

1) 按码制分类。UPC 条码、EAN 条码、交叉二五条码、三九条码、库德巴条码、128 条码、九三条码、四九条码，以及其他码制。

2) 按维数分类。条码按维数可以分为一维条码和二维条码。一维条码自问世以来，很快得到了普及和广泛应用。按照应用，一维条码又可分为商品条码和物流条码。商品条码包括 EAN 条码和 UPC 条码，物流条码包括 128 条码、三九条码、库德巴条码等。二维条码是在一维条码的基础上发展而来的信息储存和解读技术，是能在二维方向上都表示信息的条码符号。除具有一维条码的优点外，二维条码还具有信息容量大、可靠性高、保密防伪性强、易于制作、成本低等优点，被称为"便携式数据文件"。常见的二维条码如图 7-6 所示。

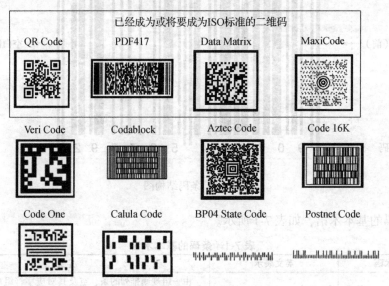

图 7-6 常见的二维条码

(6) 条码的识读原理。

1) 条码识读系统的组成。条码识读系统由扫描系统、信号整形和译码三个部分组成。扫描系统由光学系统及探测器（光电转换器件）组成。它完成对条码符号的光学扫描，并通过光电探测器，将条码条空图案的光信号转换成电信号。扫描系统具有一个扫描光路，以产生一个光点，该光点在人工或自动控制下能沿某一轨迹做直线运动，且通过一个条码符号的左空白区、起始符、数据符、终止符及右空白区。它还具有一个条码符号反射光的接收系统，它应能够并擅长接收扫描光点从条码符号上反射回来的漫反射光。信号整形部分由信号放大、滤波、波形整形组成。它的功能在于将条码的光电扫描信号处理成标准电位的矩形波信号，其高低电平的宽度和条码符号的条空尺寸相对应。译码部分一般由嵌入式微处理器组成。它的功能就是对条码的矩形波信号进行译码，其结果通过接口电路输出到条码应用系统中的数据终端。

2）常用的条码识读设备。常用的条码识读设备如图7-7所示。

a）光笔条码扫描器　　　　b）台式条码自动扫描器　　　　c）手持式条码扫描器

d）激光自动扫描器　　　　e）卡式条码阅读器　　　　f）便携式条码阅读器

图7-7　常用的条码识读设备

- 光笔条码扫描器。使用光笔条码扫描器时，要求扫描器与待识读的条码接触或离开一个极短的距离（一般仅为0.2~1毫米）。采用这种扫描方式时，光笔必须与被扫描阅读的条码接触，才能达到读取数据的目的。光笔条码扫描器的优点是成本低、耗电低、耐用，适合数据采集，可读较长的条码符号；其缺点是光笔对条码有一定的破坏性，对于有弯曲面的商品条码的读取有困难，当光笔通过斑点或缺损位置时也无法读取。随着条码应用的推广，其目前已逐渐被CCD取代。
- 台式条码自动扫描器。该种扫描器常安装在某一固定位置，等待标附有条码标签的待测物体以平稳、缓慢的速度进入扫描范围，对其进行扫描和识别。其优点是稳定、扫描速度快，广泛应用在超市的POS系统。这种扫描器对条码的方向没有要求，又称全方位的扫描器，读取距离为几厘米至几十厘米。
- 手持式条码扫描器。这种扫描器一般都装有控制扫描光束的自动扫描装置，阅读条码时不需与条码符号接触，扫描头与条码标签的距离一般在0~20毫米范围内，而长的可达到500毫米左右。手持式条码扫描器具有小型、方便使用的特点；阅读时只需将扫描头（光源）接近或轻触条码，无须移动即可进行自动扫描，读取条码信息；条码符号缺损对扫描器识读影响小；弯曲面（30°以内）商品条码也能读取；扫描速度快（30~100次/秒）。手持式条码扫描器所使用的光源有激光和可见光LED，激光手持式条码扫描器又称为激光枪。LED类扫描器又称为CCD扫描器。
- 激光自动扫描器。该种扫描器采用激光作为扫描光源，扫描光照强、扫描距离远、扫描速度快，因此被广泛应用。其优点有：识读距离适应能力强，具有穿透保护膜识读的能力，识读的精度和速度较易提高。
- 卡式条码阅读器。这种扫描器内部的机械结构保证标有条码的卡式证件或文件在插入滑槽后自动沿轨道做直线运动，扫描并读入光点信息。卡式条码阅读器一般都具有与计算机传达数据的能力，同时具有声光提示以证明识别正确与否的能力。这种扫描器在人员考勤方面应用较广泛。

- 便携式条码阅读器。便携式条码阅读器一般配接轻便的枪型条码扫描器，本身带有显示屏、键盘等装置。使用时可流动采集数据，将收集到的数据暂时存储在自身的存储器中，然后定时送到主机内存储，特别适用于盘点等流动性数据采集作业，广泛应用于仓库管理、商品盘存等作业中。

2. EAN 条码

EAN 条码是国际物品编码协会（International Article Numbering Association）在全球推广应用的商品条码，是定长的纯数字型条码，它表示的字符集为数字 0~9。在实际应用中，EAN 条码有两种版本：标准版和缩短版。标准版是由 13 位数字组成的，称为 EAN-13 条码或长码；缩短版是由 8 位数字组成的，称为 EAN-8 条码或者短码，如表 7-2、图 7-8 所示。

表 7-2　EAN-13 条码的代码结构

结构种类	厂商识别代码	商品项目代码	校验码
结构一	X13X12X11X10X9X8X7	X6X5X4X3X2	X1
结构二	X13X12X11X10X9X8X7X6	X5X4X3X2	X1
结构三	X13X12X11X10X9X8X7X6X5	X4X3X2	X1

a）EAN-13 条码　　　　　　　　　　　b）EAN-8 条码

图 7-8　EAN 条码

3. 储运单元条码

（1）定量储运单元条码。定量储运单元指由按商品件数计价销售的商品组成的储运单元，如成箱的牙膏、药品、服装、饮料等。

1）当定量储运单元同时又是定量消费单元时，应按定量消费单元进行编码，如电冰箱、洗衣机等大件家用电器，其定量消费单元的编码等同于通用商品编码（如 EAN-13 条码）。

2）当含相同种类的定量消费单元组成定量储运单元时，可给每一定量储运单元分配一个区别于它所包含的消费单元代码的 13 位数字代码，也可用 14 位数字进行编码。

3）当含有不同种类的定量消费单元组成定量储运单元时，可给储运单元分配一个与包装内所含消费单元 13 位数字代码有区别的标识代码，如可用 EAN-13 条码，也可用 14 位交叉二五条码（ITF-14 条码）。当用 ITF-14 条码标识定量储运单元的 13 位数字代码时，须在 13 位代码前加一位"0"变成 14 位数字代码，然后用 ITF-14 条码标识。

（2）变量储运单元条码。变量储运单元是按基本计量单位计价，以随机数量销售的变量储运单元组成的储运单元，例如，水果、蔬菜、肉类、乳酪、绳索、布料、一卷地毯等。

散装储运单元，如水果；按件数订购、交货的储运单元，并按重量开具发票，如一条鱼；预先包装好，按重量销售的部分储运单元，如干酪；按尺寸选择的标准化储运单元，如木制板材。

储运单元数量固定，但由两三种项目组成的标准储运单元组合，如包含 10 只鸡的储运单元（鸡的种类为两三种）。变量储运单元条码如表 7-3 所示。

表 7-3 变量储运单元条码

主代码			附加代码	
变量储运单元包装指示字符	厂商识别代码与商品项目代码	校验字符	商品数量	校验字符
LI	X1X2X3X4X5X6X7X8X9X10X11X12	C1	Q1Q2Q3Q4Q5	C2

4. 二维条码

（1）二维条码的概念。二维条码（two-dimensional bar code）是用某种特定的几何图形，按一定规律在平面（二维方向上）分布的黑白相间的图形记录数据符号信息。它在代码编制上巧妙地利用构成计算机内部逻辑基础的"0""1"比特流的概念，使用若干个与二进制相对应的几何图形来表示文字数值信息，通过图像输入设备或光电扫描设备自动识读以实现信息自动处理。它具有条码技术的一些共性：每种码制有其特定的字符集，每个字符占有一定的宽度，具有一定的校验功能等。

（2）二维条码的类型。二维条码具有以下几种类型。

1）堆叠式/行排式二维条码。堆叠式/行排式二维条码（又称堆积式二维条码或层排式二维条码）的编码原理建立在一维条码基础之上，按需要堆积成二行或多行。它在编码设计、校验原理、识读方式等方面继承了一维条码的一些特点，识读设备与条码印刷与一维条码技术兼容。但由于行数的增加，需要对行进行判定，故其译码算法和软件也不完全与一维条码相同。有代表性的行排式二维条码有：Code 16K、Code 49、PDF 417 等。

2）矩阵式二维条码。矩阵式二维条码（又称棋盘式二维条码），在一个矩形空间通过黑、白像素在矩阵中的不同分布进行编码。在矩阵相应元素位置上，用点（方点、圆点或其他形状）的出现表示二进制"1"，点的不出现表示二进制"0"，点的排列组合确定了矩阵式二维条码所代表的意义。矩阵式二维条码是建立在计算机图像处理技术、组合编码原理等基础上的一种新型图形符号自动识读处理码制。具有代表性的矩阵式二维条码有：Code One、Maxi Code、QR Code、Data Matrix Code 等。

（3）二维条码的特点。①高密度编码，信息容量大：可容纳多达 1 850 个大写字母或

2 710 个数字，或 1 108 个字节，或 500 多个汉字，比普通条码信息容量高几十倍。②编码范围广：该条码能把图片、声音、文字、签字、指纹等可以数字化的信息进行编码，用条码表示出来；可以表示多种语言文字；可以表示图像数据。③容错能力强，具有纠错功能，这使二维条码因穿孔、污损等引起局部损坏时，照样可以正确得到识读，损毁面积达 50%仍可恢复信息。④译码可靠性高：它比普通条码译码错误率（2%）要低得多，误码率不超过千万分之一。⑤可引入加密措施，保密性、防伪性好。⑥成本低、易制作、持久耐用。⑦条码符号形状、尺寸大小比例可变。⑧可使用激光或 CCD 阅读器识读。

7.3.3 电子数据交换技术

EDI 是 electronic data interchange 的缩写，中文可译为"电子数据交换"或"电子资料联通"。EDI 采用标准化的格式，利用计算机网络进行业务数据的传输和处理，同时也是一种在公司之间传输订单、发票等作业文件的电子化手段，被称作"无纸贸易"。ISO 于 1994 年确认了 EDI 的技术定义：将贸易（商业）或行政事务处理按照一个公认的标准形成结构化的事务处理或消息报文格式，从计算机到计算机的电子数据传输。

1. EDI 的基本结构

EDI 的基本结构如图 7-9 所示。

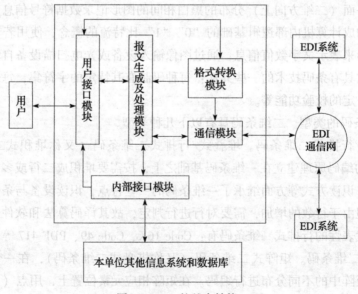

图 7-9　EDI 的基本结构

（1）用户接口模块。EDI 系统能自动处理各种报文，但是界面友好的人机接口仍是必不可少的。用户接口模块包括用户界面和查询统计。

1）用户界面。用户界面是 EDI 系统的外包装，它的设计是否美观、使用是否方便，直接关系到 EDI 系统产品的外在形象。

2）查询统计。查询统计帮助管理人员了解本单位的情况，打印或显示各种统计报表，了解市场变化情况，及时调整经营方针策略等。

（2）内部接口模块。内部接口模块（也称联系模块）是 EDI 系统和本单位内的其他信息管理系统或数据库的接口。它通过订单审核、生产组织、货运安排及海关手续办理等事务的 EDI 处理后，将有关结果通知其他信息系统，或印出必要文件进行物理存档。一个单位信息系统应用程度越高，内部接口模块也就越复杂。

（3）报文生成及处理模块。报文生成及处理模块接收来自用户接口模块和内部接口模块的命令与信息，按照 EDI 标准生成订单、发票、合同以及其他各种 EDI 报文和单证，然后将"通信模块"发给其他 EDI 用户。

报文生成及处理模块能自动处理由其他 EDI 系统发来的 EDI 报文，按照不同的 EDI 报文类型，应用不同的过程进行处理。一方面从信息系统中取出必要的信息回复给发来单证的 EDI 系统，另一方面将单证中的有关信息发送给本单位其他信息系统。

（4）格式转换模块。格式转换模块将各种单证按 EDI 结构化的要求做结构化处理，包括语法上的压缩、嵌套、代码转换以及 EDI 语法控制等。同样，经过通信模块接收到的结构化的 EDI 报文，也要做非结构化的处理，以便本单位内部的信息管理系统做进一步处理。

（5）通信模块。该模块是 EDI 系统与 EDI 通信网络的接口。通信模块负责在接收到 EDI 用户报文后，进行审查和确认。根据 EDI 通信网络的结构不同，该模块功能也有所不同，但基本的通信功能如执行呼叫、自动重发、合法性和完整性检查、出错报警、自动应答、通信记录、报文拼装和拆卸等是必须具备的。

2. EDI 的特点

（1）EDI 的使用对象是不同的组织之间通过 EDI 传输的企业间的报文，是企业间信息交流的一种方式。

（2）EDI 所传送的资料是一般业务资料，如发票、订单等，而不是指一般性的通知。

（3）EDI 传输的报文是格式化的，是符合国际标准的，这是计算机能够自动处理报文的基本前提。

（4）EDI 使用的数据通信网络一般是增值网、专用网。

（5）数据传输由收送双方的计算机系统直接完成，不需要人工介入操作。

（6）EDI 与传真或电子邮件的区别是：传真与电子邮件需要人工阅读判断处理后才能进入计算机系统。人工将资料重复输入计算机系统中，既浪费人力资源，也容易发生错误，而 EDI 不需要再将有关资料通过人工重复输入系统。

3. EDI 标准

EDI 报文能被不同贸易伙伴的计算机系统识别和处理，其关键就在于数据格式的标准化 EDI 标准。EDI 标准主要提供：语法规则、数据结构定义、编辑规则和协定、已出版的公开文件。

目前国际上流行的 EDI 标准是由联合国欧洲经济委员会（UNECE）制定颁布的《行政、商业和运输用电子数据交换规则》（EDIFACT），以及美国国家标准局特命标准化委员会第 12 工作组制定的 ANSI X.12。从内容上看，这两个标准都包括了 EDI 标准的三要素：数据元、数据段和标准报文格式。

4. EDI 技术实施过程

EDI 技术实施过程就是用户将相关数据从自己的计算机信息系统传送到有关交易方的计算机信息系统的过程，该过程因用户应用系统及外部通信环境的差异而不同。在由 EDI 增值服务的条件下，这个过程分为以下几个步骤。

（1）发送方将要发送的数据从信息系统数据库中提取，转换成平面文件。

（2）将平面文件翻译为标准 EDI 报文，并组成 EDI 信件，接收方从 EDI 信箱收取信件。

（3）将 EDI 信件拆分并译成平面文件。

（4）将平面文件转换并发送到接收方信息系统中进行处理。

5. 使用 EDI 的优点

（1）降低了纸张的消费。根据联合国组织的一次调查，进行一次进出口贸易，双方约需交换近 200 份文件和表格，其纸张、行文、打印及差错可能引起的总开销等大约为货物价格的 7%。

（2）减少了许多重复劳动，提高了工作效率。如果没有 EDI 系统，即使是高度计算机化的公司，也需要经常将外来的资料重新输入本公司的计算机。调查表明，从一台计算机输出的资料有多达 70% 的数据需要再输入其他的计算机，既费时又容易出错。

（3）EDI 使贸易双方能够以更迅速有效的方式进行贸易，大大简化了订货或存货的过程，使双方能及时地充分利用各自的人力和物力资源。美国 DEC 公司应用 EDI 后，使存货期由 5 天缩短为 3 天，每笔订单费用从 125 美元降到 32 美元。新加坡采用 EDI 贸易网络之后，使贸易的海关手续从原来的三四天缩短到 10~15 分钟。

（4）通过 EDI 可以改善贸易双方的关系，商户可以提高存货的效率，从而大大提高竞争能力。

6. EDI 的业务流程

EDI 的业务流程如图 7-10 所示。

（1）发送方计算机应用系统生成原始用户数据。

（2）发送报文的数据映射（mapping）与翻译（translation）。映射程序将用户格式的原始数据报文展开为平面文件，以使翻译程序能够识别。翻译程序将平面文件翻译为标准的 EDI 格式文件。平面文件是用户格式文件和 EDI 标准格式文件之间的中间接口文件。

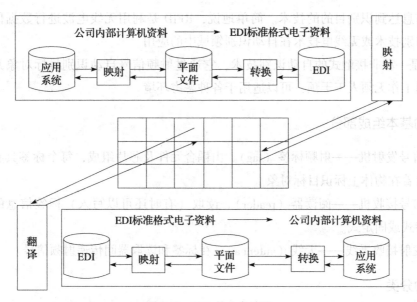

图 7-10　EDI 的业务流程

（3）发送标准的 EDI 文件。
（4）贸易伙伴获取标准的 EDI 文件。
（5）接收方应用系统处理翻译后的文件。

7. EDI 在物流管理中的应用

　　EDI 在世界各国，尤其是西方发达国家已被广泛应用于汽车业、钢铁业、运输业、百货零售业，以及海关、商检等政府部门。美国最大的 100 家企业已全部在物流管理中应用 EDI，前 500 家大企业中已有 70%应用了 EDI，全美企业总体应用率也高达 40%。现在，在美国的汽车、钢铁、物流等行业中，不使用 EDI 的企业已不能生存。在欧洲大部分国家，EDI 已成为做生意的唯一途径。新加坡从 1991 年起，在进出口业务中全部废除使用书面文件，使其成为第一个在外贸领域全面实现 EDI 化的国家。

　　我国政府高度重视 EDI 的研究和应用，1991 年，国家科委、外经贸部、海关总署共同组织成立了"中国促进 EDI 应用协调小组"，有力地促进了 EDI 在我国的推广应用。目前，我国许多大型外贸公司、大型生产企业以及商务、海关、税务等部门都已成功实施了各自的 EDI 系统。

7.3.4　射频识别技术

　　射频"RF"是 radio frequency 的缩写。射频识别技术是在频谱的射频部分，利用电磁耦合或感应耦合，通过各种调试和编码方案，与射频标签交互通信，唯一读取射频标签身份的技术。射频识别"RFID"是 radio frequency identification 的缩写，俗称电子标签。射频识别技术是一项利用射频信号通过空间耦合（交变磁场或电磁场）实现无接触信息传递，并通过所传递的信息达到识别目的的技术。简单地说，RFID 是利用无线电波进行数据信息读写的一种自动识别技术或无线电技术在自动识别领域中的应用。

RFID 是一种非接触式的自动识别技术，它通过射频信号自动识别目标对象并获取相关数据，识别工作无须人工干预，可以适用于各种恶劣环境。

1. RFID 的基本组成部分

（1）信号发射机——射频标签（tag）。由耦合元件及芯片组成，每个标签具有唯一的电子编码，附着在物体上标识目标对象。

（2）信号接收机——阅读器（reader）。读取（有时还可以写入）标签信息的设备，可设计为手持式或固定式。

（3）发射接收天线——天线（antenna）。在标签和读取器间传递射频信号。

2. RFID 的分类

（1）有源射频标签（主动式标签）、无源射频标签（被动式标签），如表 7-4 所示。

表 7-4　有源射频标签和无源射频标签

类型	优点	缺点	应用领域
有源射频标签	电能充足，工作可靠性高，信号传递的距离远，限制标签的使用时间或次数	寿命受到限制，随着电池电力的消耗，数据传输的距离会越来越小，因而影响正常工作	可用在需要限制数据传输量或使用数据有限制的领域
无源射频标签	有永久的使用期，支持长时间的传输，永久的数据存储	数据输出的距离比有源射频标签小，电能较弱，数据传输的距离和信号强度受到限制	用于标签信息需要每天读写或频繁读写的地方

（2）只读标签与可读可写标签。只读标签：只读标签的内容在标签出厂时已被写入，识别时只可读出，不可再改写，其存储器一般由 ROM 组成。可读可写标签：既可以被阅读器读出，又可由阅读器写入，其可以具有读写型存储器，如 RAM 或 EEROM，也可以同时具有读写型存储器和只读型存储器。读写型标签应用过程中，数据是双向传输的。

（3）标识标签与便携式数据文件。标识标签中存储的只是标识号码，用于对特定的标识项目，如人、物、地点进行标识，而关于被标识项目详细特定的信息，只能在与系统相连接的数据库中进行查找。

当标签中存储的数据量非常大时，就形成了便携式数据文件。这种标签一般都是用户可编程的，标签中除了存储标识码外，还存储大量的被标识项目其他的相关信息，如包装说明、工艺过程说明等。在实际应用中，关于被标识项目的所有信息都是存储在标签中的，读标签就可以得到关于被标识项目的所有信息，而不用再连接到数据库进行信息读取。另外，随着标签存储能力的提高，可以提供组织数据的能力，在读标签的过程中，可以根据特定的应用目的控制数据的读出，实现在不同的情况下读出数据的部分不同，如表 7-5 所示。

表 7-5　标签的读取

类型	工作频率	工作距离	应用领域
低频标签	30 兆赫～300 兆赫，主要有 125 兆赫和 134.2 兆赫两种	短	主要在短距离、低成本的应用中，如多数的门禁控制、校园卡、动物监管、货物跟踪等
高频标签	3 兆赫～30 兆赫，典型工作频率为 13.56 兆赫	长	电子车票、电子身份证、电子闭锁防盗（电子遥控门锁控制器）等
超高频标签	其典型工作频率为：433.92 兆赫、862（902）兆赫～928 兆赫、2.45 吉赫、5.8 吉赫	可达几米到十几米	移动车辆识别、集装箱自动识别、高速公路不停车收费、电子身份证、仓储物流应用、电子闭锁防盗（电子遥控门锁控制器）等

3. 阅读器

读取（有时还可以写入）标签信息的设备，可设计为手持式或固定式。

4. 天线

天线是在标签和读取器间传递射频信号的设备。

5. RFID 的特点

（1）标签数据存取有密码保护，安全性高。

（2）可以对 RFID 标签所附着的物体进行追踪定位。

（3）可以大幅度提高工作效率，能够同时处理多个标签（可同时处理 200 个以上的标签）。

（4）不需要光源，甚至可以透过外部材料（如包装的箱子或容器等）读取数据。

（5）信息容量大。

（6）可重复使用，使用寿命长（最高可以达到 10 年以上），能在恶劣环境下工作。

（7）能够轻易嵌入或附着在不同形状或类型的产品上。

（8）穿透性强、读取距离远（可达几十米远），且能无屏障阅读。

（9）可以写入及存取数据，写入时间比打印条码短。

（10）标签内容能够动态改变。

案例研究　　　　华润、杜邦物流信息化分析

华润物流公司在为杜邦公司提供物流服务时，由于自身物流信息化的工作还需要进一步完善，在实施信息化之前存在下列问题。

①现存数据不准确，准确率只能达到 90% 左右。杜邦的产品要求满足先进先出原则，由于库存数据不准，有些货物达不到客户的要求，而在库存报表中没有体现。②货物经

过严密包装，不同的货物从外观上很难区分，经常出现发错货物的情况；业务人员的工作强度大，人工操作易出现人为的错误，经常出现货物和批次号不对应的错误。③库存数据的提供不及时，每次出库或入库后，人工修改报表，速度慢、错误率高，且不能实现报表的 Web 查询。④没有应用条码技术，对于入库的货物还没有有效的检验核对的手段，不能及时发现到达货物的准确性。⑤在文件报告和配送管理方面也存在缺陷。

作为华润物流的战略合作伙伴，中软冠群公司在充分了解了其仓库业务流程后，针对物流业务特点，提供了一整套基于 ES/1 Logistic，从仓库管理到最终货物配送管理的基于信息服务的系统解决方案。自该系统成功实施后，华润物流公司明显提高了进销存账物的准确性；提升了仓库管理的科技水平，减轻了劳动量，降低了错误率；实现了网上用户对货物库存的查询；提高了对在途货物的跟踪管理；规范化业务操作流程；建立了集团整体专业物流形象；实时的库存账，随时方便自行查询库存量；提供 e 化服务，转型为专业国际物流服务体系；提高了对客户的服务水平。

资料来源：思谋网，华润 杜邦物流信息化案例，2013 年 9 月 19 日。

讨论题

结合案例分析说明华润、杜邦物流信息化对我们现在物流的发展有什么启示。

本章小结

本章介绍了信息和物流信息的概念、特点及作用，物流信息技术的构成及其在物流中的作用，物流信息化发展的现状及趋势。

复习思考题

一、单选题

1. 构成信息定义的三元组是（ ）。
   A. 实体、属性和值 B. 数据、符号和特征
   C. 实体、数据和含义 D. 内容、表述和值
2. 根据管理层次的划分，物流信息分为操作管理信息、知识管理信息、战术管理信息和（ ）。
   A. 外部信息 B. 战略管理信息
   C. 静态信息 D. 动态信息
3. 数据与信息的关系是（ ）。
   A. 数据和信息是绝对的 B. 数据就是信息
   C. 信息是加工的数据 D. 数据是信息的含义

4. 关于 EDI 发展趋势的描述，错误的是（　　）。
   A. 传统 EDI 向开放式 EDI 转变
   B. 专网 EDI 向基于互联网的 EDI 转变
   C. 基于互联网的 EDI 向专网 EDI 转变
   D. 应用从大企业向中小企业发展

二、多选题

1. 下列关于 RFID 的说法正确的有（　　）。
   A. 一次可扫描多个条码　　　　B. 数据记忆容量大
   C. 可重复使用　　　　　　　　D. 抗污染能力强
2. 下列属于物流系统目标的有（　　）。
   A. 服务性　　　B. 规模适当化　　C. 成本最低化　　D. 快捷性
3. 物流信息的特征包括（　　）。
   A. 信息量大　　　　　　　　　B. 动态性强
   C. 来源多样化　　　　　　　　D. 增加物流作业量
4. 一个完善的物流信息系统包括（　　）。
   A. 业务层　　　B. 管理层　　　　C. 决策层　　　　D. 运作层
5. 下列属于物流信息特点的有（　　）。
   A. 物流信息种类多
   B. 物流信息动态性强
   C. 物流信息对提高经济效益起着非常重要的作用
   D. 物流信息量大、分布广

三、判断题

1. 物流信息是整合供应链，实现有效管理的保证。（　　）
2. 天线是在标签和读取器间传递射频信号的设备。（　　）
3. 物流信息动态性特别强，信息价值的衰减速度很快，因此对信息工作及时性要求较高。
   （　　）
4. 精益物流系统必须是一个低成本的物流系统，如果用价值工程的方法来判断，精益物流系统应当是功能成本比最高的物流系统。（　　）

四、问答题

1. 物流信息有哪些功能及特征？
2. 在建立射频识别系统时，要注意解决哪些问题？
3. 条码技术有哪些特点？
4. 我国物流信息系统的发展趋势有哪些？

第 3 篇 物流管理及应用

第 8 章 物流成本管理
第 9 章 物流战略管理
第 10 章 物流组织与控制

第 8 章 物流成本管理

教学目标

通过本章的学习，学生应理解物流成本管理的基本概念，了解物流成本核算的方法和步骤，掌握如何进行物流成本分析、预测和决策，同时，掌握物流成本控制的基本工作程序。

教学要求

知识要点	能力要求	相关知识
物流成本管理概述	（1）理解物流成本管理的概念 （2）了解物流成本的构成和分类 （3）了解物流成本的特征及影响因素 （4）了解物流成本管理的内容和方法 （5）了解物流成本管理的相关理论学说	（1）物流成本管理的概念 （2）物流成本的构成和分类 （3）物流成本的特征及影响因素 （4）物流成本管理的内容和方法 （5）物流成本管理的相关理论学说
物流成本核算	（1）了解物流成本核算的目的和对象 （2）理解物流成本核算的方法 （3）掌握物流成本核算的步骤 （4）掌握物流作业成本法	（1）物流成本核算的目的和对象 （2）物流成本核算的方法 （3）物流成本核算的步骤 （4）物流作业成本法
物流成本分析	（1）掌握物流成本分析的含义、原则、内容、方法和步骤 （2）掌握物流成本预测的含义、步骤和方法	（1）物流成本分析 （2）物流成本预测
物流成本控制	理解物流成本控制的概念、作用、原则和基本工作程序	（1）物流成本控制的概念和作用 （2）物流成本控制的原则 （3）物流成本控制的基本工作程序

基本概念

物流成本管理　物流成本核算　物流作业成本法　物流成本分析　物流成本预测　物流成本控制

8.1　物流成本管理概述

物流成本既是企业生产经营总成本的产生点，也是降低总成本的关注点。如何有效地对物流成本进行管理是物流管理的重要组成部分，是企业降低成本、创造利润、提高经济效益的重要途径，是企业开发物流"第三利润源泉"的关键。

8.1.1　物流成本与物流成本管理

修订后的国家标准《物流术语》（GB/T 18354—2021）中对物流成本下的定义为：物流活动中所消耗的物化劳动和活劳动的货币表现。物流成本即在企业物流活动中，物品在空间位移（包括静止）过程中和时间上所耗费的各种资源的物化劳动和活劳动的货币表现总和，在企业经营活动的需求预测、选址、采购、配送、包装、装卸搬运、运输、储存、流通加工、订单处理、客户服务、返还品处理、废弃物处理及其他辅助活动等环节中所支出的人力、财力和物力的总和。具体表现为企业向外部企业支付的物流费用、企业内部消耗的物流费用、企业材料物流费用、销售物流费用等。

修订后的国家标准《物流术语》（GB/T 18354—2021）对物流成本管理下的定义为：对物流活动发生的相关成本进行计划、组织、协调与控制。具体而言，物流成本管理是对物流成本进行核算、分析、预测、决策、预算及控制等一系列的管理活动，通过对物流活动的管理降低物流成本，达到物流管理目的。

物流成本管理的概念是在人们对物流的认识中不断完善发展起来的。当人们认为物流处于物资配送阶段时，物流成本管理的重心在销售物流领域。此时的物流观念侧重于商品的供应过程。随着人们对物流认识的深入，物流成本管理扩展到供应物流、生产物流领域，物流总成本管理的意识逐步增强。现在越来越多的人认为物流管理属于供应链管理的范畴，整个供应链以及整个流通过程物流成本的最小化成为企业追求的目标。因此，基于供应链管理的物流成本包括供应物流成本、生产物流成本、销售物流成本、逆向物流成本。另外，考虑到物流对自然环境的影响以及人类的可持续发展，物流成本还必须包括由物流活动给环境带来损害产生的环境资源消耗成本与环境治理成本，即物流的绿色成本也成为物流成本管理的潜在对象。

8.1.2 物流成本的构成和分类

1. 物流成本的构成

物流成本按照物流所处的宏观和微观领域不同进行分类,可以分为社会物流成本和企业物流成本。

(1) 社会物流成本的构成。社会物流成本也称宏观物流成本,它核算了一个国家在一定时期内产生的物流总成本,是不同性质企业微观物流成本的总和。一个国家的物流成本总额占国内生产总额(GDP)的比重是衡量一个国家物流管理水平高低的重要标志。美国、日本等发达国家对物流成本的研究工作非常重视,已经对物流成本持续进行了必要的调查与分析,建立了一套完整的物流成本收集系统,随时掌握国内物流成本变化情况,以供企业和政府参考。中国物流成本研究起步较晚,在宏观物流成本的测算方法上仍处于探索阶段。

目前各国物流学术界和实务界普遍认同的一个社会物流成本计算的概念性公式

$$社会物流总成本 = 运输成本 + 存货持有成本 + 物流行政管理成本$$

基于这个概念公式,可以认为社会物流总成本由三个部分构成:运输成本(transport cost)、存货持有成本(inventory carrying cost)、物流行政管理成本(logistics administration cost)。

(2) 企业物流成本的构成。企业物流成本是微观角度下的物流成本,一般按企业所处领域的不同将物流成本分为制造企业物流成本、商品流通企业物流成本和物流企业物流成本三类。

1) 制造企业物流成本的构成。制造企业物流是指单个制造企业的物流活动,是微观物流的主要形式。与制造企业物流相对应,制造企业物流成本也包括供应物流成本、生产物流成本、销售物流成本和逆向物流成本四个方面。与商品流通企业相比,制造企业物流成本大都体现在所生产的产品成本之中,具有与产品成本的不可分割性。制造企业物流成本项目主要包括以下方面。

- 人工费用,指企业从事物流工作的员工工资、奖金、津贴、福利费。
- 采购费用,如运输费、保险费、合理损耗、采购人员的差旅费等。
- 仓库保管费,如仓库的维护保养费、搬运费。
- 营业费用,指在物流活动中的能源、材料消耗费,办公费,差旅费,保险费,劳动保护费,等等。
- 物流设施、设备维护和折旧费,以及仓库的折旧费。
- 产品销售费用,指在产品销售过程中所发生的物流费用,如销售活动中的运输费、保险费、搬运费、装卸费、仓储费、配送费等。
- 物流信息费,如物流硬件费用、软件费用、维护费用等。
- 财务费用,如物流活动中的贷款利息、手续费、资金占用费等。

2) 商品流通企业物流成本的构成。商品流通企业物流成本是指在组织物品的购进、运输、保管、销售等一系列活动中所耗费的人力、物力和财力的货币表现。相对于制造企业来说，流通企业只是减少了生产物流的环节。然而，对于流通企业来说，经营中的物流成本占企业总成本的比例很大。其基本构成包括以下方面。

- 人工费用，如企业员工工资、奖金、津贴、福利费等。
- 营业费用，如运杂费、能源消耗费用、设施设备折旧费、保险费、办公费、差旅费，以及经营过程中的合理消耗（如商品损耗）等。
- 财务费用，如支付的贷款利息、手续费、资金的占用费等。
- 管理费用，如行政办公费、差旅费、税金等。
- 物流信息费，如硬件费用、软件费用、维护费等。

3）物流企业物流成本的构成。物流企业是提供专业物流服务的企业，它包括综合型的第三方物流服务企业，也包括提供功能性物流服务的企业，如快递公司、仓储公司、运输公司、货运代理公司等。可以说，物流企业的整个运营成本和费用实际上就是货主企业物流成本的转移。物流企业的全部运营成本和费用都可以看作广义的物流成本。按照我国会计制度的规定，物流企业成本费用项目包括以下方面。

- 营业税及附加，主要包括营业税、城市维护建设税和教育费附加等。
- 经营费用，如运输费、装卸费、包装费、广告费、营销人员的人工费、差旅费等。
- 管理费用，如行政管理部门管理人员的人工费、修理费、办公费、差旅费等。

2. 物流成本的分类

（1）按照物流活动的环节不同可以分为以下几种。

1）运输成本，主要包括人工费用、营运费用和差旅费、事故损失等其他费用。

2）仓储成本，主要包括仓储持有成本，如仓储设备折旧费、维修费、仓库职工工资、仓库的装卸搬运费等；订货或生产准备成本，如设备折旧费、材料费、加工费等；缺货成本，如原材料供应中断造成的停工损失、产成品库存缺货带来的延迟发货、紧急外购成本等；在途库存持有成本，如资金占用成本、保险费用、仓储风险成本等。

3）配送成本，指企业的配送中心在对物品进行验收、入库、分拣、加工、包装、分割、组配及运送过程中发生的各项费用总和，主要包括配送运输费用、分拣费用、配装费用、流通加工费用。

4）包装成本，主要包括包装材料费用、包装机械费用、包装技术费用、包装辅助费用和包装人工费用。

5）装卸与搬运成本，主要包括人工费用、营运费用，如固定资产折旧费、维修费、能源消耗费、材料费等；装卸搬运合理损耗费用；其他费用如办公费、差旅费、保险费、相关税金等。

6）流通加工费用，主要包括流通加工设备费用、流通加工材料费用、流通加工劳务费用和流通加工其他费用，如耗用的电力、燃料、油料及管理费用等。

7）物流信息管理成本，主要包括物流信息处理费、信息设备费、通信费、人工费等。

(2) 按照费用支出形式分类。按照费用支出形式的不同，一般可以将物流成本分为企业内部支付的物流成本和企业外部支付的物流成本两大项，即直接物流成本和间接物流成本。一般而言，在这两种物流成本中，间接物流成本所占比重较大，一般在70%左右。

(3) 按照物流活动进程分类。这种分类方法以物流活动的时序进程为依据，将物流成本分为以下几种。

1) 物流筹备成本，主要包括物流计划成本、物流预算成本、物流准备成本。

2) 生产物流成本，主要包括装卸、运输、加工、包装、存储等各种生产性物流成本。

3) 销售物流成本，主要是指为销售服务的物流成本和储存、运输、包装等服务性物流成本。

4) 退货物流成本，指因退货引起的物流成本。

5) 废品物流成本，指因废品、不合格产品的物流而形成的物流成本。

在这几种物流成本中，生产物流成本和销售物流成本所占的比重较大，一般而言，分别占到总成本的约30%和40%。

(4) 按照物流成本的特性分类。物流成本的特性是指物流成本与业务量之间的数量关系，及成本总额与业务总量之间的依存关系。按物流成本的特性，可将物流成本划分为变动成本和固定成本。

1) 变动成本，是指其发生总额随业务量的增减变化而近似成正比例增减变化的成本。就单位成本而言，不受业务量增减的影响，保持不变。例如，运输成本中的燃油费、设备维护费、人工费等。

2) 固定成本，是指成本总额保持稳定，与业务量的变化无关的成本。就单位成本而言，单位固定成本随业务量的增减而成反比例变化。

8.1.3 物流成本的特征及影响因素

1. 物流成本的特征

(1) 物流成本的隐含性。日本早稻田大学教授西泽修提出的"物流冰山说"是对物流费用隐含性的一种形象比喻。一般企业会计制度中，只把支付给外部运输、仓储企业的费用列入物流成本，但这些其实只是物流成本中很小的一部分，真正的大头是企业内部发生的物流费用。

(2) 物流成本的效益悖反性。物流成本的效益悖反性是指物流成本各要素之间存在的交替损益性，即要使系统中任何一个要素增益，必将对系统中其他要素产生减损的作用。物流成本与对顾客的服务水平之间也存在着效益悖反。因此，物流管理必须考虑整体成本最佳，使物流成本控制系统化、合理化。

(3) 物流成本的相对性。物流成本是以客户服务需求水平为基准的。企业要保证其市场地位，增强竞争力，就必须尽可能地满足客户的需求。企业必须在物流成本和客户服务需求之间进行权衡。企业物流成本的水平没有绝对的高低界限，只有相对于企业所必须保持的服务水平而言的动态合理性。

（4）物流成本的分散性。物流运作具有跨边界和开放性的特点，一系列相互关联的物流活动产生的物流总成本，既分布在企业内部的不同职能部门中，又分布在企业外部的不同合作伙伴那里。

（5）物流成本削减的"乘数效应"。物流成本削减的"乘数效应"是指物流成本削减对利润的影响相当于数倍的销售额增加的效应。具体来说，如果某企业的销售额为1 000万元，物流成本占销售额的10%，即100万元。如果企业想要增加10万元利润，有两个途径：一是物流费用降低10%，即能节约10万元；二是增加销售额，假设企业的销售利润率为4%，则企业必须增加250万元的销售额才能够创造10万元的利润。

2. 物流成本的影响因素

（1）产品因素。产品的特性不同会影响物流成本，主要包括以下几个方面。

1）产品价值。产品价值越大，对其所使用的运输工具要求越高，包装、仓储和库存成本也随之增加。

2）产品密度。产品密度越大，相同运输单位所装载货物越多，运输成本越低；同理，相同空间存放的货物越多，库存成本也越低。

3）产品废品率。生产高质量的产品可以杜绝因次品、废品等回收、退货而发生的各种物流成本。

4）产品破损率。产品破损率较高的物品，即易损性物品，对物流各环节，如运输、包装、仓储等都提出了更高的要求，物流成本随之提高。

5）特殊搬运。有些物品对搬运有特殊要求，如长大物品、需要加热或制冷的物品等，都会增加物流成本。

6）产品的可替代性。产品的可替代性强，除了面对品牌竞争的压力外，更要重视服务的竞争，如避免缺货带来的损失，以保持现有客户群，由此会增加物流成本。

7）产品的风险性。产品的风险性是指产品本身存在的易燃性、易损性、易腐性和易于被盗等方面的特性。产品的风险性会对物流活动有特定的限制，从而引起物流成本的上升。

（2）竞争性因素。高效合理的物流系统是提高客户服务水平的重要途径，从而决定了企业竞争的成功，而这些又直接决定了物流成本的降低。影响客户服务水平的主要方面有以下几个。

1）订货周期。企业物流系统的高效必然可以缩短企业的订货周期，提高企业的客户服务水平，提高企业竞争力。

2）产品密度。产品密度越大，相同运输单位所装载货物越多，运输成本越低；同理，相同空间存放的货物越多，库存成本也越低。

3）产品废品率。存货的成本提高，可以减少缺货成本，即缺货成本与存货成本成反比。因此，合理的库存应保持在总成本最小的水平上。

（3）环境因素。环境因素包括空间因素、地理因素及交通状况等，直接涉及运输成本、仓储成本等，对物流成本的影响很大。

（4）管理因素。虽然管理成本与生产和流通没有直接的数量依存关系，但高效的管理能降低物流成本总水平。另外，资金利用率的高低影响着利息支出的大小，从而影响着物流成本的高低。

8.1.4 物流成本管理的内容和方法

1. 物流成本管理的内容

（1）物流成本预测。物流成本预测是指运用一定的技术方法，对未来的成本水平及其变动趋势做出科学的估计，如运输成本预测、库存成本预测等。

（2）物流成本决策。物流成本决策主要体现在根据企业决策目标，收集、整理有关信息资料，选择科学的方法确立有关物流成本决策方案的评价指标，并做出正确的财务评价，最终筛选出最优的行动方案。

（3）物流成本计划。物流成本计划是指通过一定的程序，运用一定的方法，以货币形式规定计划期内物流各环节的耗费水平和成本水平，并提出为保证成本计划顺利实现所采取的措施。

（4）物流成本控制。物流成本控制是指将对物流成本的事前控制同事中控制有机地结合起来，通过事前确定成本标准，根据执行过程中的实际与计划发生的偏差进行原因分析，并及时采取措施进行调整、改进工作，确保成本目标的实现。

（5）物流成本核算。物流成本核算是指采用相应的成本计算方法，按照规定的物流成本项目，通过一系列的物流费用归集与分配，计算各物流活动的实际总成本和单位成本。

（6）物流成本分析。物流成本分析是指运用一定的方法，揭示物流成本水平的变动及其影响因素，进而采取有效措施，合理地控制物流成本。

成本预测是成本决策的前提；成本计划是成本决策所确定目标的具体化；成本控制是对成本计划的实施进行监督，以保证目标的实现；成本核算与分析是对目标是否实现的检验。

2. 物流成本管理的方法

（1）物流成本比较分析法。该方法具体包括以下三种。

1）横向比较分析法，主要是对同一时期内的企业内部各个生产流程发生的物流费用进行核算、比较与分析。

2）纵向比较分析法，是将企业历年的各项物流费用与当年的各项物流费用进行比较，分析物流费用变化趋势及原因，最后制定并实施物流成本优化措施。

3）预算标准比较法，是将企业当年实际开支的物流费用与原来编制的物流预算标准进行比较，找到实际与预算标准不符的原因，以便掌握企业物流管理中存在的问题和薄弱环节。

（2）物流活动优化法。物流活动优化法是通过对物流过程的优化管理来降低物流成本的管理方法。

1）物流运输活动优化。运输工具的选择、运输时间的确定以及运输路线的优化是运输活动优化的主要内容，常用线性规划方法进行优化。常用的线性规划方法有单纯形法和表上作业法，对于大规模的计算复杂的运输问题可用计算机软件来解决。

2）物流库存管理优化。存储是物流系统的中心环节。常用的物流库存管理优化方法包括经济批量模型（EOQ）、供应商管理库存（VIM）、准时制工作法（JIT）等。

3）物流配送活动优化。配送线路是指各送货车辆向各个用户送货时所要经过的路线，它的合理与否对配送速度、车辆的利用效率和配送费用都有直接影响。目前较成熟的配送活动优化方法是节约里程法。另外，还有很多配送优化软件可以利用。

4）物流系统优化。物流系统优化需要利用系统模拟软件来进行。目前有一种采用逐次逼近法的模拟模型——克莱顿·希尔模型。这种方法提出物流系统的三项目标：最高的服务水平、最小的物流费用和最快的信息反馈。在模拟过程中采用逐次逼近法来求解下列决策变量：流通中心的数量、对客户的服务水平、流通中心收发货时间的长短、库存分布和系统整体的优化。

（3）计算机管理系统优化法。计算机管理系统优化法是将物流成本的横向与纵向连接起来，形成一个不断优化的物流系统的循环。通过一次次循环、计算、评价，使整个物流系统不断优化，最终找出其总成本最低的最佳方案。

8.1.5 物流成本管理的相关理论学说

1."黑大陆"学说

"黑大陆"学说是世界著名管理学家彼得·德鲁克提出的。1962年，他在《财富》杂志上发表了题为《经济的黑暗大陆》一文，将物流比作"一块未开垦的处女地"，强调应高度重视流通以及流通过程中的物流管理。彼得·德鲁克指出："流通是经济领域的黑暗大陆。"这里虽然指的是流通，但流通领域中的物流活动模糊性特别突出，所以"黑大陆"学说主要是针对物流而言的。

"黑大陆"的说法主要是指尚未认识、尚未了解。"黑大陆"学说也是对物流本身的正确评价，这个领域未知的东西还很多，理论与实践都不成熟。为了认识这块"黑大陆"，21世纪初经济危机到来之际，美国20世纪财团组织大规模调查，结果发现流通费用占零售总额的59%，其中大部分是物流费用，这为物流理论的研究奠定了基础。从某种意义上看，"黑大陆"学说是一种未来学的研究结论，是战略分析的结论，带有较强的哲学抽象性，这个学说对研究物流成本领域起到启发和动员的作用。

2. 物流成本冰山说

日本物流成本学说的权威学者、早稻田大学教授西泽修用物流成本具体分析了德鲁克的"黑大陆"学说，提出了物流成本冰山说。它的含义是人们并没有掌握物流成本的总体内容，对于物流成本大家只看到露出海水上面的冰山一角，而潜藏在海水里的整个冰山却看不见，海水中的冰山才是物流成本的主体部分，如图 8-1 所示。西泽修教授指出，企业在计算盈亏时，在企业的财务统计数据中"销售费用和管理费用"项目所列支的"运输费用"和"保管费"的现金金额一般只包括企业支付给其他企业的运输费用和仓储保管费，而这些外付费用不过是企业整个物流成本的冰山一角。美国、日本等国家的实践表明，企业实际物流成本的支出往往超过企业对外支付物流成本额的 5 倍。

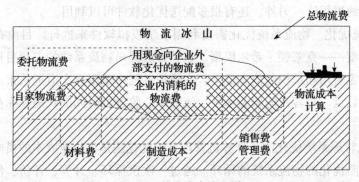

图 8-1 物流成本冰山说

物流成本冰山说之所以成立，除了会计核算制度本身没有考虑到物流成本外，还有三个方面的原因。一是物流成本的计算范围太大，包括原材料物流、工厂内物流、从工厂到仓库和配送中心的物流。这么大的范围，涉及的单位非常多，牵涉的面也很广，很容易漏掉其中的某一部分。二是运输、保管、包装、装卸以及信息等各物流环节，以哪几种环节作为物流成本的计算对象问题。如果只计算运输费用和保管费用，不计算其他费用，与计算运输、保管、包装、装卸以及信息等全部费用相比，两种计算结果差别相当大。三是选择哪几种费用列入物流成本的问题。比如，向外部支付的运输费、保管费、装卸费等费用一般都容易列入物流成本，可是本企业内部发生的物流成本，如与物流相关的人工费、物流设施建设费、设备购置费以及折旧费、维修费、电费、燃料费等是否列入物流成本，此类问题都与物流成本直接相关。

3. 第三利润源学说

"第三利润源"的说法也是日本早稻田大学教授西泽修在 1970 年提出的。从历史发展来看，人类历史上曾经有过两个大量提供利润的领域。在生产力相对落后、社会产品供不应求的阶段，此时物质资源的节约成为"第一利润源"。当产品充斥市场、供大于求、销售产生困难时，第一利润源达到一定极限。企业开始通过人力资源管理提高劳动生产率，此时劳动消耗的降低成为"第二利润源"。在这两个利润源潜力越来越小，利润日益枯竭的情况下，物流领域的潜力开始被人们重视，于是人们开始发掘"第三利润源"。所谓"第三利润源"是指通过物流合理化，降低物流成本，成为继节约物质资源和降低劳动消耗之后企业获取利润的第三种途径。

这三个利润源着重开发生产力的三个不同要素：第一利润源的挖掘对象是生产力中的劳动对象；第二利润源的挖掘对象是生产力中的劳动者；第三利润源的主要挖掘对象则是生产力中劳动工具的潜力，同时注重劳动对象与劳动者的潜力，因而更具全面性。对"第三利润源"学说的理解应基于以下几个方面。

（1）物流活动和其他独立的经济活动一样，不仅是总体的成本构成因素，也是单独的盈利因素，物流可以成为"利润中心"。

（2）从物流服务角度来说，通过有效的物流服务，可以给接受物流服务的生产企业创造更好的盈利机会，成为生产企业的"第三利润源"。

（3）通过有效的物流服务，可以优化社会经济系统和整个国民经济的运行，降低整个社会的运行成本，提高国民经济总效益。

4. 效益悖反理论

"效益悖反"又称"二律悖反"，即两个相互排斥而又相互被认为是同样正确的命题之间的矛盾，也是一种物流活动的高成本，会因另一种物流活动成本的降低或效益的提高而抵消的相互作用关系。物流成本的效益悖反规律又称为物流成本交替损益规律，包括物流成本与服务水平的效益悖反和物流功能之间的效益悖反。

物流成本与服务水平的效益悖反是指物流服务的高水平必然带来企业业务量的增加、收入的增加，同时也带来企业物流成本的增加，使企业效益下降，即高水平的物流服务必然伴随着高水平的物流成本。

物流功能之间的效益悖反是指物流各项功能活动处于一个统一且矛盾的系统中，在同样的物流总量需求和物流执行条件下，一种功能成本的削减会使另一种功能成本增加。物流的基本功能中，包装、装卸、保管和运输配送这四项之间存在此消彼长的效益悖反。因此，实现物流成本的削减，要从系统成本的角度来进行，掌握好物流成本各构成项目之间的关系。

5. 成本中心说

成本中心说的含义是：物流在整个企业战略中，只对企业营销活动的成本发生影响。物流是企业成本重要的产生点，因而解决物流的问题，不仅要做到合理化、现代化，而且为了支持与保障其他活动，要通过物流管理和物流的一系列活动降低成本。所以，成本中心既是主要成本的产生点，又是降低成本的关注点。物流是"降低成本的宝库"。

6. 系统说

系统说指的是，各物流活动之间、物流与其他经营活动和用户服务之间存在着普遍的内在联系。在考察个别物流活动的变化时，应尽可能从总体和系统的角度进行比较，分析要素之间的互动关系。对物流活动应进行系统管理，在既定的用户服务水平的约束下，对各种物流活动成本及其相互关系进行有效协调和权衡。

7. 服务中心说

服务中心说反映了欧美一些现代学者对物流的认识。他们认为，物流活动的最大作用不在于为企业节约消耗、降低成本或增加利润，而在于提高企业对用户的服务水平，进而提高企业的竞争能力。因此，他们在描述物流时往往使用后勤（logistics）一词，特别强调其服务保障职能。通过物流的服务保障，企业以其整体运作能力的提高来压缩成本，增加利润。

8. 战略说

学术界和产业界越来越多的人士逐渐认识到，物流具有战略性，是既能提供成本优势，又能提供价值优势的管理领域之一。

8.2 物流成本核算

物流成本核算是根据企业确定的成本计算对象，采用相应的成本计算方法，按照规定的成本项目，通过一系列物流费用的汇集与分配，从而计算出各物流环节成本计算对象的实际总成本和单位成本。

8.2.1 物流成本核算的目的和对象

1. 物流成本核算的目的

（1）通过对企业物流成本的全面计算，弄清物流成本的大小，从而提高企业内部对物流重要性的认识。

（2）通过对某一具体物流活动的成本计算，弄清物流活动中存在的问题，为物流运营决策提供依据。

（3）按不同的物流部门组织计算各物流部门的责任成本，评价各物流部门的业绩。

（4）通过对某一物流设备或机械（如单台运输卡车）的成本进行计算，弄清其消耗情况，谋求提高设备效率、降低物流成本的途径。

（5）通过对每个用户物流成本的分解核算，为物流服务收费水平的制定以及有效的客户管理提供决策依据。

（6）通过对某一成本项目的计算，确定本期物流成本与上年同期物流成本的差异，查明物流成本超降的原因。

（7）按照物流成本计算的口径计算本期物流实际成本，评价物流成本预算的执行情况。

2. 物流成本核算的对象

物流成本核算的对象是指企业或成本管理部门为归集和分配各项成本费用而确定的，以一定期间和空间范围为条件而存在的成本计算实体，一般来说包括以下九种。

（1）以某种物流功能为对象，即以包装、运输、储存等物流功能为对象进行计算。这种核算方式对于加强每个物流功能环节的管理，提高每个环节的作业水平具有重要意义。

（2）以某一物流部门为对象，如以仓库、运输队、装配车间等部门为对象进行计算。这种核算方式对加强责任中心管理、开展责任成本管理以及对部门的绩效考核十分有利。

（3）以某一服务客户作为核算对象。这种核算方式对加强客户服务管理、制定有竞争力且有营利性的收费价格很有必要。

（4）以某一产品为对象。这主要是指货主企业在进行物流成本计算时，以每种产品为计算对象，计算组织为该产品的生产和销售所花费的物流成本。

（5）以企业生产的某一过程为对象，如以供应、生产、销售、退货等某个过程为对象进行计算。

（6）以某一物流成本项目为对象，把一定时期的物流成本从财务会计的计算项目中抽出，按照成本费用项目进行分类计算。

（7）以某一地区为对象，计算该地区组织供应和销售所花费的物流成本，据此可进一步了解各地区的物流费用开支情况，以便进行重点管理。

（8）以某一物流设备和工具为对象，如以某一运输车辆为对象进行计算。

（9）以企业全部物流活动为对象，确定企业为组织物流活动所花费的全部物流成本支出。

8.2.2 物流成本核算的方法

企业物流成本核算的设计思路，可以分为会计核算方式、统计核算方式以及会计与统计相结合的方式三种。

1. 会计核算方式

所谓会计核算方式，就是通过凭证、账户、报表对物流耗费予以连续、系统、全面的记录、计算和报告。具体有两种形式：其一是双轨制，即把物流成本计算与正常的会计核算截然分开，单独建立物流成本核算的凭证、账户和报表体系；其二是单轨制，即物流成本核算与企业现行其他成本核算，如产品成本核算、责任成本核算、变动成本核算等相结合，建立一套能提供多种成本信息的共同的凭证、账户、报表核算体系。在后一种情况下，要对现有的凭证、账户、报表体系进行较大的调整和改革，实施难度更大，但信息收集更直接方便。

运用会计核算方式进行成本核算，能提供较系统、全面、连续，且准确、真实的成本信息，但方法较为复杂，需要对现有体系进行较大甚至彻底的调整。

2. 统计核算方式

所谓统计核算方式，主要是通过对企业现行成本核算资料的剖析，分离出物流成本的部分，按不同的物流成本计算对象进行重新归类、分配和汇总，加工成所需的物流成本信息。与会计核算方式相比，由于没有对物流耗费进行连续、全面、系统的跟踪，故所得信息的精确程度受到很大影响，但运用起来较为简单方便，适合管理基础较为薄弱的企业。

3. 会计与统计相结合的方式

所谓会计与统计相结合的方式，即物流耗费的一部分内容通过会计方式予以核算，另一部分内容通过统计方式予以核算。运用这种方法也需要设置一些物流成本账户，但不像第一种方法那么全面、系统，而且这些物流成本账户不纳入现行成本核算的账户体系，对于现行成本核算来说，它是一种账外核算，具有辅助账户记录的性质。其优缺点介于第一种方式与第二种方式之间。

8.2.3 物流成本核算的步骤

1. 物流成本核算的基本步骤

（1）确定物流成本计算期间。
（2）确定物流成本计算范围。
（3）确定物流成本承担者。

2. 物流成本核算的具体步骤

以下将从物流成本按支付形态不同入手，从企业财务会计核算的全部相关科目中抽出所包含的物流成本，然后以表格的形式从不同的角度逐步计算出各类物流成本。具体步骤如下。

（1）分类计算物流成本。按支付形态的不同分类，将物流成本从相关科目中抽出，并进行计算。

1）材料费。材料费是由物流消耗而产生的费用。直接材料费可以用各种材料的实际消耗量乘以实际的购进价格来计算。材料的实际消耗量可按物流成本计算期末统计的材料支出数量来确定，在难以通过材料支出单据进行统计时，也可采用盘存计算法，即

$$本期消耗量 = 期初结存 + 本期购进 - 期末结存$$

材料的购进价格应包括材料的购买费、进货运杂费、保险费、关税等。

2）人工费。人工费指对物流活动中消耗的劳务支付的费用。物流人工费用的范围包括职工所有报酬的总额、职工劳动保护费、保险费、按规定提取的福利基金、职工教育培训基金及其他费用。

在计算人工费的本期实际支付额时，报酬总额按计算期内支付给从事物流活动的人员的报酬总额或按整个企业职工的平均报酬额计算。职工劳动保护费、保险费、按规定提取的福利基金、职工教育培训基金及其他费用等都需要从企业这些费用项目总额中把用于物流人员的费用部分抽出来。当实际费用难以抽出计算时，也可将这些费用的总额按从事物流活动的职工人数比例分摊到物流成本中。

3) 公益费。公益费指对公益事业提供的公益服务（自来水、电、煤气、取暖、绿化等）支付的费用。如果企业具备条件，每一物流设施都应安装计量仪表直接计算，但对于没有条件安装计量仪表的企业，此部分费用可从整个企业支出的公益费中按物流设施的面积和物流人员的比例计算得出。

4) 维护费。维护费根据本期实际发生额计算，对于经过多个期间同意支付的费用（如租赁费、保险费等），可按期间分摊计入本期相应的费用中。对于物流业务中可按业务量或物流设施来掌握和直接计算的物流费，在可能的限度内直接计算出维护费，对于不直接计算出来的，可根据建筑物面积和设备金额等分摊到物流成本中。折旧费应根据固定资产的原值和经济使用年限，以残值为零，采用使用年限法计算，计算公式为

$$固定资产年折旧额 = 固定资产原值 \div 固定资产预计经济使用年限$$
$$固定资产月折旧额 = 固定资产年折旧额 \div 12$$

对于有些按固定资产实际使用年限计提折旧的物流固定资产，其折旧额属于特别经费这一支付形态项目。对于使用年限长且有价格变动的物流固定资产折旧，可根据实际情况采用重置价格计算。

5) 一般经费。一般经费相当于财务会计中的一般管理费用。其中，对于差旅费、交通费、会议费、书报资料等使用目的明确的费用，直接计入物流成本。对于一般经费中不能直接计入物流成本的，可按职工人数或设备比例分摊到物流成本中。

6) 特别经费。特别经费包括按实际使用年限计算的折旧费和企业内利息等。

7) 委托物流费。委托物流费根据本期实际发生额计算，包括托运费、市内运输费、包装费、装卸费、保管费、出入库费、委托物流加工费等，除此之外的间接委托的物流费按一定标准分摊到各功能的费用中。

8) 其他企业支付的物流费。其他企业支付的物流费虽然不是本企业的物流费支付，但对于购进商品来讲，实际上已经将商品从产地运到销售地点的运费、装卸费等物流费用包含在进货价格中。如果到商品产地购进，则这部分物流费显然要由本企业支付。其他企业支付的物流费实际上是为了弥补由本企业承担的物流费而计入物流成本的费用。它以本期发生购买对其他企业支付和发生销售对其他企业支付物流费的商品重量或件数为基础，乘以费用估价来计算，但当本企业也承担与此相当的物流费时，也可用本企业相当的物流费来代替。

(2) 编制物流成本计算表。根据计算物流成本的需要，将以上通过计算得出的数据资料编制成各物流功能的成本计算表。物流成本计算项目如表 8-1 所示。

表 8-1 物流成本计算表

支付形态		范围	供应物流费	企业内物流费	销售物流费	退货物流费	废弃物物流费	合计
本企业物流费	本企业支付物流费	企业本身物流费	材料费					
			人工费					
			公益费					
			维护费					
			一般经费					
			特别经费					
			企业本身物流费					
		委托物流费合计						
		本企业支付的物流费						
	外企业支付的物流费							
	企业物流费总计							

8.2.4 物流作业成本法

1. 物流作业成本法概述

物流作业成本法（logistics activity-based costing，物流 ABC），是以特定物流活动成本为核算对象，通过成本动因来确认和计算作业量，进而以作业量为基础分配间接费用，从而将物流间接成本更为准确地分配到物流作业、运作过程、产品、服务及顾客中的一种物流成本管理方法。物流作业成本法可以有效地划分成本的责任归属和成本的使用目的。

物流作业成本法的基本原理为：产品消耗作业，作业消耗资源；生产导致作业的产生，作业导致成本的发生。物流作业成本法以作业为中心，通过对作业成本的确认和计量，归集间接费用，形成作业成本，再按不同作业的形成原因（成本动因），将其分配到产品或产品线中。物流作业成本法不仅是一种物流成本核算方法，而且是一种物流成本控制和管理方法。

物流作业成本法的优点在于能反映物流作业的变化而计算物流成本；能更清楚地分析造成物流成本增加的原因，并要求相应的责任人负担相应的成本部分，并且在物流绩效考核和物流定价中发挥更大的作用。

2. 物流作业成本法的计算步骤

物流作业成本法的计算需要经过以下几个阶段：分析和确定作业，建立作业成本库；分析和确定资源，建立资源库；确定资源动因，分配资源耗费至作业成本库；确定成本动因，分配作业至成本对象。具体分为以下步骤。

(1) 分析和确定作业，建立作业成本库。
1) 辨别和确认物流作业。
2) 建立物流作业成本库。
(2) 分析和确定资源，建立资源库。资源是指支持作业的成本、费用来源。它是一定期间内为了生产产品或提供服务而发生的各类成本、费用项目，或者是作业执行过程中所需要花费的代价。
(3) 确定资源动因，分配资源耗费至作业成本库。
(4) 确定成本动因，分配作业至成本对象。

物流作业动因是最终成本对象耗费物流作业的原因和方式，反映成本对象使用物流作业的频度和强度。

辨别成本动因的种类，以此确定适当的物流成本动因。根据作业动因，将各作业成本库中的物流成本分摊到各成本对象。将成本对象中分摊的各物流作业加总，即得成本对象负担的间接物流成本，再加上直接物流成本，就是各成本对象的物流总成本，并可以据此计算单位物流成本。

> **阅读案例**
>
> 某家用电器制造公司生产两种产品 X 和 Y，与制造费用相关的作业成本及其他有关资源如表 8-2 所示。
>
> 表 8-2 作业成本资料
>
> | 产品 | 机器工时（小时） | 调整准备（次） | 检验（批次） | 材料订购验收（次） |
> |---|---|---|---|---|
> | 产品 X | 1 500 | 50 | 50 | 200 |
> | 产品 Y | 1 500 | 25 | 100 | 100 |
> | 制造费用（元） | 300 000 | 7 500 | 9 000 | 30 000 |
>
> 要求：(1) 确认每一成本库的成本动因，计算每一成本库的费用分配率。
> (2) 按每一成本库的分配率，将制造费用分配于产品 X 和 Y。
>
> **解：**(1) 确认成本动因，计算费用分配率（见表 8-3）。
>
> 表 8-3 制造费用分配率表
>
> | 成本动因 | 动因数量 | | | 制造费用（元）a | 分配率 $e=a/d$ |
> |---|---|---|---|---|---|
> | | 产品 X b | 产品 Y c | 合计 $d=b+c$ | | |
> | 机器工时（小时） | 1 500 | 1 500 | 3 000 | 300 000 | 100 |
> | 调整准备（次数） | 50 | 25 | 75 | 7 500 | 100 |
> | 检验（批次） | 50 | 100 | 150 | 9 000 | 60 |
> | 材料订购验收（次数） | 200 | 100 | 300 | 30 000 | 100 |
> | 合计 | | | | | |

(2) 分配制造费用（见表 8-4）。

表 8-4 制造费用分配表

作业活动	分配率 a	产品 X		产品 Y		制造费用（元）$f=e_1+e_2$
		动因量 b	分配费用（元）$e_1=a\times b$	动因量 d	分配费用（元）$e_2=a\times d$	
机器工时（小时）	100	1 500	150 000	1 500	150 000	300 000
调整准备（次数）	100	50	5 000	25	2 500	7 500
检验（批次）	60	50	3 000	100	6 000	9 000
材料订购验收（次数）	100	200	20 000	100	10 000	30 000
合计			178 000		168 500	346 500

8.3 物流成本分析

8.3.1 物流成本分析的含义

物流成本分析是在成本核算及其他有关资料的基础上，运用一定的方法，揭示物流成本水平的变动，进一步查明影响物流成本变动的各种因素。

物流成本分析不只是对过去成本管理工作的回顾、总结和评价，更重要的是通过对过去企业物流资金耗费活动规律的了解，正确评价企业物流成本计划的执行结果，揭示物流成本升降变动的原因，为编制物流成本决策提供重要依据，对未来成本管理工作进行展望和指导。

8.3.2 物流成本分析的原则

进行与物流相关费用的分析时应遵循以下基本原则。

（1）管理有用原则。管理有用是指物流成本分析要为物流成本管理服务，要求分析的物流成本数据能够为企业进行科学的管理决策和业绩考评提供帮助。

（2）经济可行原则。经济可行是指企业所选择的物流成本分析模式要坚持成本效益原则，即在获取有关管理方面的信息时应充分考虑经济合理性。

（3）相容性原则。物流成本与物流服务是一种此消彼长的关系，因此物流成本分析就是要使处于竞争状态的企业，在物流成本一定的情况下实现物流服务水平的提高，或在降低物流成本的同时实现较高的物流服务水平。

（4）协调性原则。物流各个部门的活动常常处于一种相互矛盾的体系之中，由于物流中效益悖反现象的客观存在，故协调性原则要求为追求企业的最佳利益，妥善协调各部门之间的关系，从而实现成本最小化、效益最大化的管理目标。

8.3.3 物流成本分析的内容

物流成本分析贯穿于成本管理工作始终，具体内容包括以下几个方面。

（1）事前成本分析。事前成本分析是指事前预计和测算有关因素对成本的影响程度。其主要包括两个方面内容，即成本预测分析和成本决策分析。

（2）事中成本控制分析。事中成本控制分析是指以计划、定额成本为依据，通过分析实际成本与计划成本或定额成本差异，对成本进行分析控制。

（3）事后成本分析。事后成本分析是指将产品生产过程中发生的实际成本与计划成本加以比较，对产生的差异进行分析，找出成本升降原因，这是成本分析的主要形式。

8.3.4 物流成本分析的方法

1. 对比分析法

对比分析法又称比较法，是通过相互关联的物流成本指标的对比来确定数量差异的一种方法。通过对比，揭露矛盾、发现问题、寻找差距、分析原因，为进一步降低物流成本、提高物流成本使用效率指明方向。

物流成本指标的对比分析一般有三个方面：实际物流成本指标与计划指标对比；本期实际物流成本指标与前期实际物流成本指标对比；本期实际物流成本指标与同行业先进水平对比。

应该指出的是，采用对比分析法时，应注意对比指标的可比性。在同类企业比较物流成本指标时，还必须考虑它们在技术经济上的可比性。指标的对比可以用绝对数对比，也可以用相对数对比。

2. 因素分析法

因素分析法是将某一综合指标分解成若干个相互联系的因素，并分别计算、分析每个因素影响程度的一种方法。物流成本升降是由许多因素造成的，概括起来主要有两类：一类为外部因素，是由外部经济环境和条件所造成的；另一类为内部因素，是由企业本身经营管理所造成的。

因素分析法的一般做法如下。

（1）确定分析指标由几个因素组成。

（2）确定影响该指标的各因素及与该指标的关系，如加减关系、乘除关系等。

（3）采用适当方法把指标分解成各个因素。

(4) 确定每个因素对指标变动的影响方向与程度。

通过各个因素对指标变动的影响方向与程度的测算，可以确定各个因素所占差异的比重，从而为物流成本决策提供可靠依据。可见，因素分析法是在对比分析法的基础上发展而来的，成为对比分析法的补充。

3. 相关分析法

企业的各种经济指标存在着相互依存的关系，一个指标会影响到其他经济指标。利用数学方法进行相关分析，找出有关经济指标之间规律性的联系，即为相关分析法。

相关分析法是利用与物流成本相关的两项数值的比率揭示企业物流成本规律的一种分析方法。只采用有关数值的绝对值进行对比，不能深入地揭示物流成本的内在规律，而采用相对值则能做到这一点。

8.3.5 物流成本分析的步骤

(1) 确定分析目标。明确物流成本分析所要达到的目标，这样才能有的放矢，根据实际情况进行分析。

(2) 明确分析对象。物流成本的构成相当复杂，有些成本显而易见，有些成本隐含在其他成本中，后者也考虑在内，因此必须根据物流成本分析的出发点，明确分析对象。

(3) 制订分析计划。对于一个比较系统的分析来说，制订计划非常必要。

(4) 收集基本数据。进行成本分析的数据都来自企业已有的实践，这些数据应尽可能收集得完整和精确，只有这样才能计算出正确的结果。

(5) 统计与核算。对收集到的数据，要用一定的数学工具进行统计与核算，从而得出科学的结论，以此为企业提供物流方面决策的依据。

(6) 得出分析结果，提出改进建议。根据上面的步骤得出分析结果，有针对性地提出降低整体物流成本和提升企业绩效的建议。

8.3.6 物流成本预测

1. 物流成本预测的含义

所谓物流成本预测，是指依据物流成本与各种技术经济因素的依存关系，结合发展前景及采取的各种措施，利用一定的科学方法，对未来的物流成本水平及其变化趋势做出科学的推测和估计。

物流成本预测能使企业对未来的物流成本水平及其变化趋势做到"心中有数"，对每一步物流过程都做精心的成本测算和科学分析，为企业确定合理的目标成本打下基础。物流成本预测还可以对物流各功能成本投入的多少及物流过程中的设计等方面进行分析、考核、测算,并以此为依据,提供若干套方案,根据多方面的综合平衡确定最佳的物流成本投入方案。

2. 物流成本预测的步骤

企业在进行物流成本预测时,通常分为以下几个步骤。

(1) 确定预测目标。进行物流成本预测,首先要有明确的目标。物流成本预测的目标取决于企业对未来生产经营活动所要达到的总目标。

(2) 收集预测资料。物流成本指标是综合性指标,涉及企业的生产技术、生产组织和经营管理等各个方面。

(3) 建立预测模型。进行预测时,须对已收集的有关信息资料,运用一定的数学方法进行科学的加工处理,建立科学的预测模型,借以揭示有关变量之间的规律性联系。

(4) 评价与修正预测值。以历史信息资料为基础建立的预测模型可能与未来的实际状况之间有一定的偏差,且数量方法本身具有一定的假定性,因此还必须采用一些科学方法对预测的结果进行综合的分析判断,对存在的偏差及时予以修正。

3. 物流成本预测的方法

物流成本预测的方法一般包括两大类:定量预测法和定性预测法。定量预测法主要包括时间序列预测法和回归分析法两种。定性预测法也称直观法、判断分析法。本书主要介绍定量预测法。

(1) 时间序列预测法。时间序列预测法也称趋势预测法,其基本思路是把时间序列作为随机变量序列的一个样本,应用概率统计的方法,尽可能减少偶然因素的影响,做出在统计意义上较好的预测。下面介绍时间序列预测法中最常用的两种方法:趋势平均法和指数平滑法。

1) 趋势平均法。趋势平均法建立在过去的物流成本趋势及其规律性依然不变这一假定之上。其基本计算公式为

某期预测值=最后一期移动平均数+推后期数×最后一期趋势移动平均数

显然,采用趋势平均法计算若干期的平均数和趋势平均数时,前后各个时期所用的是同一个权数,即认为这些数据对未来的预测值具有同等的影响。因此,用此法预测的结果与实际情况往往差异较大。为了弥补这一缺陷,可以采用指数平滑法进行预测。

2) 指数平滑法。设以 F_n 表示下期预测值,F_{n-1} 表示本期预测值,D_{n-1} 表示本期实际值,a 为平滑数(其取值范围为 $0<a<1$),则 F_n 的计算公式为

$$F_n = F_{n-1} + a(D_{n-1} - F_{n-1}) = aD_{n-1} + (1-a)F_{n-1}$$

由上式类推下去,可得展开式

$$F_n = aD_{n-1} + a(1-a)D_{n-2} + a(1-a)^2 D_{n-3} + \cdots +$$
$$a(1-a)^{t-1}D_{n-t} + (1-a)^t F_{n-t}$$

可见,指数平滑法在预测时分别以 a、$a(1-a)$、$a(1-a)^2$ 等系数对过去各期的实际数进

行了加权。远期的实际值影响较小，因而其权数也较小；近期的实际值影响较大，因而其权数也较大。显然，这种预测方法更符合客观实际，但 a 的确定仍具有较大的主观性。

（2）回归分析法。回归分析法是通过对观察值的统计分析来确定它们之间的联系形式的一种有效的预测方法。从量的方面来说，事物变化的因果关系可以用一组变量来描述，因为因果关系可以表述为变量之间的依存关系，即自变量与因变量的关系。

依据相关关系中自变量的个数不同分类，可分为一元回归分析预测法和多元回归分析预测法。依据自变量和因变量之间的相关关系不同，可分为线性回归预测和非线性回归预测。

需要注意的是，定量预测法虽然以大量数据为基础，但往往建立在一定假设之上，与定性预测法结合起来使用，会取得更为客观的预测效果。

8.4 物流成本控制

8.4.1 物流成本控制的概念

物流成本控制按物流成本发生的时间先后划分为事前成本控制、事中成本控制和事后成本控制三个阶段，也就是成本控制循环中的设计阶段、执行阶段和考核阶段。

物流成本事前控制又物流成本的前馈控制和预防控制，是指在物流活动发生前，在对物流活动的成本功能关系进行分析研究的基础上，明确企业对物流功能和目标成本的要求，从根本上剔除过剩功能，降低成本。

物流成本事中控制又称日常成本控制，是指在物流活动过程中，企业内部各级对物流成本负有经营管理责任的单位，依据事先确定的物流成本标准，对各责任中心日常发生的各项物流成本和费用进行严格的计量、监督，发现偏差，及时查找原因，并针对具体的原因采取措施，纠正偏差。

物流成本事后控制又称为成本的后馈控制，是指在物流成本发生后，对物流成本预算的执行情况进行分析评价，总结经验教训，不断采取改进措施，为以后进行物流成本控制和制定新的物流目标成本提供依据。

8.4.2 物流成本控制的作用

物流成本控制在企业物流成本管理中发挥着巨大的作用，对提升企业物流活动的竞争力至关重要，主要体现在三个方面。

1. 激发员工对物流成本控制的责任感

建立物流责任成本控制制度，把物流成本按相关标准划分成经济责任，层层落实到部门、物流过程乃至个人，把物流成本信息处理及工作考核与各有关的物流成本控制指标紧密联系在一起。这样可以增强各部门、单位、个人的责任感，促进他们在各自的责权范围内，对物流成本行使控制权，达到降低物流成本、提高企业经济效益的目的。

2. 加强企业管理部门对物流各部门的业绩考核监督

物流成本控制能够使物流各部门、单位明确责任权限，在业绩考核目标下，业绩好坏一目了然，能够有效地改变物流过程中职责不清、功过难分的"大锅饭"现象。

3. 促使节约资金并合理利用资金

应把物流设备和物流活动看作一个系统，各物流要素同处于该系统之中，发挥各自的功能和作用。努力提高物流效率可减少资金占用，缩短物流周期，降低存储费用，从而节省物流成本。

8.4.3 物流成本控制的原则

为了有效地控制物流成本，必须遵循以下原则。

1. 经济性原则

经济性原则是指利用有限的可支配资源获得最大的经济效果。该原则是提高经济效益的核心，也是物流成本控制的基本原则。

2. 全面控制原则

物流系统是由一系列物流环节或物流功能所构成的全方位的系统，因此在进行物流成本控制时，必须遵循全面控制原则。全面控制原则主要包括全过程、全员和全方位成本控制。

3. 目标控制原则

目标控制原则是指企业管理部门以目标物流成本为依据，对企业的经济活动进行约束和指导，力求以最小的物流成本，获得最大的经济效果。

4. 重点控制原则

企业在成本控制中，超出常规的关键性差异是指差异率或差异额较大、差异持续时间较长、对企业的物流活动及其经济效果具有重要影响的项目或因素。对这些项目或因素要进行重点控制，并及时将相关信息反馈给有关责任单位，以便及时采取有效措施控制成本。

5. 物流成本控制与物流服务质量控制相结合

一般来说，降低物流成本与提高物流服务质量水平之间存在"效益悖反"的矛盾关系。在进行物流成本控制时，必须处理好降低物流成本和提高物流服务质量的关系，寻找两者的最佳结合点,尽可能提高整体物流效益。

6. 物流成本局部控制与物流成本综合控制相结合

因物流各功能环节之间存在"效益悖反",因此,企业在物流成本控制中,除了对某一物流功能或环节进行局部控制外,还应对整个物流系统进行综合控制。

7. 经济控制与技术控制相结合

物流成本是一个经济范畴,物流成本管理又是一项技术性很强的管理工作,因此,降低物流成本必须从改善物流技术水平和提高物流管理水平上下功夫。通过物流作业的机械化和自动化,以及运输管理、库存管理、配送管理等技术的充分利用,提高物流效率,降低物流成本。

8.4.4 物流成本控制的基本工作程序

1. 制定物流成本标准

物流成本标准是物流成本控制的准绳。物流成本标准首先包括物流成本预算中规定的各项指标,但物流成本预算中的指标都比较综合,还不能满足具体控制的要求,因此必须规定一系列具体的标准。确定这些标准的方法大致有以下三种。

(1) 计划指标分解法。将大指标分解成小指标,分解时可按部门、单位分解,也可按功能分解。

(2) 预算法。用制定预算的办法来制定控制标准。采用这种方法时特别要注意从实际出发来制定预算。

(3) 定额法。建立定额和费用开支限额,并将这些定额和限额作为控制标准来进行控制。实行定额法有利于物流成本控制的具体化和常态化。

采用上述方法确定物流成本控制标准时,一定要进行充分的调查研究和科学计算,同时还要正确处理物流成本指标和其他技术经济指标之间的关系,从完成企业总体目标出发,经过综合平衡,防止片面性,必要时还应准备多种方案并择优选用。

2. 监督物流成本的形成

监督物流成本的形成,即根据控制标准对物流成本形成的各个项目,经常地进行检查、评比和监督。不仅要检查指标本身的执行情况,而且要检查和监督影响指标的各项条件,如设备、工作环境等,所以物流成本日常控制要与生产作业控制等结合起来进行。

3. 及时纠正偏差

针对物流成本差异发生的原因查明责任者,然后根据情况分轻重缓急,提出改进措施,并贯彻执行。

案例研究　　　上汽通用汽车降低物流成本的秘诀

前两年还很少有人关注汽车物流，可现在汽车物流成了汽车业的共同探讨话题，很多公司都希望通过降低物流成本来提高竞争力。作为国内最大的中美合资汽车企业，上汽通用汽车有限公司（以下简称"上汽通用汽车"）是如何降低物流成本的？

秘诀一：精益生产，及时供货

随着汽车市场竞争越来越激烈，很多汽车制造厂商采取价格竞争的方式来应"战"。在这个背景下，大家都不得不降低成本。而要降低成本，很多厂家都从物流这个被视作"第三大利润"的源泉入手。有资料显示，我国的汽车工业企业，一般的物流成本最少占整个生产成本的20%以上，差的公司基本在30%到40%，而国际上物流做得比较好的公司，物流的成本都控制在15%以内。上汽通用汽车在合资之初就决定，要用一种新的模式，建立一个在"精益生产"方式指导下的全新理念的工厂，而不想再重复建造一个中国式的汽车厂，也不想重复建造一个美国式的汽车厂。

精益生产的思想内涵很丰富，最重要的一条就是像丰田一样——即时供货just in time, JIT）。即时供货的外延就是缩短交货期。所以上汽通用汽车在成立初期，就在现代信息技术的平台支撑下，运用现代的物流观念实现交货期短、柔性化和敏捷化。

从这几年的生产实践来说，上汽通用汽车每年都有一个或一个以上的新产品下线上市，这是其敏捷化的一个反映。而物流最根本的思想就是怎样缩短交货周期以实现低成本、高效率。这个交货周期包括从原材料到零部件，再从零部件到整车，每一段都有一个交货期，这是敏捷化至关重要的一个方面。

秘诀二：循环取货，降低库存成本

上汽通用汽车目前有四种车型，除其中一种刚刚上市的车型外，另外三种车型的零部件总量有5 400多种。上汽通用汽车在国内外还拥有180家供应商，拥有北美和巴西两大进口零部件基地。那么，上汽通用汽车是怎么提高供应链效率、减少新产品的导入和上市时间并降低库存成本的呢？

为了降低库存成本，上汽通用汽车的部分零件如有些是本地供应商所生产的零件，会根据生产的要求在指定的时间直接送到生产线上去生产。因为不进入原材料库，所以保持了很低或接近于"零"的库存，减少大量的资金占用。对于有些用量很少的零部件，为了不浪费运输车辆的运力，充分节约运输成本，上汽通用汽车使用了叫作"牛奶圈"的小技巧。每天早晨，上汽通用汽车的汽车从厂家出发，到第一个供应商那里装上准备好的原材料，然后到第二家、第三家，依次类推，直到装上所有的材料，然后再返回。这样做的好处是避免所有供应商空车返回造成的浪费。传统的汽车厂以前的做法是或者成立自己的运输队，或者找运输公司把零件送到公司，都不是根据需要来供给，因此存在一些缺陷。有的零件根据体积或数量的不同，并不一定能装满一卡车，但为了节省物流成本，汽车厂或运输公司经常装满一卡车配送，容易造成库存高、占地面积大。

而且，不同供应商的送货缺乏统一的标准化管理，在信息交流、运输安全等方面，都会带来各种各样的问题。如果想管好它，必须花费很多的时间和很大的人力资源，所以上汽通用汽车改变了这种做法。上汽通用汽车聘请一家第三方物流供应商，由他们来设计配送路线，然后到不同的供应商处取货，再直接送到上汽通用汽车，利用"牛奶取货"也称"循环取货"的方式解决了这些难题。通过"循环取货"，上汽通用汽车的零部件运输成本下降了30%以上。这种做法体现了上汽通用汽车的一贯思想：把低附加价值的东西外包出去，集中精力做好制造、销售汽车的主营业务，即精干主业。

秘诀三：建立供应链预警机制，追求共赢

上汽通用汽车所有的车型国产化都达到了40%以上，有些车型已达到60%甚至更高。这样可以充分利用国际与国内的资源优势，在短时间内形成自己的核心竞争力。上汽通用汽车也因此非常注意协调与供应商之间的关系。

上汽通用汽车采取的是"柔性化生产"，即一条生产流水线可以生产不同平台多个型号的产品，如同时生产别克标准型、较大的别克商务旅行型和较小的赛欧。这种生产方式对供应商的要求极高，即供应商必须处于"时刻供货"的状态，会产生很高的存货成本。而供应商一般不愿意独自承担这些成本，就会把部分成本算在给上汽通用汽车供货的价格中。如此一来，最多也就是把这部分成本转嫁到了上游供应商那里，并没有真正降低整条供应链的成本。

为克服这个问题，上汽通用汽车与供应商时刻保持着信息沟通。公司有一年的生产预测，也有半年的生产预测，生产计划是滚动式的，基本上每星期都有一次滚动，在此前提下不断调整产能。这个运行机制的核心是要让供应商也看到公司的计划，让他们能根据上汽通用汽车的生产计划安排自己的存货和生产计划，减少对存货资金的占用。

如果供应商在原材料、零部件方面出现问题，也要给上汽通用汽车提供预警，这是一种双向的信息沟通。万一某个零件预测出现了问题，在某一时段跟不上需求了，上汽通用汽车就会利用国内的资源甚至全球的资源来做出响应。新产品的推出涉及整个供应链，需要国内所涉及的零部件供应商能同时提供新的零部件，而不仅仅是整车厂家推出一个产品这么简单。作为整车生产的龙头企业，上汽通用汽车建立了供应商联合发展中心，在物流方面也制作了很多标准流程，使供应商随着上汽通用汽车产量的调整来调整他们的产品。

目前市场上的产品变化很大，某一产品现在很热销，但几个月后就可能需求量不大了。上汽通用汽车敏捷化的要求就是在柔性化共线生产前提下能够及时进行调整。但这种调整不是整车厂自己调整，而是让零部件供应商一起来做调整。

市场千变万化，供应链也是千变万化的，对突发事件的应变也是如此。例如，某段时间上汽通用汽车在北美的进口零部件出现问题，就启动了"应急计划"，不用海运而改用空运。再比如，考虑到世界某个地区存在战争爆发的可能性，也许会对供应链产生影响，上汽通用汽车就尽可能增加零部件的库存，而且也预警所有的供应商，让他们对有可能受影响的原材料进行库存准备。供应链归根结底就是要贯彻一个共赢的概念。

资料来源：道客巴巴，物流管理成本案例，2016年8月4日。

讨论题

1. 结合案例思考上汽通用汽车为了降低物流成本采取了哪些措施？分别达到了何种效果？

2. 除本案例中上汽通用汽车采取的降低成本的措施外，你认为还有哪些措施可以降低物流成本？

参考答案

1. 上汽通用汽车为了降低物流成本采取了以下三种措施。

（1）精益生产，及时供货。怎样缩短交货期以实现低成本、高效率，这个交货周期包括从原材料到零部件，再从零部件到整车，每一段都有一个交货期。

（2）循环取货，降低库存成本。上汽通用汽车聘请一家第三方物流供应商，由他们来设计配送路线，然后到不同的供应商处取货，再直接送到上汽通用汽车。

（3）建立供应链预警机制，追求共赢。

以上三种措施又分别达到了以下三个效果。

（1）做到了及时供货，及时供货的外延就是缩短交货期。

（2）第二个措施体现了上汽通用汽车的一贯思想：把低附加价值的东西外包出去，集中精力做好制造、销售汽车的主营业务，即精干主业。

（3）上汽通用汽车与供应商时刻保持着信息沟通。

2. 其他可以降低物流成本的措施如下。

（1）建立现代物流系统。

（2）实行物流标准化。

（3）加强产品存货成本控制。

（4）实行物流成本单独核算。

（5）努力扩大销售业务。

（6）实现配送效率的提高。

（7）尽量减少退货。

本章小结

本章首先阐述了物流成本管理的定义、构成、分类、特征及其影响因素，物流成本管理的内容和方法，以及相关理论学说；接着介绍了物流成本核算的对象、方法和步骤，以及物流作业成本法的核算方法；再接着介绍了如何进行物流成本分析、预测和决策；最后讲述了物流成本控制的作用、原则和基本工作程序。

复习思考题

一、单选题

1. 企业物流成本是微观角度下的物流成本，一般按企业所处领域的不同对其进行划分，不包括（　　）。
   A. 物流行政管理成本　　　　　　　　B. 制造企业物流成本
   C. 商品流通企业物流成本　　　　　　D. 物流企业物流成本

2. 物流作业成本法的操作步骤不包括（　　）。
   A. 分析和确定作业，建立作业成本库
   B. 分析和确定资源，建立资源库
   C. 计算其他企业支付的物流费
   D. 确定成本动因，分配作业至成本对象

3. 物流成本分析的原则不包括（　　）。
   A. 管理有用原则　　　　　　　　　　B. 经济可行原则
   C. 相容性原则　　　　　　　　　　　D. 最优化原则

4. 物流成本分析的方法不包括（　　）。
   A. 对比分析法　　　　　　　　　　　B. 因素分析法
   C. 回归分析法　　　　　　　　　　　D. 相关分析法

5. 关于物流成本管理理论，以下说法正确的是（　　）。
   A. "黑大陆"学说是世界著名管理学家西泽修提出的
   B. 物流成本冰山说的含义是：人们并没有掌握物流成本的总体内容，对于物流成本大家只看到露出海水上面的冰山一角，而看不见潜藏在海水里的整个冰山，海水中的冰山才是物流成本的主体部分
   C. 所谓"第三利润源"是指通过管理合理化，降低企业经营费用，成为继节约物质资源和降低劳动消耗之后企业获取利润的第三种途径
   D. 服务中心说认为，物流活动的最大作用在于为企业节约了消耗，降低了成本或增加了利润

二、多选题

1. 物流活动优化法是通过对物流过程的优化管理来降低物流成本的管理方法，包括（　　）。
   A. 物流运输活动优化　　　　　　　　B. 物流财务最优化
   C. 物流配送活动优化　　　　　　　　D. 物流系统的最优化

2. 物流成本的预测方法包括（　　）。
   A. 回归分析法　　B. 趋势平均法　　C. 指数平滑法　　D. 因素分析法

3. 企业进行物流成本决策的方法，因决策内容、类型及信息等的不同而体现出差异性和多样性，主要有以下几种方法（　　）。
   A. 趋势平均法　　　　　　　　B. 物流总成本最低
   C. 差量分析法　　　　　　　　D. 经济订购批量模型
4. 物流成本控制的原则包括（　　）。
   A. 经济性原则　　　　　　　　B. 全面性原则
   C. 目标控制原则　　　　　　　D. 重点控制原则
5. 物流成本标准是物流成本控制的准绳。制定物流成本标准的方法包括（　　）。
   A. 计划指标分解法　　　　　　B. 预算法
   C. 调查法　　　　　　　　　　D. 定额法

三、判断题

1. 物流成本管理是对物流成本进行核算、分析、预测、决策、预算及控制等一系列的管理活动，通过对物流活动的管理，达到降低物流成本的目的。（　　）
2. 物流成本削减的"乘数效应"是指销售额增加对利润的影响相当于数倍的物流成本削减的效应。（　　）
3. 物流成本冰山说的含义是人们并没有掌握物流成本的总体内容，对于物流成本大家只看到露出海水上面的冰山一角，而看不见潜藏在海水里的整个冰山，海水中的冰山才是物流成本的主体部分。（　　）
4. 作业是企业为提供一定的产品或劳务发生的以资源为重要特征的各项业务活动的统称。（　　）
5. 现今很多学者认为高效、合理的物流管理，能降低企业经营成本，也能为客户提供优质服务，是一项具体操作性任务，不属于企业战略管理范畴。（　　）

四、问答题

1. 按照物流活动的环节不同，物流成本可以分为哪些种类？
2. 物流成本具有哪些特征？
3. 什么是物流效益"悖反理论"？该理论对物流成本管理有何影响？
4. 请简述物流作业成本法的基本原理。
5. 请简述物流成本控制的基本工作程序。

第 9 章

物流战略管理

教学目标

通过本章的学习，学生应理解物流战略及物流战略管理的基本概念，了解如何对物流企业的环境进行分析，掌握各种不同的物流战略规划，了解物流战略选择的方法，掌握如何进行物流战略的实施和控制。

教学要求

知识要点	能力要求	相关知识
物流战略管理概述	(1) 理解物流战略和物流战略管理的定义 (2) 了解物流战略设计的内容 (3) 了解物流战略的分类 (4) 理解物流战略的整合思想	(1) 物流战略和物流战略管理的定义 (2) 物流战略管理的目标 (3) 物流战略设计的基本要点 (4) 物流战略的分类 (5) 物流战略的整合思想
物流战略管理的环境分析	理解制定企业物流战略之前所应进行的外部环境分析和内部环境分析	(1) 宏观环境分析 (2) 行业环境分析 (3) 物流企业内部资源与能力及核心资源分析 (4) 物流企业竞争力及核心竞争力分析
物流战略规划	理解物流企业层级战略规划	扩张型发展战略、稳定型发展战略、紧缩型发展战略
物流战略的选择	掌握物流战略的选择的两种方法	(1) SWOT 分析 (2) "战略钟"

(续)

知识要点	能力要求	相关知识
物流战略的实施与控制	(1) 了解物流战略的实施 (2) 了解物流战略的控制	(1) 物流战略实施的任务和障碍 (2) 物流战略实施的原则 (3) 物流战略控制的步骤、方法和内容

基本概念

物流战略　物流环境分析　物流公司层级战略　物流事业层级战略　SWOT 分析　"战略钟"

9.1 物流战略管理概述

战略管理理论自 20 世纪 80 年代引入我国之后，企业界逐渐形成一种共识：任何行业或企业要想取得长远发展，都需要战略管理理论的指导。制定物流战略并进行物流战略管理成为未来发展的一个重要前提。了解物流企业的战略管理，就要深入分析物流企业的不同层级战略，尤其要针对企业在实际发展中遇到的外部宏观环境、产业竞争环境、内部资源和能力现状等客观因素，确立其发展战略目标，并在市场竞争中形成适应企业发展的物流战略，实现以顾客为中心、满足用户需求的内外部资源和能力匹配的整合方案，从而实现良好的企业绩效。

9.1.1 物流战略与物流战略管理

物流企业战略是物流企业面对剧烈变化的经营环境的严峻挑战，为了完成自己的使命及实现其预定的目标，在充分考虑主客观因素的前提下而拟订的对企业整体性、长期性、指导性问题的决策方案。一般而言，物流企业战略由物流战略与制造、营销、财务战略共同构成。整个企业正如一个复杂的有机体，任何一个组织的有效运行都离不开其他组织的密切配合，各组织之间总是存在着千丝万缕的联系。总体战略目标正如大脑一样决定了企业财务、市场占有率等发展方向和前景。物流战略正是这个复杂有机体的重要组成部分，如同动脉之于人体，只有动脉畅通无阻，血液和养分才能及时输送到身体的各个地方。

物流战略指为寻求物流的可持续发展，就物流发展目标以及达成目标的途径与手段而制定的长远性、全局性的规划和谋略。

物流战略管理是指通过物流战略设计、战略实施、战略评价与控制等环节，调节物流资源、组织结构等，最终实现物流系统宗旨和战略目标的一系列动态过程的总和。

企业通过物流战略管理达到的三大目标为：成本最小、投资最少、服务改善。

9.1.2 物流战略设计的基本要点

物流战略包括很多方面，如物流战略目标、物流战略优势、物流战略态势以及物流战略措施和物流战略步骤等。其中物流战略目标、物流战略优势和物流战略态势是物流战略设计的基本要点。

1. 物流战略目标

物流战略目标是由整个物流系统的使命所引导的，可在一定时期内实现的量化目标。它为整个物流系统设置了一个可见和可以达到的未来，为物流基本要点的设计和选择指明了努力的方向，是物流战略规划中的各项策略制定的基本依据。

2. 物流战略优势

物流战略优势是指某个物流系统能够在战略上形成的有利形势和地位，是其相对于其他物流系统的优势所在。物流系统战略可在很多方面形成优势：产业优势、资源优势、地理优势、技术优势、组织优势和管理优势。随着顾客对物流系统的要求越来越高，很多企业都在争相运用先进的技术来保证其服务水平，其中能更完美地满足顾客需求的企业将会成为优势企业。例如，宝供物流就在国内率先利用了 GPS，有了 GPS，顾客可以实时跟踪订单的履行情况，因此其在物流行业中就有了技术优势，逐渐又形成了其管理优势等。对于道路运输企业来说，研究物流战略优势，关键是要在物流系统成功的关键因素上形成差异优势或相对优势，这是取得物流战略优势的经济有效的方式，可以取得事半功倍的效果，当然也要注意发掘潜在优势，关注未来优势的建立。

3. 物流战略态势

物流战略态势是指物流系统的服务能力、营销能力、市场规模在当前市场上的有效方位及战略逻辑过程的不断演变过程和推进趋势。研究企业的物流战略态势，就应该对整个物流行业和竞争对手的策略有敏锐的观察力与洞察力，不断明确自身定位，从而做到知己知彼，以期在行业中获得竞争优势。

9.1.3 物流战略的分类

1. 按物流研究的着眼点分类

按物流研究的着眼点分类，主要有行业物流战略、物流企业战略和企业物流战略，三者之间的关系如图 9-1 所示。

行业物流战略是指基于行业内部的既竞争又合作的关系，从行业角度为协调行业内各企业的长远发展所做出的有利于物流行业系统生存和发展的指导性战略。其目的为通过谋求行业的长远发展来保证行业内部每个物流企业的既得利益。

图 9-1　物流战略关系示意图

物流企业战略是指物流企业管理者在对企业外部环境和内部条件分析的基础上，为求得企业生存与发展而制定的长远谋划。其特殊性在于一个物流行业的企业是以提供完善的物流服务为目标的，通过提供优质的物流服务来实现自身利润的增长。

企业物流战略是指针对企业内部物流的目标、任务和方向而制定的相对具体的部门规章和措施，是企业为了更好地开展供应物流、生产物流及销售物流等物流活动而制定的更具体、操作性更强的行动指南。它服从于企业战略的要求，是企业战略的重要组成部分。

2. 按物流企业的战略层次分类

（1）物流公司层级战略。这是物流企业最高层次的战略。它是为实现企业总体目标，对物流企业未来发展方向所做出的总体性的战略。它是统筹物流企业各项分战略的全局性指导纲领，包括扩张型发展战略（如增强型战略、多元化战略、一体化战略、物流战略联盟）、稳定型发展战略、收缩型发展战略。

（2）物流事业层级战略。当一个物流企业从事多种不同的物流服务时，建立战略事业单元便于计划和控制。物流战略事业单元代表一种单一的物流服务事业或相关的业务组合。每一个事业单元都有自己独特的使命和竞争对手，按照自身的能力和竞争需要开发自己的战略，这些可供选择的战略包括总成本领先战略（如精益物流战略）、差异化战略（如敏捷物流战略）、集中战略（如即时物流战略，包括即时采购与即时销售）等。

（3）物流职能层级战略。物流职能层级战略是指物流企业中的各职能部门制定的用以指导职能活动的战略。一般可分为营销战略、人事战略、财务战略、生产战略、研究与开发战略、公关战略等。物流职能层级战略是为企业总体战略和事业层级战略服务的，所以必须与公司层级战略和事业层级战略相配合。例如，物流企业确立了精益物流的发展战略，要以低成本来获取优质的用户服务质量，企业的研究与开发战略要树立低成本目标，在物流服务研发上体现出总成本领先的优势，针对物流服务的各环节制定精益的物流战略。

3. 按物流的功能分类

按物流的功能可以分为物流运输战略、物流配送战略、仓储管理战略、物流信息战略、客户服务战略。

4. 按物流企业的发展方向分类

（1）紧缩战略，又称撤退战略。企业在一定时期内缩小物流规模或取消某些物流服务项目的一种战略。

（2）稳定战略，又称维持战略。企业在原来经营领域中逐渐取得优势地位，内部条件和外部环境又没有发生重大变化的一种巩固成果、维持现状的战略。

（3）成长战略，又称发展战略。物流企业在现有水平基础上向更高一级的方向发展的战略。成长战略包括增值战略（专注于增加顾客价值）、多样化或专业化战略（设置产品宽度）、增长战略（追求规模经济和大规模生产的改进服务）、全球化战略（在全球市场上购买、储存和运送物料)等。

9.1.4 物流战略的整合思想

物流整合是指在物品流通过程中,有效地整合商品移动、商品储存等物流作业,或者有效地整合流通信息(含订单、货运单据、发票等),提高流通效率,降低流通成本,进而提高顾客服务水准。

整合是现代物流发展的首要问题,完善综合服务功能和发掘第三利润源都需要物流系统的整合。物流环节是企业利润流失的一个主要环节,因此它成为人们发掘的第三利润源。然而,大多数物流业内人士在所从事的物流领域不自觉地形成了一种微观物流系统观。如果我们没有一种系统性的宏观思维,哪怕是进行平行分析,就不可能认识到物流系统的全部意义。物流系统的整合观就是对物流系统进行整合的基本观点,是行业的领导者和企业的管理者对现代物流业进行宏观综合管理的基础。它被用来探索、描述和解释物流系统的种种相互联系。现代物流系统的整合表现在以下几个方面。

1. 现代物流系统的企业内部整合

物流企业不同于传统概念上作为经济基本细胞的企业,而是建立在物流系统内各功能阶段的基本细胞基础之上的一种更深层意义上的整合服务体。构筑这种服务体的联系不只是表现为实体的合并,更重要的是依赖于整合管理的系统内部环境联系和各种外部联系。这些联系在相互影响、相互促进中动态平衡地发展,形成了物流系统的整合发展。

物流企业作为服务功能实体,其最基本的物流管理包括对企业提供货物给顾客所需的行动进行计划、实施和控制,因此,在物流管理任务中包括许多不同的活动。物流企业开始经营时,每个职能部门都是相对独立地发挥作用,每一种活动的管理重点都放在降低成本上,经营到一定程度后,逐渐认识到至少在生产、流通以及财务部门之间需要有一定的合作,于是逐步把各职能融入一个整体,建立起一种高效的内部职能整合机制。这时它们的主要目标是提供相互配合的物流服务以满足顾客需求。从这个意义上说,各种活动之间的成本均衡点必须予以评估,以发现潜在的绩效改善途径。

如果要通过提升整体竞争力来应对市场全球化和经济一体化的挑战,那么整合企业物流管理是企业竞争战略的重要手段。物流服务整合对于企业甚至整个供应链上的企业联盟大幅度降低成本,具有极为重要的意义。

2. 现代物流系统的行业整合

现代物流系统的边界难以界定,这是一个动态发展的系统。在行业上,现代物流系统包含大部分的矿业、生产制造业、商业、交通运输业、金融银行业,并且在不断地扩张。因而建立现代物流系统的首要问题是整合产业资源。

在形式上,产业界已经形成了五个物流体系:以海洋运输为代表的运输物流体系;以商品加工和配送为代表的仓储物流体系；以服务型竞争战略为代表的制造商物流体系；以海空港集散为代表的口岸物流体系；以电子商务为代表的配送物流体系。交通运输业是物流系统的一个重要组成部分，不同的运输方式之间的条块分割迫切要求物流系统的行业整合。

3. 现代物流系统的供应链功能整合

如果把供应链看作一个完整的运作过程对其进行整合管理，就有可能避免或减少各个环节之间的延误和浪费，就有可能在更短的时间内，用更少的总成本实现增值，这就是供应链管理的基本思路。由此可见，它所涉及的不仅是企业内部的管理问题，还包括企业之间的协作和责任分担问题。供应链网络可以通过共享资源满足用户，进一步降低成本，更好地运营资产和增加利润。价值链联盟是有组织的商务网络，在共同分享信息以及追求目标市场和用户时共享利益。作为一个统一的联盟，价值链联盟共同注重于目标机会，其运行效果超过了那些联系不够紧密的竞争性网络。这些先进联盟的关键要素是技术、数字化商务、资源共享、节约成本和信任水平等。这些公司稳步地发展到高级阶段，其领导地位是那些缺乏远见、只注重内部管理的公司无法超越的。

供应链基本思想的一个重要方面是将链上的其他企业（如供应商）看成可以共同击败真正竞争对手（其他供应链的联盟成员）的合作伙伴，而不是将其视为竞争者。这一思想的本质是力图通过相互间的责任分担来获得共同收益。这种合作关系的基础是相互间的共同目标、相互信任、信息的自由交流和知识革新成果的共享。利用电子商务技术优化供应链整合管理，首先要完成企业内部业务流程一体化，然后向企业外的合作伙伴延伸，实现信息共享，最终达到生产、采购、库存、销售、财务和人力资源管理的全面整合，使物流、信息流、资金流发挥最大效能，把理想的供应链运作变成现实。

9.2 物流战略管理的环境分析

物流战略管理的环境分析是物流战略研究的首要环节，必须通过对影响物流发展的各种环境因素进行分析，了解组织所处的环境和相对竞争地位，才能有效构建发展战略。

9.2.1 外部环境分析

1. 宏观环境分析

宏观环境又称一般环境，是指在国家或地区范围内对一切行业部门和企业都产生影响的各种因素或力量。在分析某个企业集团或行业所处的背景时，通常通过 PEST 四个因素进行分析，即政治（political）因素、经济（economic）因素、社会（social）因素、技术（technological）因素。物流宏观环境分析中的各种因素并不完全等同于国家宏观社会经济因素，而是以国家宏观社会经济因素为基础,结合物流的特点而确定的指标。

(1) 政治因素。政治因素是指对组织经营活动具有实际或潜在影响的政治力量和有关法律、法规等因素。处于竞争中的企业必须仔细研究政府的政策和思路,如国家的税法、反垄断法以及取消某些管制的趋势,同时了解与企业相关的国际贸易规则、知识产权法规、劳动保护和社会保障等法律法规。

(2) 经济因素。经济因素是指一个国家的经济制度、经济结构、产业布局、资源状况、经济发展水平以及未来的经济走势等。构成经济环境的关键要素包括利率、通货膨胀率与人均就业率、人均 GDP 的长远预期等。和平、发展、合作成为当今时代的潮流,科技进步日新月异,经济全球化与一体化趋势明显,各国之间加强相互往来,致力于和平发展和以发展经济为主旋律的综合国力提升,生产要素流动和产业转移加快。我国与世界经济的相互联系和影响日益加深,国内国际两个市场、两种资源相互补充,外部经济环境总体上对我国发展有利。

(3) 社会因素。社会因素是指组织中成员的民族特征、文化传统、价值观念、宗教信仰、教育水平以及风俗习惯等因素。如人口规模因素直接影响着一个国家或地区市场的容量,年龄结构则决定了消费品的种类及推广方式。此外,自然环境、物流基础设施、物流人才培养体系等也是必须考虑的社会因素。自然环境是指企业业务涉及地区市场的地理、气候、资源、生态等环境。

(4) 技术因素。技术因素不仅包括那些引起革命性变化的发明,还包括与企业生产有关的新技术、新工艺、新材料的出现和发展趋势以及应用前景。物流技术与装备水平,如物流运输技术、仓储技术、信息技术、包装技术与配送技术、工业发展状况水平和综合一体化运输、多式联运技术与装备等,会影响到物流运作中的机械化、自动化水平,对物流资源的组织整合,以及物流成本的下降和物流效率的提高具有重要作用。

2. 行业环境分析

行业环境又称为运营环境,是指直接影响物流企业实现其目标的外部力量。行业环境分析就是对行业整体的发展状况和竞争态势进行详细分析,并确定该物流企业在行业中的地位。按波特的分类标准,如图 9-2 所示,物流企业受到以下五种竞争力量的影响。

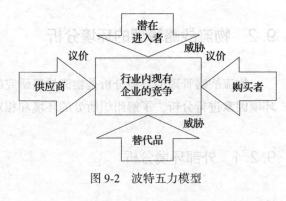

图 9-2 波特五力模型

(1) 潜在进入者的威胁。潜在进入者的威胁大小主要取决于行业进入壁垒和现有企业反击的强烈程度等因素,前者的高低主要取决于制度壁垒以及行业内企业的规模经济壁垒、资金壁垒、转换成本壁垒、技术壁垒、人才壁垒、产品差异化壁垒等方面。

(2) 替代品的威胁。对物流企业来说,其替代威胁主要来自所要服务的企业自营物流服务及其他物流企业提供的物流服务。物流服务替代品威胁主要取决于替代品与现有物流服务的相对性价比以及用户使用替代品的欲望或偏好。

(3) 供应商的议价能力。供应商主要通过其提高投入要素价格与降低单位价值的能力来影响行业中现有企业的盈利能力与产品竞争力。综合性物流企业是在整合基础性传统物流企业资源与能力的基础上为用户提供特定物流服务的，因此，作为供应商的基础性物流企业在现代一体化物流业务活动中发挥着重要作用。对供应商的控制和管理水平是现代物流服务能否获得成功的关键因素之一。

(4) 购买者的议价能力。购买者主要通过压价与要求提供较高的产品或服务质量来影响行业中现有企业的盈利能力。在物流行业中，物流服务用户对物流服务具有很强的依赖性，如果关键信息共享、个性化服务特点很强、转换成本较高，议价能力自然就会下降。

(5) 行业内现有企业的竞争。行业内现有企业的竞争是五种竞争力量中最重要的一个。对于大多数行业来说，行业吸引力或盈利水平主要取决于行业内现有企业的竞争状态。虽然物流产业是一个有着广阔发展前景的产业，但同时也面临来自国内外竞争者强大的压力，如国外物流企业、国内正在向现代化转型的传统企业、积极进行社会化变革的企业自营物流体系、新兴的第三方物流公司等。

9.2.2 内部环境分析

1. 物流企业内部资源与能力

物流企业的有形资源主要包括物流企业的设施与设备、资金实力、人员数量、物流业务运作网络等；无形资源主要包括物流技术特别是信息技术、品牌、专利、企业声誉、企业文化和形象、人员素质、用户资源、社会关系网络（如与政府机构、其他物流企业等之间的关系）等。

物流企业的能力主要包括物流服务运营能力（如运输、仓储保管、配送、装卸、流通加工、物流产品设计、物流系统规划与咨询能力等）、物流企业职能管理能力（如物流营销管理、财务管理、技术与研发管理、供应商与客户关系管理、物流运作协调管理能力等）、物流企业基本管理能力（如计划、组织、领导、控制能力），以及物流企业战略管理能力、企业文化建设能力等。

2. 物流企业的核心资源

物流企业的核心资源是物流企业核心竞争力的基础，是能够形成企业持续竞争优势的关键成功因素，主要包括物流企业的文化与核心价值观体系、物流企业的组织与管理体系（包含经营机制、管理制度与结构等因素）、物流技术与信息系统、企业物流服务运作能力、市场营销能力、企业员工的知识与能力、企业品牌等智力资产以及某些领域内独特的物流运作能力等。核心资源具有以下五个方面的性质。

(1) 价值性，即不仅能够持续不断地创造顾客感知的价值，而且能够使物流企业在创造价值和降低成本方面比其竞争者做得更好，给企业带来增值或超常规的利润回报。

（2）延展性，即具有强大的辐射作用，企业可以凭借该资源平台延伸出产品组或产业族，并支持它们的持续发展。

（3）独特性，也称为领先性或异质性，即凭借该资源能够构筑起企业独特的战略性资源，凭借产品、技术、研发、生产运营、组织、营销等资源要素或它们的组合具有的独特优势，构建起较完善的个体资源体系，具有绝对或相对比较优势，保持其在较长时间内的行业领导地位。

（4）刚性和持久性，即具有较强的稳定性、路径依赖性和持久作用性。核心资源一旦形成，就具有较强的可持续性，能在较长的时间内发挥作用。

（5）难以模仿性，即具有缄默性、难以复制性、难以交易性和难以替代性。凭借该资源，企业可以防止战略性资源被其他组织获取。

3. 物流企业竞争力

物流企业竞争力是指在市场经济环境中，物流企业获取、配置资源，形成并保持企业竞争优势，获得稳定超额收益的能力。它是企业面向市场和顾客，合理运用内外部的经营资源，提供市场和顾客需要的产品和服务，在与竞争对手的角逐中建立起竞争优势的能力。

根据物流企业竞争力的表现层次，可以将其分为有形竞争力和无形竞争力。有形竞争力表现为由成本、规模、品牌等优势而形成的市场竞争力优势，无形竞争力是指形成并维持有形竞争力，并使其在一定时期内持久存在的企业更为深入的内部能力因素。

能够形成物流企业竞争优势的竞争力主要包括以下几方面。

（1）物流企业的市场竞争力或市场实力，主要体现为物流服务产品或物流运作的市场竞争力。

（2）企业技术能力或技术实力，特别是信息技术能力。

（3）财务实力或财务管理能力，主要包括企业内部财务控制管理能力和资本运营能力。

（4）人力资源开发与管理能力，包括企业在人才招聘、培训、使用、考核、激励方面的能力。

（5）组织协调与管理能力。

（6）战略管理能力，即企业对外部环境的适应性程度，以及根据外部环境的特征、变化规律来制定企业总体规划的能力。

4. 物流企业核心竞争力

核心竞争力是企业持续发展的动力源泉，与一般意义上的竞争能力有很大的区别。其特性与核心资源相同，即价值性、延展性、独特性、持久性和难以模仿性。

物流企业核心竞争力不仅具有一般企业核心竞争力的基本特征，还具有行业自身的其他特征。物流企业核心竞争力体现在市场、技术和管理三个层面：市场层面主要分析物流企业的核心业务（主营领域）和核心产品（主要产品），体现在物流市场运作能力；技术层面主要分析物流企业的优势技术和专长,体现在物流体系创新能力;管理层面主要分析物流企业核心竞争力的发展能力,体现在物流运营管理能力。

(1)物流市场运作能力。具体表现为物流服务品牌忠诚度高、市场占有率高、订单完成率高、运作成本低、运作时效性好、适应新业务快、意外处理能力强、服务柔性化强等。

(2)物流体系创新能力。主要表现为物流创新服务的研究与开发、物流体系综合规划等。

(3)物流运营管理能力。包括内部管理能力和外部管理能力,其中内部管理能力包括企业规模经济(网络化)、订单管理、库存管理、运输优化等方面;外部管理能力包括信息服务、客户关系管理、公共关系管理、品牌提升等方面。

9.3 物流战略规划

要获得高水平的物流绩效,创造顾客的买方价值和企业的战略价值,必须了解一个企业的物流系统的各个构成部分如何协调运转与整合,并进行相应的物流战略规划。

物流战略规划旨在确定企业的长远整体发展方向,主要关注的是企业为实现长期盈利最大化,应在哪些产业中竞争,如何进入或退出业务等。提高企业战略优势和盈利能力的物流企业层级战略主要有三类,包括扩张型发展战略、稳定型发展战略、紧缩型发展战略。

1. 扩张型发展战略

扩张型发展战略又称发展型战略,任何成功的企业都应经历长短不一的扩张型战略实施期,使企业规模不断扩大,竞争力不断增强。根据企业所处的外部环境和所拥有的内部资源条件差异,企业可以选择不同的战略类型进行扩张。

(1)增强型战略。增强型战略是指企业充分利用现有服务的能力,通过强化现有服务竞争地位来寻求企业未来发展机会的一种发展战略。这种战略的重点是加强对原有市场或对原有服务的开发,主要包括三种类型,即市场渗透战略、市场开发战略和业务开发战略。

(2)多元化战略。多元化战略又称多角化、多样化战略,是指企业同时经营两种及两种以上基本经济用途不同的业务或服务的一种发展战略。物流企业的多元化主要是指企业在提供运输、仓储、配送等基本服务的前提下,尽可能多地提供增值服务。由于新服务可能区别于企业现有的服务,采用这种战略的企业可能在两个完全不同的领域中经营,因此物流企业的多元化包括服务多元化、市场多元化、用户多元化。用户多元化是指物流企业应该拓宽自身的服务对象,如按行业类型划分,可分为医药、汽车、快速消费品等行业的用户。

(3)一体化战略。一体化战略是指企业充分利用自己在业务、资源、市场上的优势,根据物质流动的方向,使企业不断地向深度和广度发展的一种战略。一体化战略是企业的一个非常重要的成长战略，能够使企业市场交易内部化，降低交易费用，发挥企业的垄断优势，进而获得规模经济、范围经济的效应；既可扩张企业规模，又可提高企业的收益水平。

1）纵向一体化战略。纵向一体化又称垂直一体化，指以企业初始生产经营的业务项目为基准，企业的经营活动向后扩展到原材料供应或向前扩展到销售终端的一种战略体系，如图9-3所示，包括前向一体化战略和后向一体化战略。前向一体化战略是指企业生产经营范围的扩展沿其生产经营链条向前延伸，即物流向消费者方向移动。后向一体化战略是指企业向后延伸其生产经营链条，发展企业原有业务生产经营所需的原料、配件、能源及包装服务业务的生产经营，以保证物资供应来源。

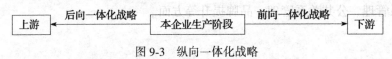

图 9-3　纵向一体化战略

2）横向一体化战略。横向一体化战略也称水平一体化战略，是指为了扩大业务规模、降低成本、巩固企业的市场地位、提高企业竞争优势、增强企业实力而与同行业企业进行联合的一种战略。在物流领域，世界著名的前 20 家航运企业几乎都是利用兼并或并购的方式发展起来的。

3）供应链一体化战略。供应链一体化扩大了原有的物流系统，不但延长了传统物流纵向一体化的长度，而且超越了物流本身。它充分考虑到整个物流过程及影响此过程的各种环境因素，向着物流、商流、信息流、资金流各个方向同时发展，形成了一套相对独立完整的体系，具有顾客导向性、系统性、集成性、敏捷性的特征。

(4) 战略联盟。物流战略联盟是两个或两个以上的物流企业为了实现一定的目标，通过某种方式组成的资源共享、风险和成本共担、优势互补的松散型网络式联合体。战略联盟能够为合作双方带来长期战略利益，如拓展物流市场、降低物流成本、提高物流效益、增强竞争力等。战略联盟形式可以分为股权协作式和契约式，契约式较之股权协作式更灵活、松散、投入小，各方能够保持经营上的相对独立性。

一项完整的综合物流服务常常由若干个基本的功能性和增值性物流价值活动组成，单个物流企业不可能在所有环节都拥有优势，通过物流联盟战略可以减少企业经营成本，降低经营风险；同时也有利于物流企业之间的资源互补，形成物流价值链联盟整体优势，提升企业的核心竞争力；还有利于避免某些领域内的过度竞争，便于企业迅速开拓新的物流市场。但盟友间存在的文化差异和矛盾会加大协调困难，企业也有可能在联盟的过程中失去自身的核心竞争力，或被兼并和收购，依然有一定的风险。

2. 稳定型发展战略

稳定型发展战略是在物流企业的内外部环境约束下，企业准备在战略规划期使企业的资源分配和经营状况基本保持在目前状态和水平上的战略。按照稳定型发展战略，企业目前所遵循的经营方向及其正在从事的物流服务和面向的市场领域、企业在其经营领域内所达到的服务规模和市场地位都大致不变或以较小的幅度变化，维持目前的战略、利润、目标，降低发展速度。企业主要依据前期战略，坚持前期战略对产品和市场领域的选择，以前期战略所达到的目标作为本期希望达到的目标。因而，实行稳定型发展战略的前提条件是，企业过去的战略是成功的。

稳定型发展战略的优势主要体现在以下几个方面。

（1）企业的经营风险相对较小。

（2）能避免因改变战略而改变资源分配的问题，不必考虑原有资源的增量或存量的调整。

（3）能避免发展过快而导致的弊端，避免无视潜在危机而盲目发展带来的资源浪费。

（4）能给企业一个较好的休整期，使企业集聚更多能量，为今后的发展做好准备。

该战略对于那些曾经成功地在一个处于上升趋势的行业和一个变化不大的环境中活动的企业来说会很有效。

稳定型发展战略的劣势主要体现在以下几个方面。

（1）稳定型发展战略的执行是以市场需求、竞争格局等内外部条件的基本稳定为前提的。如果环境预测有问题，稳定型发展战略也会有问题。

（2）特定细分市场的稳定型发展战略会有较大风险。由于企业资源不充足，企业会在部分市场上采用竞争战略，这样做实际上是将资源重点配置在几个细分市场上，如果对这几个细分市场把握不准，企业可能会更加被动。

（3）稳定型发展战略也会使企业的风险意识减弱，甚至形成害怕风险、回避风险的文化，这会大大降低企业对风险的敏感性和适应性以及冒风险的勇气，从而增加风险的危害性和严重性。

3. 紧缩型发展战略

紧缩型发展战略是企业偏离起点，从目前的战略经营领域和基础水平收缩或撤退的一种经营战略，是一种消极的发展战略。一般来说，企业实施紧缩型发展战略只是短期的，其根本目的是使企业躲过风暴后转向其他的战略选择，以退为进。在这种战略下，企业往往对现有的产品和市场领域实行收缩、调整和撤退，对企业资源的运用进行较为严格的控制，并尽量削减各项费用支出，只投入最低限度的经营资源。

紧缩型发展战略的优势主要体现在以下几个方面。

（1）帮助企业在外部环境恶劣的情况下，节约开支和费用，顺利渡过不利处境。

（2）在企业经营不善的情况下最大限度地降低损失。

（3）帮助企业更好地实现资产的最优组合，将不良运作的资源用于发展点上，实现企业长远利益最大化。

实施紧缩型发展战略的尺度较难把握，盲目使用可能会扼杀具有发展前途的业务和市场，使企业的总体利益受损。同时实施过程中也容易引起企业内部人员的不满，导致员工士气低落。

> **阅读案例　　坚持以低成本战略引领高质量发展**
>
> 　　受疫情和油价暴跌叠加影响,西部钻探服务保障、生存发展面临严峻考验。综合分析企业内外部形势,应对考验最根本的一条就是坚持低成本战略。其关键是推进战略"变现",转化为现实竞争力;核心是立足服务保障,转化为甲方信任度;路径是理念引领、创新驱动、升级管理、高效衔接,形成全员、全过程、全产业链降本新格局。
>
> 　　正视严峻挑战,靠理念引领降本。思想是行动的先导,抓降本还得从干部员工的思想入手。首先,要站位于服务保障的角度,使干部员工理解油气田企业勘探开发的难处,形成共同降低百万吨产能建设投资的共识,抱团取暖、共克时艰。其次,要站位于生存发展的角度,认清公司应对的手段主要是降本。目前看来,把低成本仅仅作为一个战略是远远不够的,更为关键的是拿出硬核举措,推进战略"变现",取得实实在在的降本成效,使其真正转化为现实竞争力。再次,要站位于员工利益的角度,牢固树立"一切成本皆可降"的理念,变"工作岗位"为"经营岗位",把"省一分钱比挣一分钱容易"落实落细,过好生产经营中的"紧日子",避免工作生活中的"穷日子",推动形成甲乙双方一盘棋、公司上下一条心的提效降本格局。
>
> 　　西部钻探坚信,只有践行"一切成本皆可降"的理念,扎实推进提质增效专项行动,才能在竞争中取胜;只有践行"成就甲方才能成就自己"的理念,把低成本战略转化为现实竞争力,才能在服务保障、勘探开发中实现高质量发展。
>
> 　　资料来源:《中国石油报》,2020 年 5 月 11 日。

9.4　物流战略的选择

企业战略选择是企业战略制定与战略实施控制间的桥梁和纽带,战略选择正确与否,直接关系到企业的命运。以下将从物流公司层级战略和物流事业层级战略两个层次出发分别介绍两种方法:SWOT 分析和"战略钟"。

9.4.1　SWOT 分析

SWOT 分析（也称 TOWS 分析法、道斯矩阵）,即态势分析法,20 世纪 80 年代初由美国旧金山大学的管理学教授韦里克提出,经常用于公司层级战略制定、竞争对手分析等。

1. SWOT 分析的含义

SWOT 分析是一种通过综合考虑企业内部条件和外部环境的各种因素而选择最佳经营战略的方法。其中,S 代表企业内部的优势（strength）;W 代表企业内部的劣势（weakness）;O 代表企业外部环境的机会（opportunity）;T 代表企业外部环境的威胁（threat）。

SWOT 分析主要着眼于企业自身的实力及其与竞争对手的比较，而机会和威胁分析则将注意力放在外部环境的变化及对企业的可能影响上。在进行 SWOT 分析时，应把所有内部因素（即优劣势）集中在一起，然后用外部的力量对这些因素进行评估。

SWOT 分析的结论，可以帮助企业明确优势、去除劣势、把握机会、规避威胁，从而做到以扬长避短的方式去争取竞争胜利，把握住稍纵即逝的机会，并通过对机会的把握来实质性地规避威胁。同时，管理咨询人员借助 SWOT 分析概括主要事实，并在内部和外部分析的基础上进行预测，了解所服务的企业客户面临的主要和次要问题，做出有利于企业发展的战略决策。

2. SWOT 分析的步骤

SWOT 分析主要有以下几个步骤。
（1）确认当前的战略。
（2）确认企业外部环境的变化（波特五力或者 PEST 四因素）。
（3）根据企业资源组合情况，确认企业的关键能力和关键限制。
（4）按照通用矩阵或类似的方式打分评价。把识别出的所有优势分成两组，分的时候以两个原则为基础：它们是与行业中潜在的机会有关，还是与潜在的威胁有关。用同样的办法把所有的劣势分成两组：一组与机会有关，另一组与威胁有关。
（5）将结果在 SWOT 分析图上定位，如图 9-4 所示。或者用 SWOT 分析表，如图 9-5 所示，将上述分析出的优势和劣势按机会与威胁分别填入表格。
（6）进行战略分析。

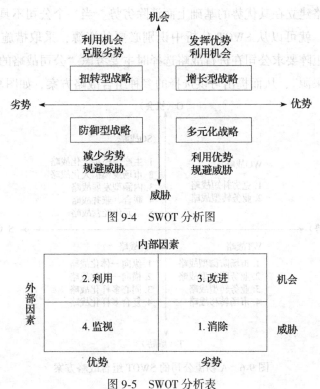

图 9-4　SWOT 分析图

图 9-5　SWOT 分析表

3. SWOT 案例分析

在此，以 A 物流公司为例，对其进行 SWOT 分析。该公司是 B 省最大的物流配送运营企业，主要分析其汽车物流业务。A 物流公司通过对自己所处的竞争环境的分析，对其优势、劣势、机会、威胁进行了概括，如表 9-1 所示。

表 9-1 A 物流公司 SWOT 分析所考虑的因素

	潜在外部机会（O）	潜在外部威胁（T）
外部环境	1. 集团公司巨大的物流规模 2. 本地区尚无专业化的汽车物流企业 3. 潜在的市场和客户 4. 当地政府出台了加快物流发展的政策 5. 公司地区 GDP 连年以两位数增长，人均可支配收入增长快	1. 实力雄厚的物流公司进入汽车物流市场 2. 客户需求的个性化趋势 3. 竞争对手依托信息技术，大力建设物流信息网，发展物流信息，吸引高端客户 4. 竞争对手依托更先进的物流配送网络体系发展 JIT 配送，吸引高端客户
	潜在内部优势（S）	潜在内部劣势（W）
内部环境	1. 良好的财务资源（资金） 2. 用户的良好印象（品牌） 3. 适应力强的经营战略及其他（企业文化） 4. 拥有比较完善、可控性强的纵向组织物流营销体系 5. 技术基础好	1. 与竞争对手相比，管理有待改进 2. 人员整体素质有待提高 3. 信息系统等基础工作有待完善和提高 4. 在主要经营的物流业务上，定价缺乏自主权 5. 计划经济遗留下来的以及不断改组造成的不良资产多

A 物流公司通过对照分析，根据 SWOT 战略的框架，制定了该公司的战略。在制定战略时，公司试图将战略建立在其优势的基础上而消除劣势。当一个公司不具备利用机会去避免威胁所需的技能时，就可以从 SWOT 分析中识别必要的资源，采取措施获得优势并减少劣势。公司战略选择矩阵要求公司在进行战略选择时主要考虑"公司战略的基本目标"和"公司获得发展的资源来源"，从而提出可供选择的多种组合战略方案，如图 9-6 所示。

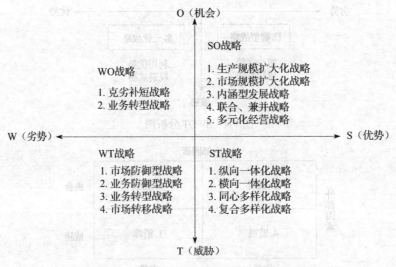

图 9-6 A 物流公司的 SWOT 组合战略方案

由实例可见，SWOT 分析简便、实用、有效，通过对照，能够把企业外部环境中的机会和威胁、企业内部环境中的优势和劣势联系起来进行综合分析，使管理者更加直观、正确地制定企业战略。

9.4.2 "战略钟"

在实际经营过程中，即从物流事业层级来看，企业会面临比较复杂的情况，为获得竞争优势，在大多数情况下并非只采取单一的竞争战略，因此在进行战略选择时也不能归纳为应采取哪一种基本战略。克利夫·鲍曼将这些问题放在一个体系内，称这一体系为"战略钟"。他的这一思想很有参考价值，可以和波特的许多理论进行综合。将产品的价格作为横坐标，顾客对于产品或服务的认可价值作为纵坐标，然后将企业可能的竞争战略选择在平面上用八种途径表现出来，如图 9-7 所示。

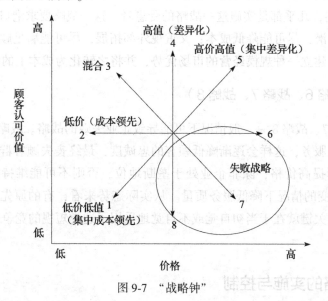

图 9-7　"战略钟"

1. 成本领先战略（战略 1、战略 2）

成本领先战略一般可分为两个层次：一是低价低值战略（战略 1）；二是低价战略（战略 2）。低价低值战略看似没有竞争力，但在对价格十分敏感的细分市场上，采用这一战略往往会取得成功，尤其在面对收入水平较低的消费群体时。战略 1 可看成一种集中成本领先战略，战略 2 则是企业寻求成本领先战略时常用的典型途径，即在降价的同时，努力保持产品或服务的质量不变。例如连锁零售企业进军农村市场，由于其直接终端消费者的购买力低，故对商品最迫切的要求是价格低廉，其次才是品质可靠。而本地个体零售商具有地缘优势，销售的是低价品。因此，对于开拓农村市场的零售企业来说，应该实行低价低值战略以吸引农村消费者，从而获得较高的市场占有率。

2. 差异化战略（战略4、战略5）

差异化战略一般也可分为两个层次：一是高值战略（战略4）；二是高价高值战略（战略5）。战略4是企业广泛采用的战略，以相同或略高于竞争者的价格向顾客提供高于竞争对手的顾客认可价值。战略5则是以特别高的价格为顾客提供更好的服务。对于一些拥有雄厚的无形资产、在顾客中享有高度信誉并与顾客建有长期合作关系的著名集装箱港口，这种战略可以奏效。不过当其竞争者也致力于提高服务质量的时候，这种战略会受到较大的挑战。

3. 混合战略（战略3）

在某些情况下，企业可以在为顾客提供更好服务的同时，获得成本优势。这与波特当初设想的有所不同。应该说，这是一种唯一能确保增加市场份额的最佳市场竞争战略，是任何一个港口，特别是处于上升时期的港口要在市场竞争中取得成功的必由之路。世界上名列前20位的集装箱大港，几乎都是实施这一战略的受惠者。这一战略要求港口管理和经营的决策者，既重视内部挖潜，尽可能降低成本；又重视外部拓展，尽可能满足顾客的需要。而这两者的有机结合点是建立一种规模经营的市场优势，并将之转化为成本上的竞争优势。

4. 失败战略（战略6、战略7、战略8）

战略6、战略7、战略8是一般情况下可能导致企业失败的战略。战略6提高价格，但不给顾客提供更好的服务，这样会逐渐降低顾客的忠诚度，最终丧失顾客群。战略7在降低服务质量的同时不断提高价格，除非企业处于垄断地位，否则不可能维持这样的战略。战略8是在保持价格不变的情况下降低服务质量。从实际态势来看，有的原先相当著名的港口之所以后来落后了，关键就在于当初自觉或不自觉地采用了这类短视的竞争战略。

9.5 物流战略的实施与控制

9.5.1 物流战略的实施

物流战略的实施是把物流企业的战略方案转化为具体的行动，通过战略变革实现战略方案所要求的各项目标，进而达到全局制胜的动态过程。它是战略制定的继续，是物流战略从构想到行动的转化，涉及公司的各个方面。

1. 物流战略实施的任务

物流战略实施不是机械地将战略内容逐一分解为每年、每季度、每个部门和每个人的工作任务，而是在日常经营管理的过程中融入实施企业战略所要求的各项任务。具体任务包括以下几个方面。

（1）建立一个有竞争力的组织以成功地实施战略。
（2）建立预算，将足够的资源投入对战略成功至关重要的活动中。
（3）建立支持战略的政策和程序。
（4）对企业重要的业务进行最佳运作，实现物流资源有效配置并不断提高其运作水平。
（5）建立信息交流和运营系统。
（6）营造一种支持战略的工作环境和企业文化。
（7）发挥带动战略实施所需的内部领导作用，不断提高实施战略的水平。

不论企业面对的形势如何，这些任务会反复出现于战略实施的过程中。不同的企业还需考虑自身的特殊情况，如组织的财务条件和竞争能力的差别，是否存在需要改进的重要资源缺陷或需开发的新能力，公司拥有的资源能否满足创建持续竞争优势的资源需求，必须改变约定俗成的行为模式的力量强弱，企业历史上个人和组织的联系状况，追求速成结果和提高期末财务业绩的压力大小等，进而指定物流战略实施任务。

2. 物流战略实施的障碍

全球范围内只有不到 1/10 的战略能够被企业有效地执行。企业竞争力的缺失，至少 70% 归因于战略实施的失败，而非战略本身的错误。物流战略实施如此困难主要归因于以下几个方面。

（1）战略意识不足。物流企业战略比一般企业战略涉及范围广、战略环境复杂。实施过程中遇到各种具体困难的可能性更大，应充分考虑战略的动态性，防止战略失败。

（2）不能系统地认识物流战略。由于物流功能的复杂多样，基层员工执行过程中容易偏离物流公司的战略目标，因此，应有针对性地对员工实施战略导向培训。

（3）战略制定者与执行者之间缺乏沟通和共识。因此，将战略逐层转化为各执行面所能理解的语言，使其了解企业的战略内涵，这成为战略实施的首要任务。

（4）组织及管理系统与战略不协调。企业管理层对战略制定和实施的关注过少，年度预算及业务目标与其战略规划之间缺乏关联性。因此，应调整或改变企业原有的管理体系及流程，使组织的运作、业务的流程及资源分配围绕战略核心进行。

（5）企业制定的相关激励制度不合理。激励制度过于偏重短期的财务指标及成果，无法反映员工对企业战略及竞争力的贡献，忽略了培养企业的长远竞争力。因此，只有建立以战略为核心的绩效与管理制度，同时配置差异化的激励与奖励制度，才能将战略实施落到实处。

（6）战略实施过程中信息反馈不利。企业应找到实施关键点上的战略绩效指标，以便能实时检验原有的战略假设及判断是否需要修正，判断当初的权衡取舍是否因为假设条件的变化而需要加以调整。只有具备与环境互动的战略实施和反馈能力，才能使企业在快速变化的竞争环境中取胜。

（7）企业内部存在变革阻力。战略实施常常引起组织的变革，不可避免地改变了组织员工的既有观念及相互关系，引起员工的抵制。战略制定者应向员工提供正确的信息，营造有利的变革环境，减少变革阻力才能使战略实施达到目的。

3. 物流战略实施的原则

在物流战略实施中，企业应遵循以下几项原则，以作为实施物流战略的基本依据。

（1）物流服务和成本互相协调的原则。物流服务与成本成二律悖反关系，存在着一定的权衡。在战略实施的过程中，一定要分析企业的内外环境，合理设定企业的战略目标，慎重选择企业的竞争战略。如果选择低成本战略，则要在合理的范围内确定一定的服务水平；如果选择差异化战略，一定要清楚企业的服务和其他竞争对手的差异到底在哪里；如果选择集中战略，前期的调研工作就很重要，必须充分挖掘市场的空白点。在物流功能战略实施过程中，也存在这种悖反关系，比如物流设施选址不当，可能造成物流企业功能战略的实施受阻，从而不得不付出高昂的成本。所以，在物流战略实施的各个层面都要对物流服务和成本的悖论关系进行协调。

（2）适度的合理性原则。企业经营目标和战略是通过一定的组织机构分工实施的，也就是要把庞大而复杂的总体战略问题分解为具体的、较为简单的、能予以管理和控制的问题，由企业内各部门以及部门的各基层组织分工贯彻实施。组织机构是为了适应企业经营战略的需要而建立的，但一个组织机构一旦建立就不可避免地形成本位利益，这种本位利益在各组织之间及其与企业整体利益之间发生一些矛盾和冲突是经常的。为此，企业高层领导要做的工作是对这些矛盾冲突进行协调，甚至是折中、妥协，以寻求能为各方所接受的解决方法，而不能离开客观条件去寻求所谓的绝对合理性，即在战略实施中要遵循适度的合理性原则。

（3）统一领导、统一指挥的原则。对企业经营战略了解最深刻的应当是企业高层领导，一般来说，他们比企业中低层管理人员及一般员工掌握的信息更多，对企业战略的各个方面要求及相互关系了解得更全面，对战略意图体会最深。因此，战略实施应当在企业高层领导统一领导、统一指挥下进行。只有这样，资源的分配、组织机构的调整、企业文化的建设、信息的沟通及控制、激励制度的建立等各个方面才能相互协调、平衡，才能使企业为实现战略目标而卓有成效地运转。

实现统一指挥的原则要求企业每个部门都能接受一个上级的命令，并且对于战略实施中所发生的问题，能在小范围、低层次解决的，不要放到更大范围、更高层次去解决。这样做付出的代价最小，因为越往高层次的环节上去解决问题，其涉及面越大，关系越复杂，代价也就越大。

（4）权变原则。企业经营战略的制定是基于一定的环境条件假设的，在战略实施中，事态的发展与原先的假设有所偏离是不可避免的，战略实施过程本身就是解决问题的过程。但如果企业内外部环境发生重大变化，以至于原定战略不可能实现，这时就需要对原定战略进行重大的调整，这就是战略实施的权变问题，其关键在于如何衡量环境的变化。

权变的观念应当贯穿于战略管理的全过程，从战略的制定到战略的实施。要识别关键变量，及时调整原有战略，并制订相应的替代方案。

9.5.2 物流战略的控制

物流战略的控制主要是指在物流企业经营战略的实施过程中，检查企业为实现目标所进行的各项活动的进展情况，评估企业战略实施后的绩效，把它与既定的战略目标与绩效标准相比较，找出战略差距，分析产生偏差的原因，纠正偏差，使企业战略的实施更好地与企业当前所处的内外部环境、企业目标协调一致，最终保证企业战略目标得以实现。

虽然物流战略的控制是战略管理的最后一个环节，但它贯穿于物流战略管理的整个过程，在战略管理中起着非常重要的作用。

1. 物流战略控制过程的步骤

战略控制的一个重要目标就是使企业实际的效益尽量符合战略计划。为了达到这一点，战略控制过程可以分成四个步骤。

（1）确定评估标准。
（2）检测绩效信号。
（3）评估实际绩效。
（4）纠正措施和应变计划。

2. 物流战略控制的方法

从控制时间来看，企业的物流战略控制方法有以下几种。

（1）前馈控制。在战略实施之前，要设计好正确有效的战略计划，该计划在得到企业高层领导人的批准后才能执行，其中重大的经营活动还应该得到企业领导人的批准同意才能开始实施，所批准的内容往往也就成为考核经营活动绩效的控制标准。这种控制多用于重大问题，如任命重要人员、签订重大合同、购置重大设备，等等。戴尔公司对部分供应商生产的零部件直接提货、组装、出售，这部分供应商都事先进行过资格审核，这种免检做法就属于前馈控制。

由于前馈控制是在战略行动成功尚未实现之前，通过预测发现战略行动的结果是否会偏离既定的标准，因此，管理者必须对预测因素进行分析与研究。

（2）反馈控制。这种控制方法发生在企业的经营活动之后，把战略活动的结果与控制标准相比较。这种控制方式的工作重点是要明确战略控制的程序和标准，把日常的控制工作交由职能部门人员去做，即在战略计划部分实施之后，将实施结果与原计划标准相比较，由企业职能部门及各事业部将定期的战略实施结果向高层领导汇报，由领导者决定是否有必要采取纠正措施。

3. 物流战略控制的内容

从控制的切入点来看，物流企业战略控制的内容有以下五大类。

(1) 物流节点的地理位置选定。这种控制属于前馈控制，配送中心、仓储中心、生产中心地理位置的选定，将决定日后运输路线、车辆数量、运输成本等问题。

(2) 物流服务控制。对物流企业服务质量、成本、交货期等方面的控制。

(3) 质量控制。质量控制包括对物流工作质量和服务质量的控制。工作质量包括生产产品的装卸搬运时间、产品的破损率、事故发生率等；服务质量包括准时到达率、顾客满意度等。质量控制的范围包括生产过程和非生产过程等一切控制过程。应该说，质量控制是动态的，着眼于事前和未来的质量控制，其难点在于全员质量意识的形成。

(4) 物流成本控制。通过成本控制使各项费用降到最低水平，达到提高经济效益的目的。物流成本控制可以划分为运输成本控制、库存成本控制、物流管理费用控制、物流环境成本控制，还包括对会议、时间等无形费用的控制。

(5) 风险控制。物流企业发展存在诸多风险因素，必须非常重视物流风险的控制。

案例研究　　北斗卫星导航系统"三步走"战略

在北斗卫星导航系统的建设中，我国遵循循序渐进的建设原则，按照"三步走"的总体规划分步实施。那北斗"三步走"战略是哪三步？

第一步，1994年启动北斗卫星导航试验系统的建设，2000年形成区域有源服务能力，利用少量地球同步静止轨道卫星来完成试验任务，为北斗卫星导航系统的建设积累技术经验、培养专项人才，研制一些地面应用基础设施设备。目前，该系统已成功应用于测绘、电信、水利、渔业、交通运输、森林防火、减灾救灾和公共安全等诸多领域，产生了显著的经济效益和社会效益，特别是在2008年北京奥运会、汶川抗震救灾中发挥了重要作用。

第二步，2004年启动北斗卫星导航系统的建设，到2012年，建成覆盖亚太地区的北斗卫星导航系统，具备覆盖亚太地区的定位、导航和授时及短报文通信服务能力。

2011年12月27日，北斗卫星导航系统的新闻发言人、中国卫星导航系统管理办公室主任冉承其宣布，北斗卫星导航系统正式提供试运行服务。试运行服务期间，主要性能服务区为东经84°到160°，南纬55°到北纬55°之间的大部分区域；位置精度可达平面25米、高程30米；测速精度达每秒0.4米；授时精度达50纳秒。

自试运行服务以来，北斗卫星导航系统完成了4箭6星的发射，扩大了系统覆盖范围，增强了星座稳健性，提高了系统服务精度。目前，在轨卫星和地面系统工作稳定，通过各类用户终端测试和评估，系统服务性能均满足设计指标要求。2012年12月27日，北斗卫星导航系统在继续保留北斗卫星导航实验系统有源定位、双向授时和短报文通信服务的基础上，向亚太大部分地区正式提供连续无源定位、导航、授时等服务。其位置精度为平面10米、高程10米；测速精度为每秒0.2米；授时精度为单向50纳秒。

第三步，2020年左右，建成由5颗静止轨道和30颗非静止轨道卫星组网而成的全球卫星导航系统，具备全球无源服务能力。

资料来源：观察者网，"数"说北斗：从起步到全球组网，北斗建设的"三步走"，2020年6月14日。

讨论题

1. 北斗卫星导航系统的设计如何结合自身情况选择合适的发展战略？（回答要点：结合战略规划分析）

2. 北斗卫星导航系统的设计在战略选择时需要考虑哪些具体因素？（回答要点：结合战略实施与控制分析）

本章小结

物流战略是指企业为寻求物流的可持续发展，就物流发展目标以及达成目标的途径与手段而制定的长远性、全局性的规划与谋略。企业通过物流战略管理可实现成本最小、投资最少和服务改善，贯彻整合思想。进行物流战略管理首先要对物流企业的内外部环境进行分析，据此规划不同的物流战略，如扩张型发展战略、稳定型发展战略、紧缩型发展战略。通过不同的物流战略的选择方法，结合自身的情况，确定企业物流战略，最后实施物流战略并进行控制。

复习思考题

一、单选题

1. 在分析某个企业集团或行业所处的宏观环境时，通常通过PEST四个因素进行分析，即政治因素、经济因素、社会因素和（　　）。
   A. 竞争因素　　　　B. 运营因素　　　　C. 技术因素　　　　D. 替代因素

2. 行业环境是指直接影响物流企业实现其目标的外部力量。物流企业的行业环境因素不包括（　　）。
   A. 潜在进入者的威胁　　　　　　B. 企业物流运作协调管理能力
   C. 替代品的威胁　　　　　　　　D. 供应商的议价能力

3. 物流企业的核心竞争力不包括（　　）。
   A. 财务管理能力　　　　　　　　B. 物流市场运作能力
   C. 物流运营管理能力　　　　　　D. 物流体系创新能力

4. 一体化战略是指企业充分利用自己在业务、资源、市场上的优势，根据物质流动的方向，使企业不断地向深度和广度发展的一种战略，不包括（　　）。
   A. 战略联盟　　　　　　　　　　B. 横向一体化
   C. 市场渗透　　　　　　　　　　D. 供应链一体化

5. 基本的物流职能战略不包括（　　）。
   A. 研发战略　　　B. 市场营销战略　　　C. 人力资源战略　　　D. 运输战略

二、多选题

1. 物流战略管理的目标包括（　　）。
   A. 成本最小　　　　　　　　　　B. 投资最少
   C. 市场份额最大　　　　　　　　D. 服务改善
2. 按物流企业的战略层次，物流战略可分为（　　）。
   A. 物流公司层级战略　　　　　　B. 物流功能层级战略
   C. 物流事业层级战略　　　　　　D. 物流职能层级战略
3. 物流公司层级战略包括（　　）。
   A. 集中型发展战略　　　　　　　B. 扩张型发展战略
   C. 稳定型发展战略　　　　　　　D. 紧缩型发展战略
4. 物流事业层级战略包括（　　）。
   A. 集中战略　　　　　　　　　　B. 发展型战略
   C. 总成本领先战略　　　　　　　D. 差异化战略
5. 物流战略实施的原则包括（　　）。
   A. 物流服务和成本互相协调的原则　　　B. 适度的合理性原则
   C. 统一领导、统一指挥的原则　　　　　D. 权变原则

三、判断题

1. 物流战略目标、物流战略优势和物流战略态势是物流战略设计的基本要点。（　　）
2. 企业物流战略是指物流企业管理者在对企业外部环境和内部条件分析的基础上，为求得企业生存与发展而制定的长远谋划。（　　）
3. 市场渗透战略是通过发展现有服务的新顾客群或新的地域市场来扩大服务量的战略。（　　）
4. 服务差异化是指为顾客提供与行业竞争对手不同的服务与服务水平。（　　）
5. 营销战略探讨的是公司营销和销售的组织框架，通过创新和增值来渗透目标市场，以及公司营销和销售各个部分之间的联系，通常倾向于改变一个公司的市场营销组合而不是核心业务。（　　）

四、问答题

1. 什么是物流战略？它和企业战略之间是什么关系？
2. 物流公司层级战略主要有哪些？分别应用于何种情况？
3. 请简述总成本领先战略、差异化战略、集中战略各自的优势和风险。
4. 如何使用"战略钟"为物流企业确定竞争战略？
5. 物流战略控制过程包括哪些步骤？

第10章 物流组织与控制

📖 教学目标

通过本章的学习,学生应理解物流管理组织及体制,掌握如何对物流进行管理,同时,掌握物流绩效评价的基本工作程序。

📖 教学要求

知识要点	能力要求	相关知识
物流管理组织及体制	(1) 理解国民经济领域及地区物流管理 (2) 了解企业物流管理	(1) 国民经济领域及地区物流管理 (2) 企业物流管理跨度的变化、组织的发展阶段等
对物流的管理	(1) 了解物流质量管理 (2) 掌握物流成本管理 (3) 掌握物流合同管理 (4) 掌握物流交通管理	(1) 物流质量管理 (2) 物流成本、合同及交通管理
物流标准化	(1) 了解物流标准化的概念 (2) 掌握物流标准化的原则 (3) 掌握物流的尺寸标准	(1) 物流标准化的概念 (2) 物流标准的种类及物流标准化的原则、基点等 (3) 物流的尺寸标准
物流绩效评价	掌握物流绩效评价的内容、方法和步骤	物流绩效评价

基本概念

物流管理组织及体制　物流成本管理　物流合同管理　物流交通管理　物流标准化

10.1 物流管理组织及体制

10.1.1 国民经济领域及地区物流管理

1. 国民经济宏观、中观的物流管理

在国民经济领域，物流不是一个独立的产业或行业，而是若干行业的集合概念，是许多相近行业和以物流观念覆盖的行业的总领域。以物流作为一个独立集合体的国民经济管理体制和组织方式，在世界各国都未见采用，大部分国家对物流的管理仍然是传统的行业管理或国家部门进行通常的宏观调控及工商企业管理。例如，日本政府方面是经济产业省（原通产省）实施国家的宏观控制和经济运行的管理，同时，还有以民间为主体的同业协会性质的组织实行行业的服务及管理、控制。美国有全国性的政府物流协调组织（美国供应链管理专业协会）和行业性、学术性都很强的协会组织。但是，物流作为一个业态，已经得到了广泛的认可，日本在制订有关国民经济计划时，物流被作为一个单独的领域规划发展。

在我国，国民经济领域的物流管理形态尚未形成，目前的国民经济领域仍然处于物流系统化以前的物流各要素分别管理的状况。例如，铁道、交通、航空货运等依然是国内部门管理的范畴，而物流服务则属于一般工商企业管理的范畴。实际上，对社会物流企业的管理，对全社会物流各行业的宏观调控和运行是由有关部委负责的。

根据我国经济体制改革所提出的目标，行业管理的力度将在今后逐渐增加。由于物流是涉及全局的，所以主要的物流部门，如交通运输部、铁路局等和一般生产部门不同，它们有很强的调控能力甚至直接指挥能力，也是我国经济体制改革之后，在国内实行较强计划管理的部门。由于物流基础设施平台（铁道、公路、港口、机场等）属于国民经济基础设施建设的一部分，也是国家需要创造的宏观经济环境和投资环境的一部分，基础建设规模大、投资高、盈利能力相对不足，并且具有战略性，所以国家在这方面无论是资金的投入，还是政府管理力量的投入都是比较大的，政府的运作也是主体。在物流基础平台上运作的物流经营，例如货运、客运、供应链、第三方物流等，属于竞争性领域，国家主要进行宏观调控，而由市场进行经营运作。铁路、交通部门提出的"网运分离"，就是指由政府为主体建设交通运输网络，而以市场为主体进行营运。

2. 地区物流管理

随着经济体制改革的深入，各个地区也在探索物流管理形式，这个探索以深圳市最为典型。深圳市将物流产业确认为国民经济三大支柱产业之一，并且对物流产业之下的主要行业进行整合，将物流业作为一个整体进行管理。深圳市的物流管理体制，明确了物流业作为独立产业的地位，政府的作用不再是协调过去若干部门的物流职能，而是直接进行调控管理，这一点在国内其他各个地区都未能采用。深圳市全新的物流管理体制，重新改变了国民经济行业的归属和分类，突破了传统的"部门管理"方法，一个重要原因是现代信息技术和管理手段可以有效地对跨越若干部门的物流大系统进行控制，在这个前提下才形成了新的管理形态和管理组织。

10.1.2 企业物流管理

1. 管理跨度的变化

在市场经济体制的国家和地区，物流管理的重点始终在于企业，因此，对企业物流管理的研究就比较透彻。

企业管理无论是理论还是方法，都随着社会经济发展而改变，大工业时期形成的有效管理体制，在网络经济时代受到了极大的考验和冲击。例如，管理跨度理论就是受到冲击最大的管理理论和实践。按照管理跨度理论，一个管理人员的管理跨度是有限的，这取决于人的极限能力和有效能力。如果超越了管理者有效监督的跨度，就会出现管理失控的问题；如果不足这个跨度，会出现浪费问题。

在进入计算机时代以后，众多的信息系统辅助管理的运用，使管理者可以不再耗费大量的精力去收集、规划、筛选、分析信息，而可以直接取得成熟的信息甚至智能化的决策，这就轻而易举地突破了管理跨度的原则，管理范畴可以大大拓宽。这样一来，原来的组织方式就必然面临改变。

2. 企业物流管理组织的发展阶段

这里需要首先明确的是，对于不同的企业，物流在企业经营中的作用是不相同的，因此企业的物流管理组织必然不同，往往有很大的差异。这里仅就一般规律来认识企业物流管理组织发展的阶段问题。

就发达国家而言，企业物流管理组织经过了四个发展阶段。

(1) 第一阶段：部门分割阶段。
(2) 第二阶段：功能综合阶段。
(3) 第三阶段：资源整合阶段。
(4) 第四阶段：以信息为基础的一体化阶段。

3. 企业重心下移以及物流的主导作用

企业体制的构筑，过去习惯采用的方法是自上而下地构筑整个企业结构，核心指挥在最上层,各个层次的管理都是对上负责,形成一种自上而下的组织结构。这种组织结构虽然在计划经济时期几乎是唯一的结构形式,但是直到今天还没有显著的改变。一般而言,市场经济体制国家,企业的构筑是从市场或者从需求开始的,根据最初始的要求,根据市场和客户的需要,层层向上构筑,这样所形成的体制结构,最终通过整个组织结构适应和满足了市场的要求。层层向最基础的用户负责还是层层向上负责,这是两种不同体制的企业构筑方式。

企业将重心下移,自下而上地形成企业的构架,就必然会出现物流的主导作用。这是因为,物流是和用户直接衔接的活动,用户的要求由物流直接负责,转换成向上一层活动和管理的要求,这样层层传递上去就可以形成更有效的向用户负责和服务的企业结构体制。因此,物流的主导作用就这样显现出来。

4. 社会物流活动的管理:物流联盟

企业内部物流管理的最高阶段,是建立在信息化基础上的物流过程一体化。同样的做法扩展到社会,超越一个企业所形成的体制大体有三种形式:①企业按照物流过程一体化的方法,将这种管理延伸到社会的物流全程;②企业将物流业务外包,利用第三方物流;③建立物流联盟。

物流联盟是为了达到比单独从事物流活动所取得的更好效果,企业间形成相互信任、共担风险、共享收益的物流伙伴关系。企业之间不完全采取导致自身利益最大化的行为,也不完全采取导致共同利益最大化的行为,只是在物流方面通过契约形成优势互长、要素双向或多向流动的中间组织。狭义的物流联盟存在于非物流企业之间,广义的物流联盟包括第三方物流。在现代物流中,是否组建物流联盟,作为企业物流战略的决策之一,其重要性是不言而喻的。

物流联盟的形成是相关物流活动的主要参与者或者若干主要参与者共同发起、提出倡议的,物流联盟的参与企业应当有以下可以合作的前提条件:共同的和战略性的发展意图、共同的利益、不同的和互为补充的核心竞争能力、妥协性和相容性。

10.2 对物流的管理

10.2.1 物流质量管理

1. 物流质量管理概述

长期以来,在物流行业的传统思想中,数量概念是非常牢固的,而质量意识却很淡薄。物流概念中,强调解决产、需在时间和空间的分离,而忽视在创造时间及场所效用中质量的作用。

在物流领域中,经常会出现很大的质量事故,如车祸造成货物、人员、装备的损失;沉船造成全面巨大的损失；物流过程中的丢失、损坏、变质、延误等事故，不仅使物流中货物的数量受到损失，而且使货物质量损失，其结果是使物流本身和企业经营活动两个方面都受到挫折。

对于一个企业而言，物流是与外界系统的"接口"，物流质量直接与用户相关，从而也与本企业生命攸关的市场占有率相关，低劣的质量会使用户另寻其他合作伙伴，从而会使企业的战略发展受挫。

2. 物流损失

物流质量低劣会使物流企业、承担物流责任的生产企业或公司、销售企业等各种类型的企业遭到下述损失：①赔偿损失的支出；②处理索赔的行政、法律事务的支出；③收回、重整再发送被退回货物的支出；④时间耽误的机会损失及利息损失；⑤公司或企业的信誉损失，会出现订货减少、合同条款不利等问题。

3. 物流质量管理的内容

物流质量管理可以理解成按照法定的及物流服务交易双方的约定，达到双方约定的服务指标和对物流对象物的保护。

（1）物流对象物的保护。物流对象物的保护包含以下几个方面。

1）数量保护。

2）质量保护。

3）防止灾害。

（2）物流服务质量。物流服务质量是物流质量管理的一项重要内容，这是因为物流业有极强的服务性质。物流业属于第三产业，说明其性质主要在于服务。所以，整个物流的质量目标，就是其服务质量。服务质量因不同用户而要求各异，这就需要掌握和了解用户的要求。

一般来讲，物流服务普遍体现在满足用户要求方面，这一点难度是很大的，各个用户的要求不同，这些要求往往超出企业的能力，要实现这些服务要求，就需要企业有很强的适应性及柔性，而这些又需要以强大的硬件系统和有效的管理系统作为支撑。

当然，对服务的满足不能是消极被动的，因为有时候用户提出的某些服务要求，由于"效益悖反"的作用，会增大成本或出现别的问题，这对用户实际上是有害的，盲目满足用户的这种要求不是高服务质量的表现。物流承担者的责任是积极、能动地推进服务质量提升。

（3）物流工作质量。物流工作质量指的是物流各环节、各工种、各岗位具体工作的质量。为实现总的服务质量，要确定具体的工作要求，以质量指标形式确定下来的则为工作质量目标。这是将物流服务总的目标质量分解成各个工作岗位可以具体实现的质量，是提高服务质量所做的技术、管理、操作等方面的努力。

物流工作质量和物流服务质量是两个相互关联但又不大相同的概念。物流服务质量水平取决于各个工作质量的总和。所以，物流工作质量是物流服务质量的某种保证和基础。重点抓好物流工作质量，物流服务质量也就有了一定程度的保证。

（4）物流工程质量。物流工程是流通领域及其他有物流活动领域的工程系统。对于流通领域而言，是这一领域独特的工程系统，主要作用是支持流通活动，提高活动的水平并最终实现交易物的有效转移。

物流工程是支撑物流活动的总体的工程系统，可以分成总体的网络工程系统和具体的技术工程系统两大类别。实际上，任何物流企业的物流运作，包括第三方物流企业接受外包的物流运作，不可能是空手运作，必须依靠有效的工程系统来实现这种运作。当然，工程系统有可能是自建的，世界上很多大型物流公司都有自己的仓库、配送中心、机场、货机等工程设施；有些则需要依靠组织的办法来利用别人提供的工程设施，国家建设的物流设施基础平台就是这么一种基础的工程设施。

很明显，工程设施的水平和质量，可以从根本上决定物流的水平和质量，采用大型集装箱联运系统之后，就杜绝了物流过程中单件货物的丢失，这是工程系统所起作用的实例。对于生产企业而言，其内部的物流很难利用国家提供的基础工程设施的平台，也很难利用社会上营业性的工程设施，在这种情况下就需要自己建设一套物流工程系统。这一套物流工程系统将会是决定企业物流水平的非常重要的基本因素。

所以，和产品生产的情况类似，物流质量不但取决于工作质量，而且取决于工程质量，优良的工作质量对于物流质量的保证程度，受制于物流技术水平、管理水平、技术装备。优质的物流质量是在整个物流过程中形成的，要想能"前馈控制"物流质量，预防物流损失，必须对影响物流质量的诸因素进行有效控制。

很明显，提高工程质量是进行物流质量管理的基础工作，能提高工程质量，就能做到"预防为主"的质量管理。

10.2.2 物流成本管理

现代物流管理的最终目标是降低物流成本，提高物流服务的质量。

1. 物流成本构成

为进行物流成本的计算，我们首先应对物流成本的构成进行分析。按不同的角度，物流成本的构成有不同的分类。按照物流的范围分类，物流成本可分为供应物流费、企业内物流费、销售物流费、回收物流费、废弃物流费。按照支付形态的不同分类，物流成本可分为材料费、人工费、公益费、维护费、一般经费、委托物流费等。按照物流的功能分类，物流成本可以分为物品流通费、信息流通费、物流管理费。

2. 物流成本控制

物流成本控制是指在物流活动过程中，按照规定的标准调节影响成本的各种因素，以便将企业各项耗费控制在计划范围以内。

成本控制的基本原则有以下几点。

（1）企业成本的日常管理应坚持统一领导和分级、归口管理相结合。

（2）以财会部门为中心，使其与物流部门的日常成本管理密切结合，对各项成本费用的核算均有人及时负责。

（3）做到一般控制与重点控制相结合。

（4）严格执行成本开支范围，防止乱挤成本的现象发生。

3. 成本控制的基本工作程序

（1）制定成本标准。

（2）监督成本的形成。

（3）及时纠正偏差。

4. 特殊的成本体系

物流成本问题时至今日还没有能够提到企业会计制度的高度，因而还不可能纳入企业常规管理的范畴之内。因此，对于生产企业而言，物流成本管理还是一种管理的理念，而没有转化成管理行为。

物流成本管理理论重于运作的主要原因是，如果不从根本上改变企业部门和职能的结构，就无法单独形成物流成本的相关科目。物流成本总是和其他的成本混杂在一起，许多成本项目混杂在其他的科目之中。只有当企业进行深入的核算和深入的财务活动分析时，才可能将物流成本完全分离出来，但是，总的成本科目体系现在还不能将物流成本纳入常规的结构之中。

要把物流成本变成常规的财务会计制度的科目，需要完全重新建立财务会计制度，要做到这一点看起来是不大可能的。

5. 物流成本管理的几个要点

（1）关注总成本。

（2）放弃管理全部物流成本，重点控制物流重要领域的成本发生源。

（3）按照管理权限的归属，设立物流管理部门的企业，对部门的业务活动范畴进行成本管理。对于没有设立物流管理部门的企业，应当根据需要或者定时对有关物流主要会计科目进行分析研究，通过和历史数据的比较，掌握物流成本的问题和动向。

（4）在分摊成本时，防止成本的交错、重复计算。正是由于许多物流成本发生源处于其他环节，例如原料和材料价格、生产工艺环节、人力工资支出环节等，按照物流"冰山说"，属于沉没于水面之下的那一部分，在进行成本分摊的时候，可能出现交错或者重复分摊计算的情况，从而使总成本失真。

10.2.3 物流合同管理

1. 物流合同管理概述

企业的物流需求不可能完全由自己来满足，外包、合作、购买物流服务是经常要做的事情，而前提条件是协议与合同。

对于新兴的物流活动，例如第三方物流、供应链物流等，由于业务外包比较彻底，同时，供应链又需要很多企业协作，管理的复杂程度超过一般的物流运作，因此，通过协议和合同事先约定相关事宜，就显得更为重要。实际上，在物流远程化的今天，合同成了保证物流的法律手段。从某种意义来讲，第三方物流之所以能够作为一种主要的物流业态，供应链之所以可以运作成功，除了物流工程系统、物流信息系统和新的管理思想以外，主要的依托力量就是合同。

2. 运输合同

运输合同是承运人将旅客或者货物从起运地点运输到约定地点，旅客、托运人或者收货人支付票款或者运输费用的合同。运输合同依据不同的标准，可以划分为不同的种类。以运输的客体为划分标准，可以分为货物运输合同和旅客运输合同；以运输工具为划分标准，可以分为铁路运输合同、公路运输合同、水路运输合同、航空运输合同及管道运输合同；以运输方式为划分标准，可以分为单一运输合同和联合运输合同。

运输合同有以下几个特点：①当事人是货主和承运人双方，货主包括起运人和收货人两个方面；或者是承运人和托运人双方（托运人既是起运的托运人，也是收货人）。②运输合同是双务有偿合同，作为当事人的双方互相承担义务，所承担的义务根据合同规定。③国家提供基础平台的运输领域（例如铁路运输、航空运输等），运输合同有国家规定的标准合同。这种标准合同是先由承运人根据基础平台的条件和一个时期的营运状况、管理力量等提出服务标准、服务水平、服务项目，例如运输的速度、运输路线、运费标准等，这是单方面的要约邀请。这种合同采用"国民待遇"，一般不对一部分客户提供增值服务。当事人只有在承认和接受要约邀请的前提下才确立合同。④对于构成国家物流平台一部分的运输部门，作为向社会公众提供服务的货物运输，一般都明示合同文本，在具体办理运输事宜时，不再单独签约，而以货运单据作为双方承担义务的约定文件。⑤如果承运人是一般运输企业，例如第三方物流企业，运输合同的确立则需要进行协议、谈判，双方共同约定协议条款。

3. 权利和义务

物流领域和其他运输领域的不同在于，合同的标的往往很大，因此容易出现经济责任和其他责任的问题，承运人和当事人双方对于这种责任问题都非常关注。因此，在货运合同中特别认定合同当事人的权利和义务，以保证合同的履行。

(1) 托运人的权利。在买方市场经济环境下，托运人是买方，是运输货物合同首先要确认的权利保障对象，实际上在合同体系中，托运人的权利是主要矛盾的主要方面。①托运人有按照现实可能要求承运人将货物运至约定地点并交给收货人的权利。②托运人在有限制的前提下，有提出终止运输、返还货物、变更地点、变更收货人的权利。

(2) 托运人的义务。托运人的义务有：①托运人有向承运人真实通告有关货物运输的必要情况的义务。尤其是在物流过程中会出现问题的货物，托运人必须如实申报和准确告知。②托运人有按照协议向承运人交付运费和运输杂费，以及其他应由托运人交付的费用。③托运人有杜绝违规、违法托运的义务。对于需要运输审批的货物，应由托运人完成审批手续或者委托承运人代办审批手续。④托运人有对货物进行包装的义务，并应当按照国家规定在包装上进行标识。⑤托运人有向承运人交付运输货物的义务。

(3) 承运人的权利。承运人的权利包括：①承运人有收取运费的权利。承运人按合同中的约定履行义务，有权收取约定的运费。②承运人有按实际付出收取运输杂费的权利。③承运人在托运人或收货人不支付协议费用的情况下，享有承运货物的留置权。④在特殊情况下，承运人可以提存货物并从中取得应得费用。⑤承运人有拒绝承运违规、违法货物的权利。

(4) 承运人的义务。托运人的权利和承运人的义务是共生的关系，权利和义务需要均衡，需要公平。承运人的基本义务是完成货物的运输。从规范作业的角度，承运人还有下述义务：①承运人有按条款接收货物的义务，在接收货物后出具有关凭证的义务。②承运人有按约定期间或者合理期间将货物完成运输的义务。③承运人有按照合同约定的路线进行运输或者按通常的运输路线进行运输的义务。④承运人有文明承运的义务。在承运过程中应当杜绝野蛮装卸、放任管理等问题。⑤承运人有按照协议满足托运人变更的义务。⑥承运人有通知的义务。按协议的约定，承运人对所承运货物在途情况、到货情况有义务通知托运人或收货人。⑦承运人有将货物交付收货人的义务。上述义务是一般性的义务，在网络经济时代，承运人可以利用信息技术和网络技术向托运人提供更多的、增值的服务，例如对货物运输过程全程的监控等，这些特殊的义务必须通过特殊的条款加以约定。

(5) 收货人的权利和义务。无论收货人、托运人本身，还是第三方当事人，收货人的权利和义务是整个三方当事人不可缺少的一个方面。①收货人的权利。收货人的权利主要集中在：及时获得到货通知，按提单凭证或其他收货协议收货（提货或接受承运人的送货），以取得货物。②收货人的义务。收货人的义务主要集中在：收货人应当及时受领（取货或接受送货）货物，支付应由收货人承付的费用（运费、运输杂费、逾期保管费等），收货人有在约定期限内，进行检验并对运输质量进行认定的义务。

需要提出的是，上述内容是一般的运输合同的内容，不同运输方式，例如铁路运输、公路运输、水路运输、航空货运等，都有根据自身运输方式的特点所制定的特殊条款，在具体涉及这些领域的管理时，应当认知这些特殊的条款。

4. 多式联运合同

(1) 多式联运合同的含义。《中华人民共和国民法典》第八百三十八条规定："多式联运经营人负责履行或者组织履行多式联运合同,对全程运输享有承运人的权利,承担承运人的义务。"

多式联运货物运输合同的当事人只有两方:一方是托运人;另一方是多式联运的经营人。

多式联运货物运输合同托运人和联运经营人双方为合同当事人,至于参加多式联运的各种不同运输方式的承运人,不是多式联运合同的主体。

(2) 多式联运货物运输合同的特点。

1) 多式联运经营人是运输合同的履行人。

2) 多式联运经营人具有双重身份:对于托运人来说,它是承运人,应该享有承运人的合同义务和权利;对于多式联运所涉及的各个领域的具体承运人,多式联运的经营人就是托运人,享有托运人的权利和义务。

3) 多式联运方式是否成功,取决于多式联运组织和渠道的稳定性。因此,多式联运合同中,托运人和多式联运经营人可能是变化的,但是多式联运经营人和各区段不同运输方式的承运人之间具有稳定的关系,需要以长期的合作来维系这种关系。

4) 对于托运人来讲,多式联运货物运输只需一份合同就能够完成若干领域的运输需求,如果不签订多式联运合同,托运人就需要分别和不同的承运人协议和签约,反复履行合同所要求的交付货物、接收货物的手续。无疑,多式联运合同可以给托运人带来很大的便利。我们将这种合同形式称作"一票到底"。

5. 仓储合同

(1) 仓储合同的含义。仓储合同中包含储存和保管两部分合同内容。《中华人民共和国民法典》第九百零四条规定:"仓储合同是保管人储存存货人交付的仓储物,存货人支付仓储费的合同。"随着我国仓储行业大量从自有仓库向营业性仓库转变,这种经济交往的数量日益增大,仓储合同也是物流领域里面的重要合同项目。

(2) 仓储合同的特点。①仓储合同是提供劳务的合同,仓储责任人向存货人提供设备、人力、设施的服务,并取得相应的费用。在仓储活动中,保管是其中主要的劳务费支出领域。②仓储合同所涉及的合同对象,大多是工业企业、事业单位的大宗货物,和一般保管合同不同,一般保管合同的储存对象是日常生活中的小型物品,如旅行包等,所以,一般而言,仓储合同的标的量都比较大。③仓储合同的对象物是动产,不动产不包含在内。④仓储合同属于诺成性合同。当合同成立时便生效,不管货主是否将货物实际储存到仓库之中。

(3) 货主(存货人)的权利和义务。

1) 存货人有按合同约定享有保管仓储服务的权利。

2) 存货人有按约定提取仓储物的义务,在提取仓储物时,有义务持有凭证。

3) 存货人有支付仓储费及其他约定费用的义务。

4) 存货人有履行说明存货物的有关情况的义务。

(4) 仓储责任人的权利和义务。

1) 仓储责任人有按照约定对入库物进行验收的义务和权利。不履行此项义务,应当承担相应的后果；存货人不得阻挠仓储责任人的这一项权利，否则应承担相应后果。

2) 仓储责任人在验收接收货物后，有向存货人签发仓单的义务。一般的仓单内容包括：存货人情况（名称、住所等）、仓储货物的情况（品种、数量、质量、包装、件数、标记等）、仓储货物损耗标准、储存场所和提货地点、储存期间及储存期限、仓储费用、仓储货物保险办理情况、填发人情况等。

3) 仓储责任人有对仓储货物进行维护保养的义务。

4) 仓储责任人按约定条款，在危及安全等情况下，有对仓储货物的处置权。

5) 仓储责任人对货物的保管情况有向存货人通知的义务。

10.2.4 物流交通管理

1. 交通限制

（1）超限运输的管理。水路运输、航空运输、铁路运输、公路运输都存在着超限运输的问题。一般来讲，航空运输的超限问题比较容易受到人们的重视，但是其他几种运输方式的超限运输问题往往也很严重。

公路超限运输的规定是：第一，车辆总高度从地面算起 4 米以上，集装箱车总高度为 4.2 米以上；第二，车货总长 18 米以上；第三，车货总宽度 2.5 米以上；第四，单车、半挂列车、全挂列车，总质量 40 000 千克以上，集装箱半挂列车车货总质量 46 000 千克以上；第五，车辆轴载质量。单轴单轮胎 6 000 千克、单轴双轮胎 10 000 千克、双联轴单轮胎 10 000 千克、双联轴双轮胎 18 000 千克、三联轴单轮胎 12 000 千克、三联轴双轮胎 22 000 千克。

超限运输的危害主要表现在三个方面。第一，运输工具的损坏；第二，公路路面的损坏；第三，由控制失灵引发的安全事故。

（2）运行的限制。根据交通基础设施的能力、寿命，以及交通工具的能力和环境条件要求，在运行上有很多限制的管理措施。主要有：行驶速度的限制；桥梁、道路、航道的通过能力的限制；运行时间的限制；尾气、噪声的限制；司乘人员行为和数量的限制；等等。

2. 交通安全

交通安全主要包括以下两个方面。
（1）交通设施的安全管理。
（2）操作人员的安全管理。

10.2.5 物流对环境影响的管理

1. 物流与环境及社会的关系问题

（1）与粗放式的物流有关。粗放式的物流往往是发展中国家容易出现的问题，其原因在于,为了加快发展速度,主要关注数量的增长,造成不合理的物流普遍存在,单位经济增长付出过多的运能、运力,造成交通的混乱和排放物的增加。

(2) 与缺乏合理的规划有关。物流设施无论是节点还是线路,都需要占用大量资源,规划不当会造成这种资源的浪费。这些资源不但有土地资源,而且物流过程需要消耗大量的能源,所以也会造成能源资源的不合理消耗,物流规划的混乱造成了节点之间无效运输的增加,这些都是影响环境的重要因素。

(3) 与物流标准化有关。尤其是在推行标准化过程中,只重视物流设施、设备、工具、车辆技术标准等内在标准的研究,而忽视物流对环境及社会的影响,强化了上述矛盾。

所以,在推行物流标准化时,必须将物流对环境的影响放在标准化的重要位置上。除了各种反映设备能力、效率、性质的技术标准外,还要对安全标准、噪声标准、排气标准、车速标准等做出具体的规定。

2. 物流对环境的影响

物流对环境的影响表现在以下几个方面。
(1) 废气排放。
(2) 噪声污染。
(3) 震动。
(4) 扬尘。
(5) 有毒物的污染。

3. 减轻环境负担的措施

(1) 应当提高铁路和水运的比重,减少对环境危害最大的公路运输。

在管理方面可以采取以下措施来降低环境的负担:①把合理的铁路、公路、水路运输的结构作为宏观调控的目标。增加铁路物流量,降低公路物流量。②将铁路、水路运输的干线运输和公路的集散运输作为物流合理化的一个重要课题,发展多式联运,限制公路的长距离、大量运输,从而在减少污染的同时提高物流系统的能力。③依靠科学技术,采用无铅汽油、清洁燃料,从能源的源头来解决污染问题。

(2) 采用管道输送的物流方式,以解决液体、气体、粉状扬尘对环境的污染问题。采用管道输送的物流方式,在整个输送过程中,将被输送物与环境相隔离,从而杜绝了对环境的污染。石油、煤粉、矿粉、石油气等对环境的污染,可以采取这个方法解决。

(3) 合理规划物流节点和物流线路的分布,对物流节点实行集约化,使物流节点远离居民稠密地区,这是解决噪声、粉尘、震动以及尾气污染问题的有效措施。为此在规划物流节点时,物流基地、物流中心等大型物流节点应当远离城市中心区并且适当集中分布,配送中心应当和居民稠密地区保持适当的距离,在城市中心行驶的配送车辆应当采用低污染的先进运输设备。大型运输汽车应当限制进入城市地区。对排放标准不合格、噪声和震动过大的运输车辆,应该实行严格的交通管制。

10.3 物流标准化

10.3.1 物流标准化的概述

1. 标准化的一般含义

标准化是对产品、工作、工程或服务等普遍的活动规定统一的标准，并且对这个标准进行贯彻实施的整个过程。

标准化是国民经济管理和企业管理的重要内容，也是现代科学体系的重要组成部分，是由于社会大分化、生产大分工之后，为合理组织生产，促进技术进步，协调社会生活所出现的事物。标准化管理是有权威的、有法律效力的管理。

标准化的内容实际上就是经过优选之后的共同规则，为了推行这种共同规则，世界上的大多数国家都有标准化组织，例如英国标准协会（BSI）、我国的国家市场监督管理总局等。而在日内瓦的 ISO 负责协调世界范围的标准化问题。

目前，标准化工作开展较普遍的领域是产品标准，这也是标准化的核心，围绕产品标准，工程标准、工作标准、环境标准、服务标准等也出现了发展的势头。

2. 物流标准化及其主要特点、形式

物流标准化指的是以物流为一个大系统的标准化体系，包括系统设施、机械装备专用工具等各个分系统的技术标准；系统内各个分领域如包装、装卸、运输等方面的工作标准；以系统为出发点，各个分系统与分领域中技术标准和工作标准的配合性，按配合性要求，统一整个物流系统的标准；物流系统与相关其他系统的衔接与配合等。

（1）物流标准化的主要特点有以下几方面。

1）和一般标准化系统不同，物流系统的标准化涉及面更为广泛，其对象也不像一般标准化系统那样单一，而是包括机电、建筑、工具、工作方法等许多种类。虽然处于一个大系统中，但缺乏共性，从而造成标准种类繁多、标准内容复杂，也给标准的统一性及配合性带来了很大困难。

2）物流标准化系统属于二次系统，这是由于物流及物流管理思想诞生较晚，组成物流大系统的各个分系统过去在没有归入物流系统之前，早已分别实现了本系统的标准化，并且经多年的应用，不断发展和巩固，已很难改变。在推行物流标准化时，必须以此为依据，个别情况固然可将有关旧标准化体系推翻，按物流系统所提出的要求重建新的标准化体系，但通常还是在各个分系统标准化的基础上建立物流标准化系统。这就必然从适应及协调角度建立新的物流标准化系统，而不可能全部创新。

3）物流标准化更要求体现科学性、民主性和经济性。

4）物流标准化有非常强的国际性。

5）贯彻安全与保险的原则。

(2) 物流标准化的形式。

1）简化。简化是指在一定范围内缩减物流标准化对象的数目，使之在一定时间内满足一般需求。如果对产品生产的多样化趋势不加限制地任其发展，就会出现多余、无用和低功能的产品品种，造成社会资源和生产力的极大浪费。

2）统一化。统一化是指把同类事物的若干表现形式归并为一种或限定在一个范围内，其目的是消除混乱。物流标准化要求各种编码、符号、代号、标志、名称、单位，以及各种设备的品种规格系列和使用特性等实现统一。

3）系列化。系列化是指按照用途和结构把同类型产品归并在一起，并把同类型产品的主要参数、尺寸等分级，以协调同类产品与配套产品及包装之间的关系。系列化是改善物流、促进物流技术发展最为有效的方法。

4）通用化。通用化是指在互相独立的系统中，选择与确定具有功能互换性或尺寸互换性的子系统或功能单元的标准化形式。互换性是通用化的前提，通用程度越高，对市场的适应性越强。

5）组合化。组合化是指先按照标准化原则设计制造若干组通用性较强的单元，再根据需要进行合并的标准化形式。对于物品的编码系统，一般可通过组合化使之更加合理。

10.3.2 物流标准的种类

1. 基础标准

基础标准是指制定其他物流标准时应遵循的全国统一的标准，是制定物流标准的技术基础与方法指南。基础标准主要包括以下几种。

(1) 专业计量单位标准。物流标准是建立在一般标准化基础之上的专业标准，除国家规定的统一计量标准外，物流系统还要有自身独特的专业计量标准。

(2) 物流基础模数尺寸。物流基础模数尺寸是指为实现物流系统标准化而制定的标准规格尺寸，一般是货物的外包装尺寸。

(3) 集装基础模数尺寸。集装基础模数尺寸是最小的集装尺寸，它是在物流基础模数尺寸的基础上，按倍数推导出来的各种集装设备的基础尺寸，一般是托盘的尺寸。

(4) 物流建筑基础模数尺寸。物流建筑基础模数尺寸主要是指物流系统中各种建筑物所使用的基础模数，在设计建筑物的长、宽、高、门窗尺寸、跨度、深度等尺寸时，要以此为依据。

(5) 物流专业术语标准。物流专业术语标准包括物流专业名词的统一化、专业名词的统一编码、术语的统一解释等。

（6）物流核算、统计标准。物流核算、统计的规范化是建立系统情报网、对系统进行统一管理的重要前提条件，也是对系统进行宏观控制与微观监测的必备前提。

（7）标志、图示和识别标准。物流中的货物处于不断运动的状态，因此，企业需要为各种货物制定易于识别和区分的标识。

2. 分系统技术标准

（1）运输车船标准。该标准的对象是物流系统中从事货物空间位移的各种运输设备，如火车、货船、卡车等。

（2）作业车辆标准。该标准的对象是物流企业内部使用的各种作业车辆，包括车辆的尺寸、运行方式、作业范围、作业重量、作业速度等方面的技术标准。

（3）传输机具标准。该标准包括水平、垂直输送的各种起重机、传送机、提升机的尺寸、传输能力等技术标准。

（4）仓库技术标准。该标准包括仓库尺寸、建筑面积、有效面积、通道比例、单位储存能力、总吞吐能力、温湿度等技术标准。

（5）包装、托盘、集装箱标准。该标准包括包装、托盘、集装箱系列尺寸标准，包装物强度标准，包装、托盘、集装箱荷重标准，以及各种集装、包装材料的材质标准等。

（6）货架、储罐标准。该标准包括货架净空间、载重能力、储罐容积尺寸等。

3. 工作标准及作业标准

物流工作标准是指针对各项物流工作制定的统一要求和规范化制度，主要包括以下几方面。

（1）各岗位的职责及权限范围。

（2）完成各项任务的程序和方法，以及与相关岗位的协调、信息传递方式，工作人员的考核与奖罚方法等。

（3）物流设施、建筑的检查验收规范。

（4）吊钩、索具的使用和放置规定。

（5）火车的运行时刻表、运行速度限制，以及异常情况的处理方法等。

10.3.3 物流标准化的原则

1. 市场导向原则

物流是社会分工专业化的产物，它与经济水平和市场发达程度密切相关。我国的物流标准化工作已从"行政需求"转向"市场需求"，因此，应根据各个社会角色的具体要求制定相应的物流标准。

2. 一致性与协调性原则

物流标准化涉及众多的行业和部门，所以要根据各地的物流标准化现状和企业需求制订一套完整、科学、可操作性强的物流标准化推进计划，通过各行业、各部门的相互配合与协调，推动各地物流标准化的进程。

3. 科学发展原则

物流标准化是一项系统性的工作，要做好这项工作，就必须坚持科学发展的原则，把基础打牢夯实，用动态的、不断发展的观点指导物流标准化的进程。

4. 推进企业创新原则

物流标准化不是为了限制或制约企业的正常生产经营活动，而是要通过实施标准促进企业不断进行提升和创新。

因此，除强制推广一些涉及安全、环保、产业衔接、基础信息、基础管理与技术、服务质量、消费者权益保护等方面的标准外，还应鼓励企业制定和完善企业的标准，以不断提高企业的核心竞争力。

10.3.4 物流标准化的基点

1. 集装是物流标准化的基点

物流是一个非常复杂的系统，涉及的面很广泛。过去，构成物流这个大系统的许多组成部分也并非完全没有搞标准化，但是，这往往只形成局部标准化或与物流某一局部有关的横向系统的标准化。从物流系统来看，这些互相缺乏联系的局部的标准化之间却缺乏配合性，不能形成纵向的标准化体系。所以，要形成整个物流体系的标准化，必须在这个局部中寻找一个共同的基点，这个基点能贯穿物流全过程，形成物流标准化工作的核心，这个基点的标准化成了衡量物流全系统的基准，成为各个局部的标准化的准绳。

为了确定这个基点，人们将进入物流领域的产品（货物）分成了三类，即零杂货物、散装货物与集装货物。这三类的标准化难易程度是不同的。

零杂货物及散装货物在物流的节点上，例如在换载、装卸时，都必然发生组合数量及包装形式的变化，因此，要想在这些节点上实现操作及处理的标准化，那是相当困难的。

集装货物在物流过程中始终都是以一个集装体为基本单位的，其包装形态在装卸、输送及保管的各个阶段基本上都不会发生变化，也就是说，集装货物在节点上容易实现标准化的处理。至于零杂货物的未来，一部分可向集装靠拢，向标准包装尺寸靠拢；另一部分还会保持其多样化的形态而难以实现标准化。

所以，不论是国际物流还是国内物流，都可以肯定地讲：集装系统是使物流全过程贯通而形成体系，是保持物流各环节上使用的设备、装置及机械之间整体性及配合性的核心，所以，集装系统是使物流过程连贯而建立标准化体系的基点。

2. 物流全系统标准化取决于和集装的配合性

具体来讲，以集装系统为物流标准化的基点，这个基点的作用之一，就是以此为准来解决全面的标准化。因此，必须实现集装与物流其他各个环节之间的配合性。其中包括以下几点。

（1）集装与生产企业最后的工序（也是物流活动的初始环节）——包装的配合性。包装尺寸和集装尺寸的关系应当是：集装是包装尺寸的倍数系列，而包装是集装尺寸的分割系列。

（2）集装与装卸机具、装卸场所、装卸小工具（如吊索、跳板等）的配合性。

（3）集装与仓库站台、货架、搬运机械、保管设施乃至仓库建筑（净高度、门高、门宽、通路宽度等）的配合性。

（4）集装与保管条件、工具、操作方式的配合性。

（5）集装与运输设备、设施，如运输设备的载重、有效空间尺寸等的配合性。

（6）集装与末端物流的配合性。

（7）集装与国际物流的配合性。

10.3.5 物流的尺寸标准

1. 物流基础模数尺寸

物流基础模数尺寸和建筑模数尺寸的作用大体是相同的，考虑的基点主要是简单化，基础模数尺寸一旦确定，设备的制造、设施的建设、物流系统中各环节的配合协调、物流系统与其他系统的配合就有所依据。ISO中央秘书处及欧洲各国已基本认定600毫米×400毫米为基础模数尺寸。

2. 物流模数

ISO对物流标准化的重要模数尺寸方案如下。①物流基础模数尺寸：600毫米×400毫米。②物流模数尺寸（集装基础模数尺寸）：以1 200毫米×1 000毫米为主，也允许1 200毫米×800毫米及1 100毫米×1 100毫米。③物流基础模数尺寸与集装基础模数尺寸的配合关系，如图10-1所示。

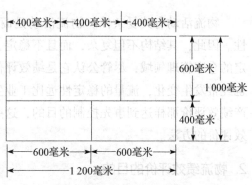

图10-1 基础模数尺寸的配合关系

10.4 物流绩效评价

10.4.1 绩效评价

1. 关于绩效评价

绩效评价是对业绩和效率的一种事后的评估与度量以及事前的控制与指导,从而判断是否完成了预定的任务、完成的水平、取得的效益和所付出的代价。

绩效评价有以下几项作用:①可以提出和追踪任务目标的达到程度,并对其做出不同层次的量度,从而能够事先对活动进行控制;②根据绩效评价,判断计划和任务的可行性与准确性;③根据绩效评价,进一步对工作进行改善,从而对工作提出新的管理与控制目标;④根据绩效评价,决定奖励、升迁和惩罚;⑤根据绩效评价,判断本身的竞争能力,以确认今后的市场战略。

2. 业绩度量

一般的绩效评价,对于业绩的度量可以做以下细分。
(1) 与产品工艺技术有关的业绩度量。
(2) 成本、收入、利润等有关财务方面的业绩度量。
(3) 与资源有关的业绩度量。

10.4.2 物流的绩效评价

1. 物流绩效评价的特殊性

物流活动有其复杂性。物流活动是商业活动和其他活动的派生物,具有远程性和服务性。因此,其结构不但复杂,而且不稳定,系统很难具有恒定性。在物流领域中业务比较稳定的仓库管理领域,尽管公认它是绩效评价比较易于贯彻的领域,但是,仓库管理的对象物也经常发生变化,流量的稳定性远比工业生产的差,因此,物流过程绩效评价很难像工业生产绩效评价那样达到事先控制的目的,这些特殊原因使物流领域不可能完全搬用工业生产绩效评价的方法。

2. 物流绩效评价的目的

物流绩效评价的目的在于,通过物流绩效评价系统,对物流作业进行监督、控制和指挥,以达到物流资源(人力、设施、装备、外包业务、资金)的有效、合理的配置,并且向客户提供达到或者超过协议服务水平的有效服务。

3. 物流绩效评价的内容

(1) 合理划分责任中心，明确规定权责范围。
(2) 编制责任预算，明确各物流责任中心的业绩考核标准。
(3) 区分每个责任中心的可控与不可控费用。
(4) 建立健全严密的记录、报告系统。
(5) 制定合理而有效的奖惩制度。
(6) 定期编制业绩报告。

4. 物流绩效评价的方法

物流绩效评价可以分成单项的、基础的基本业务绩效评价和总体物流活动的绩效评价两类。

这两类评价方法有很大的不同，前者可以通过财务数据、计算数据、测定数据取得评价结果，比较容易量化；后者较多采取投入产出方法、价值工程方法、方案比较方法和其他模糊分析的方法，取得比较结果。

(1) 基本业务绩效评价。基本业务往往通过以下指标进行绩效的判定。

1) 时间指标。例如货单处理时间、入库时间、出库时间、信息查询时间、答复及回文时间、等待时间、装卸时间、在途时间、结算时间、配送时间、资金周转时间、库存周转时间、返款时间以及差错处理时间等。

2) 工作水平指标。例如差错率、损毁率、缺货率、准确率、资源利用率等。

3) 成本指标。例如单位成本、人力成本、资源成本、各种费用支出、成本增减、成本占用比例、实际损失及机会损失等。

4) 资源指标。例如原料消耗、燃料消耗、能源消耗（在物流领域主要是油耗）、材料消耗、人力消耗、设备占用、工具消耗等。

(2) 总体物流活动的绩效评价。

1) 内部评价。对总体物流活动，物流企业必须做出自己的内部评价，以做到心中有数。内部评价是企业本身的一种基础性的评价，根据内部评价才可以确认对用户的服务水平、服务能力和满足服务用户要求的最大限度，做到既不失去用户，又不因为过分满足用户的要求而损害企业的利益。内部评价是建立在基本业务绩效评价的基础之上的，以此为基础，把物流系统作为一个"黑箱"，进行投入产出分析，从而可以确认系统总体的能力、水平和有效性。

2) 外部评价。对物流总体的外部评价应当具有客观性，采用的主要方法有两个：一个是顾客评价，可以采用调查问卷、专家系统、顾客座谈会等方式进行这种评价；另一个是采取选择模拟的或者实际的"标杆"进行对照，对比性的评价采用计算机模拟技术，用模拟现实的方法，可以有效地对物流系统的总体做出准确的绩效评价。

案例研究　　上汽通用汽车如何降低和控制物流成本

有资料显示，我国汽车工业企业一般的物流成本最少占整个生产成本的20%，管理和控制较差的公司基本保持在30%~40%之间，而国际上物流组织与控制做得比较好的公司，物流成本都控制在15%以内。

上汽通用汽车有限公司（以上简称"上汽通用汽车"）为更好地控制和降低物流成本，采取了一系列措施。

第一，精益生产，及时供货。上汽通用汽车在中国合资建厂之初就决定要用一种新的模式，建立一个在"精益生产"方式指导下的全新理念的工厂。上汽通用汽车在成立初期，就在现代信息技术的平台支撑下，运用现代的物流观念做到交货期短、柔性化和敏捷化。从生产实践的角度来看，上汽通用汽车每年都有一个或一个以上的新产品下线上市，这是敏捷化的一个反映。

第二，建立循环取货模式，控制库存。上汽通用汽车在国内外拥有180家供应商，拥有北美和巴西两大进口零部件基地。上汽通用汽车要求由本地供应商提供的部分零件要在指定的时间直接送到生产线上去生产，以实现"零库存"，省去大量的资金占用。针对用量少的零部件，为了不浪费运输车辆的运能，充分节约运输成本，上汽通用汽车采取了叫作"循环取货"的方式。上汽通用汽车聘请了一家第三方物流供应商，由他们设计配送，在不同的时间到不同的供应商处取货，再汇总送到上汽通用汽车的仓库。通过循环取货，上汽通用汽车的零部件运输成本下降约30%。

第三，建立供应链预警机制，追求共赢。上汽通用汽车关注与供应链之间的合作关系，为提高供应商的积极性，上汽通用汽车与供应商时刻保持着信息沟通，公司的生产预测、生产计划等信息都及时与供应商共享。这个运行机制使供应商对公司的生产计划与需求有清楚的了解和认识，让供应商能根据上汽通用汽车的实际需求来安排生产计划，减少供应商库存资金的占用。同时供应商的相关信息也及时与上汽通用汽车共享，实现双向信息共享。

作为整车生产的龙头企业，上汽通用汽车建立了供应商联合发展中心，在物流方面也制定了很多标准流程，使供应商随着上汽通用汽车的产量的调整来调整他们的产品。

资料来源：豆丁网，上汽通用汽车的降低和管理物流成本的经验，2020年11月12日。

讨论题

1. 以上案例中，为控制物流成本，上汽通用汽车采取了哪些管理方法？
2. 通过收集资料，企业降低和控制物流成本还可以从哪些方面展开？

参考答案

1. 上汽通用汽车为控制物流成本从以下方面提出了改进措施。
 (1) 采取精益生产方式，降低库存成本。
 (2) 针对不同供应商制定不同的管理方式。
 (3) 运用信息化手段，实现信息共享。
 (4) 重视供应商管理，建立供应链合作机制。

2. 企业降低和控制物流成本还可以从以下几个方面展开。
（1）根据企业类型，选择合适的生产管理。
（2）树立现代物流理念，健全企业物流管理体制。
（3）树立物流总成本观念，增强全员的物流成本意识。
（4）加强物流成本的核算，建立成本考核制度。
（5）优化企业物流系统，寻找降低成本的切入点。

本章小结

本章对物流管理与绩效评价进行了详尽的介绍。对物流的管理包括物流质量管理、物流成本管理、物流合同管理、物流交通管理。绩效评价是对业绩和效率的一种事后的评估与度量以及事前的控制与指导，从而判断是否完成了预定的任务、完成的水平、取得的效益和所付出的代价。通过物流绩效评价系统，对物流作业进行监督、控制和指挥，可以达到物流资源（人力、设施、装备、外包业务、资金）有效的、合理的配置，并且向客户提供达到或者超过协议服务水平的有效服务。

复习思考题

一、单选题

1. 属于物流大系统配合性、统一性标准的是（　　）。
   A. 物流专业名词标准　　　　　　B. 运输车船标准
   C. 仓库技术标准　　　　　　　　D. 传输机具标准
2. 运输合同的当事人是（　　）。
   A. 货主　　　　B. 承运人　　　　C. 货主和承运人　　　　D. 起运人和收货人
3. 属于多式联运合同的当事人的是（　　）。
   A. 承运人　　　　B. 托运人　　　　C. 收货人　　　　D. 起运人
4. 物流对象物的保护不包含（　　）。
   A. 防止灾害　　　B. 数量保护　　　C. 质量保护　　　D. 包装保护
5. 以下说法正确的是（　　）。
   A. 对于市场经济体制下的国家和地区，物流管理的重点始终在于企业
   B. 在国民经济领域中，物流是一个独立的行业
   C. 对于一个企业来说，物流质量与用户没有直接的关系
   D. 散装是物流标准化的基点

二、多选题

1. 物流质量管理内容包括（　　）。

A. 物流对象物的质量保护　　　　　B. 物流服务质量
C. 物流工作质量　　　　　　　　　D. 物流工程质量

2. 对于发达国家而言，企业的物流管理组织已经经过的阶段有（　　）。
A. 部门分割阶段　　　　　　　　　B. 功能综合阶段
C. 资源整合阶段　　　　　　　　　D. 以信息为基础的一体化阶段

3. 属于托运人义务的有（　　）。
A. 杜绝违法、违规托运　　　　　　B. 对货物进行包装
C. 及时领取货物　　　　　　　　　D. 向承运人交付货物

4. 物流绩效评价的内容有（　　）。
A. 合理划分责任中心　　　　　　　B. 制定合理而有效的奖惩制度
C. 定期编制业绩报告　　　　　　　D. 编制责任预算

5. 物流对环境的影响体现在（　　）。
A. 废气排放　　　B. 噪声污染　　　C. 扬尘　　　D. 有毒物的污染

三、判断题

1. 企业内部物流管理的最高阶段，是建立在信息化基础上的物流过程一体化。（　　）
2. 物流服务能够满足客户的所有要求。（　　）
3. 物流工程是流通领域的工程系统。（　　）
4. 物流冰山理论认为，在企业中，绝大多数物流发生的费用是被混杂在其他费用之中的。
（　　）
5. 绩效评价是对业绩和效率的一种事后的评估与度量以及事前的控制与指导。（　　）

四、问答题

1. 简述物流绩效评价内容。
2. 简述减轻环境负担的措施。
3. 简述企业物流管理组织的发展阶段。
4. 简述物流联盟的定义。
5. 物流标准化的主要特点有哪些？

第 4 篇

物流组织与发展

第 11 章　供应链管理
第 12 章　第三方物流
第 13 章　企业物流
第 14 章　国际物流

第11章 供应链管理

教学目标

通过本章的学习,学生应全面理解供应链的概念,了解供应链的链状结构模型和网状结构模型;理解功能性产品和创新性产品的特征及有效率型和响应型供应链的特征;理解供应链管理的概念、目标和基本思想;熟悉 QR 和 ECR 两种供应链管理办法,理解供应链管理的运营机制。

教学要求

知识要点	能力要求	相关知识
供应链概述	(1) 掌握供应链的结构模型 (2) 了解供应链的设计策略	(1) 供应链的结构模型 (2) 供应链的设计策略
供应链管理基本理论	(1) 了解供应链管理的概念 (2) 了解供应链管理的目标和基本思想 (3) 了解供应链管理与传统企业管理模式的区别	(1) 供应链管理的概念 (2) 供应链管理的目标和基本思想 (3) 供应链管理与传统企业管理模式的区别
供应链管理方法	(1) 掌握快速反应的基本概念 (2) 了解 QR 与 ECR 的差异与共同特征	(1) 快速反应 (2) 有效客户反应
供应链管理要素和结构	掌握供应链管理体系的组成要素和供应链管理系统的关键要素	(1) 供应链管理体系的组成要素 (2) 供应链管理系统的关键要素
供应链管理的运营机制	(1) 了解供应链管理运营机制 (2) 了解供应链企业的风险防范机制	(1) 供应链管理运营机制 (2) 供应链企业的风险防范机制

> **基本概念**

供应链管理　快速反应　QR　ECR　供应链管理体系的组成要素　供应链管理系统的关键要素

11.1 供应链概述

11.1.1 供应链的概念

一般来说，现代社会人们的生产和生活所需的物品，都要经过最初的原材料生产、零部件加工、产品装配和分销，最终才能进入消费的过程。这个过程既有物质形态产品的生产和消费，也有非物质形态（如服务）产品的生产（提供服务）和消费（享受服务）。它涉及原材料供应商、产品制造商、产品销售商、运输服务商和最终用户等多个独立的厂商及其相互之间的交易，并因此形成物流、服务流、资金流和信息流，最后到达消费者手中。供应链的概念是从扩大生产的概念发展而来的，它将企业的生产活动进行了前伸和后延。

在一条供应链中，每一个企业都构成一个节点，上游企业根据下游企业的需求向下游企业提供产品或服务，节点企业之间构成供需关系，并形成交易，由此形成环环相扣的链条。这种由多个节点构成的企业业务流程网络就叫作供应链（supply chain）。

美国经济学家史蒂文斯认为："通过增值过程和分销渠道控制从供应商的供应商到用户的用户的流就是供应链，它开始于供应的源点，结束于消费的终点。"华中科技大学马士华教授将供应链定义为：围绕核心企业，通过对信息流、物流和资金流的控制，从采购原材料开始，制成中间产品以及最终产品，最后由销售网络把产品送到消费者手中的将供应商、制造商、分销商、零售商直至最终用户连成一个整体的功能网链结构。我国2021年修订的国家标准《物流术语》（GB/T 18354—2021）对供应链的定义是："生产及流通过程中，围绕核心企业的核心产品或服务，由所涉及的原材料供应商、制造商、分销商、零售商直到最终用户等形成的网链结构。"从以上定义来看，供应链涉及的不仅是采购、生产、配送等供给方，包括顾客、最终用户等需求方也不同程度地有所涉及，说明在"供应链"中不仅仅包含"供应"，还包含"需求"。"供应链"这个概念从字面上看，会使人们简单地只考虑到物流、仓库、运输等物料的单方供应过程，过于片面。因此，国内外不少学者又提出了"需求链"和"供需链"等相关概念。

"需求链"是指从企业的销售开始，到客户、客户的客户，直至销售终端和消费者所形成的一条销售和服务链。其重点是更好地满足市场需求，对下游进行管理。"需求链"虽然以顾客"需求"为中心，但还是要与"供给"同步，还是离不开原材料、生产、批发、零售等"供给"环节。

美国运营管理协会（American Production and Inventory Control Society，APICS）对供需链

的解释是，供需链是一种具有生产周期的流程，包含物料、信息、资金和知识流，其目的是通过众多连接在一起的供应商提供产品和服务，满足最终用户的需求。"供需链"可以包括供应链和需求链，供应链集中精力于供应的集成、对上游的管理；"需求链"集中精力于需求的集成、对下游的管理。

价值链是哈佛大学商学院教授迈克尔·波特（Michael Porter）于 1985 年提出的概念。波特认为："每一个企业都是在设计、生产、销售、发送和辅助其产品的过程中进行种种活动的集合体。所有这些活动可以用一个价值链来表明。"波特的"价值链"理论揭示了企业与企业的竞争，不只是某个环节的竞争，而是整个价值链的竞争，而整个价值链的综合竞争力决定企业的竞争力。

价值链并不是孤立存在于企业内部，而是可以外向延伸或连接的。当若干企业辨清自身的价值链并实现一体化连接后，供应链便形成了。

11.1.2 供应链的结构模型

在供应链中，一个企业就是一个节点，节点企业与节点企业之间形成一种供应关系，供应链围绕核心企业的供应商、供应商的供应商、用户及用户的用户组成。为了有效认识供应链的特征，熟悉供应链的结构模型是十分必要的。

1. 链状结构模型

如图 11-1 所示，模型 I 是一种简单的静态模型，表明供应链的基本组成和轮廓概貌。产品供应源（自然界）到需求源（用户）经历了供应商、制造商和分销商三级传递，并在传递过程中完成产品加工、产品装配等转换过程，被用户消费掉的最终产品仍旧回到自然界，完成物质循环。

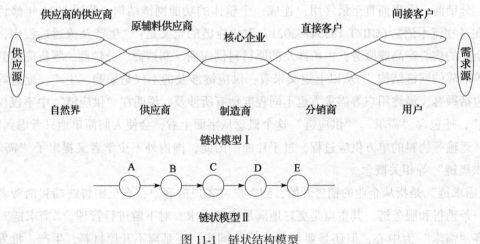

图 11-1 链状结构模型

模型 II 是对模型 I 的进一步抽象，它把商家都抽象成一个一个的点，称为节点，并用字母和数字表示。节点以一定的方式和顺序连接成一串,构成一条图形上的链条。从供应链研究便利的角度来讲,模型Ⅱ将供应链的中间过程清晰地表现出来,即模型Ⅱ将节点企业和节点企业之间的关系清晰地呈现出来。

在模型Ⅱ中,如果定义C为制造商,可以相应地认为B为一级供应商,A为二级供应商,依次类推,可以定义三级供应商、四级供应商……同样可以认为D为一级分销商,E为二级分销商,并依次定义三级分销商、四级分销商……

2. 网状结构模型

如图11-2所示,供应链实际上不是链状的,而是复杂的网状。它是一个"供应"和"需求"的网络,在这个网络中,企业可以有许多供应商,也可以有许多用户。

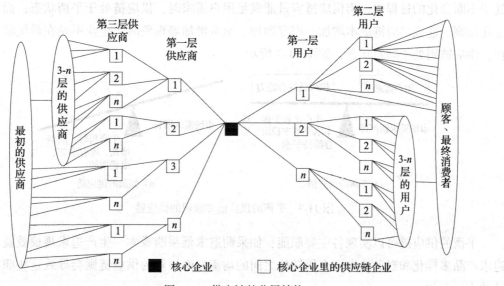

图11-2 供应链的分层结构

现实中产品的供需关系是十分复杂的,供应链中任一节点企业会与多个节点企业发生直接或间接的交易关系。另外,需要强调的是,企业常常不仅参与一个供应链,而且在不同的供应链中担当不同的角色,加上市场的各种不确定因素,所以,现实中的供应链比理论上的更复杂、更令人难以捉摸。网状结构模型在理论上可以涵盖世界上所有厂家,该模型把所有厂家看成其中一个节点,并认为这些节点之间存在着一定的联系。网状模型对宏观的供应关系的描述性很强,适用于对供应关系的宏观研究。

11.1.3 供应链的设计策略

设计和运行一个有效的供应链对于每一个制造企业而言都是至关重要的。因为它可以获得提高用户服务水平、达到成本和服务之间的有效平衡、提高企业竞争力、提高柔性、渗透新的市场、通过降低库存提高工作效率等利益。但也可能因为不合适的供应链设计而导致浪费和失败。正确的设计策略是必需的。费舍尔认为供应链的设计要以产品为中心。供应链的设计首先要明白用户对企业产品的需求是什么。产品寿命周期、需求预测、产品多样性、提前期和服务的市场标准等都是影响供应链设计的重要问题。企业必须设计出与产品特性一致的供应链,也就是此处所研究的基于产品的供应链设计策略。

1. 供应链的类型

根据不同的划分标准,可以将供应链分为以下几种类型。

(1) 平衡的供应链和倾斜的供应链。根据供应链容量与用户需求的关系,可以将供应链划分为平衡的供应链和倾斜的供应链。一个供应链具有相对稳定的设备容量和生产能力(所有节点企业能力的综合,包括供应商、制造商、运输商、分销商、零售商等),但用户需求处于不断变化的过程中,当供应链容量能满足用户需求时,供应链处于平衡状态;而当市场变化加剧,造成供应链成本增加、库存增加、浪费增加等现象时,企业不是在最优状态下运作,供应链则处于倾斜状态,如图 11-3 所示。

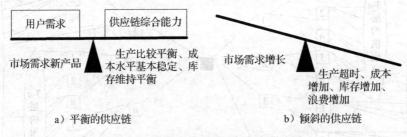

图 11-3 平衡的供应链和倾斜的供应链

平衡的供应链可以实现各主要职能,如采购追求低采购成本、生产追求规模效益、市场追求产品多样化和财务追求资金周转快之间的均衡。而倾斜的供应链则会导致这些职能及其绩效水平恶化。

(2) 效率型供应链和响应型供应链。供应链构成类型及特点与它所支持的产品在市场上的表现特点有很大的关系。根据产品在市场上的表现特点,可以将产品分为功能型(functional)和创新型(innovative)。

功能型产品一般用于满足用户的基本需求,变化很少,具有稳定的、可预测的需求和较长的寿命周期,但是,其稳定性同时也引进了竞争,通常会导致较低的边际利润率,日常用品一般属于这种类型。创新型产品指那些满足人们基本需求以外的需求产品。为了避免利润的降低,许多公司在款式和技术上进行创新,为消费者购买自己的产品提供更多的理由,如时装和计算机。虽然创新能给企业带来更高的利润率,但是创新型产品的新奇性同样也使其需求变得难以预测。因此,创新型产品的生产周期短,一般只有几个月,模仿者会迅速侵蚀掉创新型产品的竞争优势,这就要求公司必须不断地引入更新的创新型产品。而这一产品的生产周期的短暂和类型的多样又进一步增加了需求的不可预测性。两种产品的需求特征如表 11-1 所示。

表 11-1 两种产品需求特征的比较

需求特征	功能型产品	创新型产品
需求预测	可预测	不可预测
产品生命周期（年）	>2	1~3
边际贡献（%）	5~20	20~60
产品多样性	低（10~20）	高（数以千计）
平均预测失误率（%）	10	40~100
平均缺货率（%）	1~2	10~40
季末降价率（%）	0	10~25
按订单生产的提前期	6~12 个月	1~14 天

以上这两种产品特点的不同，决定了两类产品需要完全不同的供应链。如何进行供应链和产品类型的匹配还需要对效率性和响应性供应链的功能有全面的认识。

效率型供应链（efficient supply chain）主要体现供应链的物料转换功能，即以最低的成本将原材料转化成零部件、半成品、产品，以及在供应链中的运输等；响应型供应链（responsive supply chain）主要体现供应链对市场需求的响应功能，即把产品分配到满足用户需求的市场，对未预知的需求做出快速反应等。两种类型的供应链特点如表 11-2 所示。

表 11-2 效率型供应链和响应型供应链的比较

比较项目	效率型供应链	响应型供应链
基本目标	以最低的成本供应可预测的需求	快速响应不可预测的需求，使缺货、降价、废弃最小化
生产方面	保持较高的平均利用率	配置多余的缓冲能力
库存策略	实现高周转，使链上库存最低	合理配置零部件或成品的缓冲库存
前置期	在不增加成本的前提下压缩前置期	积极投资以缩短前置期
供应商选择依据	主要根据成本和质量	主要根据速度、柔性和质量
产品设计策略	最大化绩效和最小化成本	使用模块化设计尽可能减少产品差异化

当知道产品特性和供应链功能后，就可以设计出与产品需求相一致的供应链。设计策略如表 11-3 所示。

表 11-3 供应链类型与产品类型策略矩阵

供应链类型	产品类型	
	功能型产品	创新型产品
效率型供应链	匹配	不匹配
响应型供应链	不匹配	匹配

策略矩阵的四个元素代表四种可能的产品和供应链的组合，从中可以看出产品和供应链的特性，管理者可以根据它判断企业的供应链流程设计是否与产品类型一致，这就是基于产品的供应链设计策略：效率型供应链适用于功能型产品，响应型供应链适用于创新型产品。

（3）稳定的供应链和动态的供应链。根据供应链存在的稳定性划分，可以将供应链分为稳定的供应链和动态的供应链。基于相对稳定、单一的市场需求而组成的供应链稳定性较强，而基于相对频繁变化、复杂的需求而组成的供应链动态性较高。

（4）敏捷型供应链。效率型和响应型供应链的划分主要是从市场需求变化的角度出发的，重点是供应链如何处理市场需求不确定的问题。在供应链管理的实际过程中，不仅要处理来自需求端的不确定性问题，而且要处理来自供应端的不确定性问题。随着市场的变化越来越快，那些具有较高应变能力的企业能够利用及时高速策略渡过难关，而那些不具备应变能力的企业则面临被市场淘汰的局面。从供应和需求两个不确定性方向对供应链运作管理的影响出发，人们进一步细分了供应链的类型，如图11-4所示。

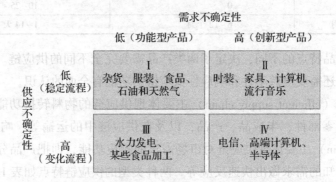

图11-4 需求不确定性和供应不确定性对某些典型行业影响的示例

2. 基于产品的供应链设计步骤

基于产品的供应链设计步骤如图11-5所示。

（1）分析市场竞争环境。要"知彼"。目的在于找到针对哪些产品市场开发供应链才有效，为此，必须知道现在的产品需求是什么、产品的类型和特征是什么。分析市场特征的过程要向卖主、用户和竞争者进行调查，提出诸如用户想要什么、他们在市场中的分量有多大之类的问题，以确认用户的需求和因卖主、用户、竞争者而产生的压力。

（2）分析企业现状。要"知己"。主要分析企业供需管理的现状（如果企业已经有供应链管理，则分析供应链的现状），这一步骤的目的不在于评价供应链设计策略的重要性和合适性，而是着重于研究供应链开发的方向，分析、找到、总结企业存在的问题及影响供应链设计的阻力等因素。

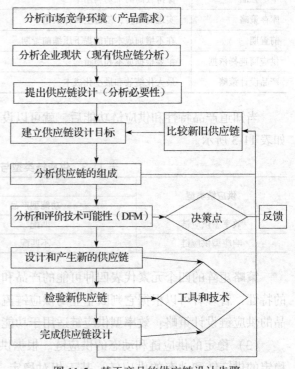

图11-5 基于产品的供应链设计步骤

(3) 提出供应链设计（分析必要性）。要了解产品，围绕着供应链"可靠性"和"经济性"两大核心要求，提出供应链设计的目标，这些目标包括提高服务水平和降低库存投资的目标之间的平衡，以及降低成本、保障质量、提高效率、提高客户满意度等目标。

(4) 建立供应链设计目标。主要目标在于获得高用户服务水平和低库存投资、低单位成本两个目标之间的平衡（这两个目标往往有冲突），同时还应包括以下目标：①进入新市场；②开发新产品；③开发新分销渠道；④改善售后服务水平；⑤提高用户满意程度；⑥降低成本；⑦通过降低库存来提高工作效率等。

(5) 分析供应链的组成。通过分析供应链的组成，提出组成供应链的基本框架。供应链中的成员组成分析主要包括制造工厂、设备、工艺，供应商、制造商、分销商、零售商及用户的选择及其定位，以及确定选择与评价的标准。分析供应链节点的组成，提出组成供应链的基本框架；供应链组成包括产品设计公司、制造工厂、材料商、外发厂（如表面处理）、物流伙伴，以及确定选择和评价的标准，包括质量、价格、准时交货、柔性、提前期（L/T）和批量（MOQ）、服务、管理水平等指标。

(6) 分析和评价技术可能性（DFM）。这不仅是某种策略或改善技术的推荐清单，而且是开发和实现供应链管理的第一步，它在可行性分析的基础上，结合本企业的实际情况，为开发供应链提出技术选择建议和支持。这也是一个决策的过程，结合企业本身和供应链联盟内（如设计公司、外发厂）资源的情况进行可行性分析，并提出建议和支持。如果认为方案可行，就可进行下面的设计；如果认为不可行，则需要重新设计供应链，调整节点企业或建议客户更新产品设计。

(7) 设计和产生新的供应链。这一步骤主要解决以下问题：供应链的成员组成（供应商、设备、工厂、分销中心的选择与定位、计划与控制）、原材料的来源问题（包括供应商、流量、价格、运输等问题）、生产设计（需求预测、生产什么产品、生产能力、供应给哪些分销中心、价格、生产计划、生产作业计划和跟踪控制、库存管理等问题）、分销任务与能力设计（产品服务于哪些市场、运输、价格等问题）、信息管理系统设计、物流管理系统设计等。

在供应链设计中，会广泛地应用到许多工具和技术，包括：归纳法、集体解决问题、流程图、模拟和设计软件等；3PL 的选择与定位、计划与控制；确定产品和服务的计划、运送和分配、定价等；设计过程中需要各节点企业的参与交流，以便于以后的有效实施。

(8) 检验新供应链。供应链设计完成以后，应通过一定的方法、技术进行测试检验或试运行，如不行，返回第四步重新进行设计；如果没有什么问题，就可实施供应链管理了。

(9) 完成供应链设计。供应链实施过程中需要核心企业的协调、控制和信息系统的支持，使整个供应链成为一个整体，负责从工业设计到批量生产、物流等全方位的供应链控制和协调。

3. 产品生命周期阶段与对应的供应链策略

费舍尔阐述的产品特征是两个极端类型，实际上产品需求是包含这两个极端类型在内的一系列需求组合。此外产品的需求特点并不是一成不变的，随着产品走过生命周期，产品需求会发生很大的改变。因此，有必要研究基于产品生命周期的供应链设计，即对于产品生命周期不同阶段的需求特征，选择适当的供应链与之相匹配。

(1) 引入期。特征：①无法准确预测需求；②大量的促销活动；③零售商可能在提供销售补贴的情况下才同意储备新产品；④订货不稳定且批量小；⑤产品未被市场认同而夭折的比例较高。

对应策略：①供应商参与新产品的设计开发；②在产品投放市场之前制订完善的供应链支持计划，小批量采购原材料、零部件；③保证高度的产品可得性和物流灵活性；④避免缺货的发生；⑤避免生产环节和供应末端的大量储存；⑥安全追踪系统，及时消除安全隐患或追回问题产品；⑦供应链各环节信息共享。

(2) 成长期。特征：①市场需求稳定增长；②营销渠道简单明确；③竞争性产品开始进入市场。

对应策略：①批量生产，较大批量发货，较多发货，以降低供应链成本；②做出战略性的顾客服务承诺，以进一步吸引顾客；③确定主要顾客并提供高水平服务；④通过供应链各方的协作增强竞争力；⑤服务与成本的合理化。

(3) 成熟期。特征：①竞争加剧；②销售增长放缓；③一旦缺货，将被竞争性产品代替；④市场需求相对稳定，市场预测较为准确。

对应策略：①建立配送中心；②建立网络式销售通道；③利用第三方物流公司降低供应链成本并为顾客增加价值；④通过拖延制造、消费点制造来改善服务；⑤减少成品库存。

(4) 衰退期。特征：①市场需求急剧下降；②价格下降。

对应策略：①对是否提供配送支持及支持力度进行评价；②对供应链进行调整以适应市场的变化，如供应商、分销商、零售商等数量的调整及关系的调整等。

11.2 供应链管理基本理论

自从有了商业活动以来，供应链管理的行为就客观存在，但是作为一门管理思想，它产生于20世纪80年代，并在最近几年受到广泛重视。供应链管理改变了企业的竞争方式，将单个企业竞争转变为由核心企业、供应商、制造商、批发商、零售商及用户所形成的供应链联盟的竞争，是企业赢得竞争优势的重要源泉。因此，企业要在激烈的竞争环境中生存下来，必须重视和加强供应链管理工作。

11.2.1 供应链管理的概念

由于供应链管理对企业的生存和发展有着重大的关系，因此自从供应链管理的概念被提出以来，人们从不同的角度对供应链管理有不同的认识和结论，导致对供应链管理至今都没有一个公认的、完整的定义。这里介绍几种典型的供应链管理定义。

美国供应链管理专业协会（Council of Supply Chain Management Professional，CSCMP）的供应链管理概念在全球广泛使用，其定义为：供应链管理包括对涉及采购、外包、转化等过程的全部计划和全部物流管理活动。从本质上说，供应链管理是企业内部和企业之间的供给与需求的集成。总部设于美国俄亥俄州立大学的全球供应链论坛（The Supply Chain Forum）的成员于1994年提出，并于1998年修订的定义是：供应链管理是从最终用户到最初供应商的所有为用户及其他投资人提供价值增值的产品、服务和信息的关键业务流程的一体化。这里的业务流程实际上包括两个相向的流程组合：一是从最终用户到初始供应商的市场需求信息的逆流而上的传导过程；二是从初始供应商向最终用户的顺流而下，且不断增值的产品和服务的传递过程。供应链管理就是针对这两个核心业务流程实施一体化运作，实现供应链的优化，并最终取得满意的结果。

我国修订后的国家标准《物流术语》（GB/T 18354—2021）对供应链管理的定义是：从供应链整体目标出发，对供应链中采购、生产、销售各环节的商流、物流、信息流及资金流进行统一计划、组织、协调、控制的活动和过程。中国物流与采购联合会的定义是：供应链管理就是指对整个供应链系统进行计划、协调、操作、控制和优化的各种活动和过程。其目标是要将顾客所需的正确的产品能够在正确的时间、按照正确的数量、正确的质量和正确的状态送到正确的地点，即"6R"，并使总成本最小。

中美两位知名学者马士华和唐纳德·J. 鲍尔索克斯在倾力之作《供应链物流管理》一书中提出，供应链管理就是使围绕核心企业建立的供应链最优化，并使它能以最低的成本、最好的服务水平来实现供应链从采购开始到制成产成品再到满足最终顾客需求的所有流程的有效运作，把合适的产品，以合理的价格，及时地送到消费者手上。供应链管理的核心思想是"系统思维观"（system thinking）和"流思维观"（flow thinking），对供应链中一切活动的优化要以整体最优为目标，这反映了供应链管理是一个一体化的管理理念，其核心意义在于如何使企业能够与合作伙伴在供应链运作上实现协同性，实现供应链合作伙伴的资源共享，从而取得整体最优的绩效水平，达到提高供应链整体竞争力的目的。

在认识供应链管理时要注意以下三个方面的重点内容。

一是供应链管理的范围包括由供应商的供应商、用户的用户所构成的网链结构及所涉及的资源范畴。二是供应链管理的目的是追求整个系统的效率和费用的有效性，使系统效益最大、总成本最低。三是管理内容是围绕网链各方经营主体、设施资源功能服务等的一体化与集成管理，资源有效利用、资源融合将贯穿于企业战略层、战术层，直到作业层的决策、经营和作业管理活动之中。

11.2.2 供应链管理的目标和基本思想

1. 供应链管理的目标

从供应链管理的实践看，供应链管理的主要目标是：在提升用户的最大满意度（如提高交货的可靠性和灵活性）时，对整个供应链的各个环节进行综合管理，缩短产品完成时间，使生产更加贴近实时需求，减少采购、库存、运输等环节的成本，使企业整体流程最优化。也就是从用户服务水平和成本两个方面使产品增值或增加顾客价值，从而增强企业的竞争力。但是这两个方面的目标往往是相互矛盾的，即要提高服务水平，是以成本升高为代价的；而降低成本，往往会带来服务水平的下降。

在这里，时间对两个方面的目标都有着重要的影响：对于服务水平来说，最重要的是对市场需求的响应速度，即需求的响应时间；对于成本来说，时间的延长会导致各种运作成本升高，如存储成本、产品滞销的损失等。因此，加强时间管理，可以实现在服务水平和作业成本两个方面的同时优化。

2. 供应链管理的基本思想

供应链管理覆盖了从供应商到用户的全部过程，主要涉及供应、生产计划、物流和需求四个领域。供应链管理是一种先进的管理理念，它的先进性体现在以顾客和最终消费者为经营导向，以满足顾客和消费者的最终期望来生产与供应。除此之外，供应链管理还体现以下基本思想。

（1）供应链管理把所有节点企业看作一个整体，实现全过程的战略管理。供应链中各环节是环环相扣的有机整体。从系统的观点来说，供应链可以看成一个系统，即各节点企业之间实现信息共享、风险共担、利益共存，从战略的高度来重视供应链管理，从而使供应链管理起到有效的作用。

（2）供应链管理是一种集成化的管理模式。供应链管理的关键是采用集成化的思想和方法。它是一种从供应商开始，经由制造商、分销商、零售商，直到最终客户的全要素、全过程的集成化管理模式，是一种新的管理策略，它把不同的企业集成起来以提高整个供应链的效率，注重的是企业之间的合作，以做到全局最优。

（3）供应链管理强调企业的核心竞争力，将非核心业务外包。供应链管理是"横向一体化"思想的体现。为此企业要在集中资源于核心业务的前提下，与外部企业保持亲密合作，通过利用其他企业的资源来弥补自身的不足，从而变得更加具有竞争优势。

（4）供应链管理借助信息技术实现整合管理，这是信息流管理的先决条件。在供应链中，信息是供应链各方的沟通载体，供应链中各个节点的企业就是通过信息这条纽带集成起来的，可靠、准确的信息是企业决策的有力支持和依据，能有效降低企业运作中的不确定性，提高供应链的反应速度。供应链管理主要是信息管理，信息管理的基础是构建信息平台，实现信息共享，利用信息技术对供应链节点上的企业进行整合管理，提高整条供应链上的反应速度。

11.2.3 供应链管理与传统企业管理模式的区别

从供应链管理的内容可以看出，它与传统的企业内部物料管理和控制有着明显的区别，主要体现在以下几个方面。

（1）供应链管理把供应链中所有节点企业看作一个整体，供应链管理涵盖整个链上从供应商到最终用户的采购、制造、分销、零售等职能领域过程。

（2）供应链管理强调和依赖战略管理。"供应"是整个供应链节点企业之间事实上共享的一个概念，同时它又是具有重要战略意义的一个概念，因为它影响或者可以认为它决定了整个供应链的成本和市场占有份额。

（3）供应链管理的关键是对所有相关企业采用集成的管理思想和方法，而不仅仅是把各个节点企业的资源简单地连接起来，或者将业务外包出去。供应链管理具有更高的目标，通过协调合作关系达到高水平的服务，其关键是需要采用集成的思想和方法，应用系统的观点，而不是节点企业资源的简单连接。

（4）供应链管理强调在企业间建立合作伙伴关系，通过提高相互信任程度和合作关系水平，提高整个供应链对用户的服务水平，而不是把企业之间的业务往来仅仅看作一次商业交易活动。

（5）建立供应链管理的协调与激励机制是最具挑战性的任务，如果没有供应链企业之间的协调运作，以上提出的供应链管理的目标都是很难实现的。这种协调运作必须靠激励机制保证，这是传统企业管理不曾遇到的问题。

11.3 供应链管理方法

近年来，供应链管理发展迅猛，为许多企业所接受，各种各样的供应链管理方法更是层出不穷，其中较为典型的有快速反应、有效客户反应（ECR）、准时制工作法（JIT）等。虽然由于行业不同，各种供应链管理方法的侧重点不同，但其实施的目标都是相同的，即在提高用户服务水平和降低供应链管理运作成本之间取得平衡。人们在不断的实践管理工作中提出快速反应和有效客户反应两种经常用到的供应链管理方法。

11.3.1 快速反应

20世纪六七十年代，美国的纺织行业面临着国外进口商品的激烈竞争。20世纪80年代初，国外进口服装占据美国市场的40%，对本地纺织服装企业形成了严重威胁。面对这种情况，企业的最初反应是，一方面寻找法律保护，要求政府和国会采取措施阻止纺织品的大量进口；另一方面，加大现代化设备投资，提高企业的生产率，但效果并不好，因此他们开始寻找新的方法。1984年，美国服装、纺织以及化纤行业的先驱们成立了一个"用国货为荣委员会"。该委员会的任务是为购买美国生产的纺织品和服装的消费者提供更大的利益。1985年该委员会开始做广告，提高美国消费者对本国生产服装的信誉度。同时，该委员会委托零售业咨询公司Kurt Salmon开展提高竞争力的调查。该公司调查后发现，纺织产业各环节的企业都十分注重提高各自的经营效率，但是供应链整体的效率并不高。于是纤维、纺织、服装以及零售业开始寻找那些在供应链上导致高成本的活动，结果发现，供应链的长度是影响其高效运作的主要原因。

为此该咨询公司建议零售业者和纺织服装生产厂家合作，共享信息资源，建立一个快速反应系统，以获得销售额增长，实现投资收益率和顾客服务的最大化以及库存量、商品缺货、商品风险和成本最小化的目标。在此时代背景下，产生了快速反应这一概念。

1. 快速反应的概念

快速反应（quick response，QR）原是美国纺织服装业发展起来的供应链管理方法，它是美国零售商、服装制造商以及纺织品供应商开发的整体业务概念，目的是减少从原材料到销售点的时间和整个供应链中的库存，最大限度地提高供应链管理的运作效率。沃尔玛是推行 QR 的先驱，从沃尔玛的实践来看，QR 是供应链成员企业之间建立战略合作伙伴关系，利用 EDI 等信息技术进行销售时的信息交换与其他经营信息的共享，用高频率、小数量的配送方式连续补充商品，以实现缩短交货周期、减少库存、提高顾客服务水平和企业竞争力为目的的一种供应链管理策略。

金卡德等在比较了纺织、服装和其他消费品工业后，结合理论和实际研究了 QR 的定义后认为，QR 可以被定义为 5 种技术组成的集成体，即库存控制、信息共享、条形码技术、生产计划以及颜色深浅分拣技术。我们可以看出这些技术主要涉及的都是流通领域的管理，但是 QR 不可避免地会影响到制造领域。因此，这种严格划分的定义明显具有局限性。我国修订后的国家标准《物流术语》（GB/T 18354—2021）中将其定义为：供应链成员企业之间建立战略合作伙伴关系，利用电子数据交换（EDI）等信息技术进行信息交换与信息共享，用高频率、小批量配送方式补货，以实现缩短交货周期，减少库存，提高顾客服务水平和企业竞争力为目的的一种供应链管理策略。

在发展之初，QR 的组成是比较简单的。随着市场竞争的加剧，QR 不断吸收其他战略的长处，并融入选进的生产和管理技术，变得越来越复杂，因而也就很难给出明确的定义。但是，QR 初期的目的和管理没有改变，那就是通过某些技术的使用来加强和完善整个流通管理效率的动态变化。

2. QR 的内涵

通常人们认为，QR 是一项连接供应商和零售商运作的策略，其目的是快速响应不断变化的市场，提供所需要的灵活性，但是 QR 作为一种战略，已经从最初的只注重供应商的集成发展到整个供应链的集成，其包括的内容除流通领域的合作外，还有制造领域、产品设计领域和组织管理领域等方面。作为一种全新的业务方式和管理方法，QR 体现了技术支持的业务管理思想，即在供应链中，为了实现共同的目标，各环节间都进行紧密合作。

过去，供应商与下游企业之间对抗多于合作，通常把增加自我利润建立在损害供应链其他成员的利益上，最终把所有成本都由市场转嫁给消费者。但在新环境下，企业之间的竞争不再是单个企业在一定时间、一定空间为争夺某些终端市场和某些顾客的一对一的单打独斗了，企业和其他供应商、分销商和零售商的关系已不是简单的业务往来对象，而是结成利益共享的战略合作伙伴关系。供应链企业之间的合作关系对于供应链的成功运作具有越来越重要的影响作用，因为只有整个供应链的运作效率和效益提高后才具备了供应链之间竞争的实力。所以说，快速反应这种新型的合作方式意味着各个主要方面都要告别过去的敌对竞争关系，以消费者需求为驱动源，通过建立战略合作伙伴关系来实现为消费者提供高价值的商品或服务，同时降低整个供应链的库存量和总成本的目的。

3. 实施 QR 的步骤

实施 QR 需要以下六个步骤。每一个步骤都以前一个步骤为基础，都比前一个步骤回报更高，但是需要的投资也更高。

（1）开发和应用现代信息技术。信息技术是实施 QR 的基础，借助于信息技术，QR 可以实现信息的快速、准确地获取和传递。这些现代信息技术包括条形码技术（商品条形码和物流条形码）、POS 数据读取系统、电子订货系统、持续补货系统等。

（2）自动补货（automatic replenishment，AR）。QR 一方面要求供应商更快、更频繁地运输重新订购的商品，以保证店铺不缺货，从而提高销售额；另一方面，零售商通过对商品实施 QR，保证这些商品能满足顾客需求，在加快商品周转的同时为消费者提供更多可供选择的品种。这就要求合作伙伴之间通过自动补货系统建立良好的互动关系。连续补货计划（continuous replenishment program，CRP），是指利用及时准确的销售时点信息确定已销售的商品数量，根据零售商或批发商的库存信息和预先规定的库存补充程序，确定发货补货数量和配送时间的计划方法。

自动补货系统是连续补货系统的延伸，即供应商基于过去和目前销售数据及其可能变化的趋势进行定期预测，主动与零售商频繁交流，并缩短从订货到交货之间的时间间隔，这样就可以降低整个货物补充过程（从工厂到门店）的存货，同时减轻存货和生产波动。自动补货系统中，供应商通过与零售商缔结战略合作伙伴关系，各成员互享信息，能使供应商对其所供给的所有分门别类的货物及在其销售点的库存情况了如指掌，从而自动跟踪补充各个销售点的货源，使供应商提高供货的灵活性和预见性，即供应商治理零售库存，并承担零售店里的全部产品的定位责任，使零售商大大降低零售成本。

（3）先进的补货联盟。为了保障补货业务的流畅，零售商和制造商联合起来检查销售数据，制订关于未来需求的计划和预测，在保证现货和减少缺货的情况下降低库存水平，还可以进一步由制造商管理零售商的存货和补货，以加快库存周转速度。

（4）零售空间管理。这是指根据每个店铺的需求模式来规定其经营商品的花色品种和补货业务。一般来说，对于花色品种、数量、店内陈列及培训或激励售货员等决策，制造商也可以参与甚至制定。

（5）联合产品开发。这一步的重点不再是一般商品和季节商品，而是服装等生命周期很短的商品。制造商和零售商联合开发新产品，其关系的密切程度超过了购买与销售的业务关系,这样不仅可缩短从新产品概念到新产品上市的时间,而且可经常在店内对新产品进行试销。

(6) 快速反应的集成。通过重新设计业务流程,将前五步的工作和公司的整体业务集成起来,以支持公司的整体战略。最后一步要求零售商和消费品制造商重新设计其整个组织、业绩评估系统、业务流程和信息系统,设计的中心是围绕消费者,而不是传统的公司职能。

4. QR 成功的条件

(1) 必须改变传统的经营方式和革新企业的经营意识与组织。企业不能局限于只依靠本企业独自的力量来提高经营效率的传统经营意识,要树立与供应链各方建立合作伙伴关系,努力利用各方资源来提高经营效率的现代经营意识。零售商在 QR 系统中起主导作用,零售店铺是 QR 系统的起点,明确 QR 系统内各个企业之间的分工、协作范围和形式,消除重复业务和作业,建立有效的分工协作框架。

(2) 必须开发和应用现代信息处理技术。在 QR 系统内部,通过 POS 数据等销售信息和成本信息的相互公开与交换,来提高各个企业的经营效率。必须改变传统的事务作业的方式,利用信息技术实现事务作业无纸化和自动化。

(3) 必须实现信息的充分共享。必须改变传统的对企业商业信息保密的做法,在销售信息、库存信息、生产信息、成本信息等方面与合作伙伴交流分享,并在此基础上要求各方在一起共同发现问题、分析问题和解决问题。

(4) 必须与供应链各方建立战略合作伙伴关系。具体内容包括积极寻找和发现战略合作伙伴,并在合作伙伴之间建立分工和协作关系。

(5) 供应方必须缩短生产周期,降低商品库存。具体来说,供应商应努力做到缩短商品的生产周期,进行多品种少批量生产和多频度小数量配送,降低零售商的库存水平,提高顾客服务水平。

11.3.2 有效客户反应

1. 有效客户反应产生的背景和含义

有效客户反应(efficient customer response,ECR)首先出现在美国食品杂货行业,是美国食品杂货行业开展供应链体系构造的一种实践。由于食品种类和品种日益增多,食品生产和流通企业适应顾客需求越来越困难,传统的商品供应体制很难适应现代流通市场的需求,销售额日益减少。消费者很少再像以前那样去反复购买同一种食品,原有的营销方法也不适用了。消费者对商品价格、品质日益敏感,然而商品的供应方式却并未改变,与消费者的需求相距越来越远。零售商在与进货商打交道时煞费苦心,仍不能改变销售利润率下降的趋势。在这种背景下,食品业开始探索新的运作方法。1992 年年初,美国食品市场营销协会(FMI)成立了一个特别工作组,研究商品供应的新体制,具体作业分析由 KSA 公司执行。

该公司对食品行业展开调查，提出物流、品种、促销和新商品的引入四大需要改革的领域。KSA 公司针对四大领域的改革措施和信息技术提出了一种综合运作系统，这就是 ECR 系统。该系统在 1993 年召开的 FMI 大会上公开发布。

从零售商的角度来看，新的零售业态，如仓储商店、折扣店大量涌现，对原有的超市构成了巨大的威胁，日杂百货业的竞争更趋激烈，零售商开始寻找应对这种竞争方式的新的管理方法。从制造商的角度来看，为了获取销售渠道拉拢零售商，往往牺牲了自身利益。为了将损失降低至最低程度，制造商往往通过广泛的产品线来弥补大量促销造成的损失，而这又造成制造商之间无差异竞争情况的加剧，同时使零售企业的进货和商品管理成本加大。这时如果制造商能与零售商结成更为紧密的战略联盟，将对双方都有利。针对消费者得到的往往是高价、不满意的商品。针对这种情况，客观上要求企业从消费者的需求出发，提供满足消费者需求的商品和服务。ECR 在美国推行过程中还有一个背景和特点是值得人们注意的，即当时随着产销合作或供应链构筑的呼声越来越高，特别是 QR 和战略联盟的日益发展，制造商与零售商直接交易的现象越来越多，与此同时，批发业则日益萎缩，产销之间都开始在交易中排除批发商环节。

在上述背景下，美国食品市场营销协会（Food Marketing Institute，FMI）联合可口可乐公司、宝洁公司、KSA 等六家公司对供应链进行调查、总结、分析，于 1993 年 1 月提出改进供应链管理的详细报告，提出了 ECR 概念体系，被零售商和制造商采用，广泛应用于实践。

ECR 欧洲执行董事会将 ECR 定义为：ECR 是一种通过制造商、批发商和零售商各自经济活动的整合，以最低的成本，最快、最好地实现消费者需求的流通模式。ECR 旨在通过零售商与制造商的协作，建立一个具有高效反应能力和以客户需求为基础的体系。

2. ECR 的四大要素

（1）有效的产品引进。由于产品引进之前，不易评估其成功率，尤其是新产品的问世，更是难以估量，所以 ECR 的目标是希望通过供应链伙伴间的策略合作，有效地了解消费者的需求与欲望，改善新商品的研发失败率并缩短新商品上市时间。

（2）有效的店铺分类组合。通过有效地利用店铺空间、合理安排种类商品的展示比例及店内布局来最大限度地提高商品的盈利能力。

（3）有效的促销。拟定符合市场目标的商品促销策略，规划促销策略执行面与评估成本效益，并随时审视促销的模式及频率是否刺激到消费者的购买欲望和购买数量。

（4）有效的补货。其目的是将正确的产品在正确的时间和正确的地点以正确的数量和最有效的方式送给消费者。从生产线到收款台，通过 EDI，以需求为导向的自动补货和计算机辅助订货，使补充系统的时间和成本最优化，从而降低商品的售价。

3. ECR 的三个重要战略

ECR 包括零售业的三个重要战略，即顾客导向的零售模式、品类管理和供应链管理。

（1）顾客导向的零售模式，即消费者价值模型。通过商圈买者调查、竞争对手调查、市场消费趋势研究，确定目标顾客群，了解自己的强项、弱项和机会，确定品类的定义和品类在商店经营承担的不同角色；确定商店的经营策略和战术，制定业务指标衡量标准，制订业务发展计划。

（2）品类管理。品类管理就是把所经营的商品分为不同的类别，并把每一类商品作为企业经营战略的基本活动单位进行管理的一系列相关活动。在品类管理的经营模式下，零售商通过 POS 系统掌握消费者的购物情况，而供应商收集消费者对于商品的需求，并进行品类的需求分析，再共同制定目标，如商品组合、存货管理、新商品开发及促销活动等。

（3）供应链管理。建立全程供应链管理的流程和规范，提高供应链的可靠性和快速反应能力；通过规范化、标准化管理，提高供应链的数据准确率和及时率；建立零售商与供应商数据交换机制，共同管理供应链，最大限度地降低库存和缺货率。

11.3.3　QR 与 ECR 的比较

1. QR 与 ECR 的差异

QR 主要集中在一般商品和纺织行业，其主要目标是对用户的需求做出快速反应，并快速补货。ECR 主要以食品行业为对象，其主要目标是降低供应链各环节的成本，提高效率。这是因为食品杂货业与纺织服装业经营的产品的特点不同：食品杂货业经营的产品多数是一些功能型产品，产品的寿命相对较长（生鲜食品除外）；纺织服装业经营的产品多属创新型产品，产品的寿命相对较短。

（1）侧重点不同。QR 侧重于缩短交货提前期，快速响应客户需求；ECR 侧重于减少和消除供应链的浪费，提高供应链运行的有效性。

（2）管理方法的差别。QR 主要借助信息技术实现快速补发，通过联合产品开发缩短产品上市时间；ECR 除新产品快速有效引入外，还实行有效商品管理。

（3）适用的行业不同。QR 适用于产品单位价值高、季节性强、可替代性差、购买频率低的行业；ECR 适用于产品单位价值低、库存周转率高、毛利少、可替代性强、购买频率高的行业。

（4）改革的重点不同。QR 改革的重点是补货和订货的速度，目的是最大限度地消除缺货，并且只在有商品需求时才去采购。ECR 改革的重点是效率和成本。

2. QR 与 ECR 的共同特征

QR 与 ECR 的共同特征表现为超越企业之间的界限，通过合作追求物流效率化。具体表现在以下三个方面。

（1）贸易伙伴间商业信息的共享。

（2）商品供应方进一步涉足零售业，提供高质量的物流服务。

(3) 企业间订货、发货业务全部通过 EDI 来进行，实现订货数据或出货数据的传送无纸化。

11.4 供应链管理要素和结构

11.4.1 供应链管理体系的组成要素

随着供应链管理思想的发展，人们开始注意到从整个供应链的角度研究供应链管理的要素问题，即供应链管理到底应该包含哪些要素。这个问题至今仍然是困扰管理人员的主要问题之一，许多专家在这一方面都进行了卓越的研究。

美国俄亥俄州立大学的兰伯特教授及其研究小组提出供应链管理的三个基本组成部分：供应链的网络结构、供应链的业务流程和供应链管理元素。这三个组成部分的具体内容如下。

(1) 供应链的网络结构，主要包括工厂的选址与优化、物流中心的选址与优化、供应链网络结构设计与优化。

(2) 供应链的业务流程，主要包括客户关系管理（CRM）、客户服务管理、需求管理、订单管理、制造流程管理、供应商关系管理、产品开发与商业化、回收物流。

(3) 供应链管理元素，主要包括运作计划与控制、工作结构设计（指明企业如何完成工作任务）、组织结构、产品流的形成结构（基于供应链的采购、制造、配送的整体流程结构）、信息流及其平台结构、权利和领导结构、供应链的风险分担和利益共享以及文化与态度。

根据大多数人的研究成果，本书认为供应链管理涉及六个主要方面：需求管理、计划与组织、订单管理、物流管理、供应和回流。以这六个方面为基础，可以将供应链管理细分为基本职能和辅助职能。基本职能主要包括产品开发、产品技术保证、采购、制造、生产计划与控制、物流管理、市场营销等。辅助职能主要包括客户服务、会计核算、人力资源等。

由此可见，供应链管理关心的并不仅仅是物料实体在供应链中的流动，除了企业内部与企业之间的运输、仓储和实物分销以外，还包括其他方面的内容，如战略性供应商和用户合作伙伴关系管理、企业间资金流管理等多方面的内容。

11.4.2 供应链管理系统的关键要素

根据上面提出的供应链管理要素的构成情况，本书将其综合为供应链管理工作中的八个主要问题，分别是供应链计划、供应链信息管理、用户服务管理、物流管理、设施选址决策、合作关系管理、供应链企业的组织管理、供应链的绩效评价与激励机制。

1. 供应链计划

供应链计划在整个供应链系统中处于核心位置，对整个供应链的好坏有先天性影响，是供应链管理工作中的关键要素之一，也是当今物流管理环境中的主要焦点问题。它的主要功能是对供应链的定义和规划，对供应链的定义即根据环境特征、行业特征等因素对供应链进行准确定位，对供应链的规划主要是规划供应链企业对客户订货的承诺能力、多供应商物流计划、分销计划等。供应链计划着眼于宏观层面，是对整个供应链的优化。

2. 供应链信息管理

信息流是供应链上各种计划、订单、库存状态、生产过程、订单交付过程等指令和其他关键要素相互之间传递的数据流，由于信息直接影响着物流、商流、资金流以及其他关键要素的运行质量，所以对信息的管理是供应链性能改进的重要因素。对信息的有效管理能使供应链企业对市场需求响应更快，资源运用效率更高。从信息角度来看，供应链管理过程中需要处理的信息包括四个方面：一是最终客户需求信息；二是企业自身资源和能力信息；三是相关伙伴的资源和能力信息；四是综合处理前三类信息形成的供需计划信息。所以供应链信息管理强调内外信息资源的同步处理，以整个供应链对最终用户需求信息的获取、应用、反馈为主线。

成功的企业往往通过形成一个以信息处理为核心内容的动态优化过程，减少供应链中相关企业的等待、重复、投机和错误行为，借助优化的信息处理结果指挥物流和资金流的运动，实现物流、资金流的更优化配置。信息的管理和有效的应用对整个供应链产生重大的影响，这种影响主要表现为：有助于建立新型的客户关系管理体系，更好地了解顾客和市场需求；有助于进一步拓宽和开发高效率的营销渠道；有助于改变供应链的构成，使商流与物流一体化，重新构筑企业或企业联盟之间的价值链。

3. 用户服务管理

供应链关注的焦点是最终用户所获取的价值，供应链管理以最终用户价值最大化为管理目标。当今社会高新技术迅猛发展，市场竞争日益激烈，产品寿命周期缩短和产品结构越来越复杂，用户需求的不确定性和个性化增加，因此供应链管理必须以用户为导向。

而以用户为导向是以有效满足最终用户需求为实现手段的，即在合适的时间和地点，以合适的方式和价格，将合适的产品提供给合适的用户。这就要求企业必须准确把握用户动态，快速响应个性化需求，为用户提供便捷的购买渠道、良好的售后服务与经常性的用户关系等，贯彻以"顾客需求"为导向，提供优质可靠的服务。

4. 物流管理

供应链管理的实施离不开物流、信息流、资金流的集成，尤其是物流，对供应链管理的运作影响最大。供应链中物流管理水平的高低直接影响整个供应链的竞争力。物流管理在供应链管理环境下具有三重作用，也可以说是三种表现形式，即物流的物质表现、价值表现和信息表现。物流的物质表现就是企业之间的物质资源的转移；物流的价值表现是指物流过程是一个价值增值过程，是一个能创造时间价值和空间价值的过程；物流的信息表现是指物流过程是一个信息采集、传递与加工的过程，为整个供应链的运作提供决策参考。基于这种情况，现代供应链管理的研究应将物流管理作为重点研究的内容。

目前，物流管理已经扩展到包括上下游供应链企业之间的协调管理上，特别是随着第三方物流的介入，物流管理的概念也发生了巨大的变化，而且在供应链管理中的作用越来越重要。尤其是物流管理中的库存管理和运输管理，对供应链管理系统的影响更是显著。

5. 设施选址决策

设施是指生产和运作过程得以进行的硬件，通常由工厂、车间、设备、仓库等物质实体构成。供应链管理中的设施选址，是指如何运用科学的方法确定设施的数量、地理位置、规模，并分配各设施所服务的市场范围，使之与供应链的整体经营运作系统有机结合，以实现有效、经济的供应链运作。设施选址对设施的布置、投产后的生产经营费用、产品和服务质量及生产效率的高低都会有不同程度的影响。因此，设施的选址在供应链管理系统中有着重要的影响，要引起足够的重视。

6. 合作关系管理

为了降低供应链总成本及供应链上的库存水平，增强信息共享水平，改善相互之间的次序，保持战略伙伴相互之间操作的一贯性，必须着重构建供应链企业之间的战略合作关系。对供应链企业间的合作关系的管理要着眼于每个节点企业的发展方向都与供应链的战略方向一致，而不仅仅停留在一般的交易关系层面上。可以说供应链管理就是合作伙伴关系的管理。只有协调好合作伙伴之间的关系，才能使供应链的整体竞争力提高，从而增强供应链成员企业之间的信任和合作程度，促进供应链的良好发展。

7. 供应链企业的组织管理

现代企业管理学认为，企业组织创新是企业的核心能力构成要素之一，是提高企业的组织效率、管理水平和竞争能力的有效措施。目前，世界上不少企业为了提高供应链的效率与响应速度，对企业供应链管理模式，特别是企业的组织结构形式进行了不断的研究、探索与实践。供应链组织创新是企业组织优化的重要组成部分，而且这种优化超越了企业的边界，连接起供应链的上下游企业，致力于形成一种现代的、能够支持整个供应链管理的全新组织体系，不但对提高供应链的竞争能力起着非常重要的作用，而且创造了新的组织管理理论。

8. 供应链的绩效评价与激励机制

从系统分析角度来看，供应链的绩效评价与激励机制是供应链管理中的一项综合性活动，涉及供应链各个方面的情况。供应链绩效评价的目的主要有两个：一是判断各方案是否达到了各项预定的性能指标，能否在满足各种内外约束条件下实现系统的预定目标；二是按照预定的评价指标评出参评方案的优劣，做好决策支持，帮助管理者进行最优决策，选择系统实施方案服务。供应链激励目标主要是通过某些激励手段，调动合作双方的积极性，兼顾合作双方的共同利益，消除由于信息不对称和道德行为带来的风险，使供应链的运作更加顺畅，实现供应链企业共赢的目标。

通过建立供应链管理绩效评价与激励机制，围绕供应链管理的目标对供应链整体、各环节（尤其是核心企业）运营状况以及各环节之间的营运关系等进行事前、事中和事后分析评价。

11.5 供应链管理的运营机制

事实上，供应链管理是一个复杂的系统，涉及众多目标不同的企业，牵扯到企业的方方面面，因此实施供应链管理必须确保厘清思路、分清主次、抓住关键问题。只有这样，才能做到既见"树木"，又见"森林"，避免陷入"只见树木，不见森林"或"只见森林，不见树木"的尴尬境况。供应链管理实际上是一种基于竞争—合作—协调机制的，以分布企业集成和分布作业协调为保证的新的企业运作模式。

11.5.1 四种供应链管理的运营机制

供应链成长过程体现在企业在市场竞争的成熟与发展之中，通过供应链管理的合作机制（cooperation mechanism）、决策机制（decision mechanism）、激励机制（encourage mechanism）和自律机制（self-discipline mechanism）等来实现满足顾客需求、使顾客满意以及留住顾客等功能目标，从而实现供应链管理的最终目标——社会目标（满足社会就业需求）、经济目标（创造最佳利益）和环境目标（保持生态与环境平衡）的合一，具体如图11-6所示。

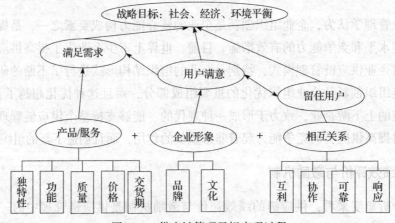

图 11-6 供应链管理目标实现过程

1. 合作机制

供应链合作机制体现了战略伙伴关系和企业内外资源的集成与优化利用。基于这种企业环境的产品制造过程，从产品的研究开发到投放市场，周期大幅缩短，而且顾客导向化（customization）程度更高，模块化、简单化产品及标准化组件，使企业在多变的市场中的柔性和敏捷性显著增强，虚拟制造与动态联盟提高了业务外包（outsourcing）策略的利用程度。企业集成的范围扩展了，从原来的中低层次的内部业务流程重组上升到企业间的协作，这是一种更高级别的企业集成模式。

2. 决策机制

由于供应链企业决策信息的来源不再仅限于一个企业内部，而是在开放的信息网络环境下，不断进行信息的交换和共享，达到供应链企业同步化、集成化计划与控制的目的，而且随着互联网发展成为新的企业决策支持系统，企业的决策模式将会产生很大的变化，因此处于供应链中的任何企业决策模式应该是基于互联网的开放性信息环境下的群体决策模式。

3. 激励机制

归根到底，供应链管理和任何其他的管理思想一样都是要使企业在21世纪的竞争中在"TQCSF"上有上佳表现（T为时间，指反应快，如提前期短、交货迅速等；Q为质量，控制产品、工作及服务质量高；C为成本，企业要以更少的成本获取更大的收益；S为服务，企业要不断提高用户服务水平，提高用户满意度；F为柔性，企业要有较好的应变能力）。缺乏均衡一致的供应链管理业绩评价指标和评价方法是目前供应链管理研究的弱点，也是导致供应链管理实践效率不高的一个主要问题。为了掌握供应链管理的技术，必须建立、健全业绩评价和激励机制，使供应链管理能够沿着正确的轨道与方向发展，真正成为能让企业管理者乐于接受和实践的新的管理模式。

4. 自律机制

自律机制要求供应链企业向行业的领头企业或最具竞争力的竞争对手看齐，不断对产品、服务和供应链业绩进行评价，并不断地改进，以使企业能保持自己的竞争力和持续发展。自律机制主要包括企业内部的自律、对比竞争对手的自律、对比同行企业的自律和对比领头企业的自律。企业通过推行自律机制，可以降低成本，增加利润和销售量，更好地了解竞争对手，提高客户满意度，增加信誉，企业内部部门之间的业绩差距也可以得到缩小，从而提高企业的整体竞争力。

11.5.2 供应链企业的风险防范机制

在供应链管理的实践中，存在很多导致供应链运行中断的风险，例如，2000年3月美国新墨西哥州飞利浦公司第 22 号芯片厂的车间发生火灾，2018 年 5 月福特的一家关键零部件供应商 Meridian 在密歇根州的工厂发生火灾等问题，都曾经导致供应链运行的中断，给企业、国家和世界的经济造成了很大的创伤，甚至是致命的打击。因为企业的供应链是环环相扣的，任何一个环节出现问题，都可能影响供应链的正常运作，而且这些事件的发生具有极大的不确定性和偶然性，是无法预测的，因此，供应链风险防范机制是企业管理者必须充分重视的方面。

供应链企业之间的合作会因为信息不对称、信息扭曲、市场不确定性，以及政治、经济、法律等因素的变化而导致各种风险的存在。为了使供应链上的企业都能从合作中获得满意结果，必须采取一定的措施规避供应链运行中的风险，如提高信息透明度和共享性、优化合同模式、建立监督控制机制等，尤其是必须在企业合作的各个阶段通过激励机制的运行，采用各种激励手段实施激励，以使供应链企业之间的合作更加有效。国内外供应链管理的实践证明，能否加强对供应链运行中风险的认识和防范，是关系到能否取得预期效果的大问题。竞争中的企业时刻面临着风险，因此对于风险的管理必须持之以恒，进行风险的日常管理，建立有效的风险防范体系。要建立一整套预警评价指标体系，当其中一项以上的指标偏离正常水平并超过某一"临界值"时，就发出预警信号。其中"临界值"的确定是一个难点。供应链环境下合作过程中的风险防范与激励机制的运作过程，如图 11-7 所示。

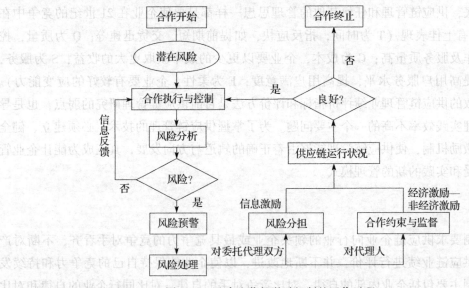

图 11-7　风险防范与激励机制的运作过程

1. 供应链风险的来源和分类

（1）供应链外部风险。外部客观环境的变化给企业带来风险的可能性，通常是由短期内企业不能控制的因素造成的。供应链外部风险包括三大类：①政治风险，来源于政局稳定情况、贸易限制情形、税制影响及变动程度、汇率波动程度；②自然风险，由于自然灾害发生及偶发意外性事故出现；③市场风险，因市场偏好预测错误而导致损失产生。

(2) 供应链内部风险。它是来源于供应链企业之间或企业内部的风险，包括：①道德风险。供应链企业间由于信息不对称导致的道德败坏行为所造成损失的风险。②技术风险。供应链企业由于没有引进先进技术，或者技术本身的先进性、可靠性、适用性和可得性与预期的方案相比发生重大变化。③信息传递风险。由于每个企业都是独立经营和管理的经济实体，供应链实质上是一种松散的企业联盟，因此，当供应链规模日益扩大、结构日趋繁复时，供应链上发生信息错误的机会也随之增多。

2. 供应链环境下风险的分类、来源及其特征

国内外已有不少学者对供应链环境下的风险问题进行了研究，包括风险的类别、起因及特征等。供应链风险的具体分类如图 11-8 所示。

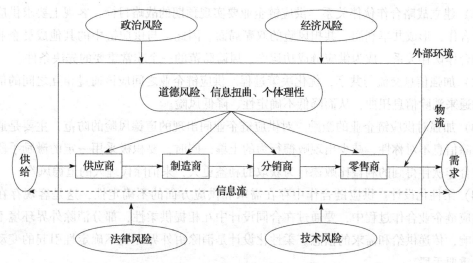

图 11-8　供应链风险的分类

3. 供应链企业间合作的不确定性

在激烈变化的市场竞争环境下，存在着大量的不确定性。只要存在不确定性，就存在一定的风险，不确定性和风险总是联系在一起的。

4. 供应链企业对于风险的态度

在委托代理关系中，企业之间的风险偏好可能是不对称的。由于委托方将某些业务外包，其风险被分散了，但代理企业的风险程度因此相应增加，于是在这样的情况下出现了最优契约。但是，代理企业的风险规避态度影响了委托代理关系的运作，所以必须研究企业对风险的态度，以保证合作的正常进行。人们通过大量的研究，通常将供应链企业对于风险的态度分为三类：风险爱好、风险厌恶和风险中性。

（1）风险爱好（risk-love）。对于这种供应链企业来说，它们不顾可能发生的危险，仍实施某项行为和进行某项决策活动。其效用函数是凸型的，期望效用必然小于概率事件的期望

效用。风险爱好型企业获取随机收益比获取确定收益所承担的风险要大,而机会则少。

(2) 风险厌恶(risk-averse),也叫风险规避。这种企业较保守,回避可能发生的风险。其效用函数是凹型的,期望效用必然大于概率事件的期望效用。风险厌恶型企业宁愿获取确定收益,而不愿获取随机收益或不确定收益,即尽可能地回避风险。

(3) 风险中性(risk-neutral)。这种企业既不冒险也不保守,而是介于风险爱好与风险厌恶之间。

5. 供应链风险防范的具体措施

针对供应链企业合作存在的各种风险及其特征,应该采取不同的防范对策。对风险的防范,可以从战略层和战术层分别考虑,主要措施包括以下几点。

(1) 建立战略合作伙伴关系。供应链企业要实现预期的战略目标,客观上要求供应链企业进行合作,形成共享利润、共担风险的双赢局面。因此,与供应链中的其他成员企业建立紧密的合作伙伴关系,成为供应链成功运作、风险防范的一个非常重要的先决条件。

(2) 加强信息交流与共享,优化决策过程。供应链企业之间应该通过相互之间的信息交流和沟通来消除信息扭曲,从而降低不确定性、降低风险。

(3) 加强对供应链企业的激励。对供应链企业间出现的道德风险的防范,主要是通过尽可能消除信息不对称性,减少出现败德行为的土壤,同时,要积极采用一定的激励手段和机制,使合作伙伴得到的利益比败德行为获取的利益更大,来消除代理人的道德风险。

(4) 柔性化设计。供应链合作中存在需求和供应方面的不确定性,这是客观存在的规律。供应链企业合作过程中,要通过在合同设计中互相提供柔性,部分消除外界环境不确定性的影响,传递供给和需求的信息。柔性化设计是消除由外界环境不确定性引起的变动因素的一种重要手段。

(5) 风险的日常管理。由于竞争中的企业时刻面临着风险,因此对于风险的管理必须持之以恒,建立有效的风险防范体系。要建立一整套预警评价指标体系,当其中一项以上的指标偏离正常水平并超过某一"临界值"时,就发出预警信号。

(6) 建立应急处理机制,适时调整供应链结构。在预警系统发出警告后,通过应急系统,可以化解供应链中各种意外情况出现的风险,减少由此带来的实际损失。

21 世纪企业的成功与否关键在于供应链管理的成功与否,供应链管理的成功与否取决于人们对供应链管理系统的结构与思想的认识和把握,而全面构建一个供应链管理系统是供应链有效运行的前提和保障。

案例研究　　　　屈臣氏供应链管理精髓

屈臣氏作为全球知名品牌,其商品涉及保健产品、美容产品、香水、化妆品、日用品、食品、饮品、电子产品及机场零售业务,庞大的业务结构和复杂的商品种类,决定其必然有个先进的供应链体系作为支撑。

在发展前期，屈臣氏的门店数量少，采用的是传统的物流模式。此时，屈臣氏与供应商的关系理念是"以最低价格买到所需的产品"，其出发点是买卖双方围绕采购品讨价还价，屈臣氏和供应商之间存在的是"零和"关系。随着屈臣氏的扩张，其分店在全国各地开业，传统的物流模式已经开始显露弊端。主要表现为以下三点。

（1）传统物流是按屈臣氏销售部门的要求进行保管和运输的，只提供简单的位移。

（2）传统物流只是由原材料供应商到制造商再到屈臣氏的物流运动，它是点到点或线到线的运输服务。

（3）传统物流受传统体制的影响，原材料供应商、制造商、物流企业各自为政，信息采集不全，各自只是单一环节的管理。

屈臣氏的管理层认识到，物流效率低阻碍了屈臣氏的扩张计划，只有引进成熟的供应链管理系统，才能支持屈臣氏的快速发展。整套系统不仅要能够稳定地支持屈臣氏分布在全国几十个城市已开店铺的运营，同时还要提高供应链的效率，降低物流成本，以减轻迅速扩张给企业带来的财务压力。

为了保证全球各个门店的货物能及时地摆放到货架上，屈臣氏引进了自动补货与订货系统。每天晚上关店后，屈臣氏的POS系统会自动结算当天的销售情况，自动补货与订货系统会根据销售情况自动生成补货订单发往物流中心。每一家门店的每个品类的货物都有自己的补货标准，自动补货与订货系统根据这些标准和结算前的已销数量确定补货数量。

为了能够及时响应自动补货与订货系统的需求，屈臣氏引入了全球第三大企业管理软件供应商infor的仓库管理系统，该系统在同类软件中处于领先地位。屈臣氏仓库管理系统通过运用条形码自动识别技术和无线网络进行数据传输，记录并跟踪物料在企业内部物流仓库管理系统中的各个环节，帮助企业的物流管理人员对库存物品的入库、出库、移动、盘点、配料等操作进行全面的控制和管理，有效地利用仓储空间，提高仓库的仓储能力，使物料在使用上实现先进先出，最终提高企业仓库管理系统存储空间的利用率和企业物料管理的质量与效率，降低企业成本，提高企业市场竞争力。

同时，屈臣氏将从物流中心到门店的运输基本上都外包给第三方物流公司来操作。为了提高送货效率，屈臣氏还是会帮助物流公司优化配送路线，尤其是物流中心之间的商品调拨。屈臣氏的发展速度很快，每年新开上百家店，为支撑门店扩张，物流中心的新建速度也很快。每新建一个物流中心，屈臣氏的配送路线都要重新优化调整一次。

资料来源：豆丁网，屈臣氏物流供应链管理，2020年12月30日。

讨论题

1. 屈臣氏在供应链管理中采取了什么样的管理方法。
2. 通过查找资料和学习，介绍屈臣氏在供应商管理中采取了哪些方法。

参考答案

1. 屈臣氏在供应链管理中采取了以下管理方法。

屈臣氏在门店飞速发展过程中侧重采用快速反应（QR）的管理方法。在这个过程中，

> 屈臣氏利用现代化信息技术，建立自动补货与订货系统，同时为了支持该系统，对仓库管理、配送业务进行优化，从而使整个供应链能快速运转。
>
> 2. 屈臣氏在供应商管理中采取了以下方法。
>
> 屈臣氏由于商品品种较多，对供应商采取了分类管理。屈臣氏首先需要对供应商的性质进行区分。其次，按照供应商对屈臣氏最终产出的影响程度，可以将供应商简单地分为两个部分：第一个部分是总部和受许人，他们既是屈臣氏的供应商又与屈臣氏同属于一个特许经营体系，既向屈臣氏供应资源又直接参与或影响屈臣氏的运营管理；第二个部分是其他供应商，他们在屈臣氏所属的特许经营体系之外，与屈臣氏之间是纯粹的业务往来关系。针对这两部分的供应商，屈臣氏在进行供应商管理的时候在具体方法上应有所区分。对总部和受许人，屈臣氏应采取积极、主动的沟通方式使其参与到单店的日常管理中来。

本章小结

本章介绍了供应链的基本含义，基于产品的供应链设计是根据功能型产品和创新型产品的不同需求特征，分别匹配效率型供应链和响应型供应链。供应链管理与传统的管理模式存在区别，供应链管理是一种集成化的管理模式，采用的是集成化的思想和方法，而传统的管理模式是简单地把每个节点连在一起，是分散的。

供应链管理是指利用计算机网络技术全面规划供应链中的商流、物流、信息流、资金流等，并进行计划、组织、协调与控制等。其目标是从用户服务水平和成本两个方面实现产品增值或增加顾客价值，从而增强企业的竞争力。QR 和 ECR 是供应链管理的两大方法。

复习思考题

一、单选题

1. 不同产品类型对供应链设计有不同的要求，其中（　　）的需求一般不可预测，生命周期短。
   A. 耐用消费品　　B. 功能型产品　　C. 易消耗品　　D. 创新型产品
2. 实施 QR 的基础是（　　）。
   A. 信息技术　　B. 自动补货　　C. 零售空间管理　　D. 联合产品开发
3. （　　）的重点在于降低其生产、运输、库存等方面的费用。
   A. 功能型供应链　　　　　　　　B. 效率型供应链
   C. 功能性供应链　　　　　　　　D. 响应型供应链
4. 供应链管理的目标是（　　）。
   A. 提高用户服务水平和降低总的交易成本，并且寻求两个目标之间的平衡，这两个目标

往往没有冲突

B. 提高用户服务水平和降低总的交易成本，并且寻求两个目标之间的平衡，而这两个目标往往有冲突

C. 提高用户服务水平和降低交易成本，并且寻求两个目标之间的平衡，这两个目标往往没有冲突

D. 提高用户服务水平和降低交易成本，并且寻求两个目标之间的平衡，而这两个目标往往有冲突

5. 供应链运作的表现是（　　）。
   A. 物流、信息流、资金流
   B. 通过产品（技术、服务）的扩散机制来满足社会需求
   C. 通过市场竞争机制来发展壮大企业的实力
   D. 物流、商流、资金流

二、多选题

1. 下列产品类型和供应链类型匹配正确的有（　　）。
   A. 功能型产品与效率型供应链　　　B. 创新型产品与效率型供应链
   C. 功能型产品与响应型供应链　　　D. 创新型产品与响应型供应链

2. 供应链的成员在竞争中应建立（　　）。
   A. 你死我活的输赢关系　　　　　　B. 有各自利益的一般合作关系
   C. 双赢策略指导下的战略合作伙伴关系　　D. 动态联盟的合作关系

3. 以下对供应链管理描述正确的有（　　）。
   A. 供应链管理是物流管理的一部分
   B. 供应链管理包括对供应链中的物流、商流和信息流的全面集成管理
   C. 供应链管理就是管理原材料的供应渠道
   D. 供应链管理的目标是单个企业自身利益的最大化

三、判断题

1. ERP 是从制造企业的生产需求出发开发完善的。　　　　　　　　（　　）
2. JIT 采购通常选用较少的供应商，甚至单源供应。　　　　　　　（　　）
3. 供应链管理是一种集成化的管理思想。　　　　　　　　　　　　（　　）

四、问答题

1. 供应链风险防范的具体措施有哪些？
2. 供应链管理有哪些方法？
3. 供应链的类型和特征有哪些？
4. 如何理解响应型和效率型供应链之间的区别？在目前市场竞争激烈、顾客化需求日益明显的情况下，哪种供应链具有更大的适应性？试阐述你的观点。
5. 你如何看待和理解供应链运营机制？

第12章 第三方物流

教学目标

通过本章的学习,学生应了解第三方物流的概念、内容以及特点,了解第三方物流企业的利益来源和价值创造,掌握第三方物流服务商的选择,熟悉第四方物流如何应对其出现的问题。

教学要求

知识要点	能力要求	相关知识
第三方物流概述	(1) 理解第三方物流的基本概念 (2) 了解第三方物流的特征 (3) 了解第三方物流经营者分类及其业务活动性质 (4) 了解第三方物流的发展	(1) 第三方物流的概念 (2) 第三方物流的特征 (3) 第三方物流经营者 (4) 第三方物流发展过程及趋势
第三方物流企业	(1) 理解第三方物流的利润来源及价值创造 (2) 理解第三方物流服务产品开发 (3) 了解第三方物流企业的组织结构设计	(1) 第三方物流的利润来源 (2) 第三方物流的价值创造 (3) 第三方物流的服务内容 (4) 用户物流需求层次分析 (5) 定制用户物流服务方案 (6) 第三方物流企业的组织结构设计

(续)

知识要点	能力要求	相关知识
第三方物流服务商的选择	(1) 了解和熟悉第三方物流公司的类型 (2) 理解第三方物流公司用户服务特性 (3) 理解和掌握第三方物流服务商的选择标准及步骤	(1) 第三方物流公司的类型及用户服务特性 (2) 物流外包要素 (3) 第三方物流服务商的选择标准及步骤
第四方物流	(1) 了解第四方物流 (2) 了解第三方物流与第四方物流的关系 (3) 了解第四方物流的发展现状与对策	(1) 第四方物流的概念、内容和特点 (2) 第三方物流与第四方物流的关系 (3) 第四方物流的运作模式和存在的问题 (4) 第四方物流在我国的发展对策

基本概念

第三方物流　价值创造　利益来源　组织结构　第四方物流

12.1 第三方物流概述

进入 21 世纪，随着全球经济一体化及新经济的发展，企业面临的生存与发展环境更趋复杂化。为了获得竞争优势，企业必须不断地采用创新的理念与技术，挖掘物流领域的"潜在效益"。物流的发展水平，已成为衡量一个国家综合国力的重要标志之一。自 20 世纪 80 年代以来，世界物流业的发展呈现社会化的趋势。由于工商企业通过把企业的物流功能部分或全部外包给第三方物流企业承担，可以降低物流成本，提高客户服务水平，因此，采用第三方物流策划、管理与运作的趋势已越来越明显。第三方物流业务正逐步形成一个巨大的市场。可以预见，第三方物流是 21 世纪我国经济领域的重要动向，对于推动我国国民经济的发展具有重要意义。

12.1.1 第三方物流的基本概念

物流是物资从供应地向接收地的实体流动过程。它将运输、储存、装卸、搬运、包装、流通加工、配送、信息处理等基本功能实施有机结合。根据物流承担方的不同，以及相关社会组织在物流过程中扮演角色的不同，分别称为不同方物流。

随着市场竞争的加剧，以及对效率的追求，使在组织之间的社会劳动分工日趋细化。企业为了提高自己的核心竞争力，降低成本，增强企业发展的柔性，越来越愿意将自己不熟悉的业务分包给其他社会组织承担。正因为如此，一些条件较好的，原来从事与物流相关的运输、仓储、货代等业务的企业开始拓展自己的传统业务，进入物流系统，逐步成长为能够提供部分或全部物流服务的企业。我们把这种服务称为第三方物流（third party logistics，3PL）。

(1) 广义的第三方物流概念。广义的第三方物流是相对于自营物流而言的。凡是由社会化的专业物流企业按照货主的要求所从事的物流活动都可以包含在第三方物流的范围之内，至于第三方物流从事哪一个阶段的物流、其物流服务的深度和服务水平，与货主的要求有密切关系。

（2）狭义的第三方物流概念。狭义的第三方物流主要是指由独立于物流服务供需双方之外且以物流服务为主营业务的组织提供物流服务的模式，是指能够提供现代化的、系统的物流服务的第三方物流活动。其具体标志有以下几点。

1）有提供现代化的、系统物流服务的企业素质。

2）可以向货主提供包括供应链物流在内的全程物流服务和特定的、定制化服务的物流活动。

3）不是货主与物流服务提供商偶然的、一次性的物流服务活动，而是采取委托—承包形式的长期业务外包形式的物流活动。

4）不是向货主提供一般性物流服务，而是提供增值物流服务的现代化物流活动。

因此，第三方物流这一术语的运用，因人、因地的不同，其含义也有所区别。一般而言，我们在研究和建立现代化物流系统时，第三方物流不是按照自营物流与否来进行区分的，尤其在我国，小生产式的物流服务活动相当多，并且还不能在很短时间内解决这个问题，如果把这些企业都包括在第三方物流企业中，必然会混淆人们对第三方物流的认识。所以，我们在讲第三方物流时，应当从狭义的角度去理解，把它看成一种高水平、专业化、现代化的物流服务形式。

此外，还有一些其他术语，如合同物流（contract logistics）、物流外协（logistics outsourcing）、全方位物流服务公司（full service distribution company，FSDC）、物流联盟（logistics alliance）等，也基本能表达与第三方物流相同的概念。

12.1.2 第三方物流的特征

第三方物流和传统物流的不同如表 12-1 所示。

表 12-1 第三方物流与传统物流的差异

功能要素	第三方物流	传统物流
合约关系	一对多	一对一
法人构成	数量少（对用户）	数量多（对用户）
业务关系	一对一	一对多
服务功能	多功能	单功能
物流成本	较低	较高
增值服务	较多	较少
质量控制	难	易
运营风险	大	小
供应链因素	多	少

12.1.3 第三方物流经营者分类及其业务活动性质

第三方物流经营者所从事的是物流业的综合服务，以保证物流供应链之间链与链的需求。通过调整运输空间、距离上的变化要求，通过储存和供应之间的时间差，可以达到满足客户对商品在时间、地点、数量、价格、信息、包装等服务上的要求。现代物流业中通常对第三方物流有以下几种分类。

（1）承运人型。主要是陆路承运人、水路承运人、空运承运人、无船承运人。

（2）客户代理型。相对于第一方、第二方而言的第三方，即受第一方、第二方委托为其提供服务的人。

（3）仓储经营型。对客户提供的原料、商品或其他物品进行储存、加工、装卸的经营人。

（4）信息型。从事与物流相关信息流通的人，贯穿于整个物流系统。

（5）客户型。为一些大货主从事供应链整个物流活动的唯一经营人。

从事第三方物流者可成为物流经营人，但一般难以成为整个物流系统中的唯一经营人。根据现行第三方物流经营人业务活动，其性质包括以下几个方面。

（1）第三方物流经营者不拥有自己的商品。

（2）第三方物流经营者可以拥有自己的运输工具、仓储设施、装卸机械或其他硬件设施。

（3）第三方物流经营者可以分别为第一方、第二方提供服务，也可同时为第一方、第二方提供服务。

（4）第三方物流经营者在提供服务后有权收取费用（其中包括应有的佣金、差价）。

（5）在与第一方、第二方订立合同后，或取得第一方、第二方代理权后，应在合同范围内从事业务活动，承担合同责任，并不能将代理权转让给其他人。

（6）在法律上，第三方物流经营者必须进行登记，并受制于相关法律的制约。

从上述第三方物流经营者业务活动性质看，第三方物流经营者主要是接受委托方的委托，从事有关商品运输、转运、仓储、加工等业务服务的经营人。一方面，他与第一方、第二方订立服务或委托合同，另一方面，他又与其他人订立相关业务的服务合同。因此，第三方物流经营者对同一商品的物流活动同时受制于多个合同的制约。如由无船承运人充当第三方物流经营者时，对第一方因其签发自己的提单而成为承运人，但又因无船承运人没有运输工具，他在将货物交由真正掌握运输工具的公司运输时又成为托运人。

第三方物流系社会产业结构中的第三产业，是科学技术、国际贸易、信息技术、国际运输方式发展而产生的必然结果。在社会信息高度发展的趋势下，由于信息不受任何行业、区域、国界的限制，因此，第三方只要掌握信息，便可为第一方、第二方提供所需要的优质服务。即使不拥有硬件，也可通过软件来控制硬件为自己揽取更多的货源。仓储经营人可通过第三方物流增加仓储外的商品加工、包装、装卸作业。国际货运代理人也可以通过第三方物流赚取更多的服务费用。因而第三方物流不管是提供硬件服务，还是软件服务，均可从自己的服务中获得更多的附加效益或附加价值。

12.1.4 第三方物流的发展

1. 第三方物流发展的推动因素

第三方物流起源于 20 世纪 80 年代，经过 40 多年的发展，在发达国家已经形成了具有一定规模的产业。在美国，第三方物流被认为正处于飞速发展期；在欧洲，尤其在英国，普遍认为第三方物流有一定的成熟程度。欧洲目前使用第三方物流服务的比例约为 76%，九成以上的企业对第三方物流持肯定态度；美国的使用比例约为 58%，而且其需求仍然在增长。有研究表明，欧洲 24% 和美国 33% 的非第三方物流服务用户正积极考虑使用第三方物流服务。据一些行业观察家对市场规模的估计，整个美国第三方物流业的规模在 2017 年和 2018 年分别为 1 843 亿美元和 2 135 亿美元，2019 年又增长到 2 905 亿美元，在 2020 年和 2021 年分别为 2 315 亿美元和 3 479 亿美元。推动第三方物流发展的因素主要有如下几个方面。

（1）大批生产制造、销售企业采用"外协物流"的必然结果。外协物流是企业利用社会外部物流资源的简称。企业利用外部物流资源的行为在英语里有一个术语叫"outsourcing"，中文可翻译为"外协"。从稀缺经济学的角度看，无论企业规模有多大，它的物流资源总是有限的。企业要完成从原材料采购到产品送达顾客的整个物流过程，脱离了社会物流是不经济的。随着全球经济一体化步伐的加快，行业内和行业间的竞争日趋激烈，企业为保持其竞争优势，不得不将主要的资源投入到其核心业务上。与此同时，顾客的需求越来越趋个性化，为满足迅速增长的个性化需求，企业不得不加大物流作业费用的投入。由于物流功能众多，物流服务区域广泛，因此一家企业的规模不管有多大，自身是无法满足其所有的物流需求的。在"outsourcing"管理思想的影响下，企业为增强市场竞争力，将企业的资金、人力、物力投入到其核心业务上，利用专业公司的资源和优势，将物流业务委托给第三方专业物流公司负责，以便降低成本并节约资金。

外协物流从物流需求的角度出发，指的是货主企业（制造商、零售商等）使用外部专业物流服务提供者来满足自身的部分或全部物流需求。这一概念与第三方物流服务的概念是有区别的：第三方物流服务是从物流供给的角度来理解物流活动的；外协物流则是专门向企业提供部分或全部物流功能的一个外部服务提供者。

（2）现代物流管理理念发展的必然结果。现代物流进入了"供应链管理阶段"。供应链是一种组织构成的网络，这种组织网络通过上游和下游的连接，涉及不同的过程和服务，这些过程和服务以到最终消费者手中的产品和服务来产生价值。供应链管理的目的是使生产系统能较好地管理由原料到产品再到用户的生产过程，最终提高用户的满意程度，并降低总生产成本。供应链管理不只是单个企业能力的问题，而是涉及从原材料提供，经过制造商、流通经营者直至最终用户、消费者的一个作为供应链整体的系统。将供应链作为一个第三方物流体系完善起来的物流，已经不再是单个企业的物流，而将成为构成供应链的所有企业的共有财产。这一强调外部协调和合作的新型管理理念，既增加了物流活动的复杂性，又对物流活动提出了零库存、准时制、快速反应、有效顾客反应等更高的要求，使一般企业很难承担此类业务，由此产生了专业化物流服务的需求。第三方物流的思想正是为满足这种需求而产生的。它的出现一方面迎合了个性需求企业间专业合作（资源配置）不断变化的要求；另一方面实现了进出物流的整合，提高了物流服务质量，加强了对供应链的全面控制和协调，促进了供应链达到整体最佳效果。

（3）第三方物流服务企业技术质量全面进步的必然结果。随着市场对第三方物流需求的不断增加，物流业地位在不断提升。而运输业规章制度的不断建立和完善，为物流一体化提供了良好环境。全面质量管理的推广和 JIT 的零库存、零缺陷、零故障理念的应用，也为物流服务带来了新的生机。物流技术设施在不断更新和发展，而生产制造和商业企业的物流部门却不可能保证有足够的资源、先进的技能、充足的时间去更新设备。相反，作为专门从事物流服务的第三方物流企业，更有能力去更新设备。因此，企业的物流部门愿意外购物流企业的物流服务。另外，信息技术的高速发展也给物流活动带来了新的转机。电子订货系统、GPS 等技术的出现、使物流活动信息传递加快、物流作业执行可靠、物流服务水平提高。尤其是互联网的出现、电子商务时代的到来，改变了物流模式。网络化能使物流实现跨区域、跨国境活动，物流的功能更为强大。企业与运输公司之间的物流运输业务的协调、企业与仓储公司之间的物流保管业务的安排、企业与配货部门之间物流配送计划的落实，这一系列的活动都会大幅加强。反之，这些活动无论是在同一国家的不同地区开展，还是在不同国家之间开展，都需要经过许多过程，通过许多道作业流程，花费较高的费用。而第三方物流能够使这些难题得到较好的解决，它能够提供物流总承包的服务，从运输、保管、配送到装卸、包装、流通加工，实现物流的合理化，减少中间环节，方便了用户，同时也降低了物流成本，为各种电子商务的网上商店提供了方便，促进了它们的发展。

（4）第三方物流服务标准提高和营销能力加强的结果。近 20 年来，欧美国家的第三方物流服务已有了很大的改进，提供服务的标准大幅提高，作业效率也大幅提高，为用户需求定制的各类新型服务得到了发展。同时，物流服务公司的营销能力也更加强大、有力与熟练。许多运输与仓储公司已演变成为广泛物流服务的供应商。大多数国家的公路运输行业已成为越来越具有竞争性的行业，在资金回报下滑、利润率降低的情况下，将公路运输企业改造成综合物流公司，使承运人提供的服务增加价值，进入门槛较高的细分市场，并使其与用户订立的长期合同的履行得到保证。这样既可以使原有公路运输企业的利润有所增加，也促进了企业的成长。

（5）物流服务供应商和需求商的联合与协同，进一步促进物流业务外包市场的发展。对于需方，产品的生产和交付的方式正在进行根本性转变，业务全球化趋势、对供应商依赖程度的提高、生产制造过程中部分功能外包率的上升、直销渠道的发展以及对市场快速反应的需求都将使物流管理工作比以前更为复杂和充满挑战。对于供方，物流外包服务逐步一体化和系统化，物流服务供应商正在加快进行技术变革和创新，强化竞争力，利用技术提高物流管理的效率，迅速延伸全球业务链和扩展服务功能链，为企业进驻不同的细分市场做准备。

2. 第三方物流的发展趋势

（1）物流功能多元化。在新经济时代的环境下，第三方物流作为一种新型的专业物流服务，其服务宗旨是面向个别用户，适应用户需要；服务方式是尽量利用新技术，创造新项目；服务内容从单一功能服务转向全方位物流服务。例如，物流保管企业可以发展物流运输、装卸功能，成为具有物流保管、运输双重功能的企业。此外，还可以协助配货、兼任配送、代为进行物品包装、代理货物收款，甚至帮助企业与供应商开展订货和发货，以及安装产品、回收次品等业务活动。它服务于企业与个人之间、企业与企业之间，服务方式是多种类的，服务结果是高效率的。

传统的物流管理往往仅指运输管理。随着经济的发展，物流管理逐步向新技术、新设施的硬件方向发展。当前物流管理已由费用管理走向利润管理，由单一企业走向多企业供应链，步入了后勤管理时代，引入了按指令在指定时间，把指定物品送达指定地点，绝对保证需要的拉式管理。

（2）物流系统集成化。现代物流是一个包括物流网络系统、物流作业系统和物流信息系统的集成系统。

1）物流网络系统。物流网络系统是一个以物流中心为核心的网络系统。物流中心的出现，实现了商流与物流的分离，提高了物流服务水准，促进了商流效率的提高，减少了物流成本。

2）物流作业系统。物流作业系统是具体实现物流活动的系统。它包含物流硬件作业和软件作业两个子系统。物流硬件作业是通过物流作业机械化、自动化达到作业的高速度；物流软件作业是通过对物流作业时间的分配，以及物流作业人员等待时间的分析，实现作业计划化、交易标准化、管理集中化，做到物流作业及时修改，达到物流作业的优化。

3）物流信息系统。物流信息系统是对物流管理中的各种信息进行集成管理。它以物流信息集成化为目标，通过对物流数据进行分类、合并、抽出、更新、分配、生成等处理，输出物流管理中所需要的各类报表、账册、单据，以满足管理者需要，并为管理决策提供信息。

（3）物流追求的目标更高。由物流网络系统、物流作业系统和物流信息系统组成的第三方物流系统所追求的目标是低成本、高质量、快响应。

1）低成本。通过对第三方物流作业分析，找出作业最佳线路，以及实现作业机械化和自动化，可以降低物流成本。比如，物流运输功能可以通过缩短物流作业途径，运用批量化减少运输次数，提高车辆装载率，选择最佳运输工具等达到目的；仓储保管功能可以通过减少或去除冗余库存，灵活掌握库存量等方法达到目的；包装功能可以通过选用低价包装材料、简化包装，以及包装机械化等达到目的；装卸功能可以通过减少装卸次数，导入集装箱等机械化方法达到目的。

2）高质量。由于第三方物流服务向多种类、全方位的方向发展，因此，物流服务的差异化特点也越来越明显。为了努力建立与企业长期的合作伙伴关系，第三方物流采用不同的服务方式,从而达到服务高质量的目标。

3)快响应。由于互联网、条形码和 EDI 等的出现,物流系统中原有的延迟、出错情况得以改善。利用现代信息技术和工具,保证了现代物流各项功能的实现,物流系统出现了准时、正确的新面貌。例如,先利用计算机编制配送表,并计算配送所需费用,然后通过互联网传递给有关企业,企业也可以通过计算机查询以上数据。计算机处理的高速度,使用户感到物流系统是一种快速响应系统。

12.2 第三方物流企业

12.2.1 第三方物流的利润来源及价值创造

1. 第三方物流的利润来源

第三方物流的推动力已成为物流研究人员非常感兴趣的领域。为此,一些研究人员认为有必要对第三方物流使用者可能获益的方方面面进行研究。第三方物流服务供应商必须以有吸引力的服务来满足顾客,而且服务必须符合用户对于第三方物流的期望。这些期望就是要使用户在作业利益、经济与财务利益、管理利益和战略利益等方面都能获益。

(1)作业利益。第三方物流服务能为顾客提供的第一类利益是"作业改进"的利益。这类利益基本包括两种因作业改进而产生的利益。

1)通过第三方物流服务,顾客可以获得自己组织物流活动所不能提供的服务或物流服务所需要的生产要素,这就是外协物流服务产生并获得发展的重要原因。企业在自行组织物流活动的情况下,或者限于组织物流活动所需要的特别的专业知识,或者限于技术条件,其内部物流系统可能并不能满足完成物流活动的需要。而且,要求企业自行解决所有的问题显然是不经济的。更何况技术,尤其是信息技术,虽然正以极快的步伐飞速发展,但终究不是每一个企业,而且也没有必要要求每一个企业都能掌握。这就要求第三方物流服务为顾客提供上述利益。

2)改善前述企业内部管理的运作表现。这种作业改进的表现形式可能是增加作业的灵活性、提高质量、速度和服务的一致性及效率。

(2)经济与财务利益。第二类利益可以定义为与经济或财务相关的利益。一般低成本是由于低要素成本和规模经营、范围的经济性,其中包括劳动力要素成本。因此,通过第三方物流,既可将不变成本转变成可变成本,又可避免盲目投资,将资金用于其他方面而降低成本。

稳定的和可见的成本也是影响第三方物流的积极因素。稳定的成本使规划和预算手续更为简便。一个环节的成本一般来讲难以清晰地与其他环节区分开来,但是采用第三方物流后,因为供应商要申明成本或费用,成本的明晰性就增加了。

(3)管理利益。第三类利益是与管理相关的利益。正如在作业改进部分所说的那样,第三方物流可以被用作为获得本企业还未曾有的管理技能，也可以用于旨在要求内部管理资源用于其他更有利可图的用途中去，并与战略核心概念相一致。采用第三方物流可使企业的人力资源集中于企业的核心活动，同时获益于其他企业的核心经营能力。此外，单一资源和减少供应商的数目所带来的利益也是采用第三方物流的潜在原因。单一资源减少了转移费用（公关费用），并减轻了企业在几个物流服务供应商间协调的压力。其他与管理相关的利益和上述相似。

（4）战略利益。采用第三方物流还能产生战略利益以及灵活性。灵活性包括地理范围度的灵活性（设点及撤销），以及根据环境变化进行其他调整的灵活性。在战略层次高度集中主业与在管理层次高度一样具有重要性。共担风险的利益也能通过使用拥有多种类型用户的服务供应商来获得。

虽然物流学界对于第三方物流的概念持肯定的态度，但是提出了几个与第三方物流相关的顾虑或问题。

顾虑之一是第三方的运作成本太高或与所提供的相关服务不相适应。不难发现，在生产产品的过程中，采用第三方物流带来额外的组织单位，这些组织单位不仅要求不亏损，还要求产生效益，这种效益是整个经营链的额外利润。

顾虑之二是从费用的角度看，采用第三方物流将增加所谓"交易"费用，并且企业对外部供应商的依赖程度将会增加。如果所提供的服务不能满足期望或要求，这将会是一个很大的问题。

此外，还有一些其他管理层次或战略层次的疑虑，如减少与消费者的直接接触，可能失去控制权，接受联盟也可能会丧失企业内部的专业特长。

2. 第三方物流的价值创造

第三方物流供应方挑战的是能提供比用户自身进行运作更高的价值。它们不仅要考虑到同类服务提供者的竞争，还要考虑到潜在用户的内部运作、服务提供者创造价值的一系列源泉（包括上面提到的四个方面）。假设所有的企业都可以提供同等水平的物流服务，不同企业之间的差别将取决于它们的物流运作资源的经济性。如果财务能力是无限大的话，那么每一家企业都可以在内部获得并运用资源。因此，物流服务提供者与其用户之间的差别在于物流服务的可得性及其表现水平：物流企业的内部资源是物流能力，而在用户企业里，物流仅仅是众多业务领域中的一小部分。这样，如果给定同样的资源，物流服务供应方就能够比用户企业在作业过程中获得更多的资源和技巧。这就使物流服务供应方比其他用户企业更能够提供多种和高水平的服务。这样一个经济环境，促使物流服务供应方注重在物流上投资，从而能够在不同方面为用户创造价值。这就是所谓"战略核心理论"。下面将列举物流供应方创造价值的几个方面。

（1）运作效率。物流服务供应商为用户创造价值的基本途径是达到比用户更高的运作效率，并能提供较高的成本服务比。运作效率的提高意味着对每一个最终形成物流的单独活动进行开发（如运输、仓储等），例如，仓储的运作效率取决于足够的设施与设备及熟练的运作技能。

（2）用户运作的整合。带来增值的另一个方法是引入多用户运作，或者说是在用户中分享资源。例如，对于多用户整合的仓储或运输网络，用户运作可以利用相似的结合起来的资源。整合运作的规模效益能取得比其他资源更高的价值。整合运作的复杂性大幅加强，需要更高水平的信息技术与技能。但是，拥有大量货流的大用户也会投资于协调和沟通技能（信息技术技能）及其资产。由于整合的增值方式对于由单个用户进行内部运作的很不经济的运输与仓储网络也适用，因此，此时表现出的规模经济的效益是递增效益，如果运作得好，将形成竞争优势以及更大的用户基础。

（3）横向或者纵向的整合。前面讨论的创造价值的两种方法即运作效率和客户运作的整合注重的完全是内部，也就是尽量把内部的运作外部化。然而就像第三方的业务由用户运作的外部化驱动，也是第三方供应方的内部创造价值的一步，纵向整合或者说发展与低层次服务的供应商关系，是创造价值的另外一种方法。在纵向整合中，第三方供应方注重被视为核心能力的服务，或购买具有成本与服务利益的服务。根据第三方供应方的特性，单项物流功能可以外购或内置。横向上，第三方供应方能够结合类似的但不是竞争对手的公司，比如，扩大为用户提供服务的地域覆盖面。

（4）发展用户的运作。为用户创造价值的最后一条途径是使物流服务供应方具有独特的资本，即物流服务供应方能在物流方面拥有高水平的运作技能。这里所说的高水平运作技能（概念上的技能），指的是将用户业务与整个物流系统综合起来进行分析、设计等能力。物流服务供应方应该使其员工在物流系统、方案与相关信息系统的工程、开发、重组等方面具备较高水平的概念性知识。这种创造价值方法的目的不是通过内部发展，而是通过发展用户企业及组织来获取价值。这就是物流服务供应方基本接近传统意义上物流咨询公司要做的工作，所不同的只是这时候提出的解决方案要由同一家企业来开发、完成并且运作。上述增值活动中的驱动力在于用户自身的业务过程。所增加的价值可以看作源于供应链工程与整合。

案例研究　　　第三方大型云仓破解"双十一"物流难题

2020年"双十一"相比以往，在物流配送上要求更高。其中，天猫平台要求"消费者付款后48小时内商家务必完成发货，快递公司完成揽收记录"，被称为有史以来对商家发货最严峻的一次挑战。

天猫雨具类目排名前列的品牌标鲨电商找到了解决问题的钥匙——湖南首家拥有自主研发系统的第三方大型云仓拙燕仓。

雨衣雨具类目的日销浮动区间非常大，对仓配要求较高。2020年7月，标鲨电商入驻拙燕仓，短短3个月的时间，大大缓解了此前发货不及时、库存不清晰、成本无法把控等问题。该品牌相关负责人说："没想到拙燕仓能这么快速地帮我们解决困惑了多年的问题，并且在我们销售暴增的情况下，还能快速采取应急方案，保证发货。"

> 在位于长沙市高新区宇培物流园的拙燕仓主仓作业现场，上百台 AGV 机器人正在迅速地按照订单内容自动分拣商品。流水线上的自动称重、自动分拨设备对每一个包裹进行自动称重、分拨。更值得一提的是，拙燕仓自研的 WMS 仓系统经过多次压测+核心模块优化+24 小时现场维护，完全可以保障系统不宕机，满足"双十一"仓配需求。
>
> 同时，拙燕仓推出了"仓管家"服务，从合作洽谈、订单分析、货物入仓到大促方案、库存盘点、供应链优化方案，所有流程和建议都将由一位固定的"仓管家"来实施全程服务。
>
> 资料来源：人民网，第三方大型云仓破解"双十一"物流难题，2020 年 9 月 28 日。
>
> **👆 讨论题**
>
> 1. 第三方大型云仓拙燕仓有什么特点？为什么能帮天猫雨具类目排名前列的品牌标鲨电商解决物流难题？
> 2. 你认为第三方物流的发展趋势是什么？

实践证明，采用第三方物流服务可以为工商企业降低物流成本；扩大业务能力；集中精力，强化主业；缩短出货至交货时间；减少车辆油耗费用。

我国物流业正在蓬勃发展，物流一体化和第三方物流正在引起我国物流业界和理论界人士的重视和关注。开展物流一体化的研究，促进第三方物流的发展，探索适合我国国情的物流运作模式任重而道远。

12.2.2 第三方物流服务产品开发

1. 第三方物流的服务内容

现代物流的源头是生产、制造和零售类企业对采购、生产和销售等过程进行系统整合，以降低成本和提高服务的一系列规划、管理和运作的方法。研究第三方物流的服务内容，必须从现代物流的源头去考虑，从第三方物流需求者，即生产、制造和零售类企业的角度去考虑、分析物流到底有哪些功能或环节，这些环节到底有多少是可以外包的。这些可以外包的内容就是第三方物流服务可以考虑的内容。因此，研究第三方物流服务的内容，首要的是明白用户企业物流需求的内容。

（1）生产、制造、零售类企业物流活动内容。根据国外比较权威的分类方法，生产和制造类企业的物流活动包括以下几个方面。

1）物流中的关键性活动。①客户服务。该活动将配合企业的市场完成确定用户需求、确定用户对服务的反应以及设定用户服务水平等内容。②运输。运输包括运输方式和服务的选择、拼货、运输路径、运输车辆调度、设备选择、索赔处理、运费审计等。③库存管理。

库存管理包括原材料及成品的库存政策，短期销售预测，存货点的货物组合，存货点的数量、规模和位置，及时制、推动和拉动战略。④信息系统和订单处理。信息系统和订单处理包括销售订单和库存交互过程、订单信息传递方法、订购规则等。

2) 物流中的支持性活动。①仓储。仓储包括库位确定、站台布置和设计、仓库装备、货物放置等。②物料搬移及处理。它包括设备选择、设备更新、订单拣货、货物储存及补货。③采购。采购包括供应商选择、采购时间选择、采购量确定。④包装。包装包括搬移保护包装、存储保护包装、防湿包装。⑤生产和运作协同。它包括确定生产批量、产品生产的次序和时间安排等。⑥信息维护。信息维护包括信息收集、储存和维护、数据分析、控制流程等。

不难看出，生产、制造企业的物流过程包含众多的环节和功能，而一般企业现在从事的储存和运输服务只不过是物流活动里面的两个功能而已。

(2) 常见的第三方物流提供者服务内容。从一般物流企业习惯的角度，将常见的物流活动分为运输类业务、仓储和配送类业务、增值服务、信息服务和总体策划五大类。

1) 运输类业务。运输类业务包含以下几个方面。

运输网络设计和规划。从物流服务的技术含量看，应该首推运输网络的设计。对于覆盖全球的跨国公司而言，其采购、生产、销售和售后服务网络非常复杂，要设计一个高效并在某种程度上协同的运输网络非常困难。在更复杂的运输网络设计中，要考虑工厂和仓库（配送）等的选点问题，复杂性会进一步增加。在技术比较领先的第三方物流公司中，一般都有专门的专家队伍，通过计算机模型完成运输网络的设计工作。

"一站式"全方位运输服务。"一站式"全方位运输服务是由物流企业提供多个运输环节的整合，为用户提供门到门的服务，如国外非常流行的多式联运业务。在世界范围内，已出现了海运公司上岸的热潮，这些海运公司可以提供国际海运、进出口代理、陆上配送等业务，将原来的港到港的服务延伸为门到门的服务。

外包运输能力。在此类服务中，用户在运输需求上不是完全的外包，而是采用第三方物流企业的运输能力，由第三方物流企业为用户提供运输车辆和人员，用户企业自己对运输过程进行控制和管理。

帮助用户管理运输能力。这也是一类新型的物流业务。用户企业自身拥有运输能力，如运输工具和人员，但在物流业务外包时，将这些运输能力转给物流公司，由物流公司负责运输工具的使用和维护及运输人员的工作调配。这类服务在国外比较常见，尤其是很多企业在采用第三方物流服务前，一般都拥有自己的运输部门，在采用第三方物流服务后，原来的运输部门一般没有必要设置，将这一部分能力交给第三方物流企业管理是一种比较好的做法。在我国，企业小而全、大而全现象十分严重，大多数生产制造类企业都有自己的运输部门，这些部门的存在往往成为企业采用第三方物流的障碍，采用由第三方物流管理用户企业的运输工具和人员的做法值得推广。

动态运输计划。根据企业的采购、生产和销售情况，合理安排车辆和人员，保证运输的效率和低成本。例如，上海虹鑫物流有限公司通过两个运输调度，为10多家用户提供动态运输计划。在国外，动态运输计划一般也是由计算机自动完成的。在我国，大多数企业的动态运输计划仍然采用人工调度的模式。

配送。配送严格来讲是仓库作业和运输的综合，是比较复杂的一类运输。在我国，由于整个物流网络还不健全，配送有时候被作为一个独立的第三方物流服务项目提出来。以上海为例，消费类产品进入上海连锁零售系统，一般有两种模式：一种是直接将产品送给各个连锁系统的配送中心，由配送中心完成向各个门店的配送；另一种是将产品送往独立的第三方物流配送中心，由第三方物流配送中心完成向各个超市的配送。由于上海目前几大连锁超市的配送中心在规模、管理水平和作业能力上还存在一些问题，所以还有大批的货物是通过第三方物流配送中心完成的。以上海农工商超市为例，目前通过农工商自己的配送中心配送的货物占整个销售量的60%左右，还有40%的货物通过第三方物流公司的公共配送中心完成配送。当然，随着各大连锁超市越来越重视自己配送中心的地位和作用，它们有扩大自身配送能力的趋势，但在相当长的一段时间内，第三方物流配送中心仍然有很大的市场。

报关等其他配套服务。在我国，目前第三方物流公司本身拥有报关权的并不多，一般都通过和报关公司的合作来为用户提供报关服务。

2) 仓储和配送类业务。仓储和配送类业务包括以下内容。

配送网络的设计。配送网络的设计包括仓库定位、配送中心能力和系统设计等，是仓储、配送类业务中最具备技术含量的领域。这一部分服务功能可以作为独立的咨询项目存在，也可以作为物流服务整体方案的一部分。

订单处理。订单处理是仓储配送类业务中最常见的第三方物流服务项目。用户企业在取得订单后，通过第三方物流企业完成拣货、配货和送货的工作。

库存管理。库存管理实际上是物流管理中最核心和最专业的领域之一。完整的库存管理包含市场、销售、生产、采购和物流等诸多环节，一般企业不会将库存管理全部外包给第三方物流企业，而是由用户企业自身完成库存管理中最复杂的预测和计划部分，但在库存管理的执行环节，第三方物流却大有作为，如与仓储相关的库存管理主要涉及存货量的统计、补货策略等。在"一站式"物流服务中，第三方物流企业甚至可以通过对用户历史数据的挖掘，为用户库存管理提供专业化建议。关于库存管理还有一种特殊的服务模式，在涉及商流的贸易类物流服务中，物流企业根据同用户企业制定的库存策略，可自行完成特定产品的库存管理。

仓储管理。仓储管理一般包括货物搬移、装卸、存储等活动，是最常见的传统物流服务项目。

代管仓库。代管仓库也是一种比较常见的合作形式。这种情况一般发生在用户企业自己拥有仓库设施，在寻求物流服务商时，将自己仓库的管理权一并交给物流企业管理。

包装、促销包装。促销包装是仓储类业务中的重要服务内容之一。随着物流模式的创新，包装服务内容也更加丰富，如运输保护性包装、促销包装、配货包装等。

3）增值服务。增值服务包括以下内容。

延后处理。延后处理是一种先进的物流模式，企业在生产过程中，在生产线上完成标准化生产，但对其中个性化的部分，根据用户需求再进行生产或加工。我国许多第三方物流企业提供的贴标签服务或在包装箱上注明发货区域等服务，都属于简单的延后处理。

零件成套。零件成套就是将不同的零部件在进入生产线前完成预装配的环节。如汽车制造厂一般委托第三方物流企业管理零配件仓库，在零配件上装配线之前，在仓库内完成部分零件的装配。

供应商管理。第三方物流提供的供应商管理包括两类。一类是对运输、仓储等提供物流服务的供应商的管理。第三方物流中的"第三"，本身就体现了对作为第二方物流的供应商的管理职能的补充。另一类供应商管理是近几年才出现的，由第三方物流对用户企业的原材料和零配件供应商进行管理。供应商管理一般包括供应商的选择、供应商的供货、供应商产品质量的检验、供应商的结费等内容。

货运付费。货运付费是第三方物流最常见的业务。在第三方物流服务过程中，第三方物流企业一般代替用户支付运费，称作代垫代付费用。

支持 JIT 制造。这是一种新型的第三方物流服务。在及时制生产中，第三方物流提供的服务包含及时采购运输和生产线的及时供货。

咨询服务。第三方物流企业提供的咨询服务有物流相关政策调查分析、流程设计、设施选址和设计、运输方式选择、信息系统选择等。

售后服务。售后服务是第三方物流的一个新的服务领域，一般包括退货管理、维修、保养、产品调查等项目。

4）信息服务。信息服务包括以下内容。

在发达国家，信息服务是第三方物流非常重要的服务内容。在我国，由于第三方物流的信息化基础比较薄弱，因此这一类服务内容还没有得到应有的重视。第三方物流的信息服务一般包括以下内容。

信息平台服务。客户通过第三方物流的信息平台，实现同海关、银行、合作伙伴等的连接，完成物流过程的电子化。我国有些城市目前正在推行电子通关服务，将来大量的第三方物流企业都要实现同海关系统的连接，用户可以借助第三方物流企业的信息系统，实现电子通关。

物流业务处理系统。用户使用第三方物流企业的物流业务处理系统，如仓库管理系统和订单处理等完成物流过程的管理。随着物流复杂性的增加和物流业务管理系统的完善，这方面的信息服务还会加强。

运输过程跟踪。信息跟踪是另一类信息服务。就目前的市场看，信息跟踪服务主要集中在运输过程的跟踪。在西方发达国家，通过 GPS、地理信息系统（geographical information system，GIS）系统等跟踪手段，已经做到了运输过程和订单的实时跟踪，如 FedEx、UPS 等快递公司都为用户提供全程跟踪服务。在我国，对运输过程的信息跟踪也有大量的需求，而且国内已经具备了先进的跟踪技术和手段。

5) 总体策划。总体策划是指第三方物流公司以不同程度地为用户提供物流系统总体规划与设计的能力作为服务范围。

第三方物流服务的内容还远远不止以上这些，很多内容都是在与用户合作的过程中开发出来的。

2. 用户物流需求层次分析

每一个第三方物流服务内容就是一种产品，这个产品最大的特性就是个性化。几乎没有两个完全相同的物流服务项目。物流服务的个性化源于物流需求的个性化，因此，开发第三方物流服务产品，最关键的是对用户的物流需求进行分析。好的需求分析是物流服务成功的关键因素之一。

几乎每一个成功的物流企业，都有自己独特的用户物流需求分析方法和技术，这里给出一种层次分析方法。在层次分析法中，将物流外包分为外包动因、外包层面、外包内容三个层次分别予以分析，需求分析的层次同定制方案的层次相对应。

（1）外包动因。了解用户物流业务外包的动因对于定制物流方案，确定物流方案的主导思想非常重要。用户选择第三方物流企业，一般有以下几个关注的焦点。

1) 关注成本型。这类用户在选择物流服务商时，最关注的是物流成本问题。他们希望通过同第三方物流企业的合作降低成本。这类关注成本型的用户，往往在市场上已经取得了一定的市场份额，其物流服务水平已经得到用户的认可，因此，这类用户关注的并不是大幅度提高用户服务水平的问题，而是在现有的用户服务水平基础上如何降低成本。因此，在进行方案总体规划时，要特别注意成本的控制。

2) 关注能力型。这类用户关注的不是降低成本问题，而是如何通过第三方物流公司的能力，提高自己的用户服务水平。对于附加价值比较高的产品，或刚刚进入市场的产品，往往会出现这种情况。如一般的 IT 类产品，往往通过空运的方式，提高订单的响应速度，提高用户满意度。

对于关注能力型的用户，在定制物流方案时，最重要的不是如何降低成本，而是在一定的成本下，如何提高用户满意度。

3) 关注资金型。关注资金型的用户，一般资金不足或比较关注资金的使用效率，他们不希望自己在物流方面投入过多的人力和物力，面对这类用户，要充分展示自己在物流方面的能力和投资潜力，同时，如果能提供垫付货款或延长付款期限的物流服务项目，将赢得用户的青睐。

4) 复合关注型。这类用户选择服务商的动因不止一个。严格来讲，大多数用户选择物流服务的动因都是复合关注型的，而物流企业定制的物流方案一般也是综合考虑多个因素后，取得一个折中方案。对外包动因的分析，决定了物流方案的总体设计，同时，也决定了在推介方案时，要重点向用户展示哪些东西。

（2）外包层面。一个用户企业完整的物流体系可以分解为不同的层面，如决策规划层、管理层和运作层。不同的层面解决的问题是不同的，决策规划层关注的是长期的对物流的绩效有重要影响的问题，而管理层则侧重于物流过程的组织、计划和协调等，运作层关注的是具体物流活动的安排、执行和跟踪等问题。下面以运输为例，运输规划重点解决运输网络设计、运输方式的选择问题；运输管理主要包括供应商的选择、评估以及运输合同管理、运费谈判、动态运输计划等；运输作业主要包括装卸、运输、货物交接、过程跟踪、运输设备管理等。

（3）外包内容。外包内容解决前面物流服务内容中所涉及的具体活动、环节等问题。获取用户外包内容的途径一般有两种：一种是用户将自己的物流需求列出来，对于物流管理比较健全的公司，一般采用这种形式；另一种情况是用户对自己的物流需求没有明确的定义，需要第三方物流服务企业通过调研获得。第三方物流企业在调研时，一般应事先准备好问题集，在调研过程中，可以比较全面地了解和记录用户的物流需求。

3. 定制用户物流服务方案

定制用户物流服务方案相当于具体的产品设计，是第三方物流服务中最能体现管理水平、策划能力和技术含量的环节，也是赢得用户的关键所在。一个完整的物流服务方案包含众多的过程和环节，下面仅从方法论的角度，阐明定制用户物流服务方案的一般过程。

定制用户物流服务方案的过程，可以总结为以下三个互相联系的阶段。

（1）调研阶段。调研阶段是在对用户需求进行详细分析的基础上，对具体的物流过程进行分析，这个阶段的工作包括对现有的物流过程进行描述，评价现有物流体系的绩效，同本行业先进企业的物流实践进行对比等。在调研的基础上，通过一系列的指标对物流体系的绩效进行衡量，同时与行业的标准企业进行对比分析，可以发现现有物流体系存在的问题和不足，找到解决问题的关键所在。

（2）创新阶段。具体的创新手段有：简化式创新，如省略或合并某些物流活动或环节；优化式创新，采用一些决策支持系统来对物流体系进行重新设计，如配送网络设计、动态运输计划等；模仿式创新，即将国内外相关企业先进的物流实践，结合用户企业特殊的情况进行创新。

（3）实施阶段。这里说的实施阶段，并不是通常讲的具体实施过程，而是方案的实施设计。这个阶段的工作包括以下几个方面。

1）过程的系统化描述。将方案执行的细节描述出来，便于实施人员学习和参照。集中体现过程的系统化描述的是物流服务计划书。有时为了更好地规范物流管理和作业，应将标准操作流程按照岗位进行拆分，形成岗位工作指南，如运输人员工作指南、仓储人员工作指南等。

2）过程自动化。过程自动化实际上就是选择或开发合适的信息系统，将物流管理和运作的过程自动化。采用信息系统不只是解决了工作效率问题，还可以规范管理和运作的过程程序。

3) 人力配置。人力配置是指在过程系统化和标准化的基础上，设计组织结构、岗位职责等。

12.2.3 第三方物流企业的组织结构设计

1. 典型的第三方物流企业的组织结构分析

第三方物流企业组织结构设计的好坏，直接影响到第三方物流公司的经营业绩。不同的第三方物流企业采用的组织结构形式也有所不同。根据第三方物流企业经营地点分布与运作方式的不同，存在着点式经营的组织结构与网式经营的组织结构。在网式经营的组织结构设计中，根据管理权限的设置不同，还分为集权型网式经营组织结构设计和分权型网式经营组织结构设计。

（1）点式经营的组织结构设计。所谓物流的点式经营，是指企业经营地集中在一个区域的物流公司运营模式。尽管现代物流讲究网络化运作，但从第三方物流公司的发展实践看，仍然存在大量的点式经营企业。尤其是我国第三方物流还处于发展的初级阶段，很多企业还没有形成网络化经营的能力。图 12-1 是某民营物流企业点式经营的组织结构图。

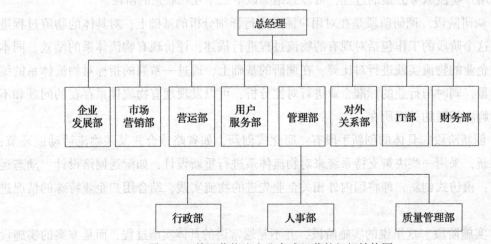

图 12-1 某民营物流企业点式经营的组织结构图

1）企业发展部。企业发展部承担市场开发、方案策划、项目实施、技术开发等工作。

2）市场营销部。市场营销部的主要功能包含用户关系的维系和市场开发。在这种模式中，业务员取得业务、维护用户，并从用户的物流服务营业收入中取得收益。值得注意的是，在企业发展部中既有市场功能又有市场营销功能，表明在功能的设计上，企业充分认识了市场和销售的区别，在企业发展部中体现的是市场功能，而在市场营销部中体现的是销售功能。

3）营运部。营运部功能强大，包括调度、营运跟踪、现场管理、采购和物流配送。

4)用户服务部。用户服务部包含投诉处理、业务协助和运作监控三个主要的功能。其中,投诉处理功能反映了物流业务中对正常业务和突发事件采用不同的沟通渠道的原则;业务协助功能主要在企业内部的营运部和用户之间形成一种协调机制,便于双方的协作;运作监控功能使用户服务部具备对内部运作进行监督的职能,从而形成一种内部的自我纠错能力。

5)管理部。将行政部、人事部和质量管理部放在管理部,这种设置对于比较小规模的企业是适用的,对于比较大的企业而言,还可以对以上功能进行细分。该企业设立了质量管理部,这也是现代物流企业所必需的。

6)对外关系部。对外关系部主要的功能不是处理同公众的关系,而是处理同政府相关部门和重要用户的关系。在我国目前的发展阶段,企业同政府相关部门建立关系,既可以避免不必要的麻烦,又可以为企业赢得某些政策支持。同重要用户建立好的关系更加重要。

7)IT部。IT部负责系统的维护和开发。

8)财务部。财务部的成本会计功能对于该企业完善用户管理、员工考核和成本控制都有重要意义。尤其是在第三方物流还很难提供大量的增值服务的情况下,第三方物流必须重视自己的成本控制,以降低运作成本,为自己和用户创造效益。

(2)网式经营的组织结构设计。

1)集权型网式经营组织结构设计。集权型网式经营是指物流公司的总部掌握物流管理和运作的大部分权利,各个分公司或子公司构成的网络节点只是负责业务运作的管理和运作模式。采用集权型网式经营时,子公司或分公司一般采用成本中心模式,实行收支两条线,用户直接同总部结算,总部根据各个点的运作情况,下发运作经费。图12-2是某中外合资物流企业的组织结构图,该图明显地体现了集权的特点。下面我们来做具体分析。

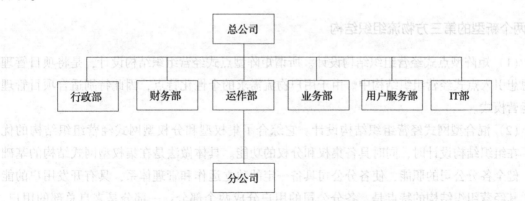

图12-2 某中外合资物流企业的组织结构图

总部的部门设置。该公司的总部部门设置比较健全,包括行政部、财务部、运作部、业务部、用户服务部和IT部六个部门。其中的业务部实际上应该是市场和营销功能的结合,负责用户的开发,开发的用户是面向整个物流网络的;用户服务部是对网络上的所有用户进行服务；运作部实际上是运作管理部，它本身一般不具备直接的运作功能，而是通过它直接领导的分公司或子公司完成物流的运作。

分公司的部门设置。分公司是在总公司运作部的直接领导下工作的，分公司的核心职能是完成物流业务的运作，本身不承担市场开发工作。集权型网式经营组织结构设计的优点在于网络的协同效应比较好，便于控制。但这种设计也有很多弊端，如各个分公司不对经营利润负责，工作积极性会受影响。同时，由于各地分公司没有自主的用户开发权限，也限制了市场的拓展能力。目前，新型的第三方物流企业大多数采用这种集权型网式经营组织结构。

2) 分权型网式经营组织结构设计。在分权型网式经营组织结构中，分公司是独立经营的实体，每个分公司的组织结构都相当于一个点式经营的组织结构。但这并不意味着总公司就无所作为。总公司尽管不从事具体的市场开拓和用户服务等工作，但在整个网络的发展规划、市场开发指导、技术支持等方面发挥重要作用。

总公司的部门设置。总公司有一个项目管理部对各地的分公司进行直接领导。研发部是企业的技术开发部门，开发新的管理和运作体系，建立公司的标准化操作流程，在分公司进行用户开发的过程中，也可以提供技术支持。企划部负责公司的战略规划和网点的建立，进行新项目投资的可行性研究，是公司重要的决策支持部门。

分公司的部门设置。分公司实际上是一个功能健全的物流公司，拥有独立的用户开发和服务体系，只是在市场定位、大客户开发、投资等方面需要总公司的支持。在分权型网式经营组织结构中，各地分公司是利润中心，总公司通过预算来控制各地的财务。分权型网式经营组织结构可以充分调动各地的积极性，但财务管理困难，网络间的业务协调能力差，各分公司之间配合的积极性不高，在管理不力的情况下，会形成诸侯割据的局面。目前，这种经营组织结构在由传统的物流企业转型过来的第三方物流公司中有一定程度的应用。

2. 两个新型的第三方物流组织结构

（1）矩阵型点式经营组织结构设计。所谓矩阵型点式经营组织结构设计，是将项目管理的思想引入点式经营组织结构中。由于用户物流需求的个性化特点，因此特别适合项目管理的运营模式。

（2）混合型网式经营组织结构设计。它综合了集权型和分权型网式经营组织结构的优点，在组织结构设计时，同时具备集权和分权的功能。具体做法是在集权型网式结构的基础上，健全各分公司的职能，使各分公司具备一定的独立运作和管理体系，具有开发用户的能力。其经营组织结构的特点是，各分公司的用户分成两个部分：一部分是来自总部的用户，按照成本中心的模式进行管理；另一部分是自己开发的用户，按照利润中心的模式来运营。采用混合型网式经营组织结构的机构可以通过总公司和各分公司的联合营销，大大提高整个公司的市场营销水平。混合型网式经营组织结构如图 12-3 所示。

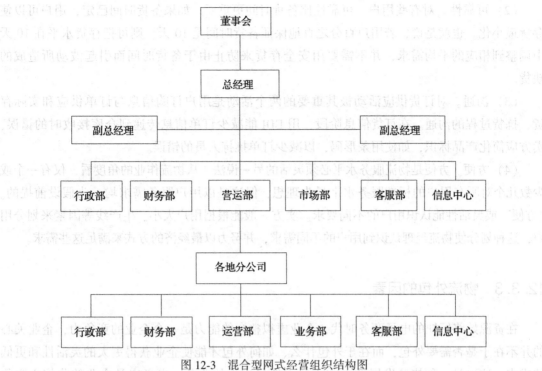

图 12-3 混合型网式经营组织结构图

12.3 第三方物流服务商的选择

12.3.1 第三方物流公司的类型

第三方物流公司按业务分为以下类型。
(1) 以运输为基础的物流公司。
(2) 以仓库和配送业务为基础的物流公司。
(3) 以货物代理为基础的物流公司。
(4) 以托运人和管理为基础的物流公司。
(5) 以财务或信息管理为基础的物流公司。

12.3.2 第三方物流公司的用户服务特性

(1) 时间。当今成功的物流作业具有对备货时间的基本变量高度控制的能力,包括订单处理、订单准备、货物发送。为了保证合适的订单周期及一致性,卖方公司通过对这些活动的有效管理,对买方的用户服务水平进行了改进。

(2) 可靠性。对有些用户，可靠性比备货时间更重要。如果备货时间已定，用户可以使存货最小化。也就是说，若用户百分之百地保证备货时间是 10 天，则可把存货水平在 10 天中调整到相应的平均需求，并不需要用安全存货来防止由于备货时间而引起波动所造成的缺货。

(3) 沟通。对订货供应活动极其重要的两个活动是用户订购信息与订单供应和实际存货、拣货过程的沟通。在订货信息阶段，用 EDI 能减少订单信息传递到仓库接收时的错误，卖方应简化产品标识，如使用条形码，以减少订单挑拣人员的错误。

(4) 方便。方便是物流服务水平必须灵活的另一说法。从物流作业的角度看，仅有一个或少数几个对所有用户的标准服务水平最为理想，但这是以用户服务需求均一为假设前提的。"方便"或灵活性能认识用户的不同要求。卖方一般能根据用户大小、生产线等因素来划分用户，这种划分使物流经理认识到用户的不同需求，并努力以最经济的方式来满足这些需求。

12.3.3 物流外包的因素

在资源始终短缺的电子商务时代，企业虚拟整合的能力是一个企业的竞争力，企业关心的并不在于是否需要外包，而在于外包什么、如何外包才能使企业获得更大的灵活性和更低的成本，这也是一种快速发展的必需手段。外包出去的业务，也必定是企业的非核心竞争力。企业可以选择的外包方式有：一次全包（关闭、转移）、部分外包、分步外包。

随着企业物流业务的外包，在企业组织上也会有相应的改变。

(1) 系统接管（供应商全盘买进用户物流系统）。

(2) 合资（保留部分产权，合同注入外资与管理）。

(3) 系统剥离（自理物流部门独立并外接业务）。

(4) 管理型合同（把管理外协）。

外包意味着把企业内部的一些管理范畴交给合作伙伴来处理，由于电子制造企业的物流管理重点在于提高自身供应链体系的效率，而不在于对外部运力资源的控制，因此，选择外包合作伙伴的关键点不是它们的现成运作资源，而是它们的战略共识、管理能力及与制造商共同发现供应链中的关键问题，并逐步通过信息系统及内外部协作解决问题的能力。

12.3.4 第三方物流服务商的选择标准

第三方物流服务商的选择标准如表 12-2 所示。

表 12-2 第三方物流服务商的选择标准

编号	项目	内容
1	储货库服务率	全品种可以立即交货，B 级、C 级商品不能立即交货
2	接受订货截止时间	接受订货截止时间（前一天几点、前两天几点、当天几点）、截止后延长时间
3	交货日期	当天、第二天中午前、第二天、第三天、第三天以上

(续)

编号	项目	内容
4	订货单位	散货、打 箱、盒 托盘 卡车
5	交货额度	1日1次、1日2次以上 1周1次、1周2~3次 1周3次以上
6	指定时间	指定时间带（午前、午后）
7	紧急发货	物流服务公司的能力、满足变化的弹性
8	保持物流质量	保管、运输过程中的品质劣化、物理性损坏 配送错误、数量错误、品质错误
9	提供信息	交货期的回答 库存及断档信息 交货期的回答，库存及断档信息、重新进货、到货日期、运输过程中的商品信息、追踪信息
10	进货条件	车上交货、仓库交货 定价、价格标签 包装 免检

12.3.5 第三方物流服务商的选择步骤

企业在选择服务商时，应首先改变仅着眼于企业内部核心竞争力的提升，而置供应商的利益于不顾的观点。以长远的战略思想对待外包，通过外包既实现自身利益最大化，又有利于供应商持续稳定地发展，达到供需双方双赢的局面。在此基础上，分析企业内部物流状况和员工心态，调查供应商管理深度和幅度、战略导向、信息技术支持能力、自身的可塑性和兼容性及行业运营经验等，其中战略导向尤为重要，应确保供应商有与企业相匹配的或类似的发展战略。供应商的报价应根据供应商自身的成本确定，而非依据市场价格，报价不仅是一个总数，还应包括各项作业的成本明细。对于供应商的承诺，尤其是涉及政府政策或供应商战略方面的项目，必须来自供应商企业最高管理者，避免在合约履行过程中出现对相关条目理解不一致的现象。在此基础上，还应注意如下几个方面。

（1）明确列举服务要求。

（2）解决方案。在用户对业务计划书的内容表示认可的条件下，物流企业应当对服务内容向用户提供详尽报告，即解决方案。解决方案包括以下内容：①业务流程；②作业规程；③网络建立；④费用方案；⑤成本分析；⑥信息管理。

（3）物流合同。物流合同包括与用户签订的合同和与代理商或承包商签订的合同。第三方物流作为一种服务贸易，其合同内容和条款相对于一般的工矿企业合同以及仓储运输合同更为复杂。因此，物流企业的业务部门应当会同法律部门或者法律顾问制定出符合企业特点的合同范本，以此作为每个业务合同的标准和依据。为了确保业务合同的周密，在签订每个业务合同时，应当由业务部门草拟合同主要内容，再由法律部门或法律顾问审核，必要时应当对合同进行公证。

12.4 第四方物流

随着我国经济的蓬勃发展，"物流"一词被绝大多数中国企业逐渐认知。它是包括原材料、零配件、半成品、在制品及制成品甚至退货等的流通活动。但是物流作为一个社会化系统产业，并不仅仅是提高货物的高效率运转，在一定程度上，它是整合社会所有的与之相关的资源。

电子商务以及信息技术的发展给不断变革的物流模式提供了保障和活力，当业界刚刚认同第三方物流的同时，一种提高综合的供应链解决方案的物流概念——第四方物流悄然出现。

12.4.1 第四方物流概述

1. 第四方物流的概念

第四方物流（fourth party logistics，4PL）的概念首先是由安德森咨询公司提出的，它甚至注册了商标，并将其定义为：一个调配和管理组织自身的及具有互补性的服务提供商的资源、能力与技术，来提供全面的供应链解决方案的供应链集成商。

2. 第四方物流的内容

第四方物流集成了管理咨询和第三方物流服务商的能力，通过优秀的第三方物流、技术专家和管理顾问之间的联想，为用户提供最佳的供应链解决方案。更重要的是，这种使用户价值最大化，统一技术方案的设计、实施和运作，只有通过咨询公司、技术公司和物流公司的齐心协力才能够实现。第四方物流的供应链解决方案共有四个层次：执行、实施、变革和再造。

3. 第四方物流的特点

（1）提供一整套完整的供应链解决方案。第四方物流有能力提供一整套完善的供应链解决方案，是集成管理咨询和第三方物流服务的集成商。第四方物流和第三方物流不同，不是简单地为用户企业的物流活动提供管理服务，而是通过对用户企业所处供应链的整个系统或行业物流的整个系统进行详细分析后，提出具有中观指导意义的解决方案。第四方物流服务供应商本身并不能单独地完成这个方案，而是要通过物流公司、技术公司等多类公司的协助才能将方案得以实施。

（2）通过对整个供应链产生影响来增加价值。第四方物流通过对供应链产生影响的能力来增加价值，在向用户提供持续更新和优化的技术方案的同时，满足用户特殊需求。第四方物流服务供应商可以通过物流运作的流程再造，使整个物流系统的流程更合理、效率更高，从而将产生的利益在供应链的各个环节之间进行平衡，使每个环节的用户企业都可以受益。如果第四方物流服务供应商只是提出一个解决方案，但是没有能力来控制这些物流运作环节，那么第四方物流服务供应商所能创造价值的潜力也无法被挖掘出来。因此，第四方物流服务供应商对整个供应链所具有的影响能力直接决定了其经营的好坏，也就是说，第四方物流除了具有强有力的人才、资金和技术以外，还应该具有与一系列服务供应商建立合作关系的能力。

（3）成为第四方物流企业需要具备一定的条件。例如：能够制定供应链策略，设计业务流程再造，具备技术集成和人力资源管理的能力；在集成供应链技术和外包能力方面处于领先地位，并具有较多的专业人才；能够管理多个不同的供应商并具有良好的管理和组织能力等。

12.4.2 第三方物流与第四方物流的关系

第四方物流提供了供应链管理的功能，即管理从货主、托运人到用户、顾客的供应全过程；第四方物流提供了运输一体化功能，即负责管理运输公司、物流公司之间在企业操作上的衔接与协调问题；第四方物流提供了供应链再造功能，即根据货主、托运人在供应链战略上的要求，及时改变或调整战略战术，使其经常处于高效率的运作状态。第四方物流的关键是以"行业最佳的物流方案"为用户提供服务与技术。

第四方物流与第三方物流相比，其服务的内容更多，覆盖的地区更广，对从事货运物流服务的公司要求更高，要求它们必须开拓新的服务领域，提供更多的增值服务。第四方物流最大的优越性，是它能保证产品得以"更快、更好、更价廉"地送到需求者手中。在当今经济形势下，货主、托运人越来越追求供应链的全球一体化以适应跨国经营的需要，跨国公司由于要集中精力于其核心业务，因而必须更多地依赖于物流外包。因此，它们不只是在操作层上进行外协，而且在战略层面上也需要借助外界的力量，得到"更快、更好、更价廉"的物流服务。

12.4.3 第四方物流发展现状与对策

1. 第四方物流的运作模式

第四方物流结合自身的特点可以有三种运作模式进行选择，虽然它们之间略有差别，但是都突出了第四方物流的特点。

（1）协同运作模式。在该运作模式下，第四方物流只与第三方物流有内部合作关系，即第四方物流服务供应商不直接与用户企业接触，而是通过第三方物流服务供应商实施其提出的供应链解决方案、再造的物流运作流程等。这就意味着，第四方物流与第三方物流共同开发市场，在开发的过程中，第四方物流向第三方物流提供技术支持、供应链管理决策、市场准入能力以及项目管理能力等，它们之间的合作关系可以采用合同方式绑定或采用战略联盟方式形成。

（2）方案集成模式。在该运作模式下，第四方物流作为用户企业与第三方物流的纽带，将用户企业与第三方物流连接起来，这样用户企业就不需要与众多的第三方物流服务供应商接触，而是直接通过第四方物流服务供应商来实现复杂的物流运作的管理。在这种模式下，第四方物流作为方案集成商，除了提出供应链管理的可行性解决方案外，还要对第三方物流资源进行整合，统一规划，为企业客户服务。

（3）行业创新模式。行业创新模式与方案集成模式有相似之处，都是作为第三方物流和用户沟通的桥梁，将物流运作的两个端点连接起来。两者的不同之处在于：行业创新模式的用户是同一行业的多个企业，而方案集成模式只针对一个用户企业进行物流管理。在这种模式下，第四方物流提供行业整体物流的解决方案，这样可以使第四方物流运作的规模更大限度地得到扩大，使整个行业在物流运作上获得收益。

第四方物流无论采取哪一种模式，都突破了单纯发展第三方物流的局限性，能真正地低成本运作，实现最大范围的资源整合。因为第三方物流缺乏跨越整个供应链运作以及真正整合供应链流程所需的战略专业技术，而第四方物流可以不受约束地将每一个领域的最佳物流提供商组合起来，为用户提供最佳物流服务，进而形成最优物流方案或供应链管理方案。第三方物流要么独自，要么通过与自己有密切关系的转包商来为用户提供服务，它不太可能提供技术、仓储与运输服务的最佳结合。

2. 第四方物流存在的问题

（1）第四方物流在中国物流市场上的份额低。
（2）我国物流基础设施建设落后。
（3）管理体制不完善。
（4）供应链管理技术尚未发育成熟。
（5）物流信息化程度低。
（6）缺乏现代物流人才。

3. 第四方物流在我国的发展对策

（1）加强物流基础设施的规划和建设。
（2）大力发展第三方物流。
（3）加速物流产业信息化，建立全国物流公共信息平台。
（4）加快物流人才的培养。

> **案例研究**   河南首家医药第三方物流企业正式运营
>
> 2020年8月19日,顺丰医药供应链(河南)医药第三方物流运营启动仪式在郑州成功举办,这标志着河南首家无药品销售许可证,但可独立开展医药第三方物流的试点企业正式运营。
>
> 自新的《中华人民共和国药品管理法》实施以来,传统医药物流的质量保障体系、配送效率、追溯系统已不适应新时代药品监管要求。为贯彻落实河南省委、省政府打造河南在全国范围内的"物流枢纽+分拨中心"的具体要求,河南省药品监督管理局会同省商务厅、省发改委积极推动顺丰(敦豪)药品第三方物流新业态落地郑州,并于2020年4月23日正式出台支持医药第三方物流发展工作的具体措施,按照"全主体、全品种、全链条"的监管要求,把物流企业配送药品纳入监管范围,弥补了物流配送环节的监管空白,以"互联网+延伸监管"的方式强化事中事后监管,在保障药品质量安全的同时,支持企业高质量发展,以务实的举措服务"物流枢纽+分拨中心"建设。
>
> 顺丰医药供应链有限公司响应河南省政府号召,积极投身郑州国际物流港建设,探索现代化第三方医药物流系统,依托集团强大的供应链体系和信息技术实力,充分发挥辐射带动作用,切实加强药品物流配送过程中的质量管理,推动河南省医药第三方物流业务发展。
>
> 药品第三方物流是物流专业分工细化后萌生的新型业态,专门开展药品储存、运输业务,不进行药品采购、销售,通过提供专业的第三方物流服务,帮助药品器械生产经营企业提高物流效率,降低经营成本,保障质量安全,解决了传统医药物流配送环境条件差、效率低、资源浪费等诸多问题。药品第三方物流配送是时代发展的产物,它将对提高药品质量保障水平,降低物流成本,节约社会财富,促进社会分工具有十分重要的意义。
>
> 资料来源:人民网,2020年8月20日。
>
> **讨论题**
>
> 1. 为什么说药品第三方物流是物流专业分工细化后萌生的新型业态?
> 2. 结合医药公司从药品第三方物流中得到的好处,分析医药企业采用第三方物流的意义。

本章小结

本章主要介绍了第三方物流的基本概念、特点及其产生发展的背景,详细描述了第三方物流的特点以及功能,介绍了第三方物流企业的分类,分析了第三方物流的利润来源和价值创造;结合第三方物流的服务内容,概括总结了第三方物流企业的组织结构,并介绍了第三方物流服务商的选择,同时对第四方物流及其发展对策做了介绍。

复习思考题

一、单选题

1. 第三方物流的特征不包括（　　）。
   A. 成本最低化　　　　　　　　B. 功能专业化
   C. 服务个性化　　　　　　　　D. 信息网络化
2. 在第三方物流的设计和运作中，（　　）是至关重要的环节，是第三方物流服务管理的主要内容。
   A. 顾客服务　　B. 库存管理　　C. 运输　　D. 仓库管理
3. 下列不属于基本的增值服务的项目是（　　）。
   A. 物流方案设计　　B. 运输服务　　C. 存货管理　　D. 订货处理
4. 整体效益化和最优化，即要追求总成本最低，就要求第三方物流企业在为用户企业设计企业物流系统时必须坚持（　　）的原则。
   A. 技术上先进适用、经济上合理
   B. 适应用户企业内外环境
   C. 企业物流系统符合当前需要、兼顾长远发展
   D. 局部效益服从整体效益
5. 第三方物流的主体主要是（　　）。
   A. 各类商品　　　　　　　　　B. 物流的环境
   C. 物流的设施设备　　　　　　D. 第三方物流服务的提供者和各类货主

二、多选题

1. 第三方物流用户服务管理的原则包括（　　）。
   A. 重视每一个用户　　　　　　B. 重视建立与用户的伙伴关系
   C. 为用户提供差别化的服务　　D. 注重用户服务的发展性
2. 第三方物流用户满意度管理方法包括（　　）。
   A. 贴近并研究用户　　　　　　B. 聘用用户喜欢的服务人员
   C. 提供个性化的服务　　　　　D. 增强用户体验
3. 特定的增值服务是指第三方物流企业为用户企业实现某种营销目的而提供的专项服务，具体可分为（　　）。
   A. 以用户为核心的服务　　　　B. 以促销为核心的服务
   C. 以制造为核心的增值服务　　D. 以时间为核心的增值服务
   E. 以产品为核心的增值服务
4. 企业物流系统设计的内容主要包括（　　）。
   A. 物流系统的网络布点　　　　B. 场址的选择
   C. 物流系统的局部设施规划　　D. 企业物流系统的组织设计
   E. 物流系统的产品选择

5. 第三方物流服务系统的要素包括（　　）。
   A. 第三方物流的主体　　　　　　B. 第三方物流的客体
   C. 第三方物流的环境　　　　　　D. 第三方物流的设施设备

三、判断题

1. 第三方物流是指由物资提供者自己承担向物资需求者送货，以实现物资空间转移的过程。
   （　　）
2. 第三方物流可能带来服务质量的降低和成本的提高。（　　）
3. 在第三方物流的设计和运作中，用户服务是第三方物流服务管理的主要内容。（　　）
4. 运输属于物流活动中的支柱性活动。（　　）
5. 第三方物流服务管理并不需要开展差别化的物流服务。（　　）

四、问答题

1. 第三方物流与外包的关系是什么？
2. 第三方物流与其他第一、第二方物流的区别是什么？
3. 第三方物流的特点是什么？
4. 第三方物流企业的分类有哪些？
5. 第三方物流企业是如何创造价值的？
6. 第四方物流与第三方物流的关系是什么？
7. 如何选择第三方物流供应商？

第13章 企业物流

CHAPTER 13

教学目标

通过本章的学习,学生应理解企业物流的基本定义,了解供应物流是如何组成、应用的,以及销售物流的模式、生产物流和逆向物流的特点,同时了解如何为企业物流制定作业目标,掌握企业物流的运作功能。

教学要求

知识要点	能力要求	相关知识
企业物流概述	(1) 理解企业物流的定义 (2) 了解企业物流的特征 (3) 了解物流企业与企业物流的区别	(1) 企业物流的定义 (2) 企业物流的特征 (3) 企业物流成本的含义 (4) 企业物流成本的分类
企业物流的分类	(1) 理解供应物流的定义 (2) 理解生产物流的定义 (3) 理解销售物流的定义 (4) 理解逆向物流的定义	(1) 供应物流的内涵及应用 (2) 生产物流的特点 (3) 销售物流的模式 (4) 逆向物流的特点
企业物流的运作	(1) 了解企业物流作业的目标 (2) 掌握企业物流运作的功能	(1) 企业物流运作的结构 (2) 企业物流运作的特征
企业物流的整合	(1) 了解企业物流整合的框架 (2) 了解企业物流整合的阻力	(1) 制造企业内部的物流整合:ERP (2) 企业物流业务流程重组

> **基本概念**
>
> 企业物流　供应物流　生产物流　销售物流　逆向物流　企业物流的整合

13.1 企业物流概述

13.1.1 企业物流和物流企业

修订后的国家标准《物流术语》(GB/T 18354—2021)对企业物流下的定义为：生产和流通企业围绕其经营活动所发生的物流活动。它从企业角度研究与之有关的物流活动，是具体的、微观的物流活动的典型领域。企业物流又可分为以下各种典型的具体物流活动：企业供应物流、企业生产物流、企业销售物流、企业回收物流、企业废弃物物流等。

企业系统活动的基本结构是投入→转换→产出，对于生产类型的企业来讲，是原材料、燃料、人力、资本等的投入，经过制造或加工使之转换为产品或服务；对于服务型企业来讲，则是设备、人力、管理和运营，转换为对用户的服务。

物流活动是伴随着企业的投入→转换→产出而发生的。相对于投入的是企业外供应物流或企业外输入物流，相对于转换的是企业内生产物流或企业内转换物流，相对于产出的是企业外销售物流或企业外服务物流。由此可见，在企业经营活动中，物流是渗透到各项经营活动之中的活动。

修订后的国家标准《物流术语》(GB/T 18354—2021)对物流企业下的定义为：从事物流基本功能范围内的物流业务设计及系统运作，具有与自身业务相适应的信息管理系统，实行独立核算、独立承担民事责任的经济组织。

13.1.2 企业物流的特征

企业物流是现代物流不可分割的组成部分。企业物流只有与社会物流同步发展，人们才能真正感受到现代物流的魅力。总体而言，企业物流的发展趋势有以下四个特点。

1. 一体化

企业物流一体化就是将供应物流、生产物流、销售物流等有机地结合起来，以较低的营运成本满足顾客的货物配送和信息需求。它的核心是物流需求计划。它将供应物流、生产物流、销售物流与商流、信息流和资金流进行整合，使现代物流在商品数量、质量、种类、价格、交货时间、地点、方式、包装及物流配送信息等方面都满足顾客的要求。一体化物流与传统物流的最大区别在于，后者以低廉的价格提供服务，而前者把顾客需求放在第一位，它除了提供优质的物流服务外，还承担促进销售、创造顾客需求的功能，分享增值服务的利润。一体化的供应链管理强化了各节点之间的关系，使物流成为企业的核心竞争力和盈利能力。例如海尔集团，它以 JIT 采购、JIT 配送和 JIT 分拨物流来实现同步流程，实现了在中心城市 8 小时、区域内 24 小时、全国 4 天以内配送到位。

2. 社会资源整合

经济全球化把物流管理提到了一个前所未有的高度。企业可以利用各国、各地区的资源优势，分散生产和销售。这样，现代企业的物流就能延伸到包括上游供应商和下游消费者在内的各个关联主体。企业产成品中，除了涉及核心技术的零部件是自己生产的之外，其他大多数零件、原材料、中间产品都是由供应商提供的，企业这种少库存或零库存的实现需要一个强大的物流系统。

3. 以信息和网络技术为支撑，实现企业的快速反应

企业的资源、生产、销售分布在全球市场上，市场的瞬息万变要求企业提高快速反应能力，使物流信息化、网络化成为企业实现其物流管理的一个必不可少的条件。物流信息系统增强了物流信息的透明度和共享性，使企业与上下游节点形成了紧密的物流联盟。企业通过数字化平台及时获取并处理供应链上的各种信息，提高对顾客需求的反应速度。

4. 企业物流外包与部分功能的社会化

在工业化高度集中的今天，企业只有依靠核心技术才能在竞争中获得一席之地。而任何企业的资源都是有限的，不可能在生产、流通等各个环节都面面俱到，因此，企业将资源集中到主营的核心业务，将辅助性的物流功能部分或全部外包不失为一种战略性的选择。

物流作为一个大系统，是由仓储、运输等多个功能要素整合而成的。企业经过资源重组、流程再造，形成一个完善的现代物流体系之后，不仅可以满足本企业物流的需要，还可以将剩余生产力转向物流市场，从事社会化分拨物流，获取更丰厚的第三利润。

13.2 企业物流的分类

13.2.1 供应物流

1. 供应物流的定义

修订后的国家标准《物流术语》（GB/T 18354—2021）对供应物流下的定义为：为生产企业提供原材料、零部件或其他物料时所发生的物流活动。它是生产物流系统中相对独立性较强的子系统，和生产系统、财务系统等生产企业各部门以及企业外部的资源市场、运输部门有密切的联系，对企业生产的正常、高效率进行发挥着保障作用。企业供应物流不仅要实

现保证供应的目标，而且要在低成本、少消耗、高可靠性的限制条件下来组织供应物流活动，因此难度很大。

2. 供应物流的系统组成

（1）采购。采购工作是供应物流与社会物流的衔接点，是依据生产企业生产—供应—采购计划来进行原材料外购的作业层，负责市场资源、供货厂家、市场变化等信息的采集和反馈。

（2）仓储、库存管理。仓储管理工作是供应物流的转换点，负责生产资料的接货和发货，以及物料保管工作；库存管理工作是供应物流的重要部分，依据企业生产计划制订供应和采购计划，并负责制定库存控制策略及计划的执行与反馈修改。

（3）装卸、搬运。装卸、搬运工作是原材料接货、发货、堆码时进行的操作。虽然装卸、搬运是随着运输和保管而产生的作业，却是衔接供应物流中其他活动的重要组成部分。

（4）生产资料供应。供应工作是供应物流与生产物流的衔接点，是依据供应计划—消耗定额进行生产资料供给的作业层，负责原材料消耗的控制。

3. 供应物流的组织模式

供应物流过程因不同企业、不同供应环节和不同的供应链而有所区别，从而使企业的供应物流出现了许多不同种类的模式。企业的供应物流有四种基本组织方式：第一种是委托社会销售企业代理供应物流方式；第二种是委托第三方物流企业代理供应物流方式；第三种是企业自供物流方式；第四种是近年随着供应链理论发展起来的供应链供应方式。

4. 供应物流的供应流程

尽管不同的模式在某些环节具有非常复杂的特点，但供应物流的基本流程是相同的，其过程有三个环节：取得资源，这是完成以后所有供应活动的前提条件；组织到厂物流，这是企业外部的物流过程；组织厂内物流，从厂外继续到达车间或生产线的物流过程。

（1）取得资源。取得资源是完成以后所有供应活动的前提条件。取得什么样的资源，这是核心生产过程提出来的，同时也要按照供应物流可以承受的技术条件和成本条件辅助这一决策。

（2）组织到厂物流。所取得的资源必须经过物流才能到达企业。这个物流过程是企业外部的物流过程。在物流过程中，往往要反复运用装卸、搬运、储存、运输等物流活动才能使取得的资源到达企业的门口。

（3）组织厂内物流。如果企业外物流到达企业的"门"，便以"门"作为企业内外的划分界限，例如若以企业的仓库为外部物流终点，便以仓库作为划分企业内外物流的界限。这种从"门"和仓库开始继续到达车间或生产线的物流过程，称作供应物流的企业内物流。

传统的企业供应物流都是以企业仓库为调节企业内外物流的一个节点的。因此，企业的供应仓库在工业化时代是一个非常重要的设施。

5. 供应物流的应用方式

（1）委托社会销售企业代理供应物流方式。企业作为用户，在买方市场条件下，利用买方的主导权力，向销售方提出对本企业进行供应服务的要求，作为向销售方进行采购订货的前提条件。实际上，销售方在实现了自己生产和经营的产品销售的同时，也实现了对用户的供应服务，以此占领市场。这种供应服务是销售方企业发展的一个战略手段。

第一种方式存在的主要问题，是销售方的物流水平有所欠缺，因为销售方毕竟不是专业的物流企业，有时候很难满足企业供应物流高水平化、现代化的要求。例如，企业打算建立自己的广域供应链，这就超出了销售方的能力而难以实现。这种方式的主要优点是企业可以充分利用市场经济造就的买方市场优势，对销售方即物流的执行方进行选择并提出要求，这有利于实现企业理想的供应物流设计。

（2）委托第三方物流企业代理供应物流方式。第二种方式是在企业完成了采购程序之后，由销售方和本企业之外的第三方去从事物流活动。当然，第三方从事的物流活动应当是专业性的，而且有非常好的服务水平。这个第三方所从事的供应物流，主要向买方提供服务，同时也向销售方提供服务，在客观上协助销售方扩大了市场。由第三方从事企业供应物流的最大好处是，能够承接这一项业务的物流企业，必定是专业物流企业，有高服务水平、低成本、从事专业物流的条件、组织和传统。不同的专业物流公司，瞄准的物流对象不同，有自己特有的形成核心竞争能力的机器装备、设施和人才，这样企业就有广泛选择的余地，从而进行供应物流的优化。

（3）企业自供物流方式。第三种方式是由企业自己组织所采购的物品本身的供应物流活动，这在卖方市场的市场环境状况下，是经常采用的供应物流方式。

企业在组织供应的某些种类物品方面可能有一些优势，例如设备、装备、设施和人才等方面，这样，由本企业组织自己的供应物流也未尝不可。在新经济时代下，这种方式也不能完全否定，关键还在于技术经济效果的综合评价。但是，在网络经济时代，如果不考虑本企业核心竞争能力，不致力于发展这个竞争能力，而仍然抱着"肥水不流外人田"的旧观念，也不是不可能取得一些眼前的利益，只是这必将以损失战略的发展为代价，是不可取的。

13.2.2 生产物流

1. 生产物流的定义

生产物流一般是指原材料、燃料、外购件投入生产后，经过下料、发料，运送到各加工点和存储点，以在制品的形态，从一个生产单位（仓库）流入另一个生产单位，按照规定的工艺过程进行加工、储存，借助一定的运输装置，在某个点内流转，又从某个点内流出，始终体现着物料实物形态的流转过程。修订后的国家标准《物流术语》（GB/T 18354—2021）对生产物流下的定义为：生产企业内部进行的涉及原材料、在制品、半成品、产成品等的物流活动。

2. 生产物流的类型

生产物流的类型是由生产类型所决定的。生产类型是其产品的种类、产量及其生产的专业化程度在技术和组织中的反映与表现。生产类型包括：大量生产、大批生产、中批生产、小批生产、单件生产。

3. 生产物流的多层分析

生产物流是企业物流的关键环节。

（1）从物流的范围分析，企业生产系统中物流的边界起于原材料、外购件的投入，止于成品仓库。它贯穿于生产全过程，横跨整个企业（车间、工段），其流经的范围是全厂性的、全过程的。物料投入生产后即形成物流，并随着时间进程不断改变自己的实物形态（如加工、装配、储存、搬运、等待状态）和场所位置（各车间、工段、工作地、仓库）。

（2）从物流属性分析，企业生产物流是指生产所需物料在时间和空间上的运动全过程，是生产系统的动态表现。换言之，物料（原材料、辅助材料、零配件、在制品、成品）经历生产系统各个生产阶段或工序的全部运动过程就是生产物流。

（3）从生产工艺分析，生产物流是指企业在生产工艺中的物流活动，即物料不断地离开上一工序，进入下一工序，不断地发生搬上搬下、向前、暂时停滞等活动。这种物流活动是与整个生产工艺过程伴生的，实际上已构成了生产工艺过程的一部分。

4. 生产物流的特点

（1）实现价值的特点。企业生产物流和社会物流的一个最本质不同之处，即企业生产物流最本质的特点，不只是实现时间价值和空间价值的经济活动，更是实现加工附加价值的经济活动。

企业生产物流伴随加工活动而发生，能实现加工附加价值，也即实现企业的主要目的。所以，虽然物流空间、时间价值潜力不高，但加工附加价值很高。

（2）主要功能要素的特点。企业生产物流的主要功能要素不同于社会物流。一般的社会物流的主要功能要素是运输和储存，其他是作为辅助性或次要功能或强化性功能要素出现的。企业物流的主要功能要素则是搬运活动。

许多生产企业的生产过程实际上是物料不停搬运的过程，在不停搬运的过程中，物料得到了加工，改变了形态。即使是配送企业和批发企业的企业内部物流，实际上也是不断搬运的过程，通过搬运，商品完成了分货、拣选、配货工作，完成了大改小、小集大的换装工作，从而使商品形成了可配送或可批发的形态。

（3）物流过程的特点。企业生产物流是一种工艺过程性物流，一旦企业生产工艺、生产装备及生产流程确定，企业物流因而成了一种稳定性的物流，也成了工艺流程的重要组成部分。由于这种稳定性，企业物流的可控性、计划性便很强，一旦进入这一物流过程，选择性及可变性便很小。对物流的改进只能通过对工艺流程的优化来实现，这方面和随机性很强的社会物流也有很大的不同。

（4）物流运行的特点。企业生产物流的运行具有极强的伴生性，往往是生产过程中的一个组成部分或一个伴生部分，这决定了企业物流很难与生产过程分开而形成独立的系统。

在总体伴生的同时，企业生产物流中也确有与生产工艺过程可分开的局部物流活动，这些局部物流活动有本身的界限和运动规律，当前企业物流的研究大多针对这些局部物流活动而言。这些局部物流活动主要是仓库的储存活动、接货物流活动、车间或分厂之间的运输活动等。

13.2.3 销售物流

1. 销售物流的定义

修订后的国家标准《物流术语》（GB/T 18354—2021）对销售物流下的定义为：企业在销售商品过程中所发生的物流活动。在现代社会中，市场环境是一个完全的买方市场，因此，销售物流活动带有极强的服务性，以满足买方的要求，最终实现销售。

2. 销售物流的功能

（1）市场调研与预测。
（2）开拓市场并制定销售产品的方针和策略。
（3）编制销售计划。
（4）管理订货合同。
（5）组织产品销售。
（6）售前、售中和售后服务。
（7）经济性分析。

3. 销售物流的模式

销售物流有三种主要模式：生产者企业自己组织销售物流；第三方物流企业组织销售物流；用户自己提货的形式。

13.2.4 逆向物流

1. 逆向物流的定义

修订后的国家标准《物流术语》（GB/T 18354—2021）对逆向物流（反向物流）下的

定义为：为恢复物品价值、循环利用或合理处置，对原材料、零部件、在制品及产成品从供应链下游节点向上游节点反向流动，或按特定的渠道或方式归集到指定地点所进行的物流活动。逆向物流过程由商家用户推动，物流费用采取商家用户与第三方物流公司统一集中结算的方式。整个过程需要商家用户与物流公司双方强大的 ERP 对接系统支持。逆向物流过程中，交寄物品寄出时用户无须填写寄件地址和收件地址，全部由系统自动生成。

2. 逆向物流的分类

（1）按回收物品的渠道分为退货逆向物流和回收逆向物流两部分。退货逆向物流是指下游顾客将不符合订单要求的产品退回上游供应商，其流程与常规产品流向正好相反。回收逆向物流是指将最终顾客所持有的废旧物品回收到供应链上各节点企业。

（2）按材料的物理属性分为钢铁和有色金属制品逆向物流、橡胶制品逆向物流、木制品逆向物流、玻璃制品逆向物流等。

（3）按成因、途径和处置方式及产业形态分为投诉退货、终端使用退回、商业退回、维修退回、生产报废与副品以及包装六大类别。

3. 逆向物流的特点

逆向物流作为企业价值链中特殊的一环，与正向物流相比，既有共同点，也有各自不同的特点。两者的共同点在于都具有包装、装卸、运输、储存、加工等物流功能。但是，逆向物流与正向物流相比又具有其鲜明的特殊性。

（1）分散性。换言之，逆向物流产生的地点、时间、质量和数量是难以预见的。废旧物资流可能产生于生产领域、流通领域或生活消费领域，涉及任何领域、任何部门、任何个人，在社会的每个角落都日夜不停地发生。正是这种多元性使其具有分散性。

（2）缓慢性。人们发现，开始的时候逆向物流数量少、种类多，只有在不断汇集的情况下才能形成较大的流动规模。废旧物资的产生也往往不能立即满足人们的某些需要，它需要经过加工、改制等环节，甚至只能作为原料回收使用，这一系列过程的时间较长。同时，废旧物资的收集和整理也是一个较复杂的过程。这一切都决定了逆向物流缓慢性这一特点。

（3）混杂性。回收的产品在进入逆向物流系统时往往难以将其划分为产品，因为不同种类、不同状况的废旧物资常常是混杂在一起的。当回收产品经过检查、分类后，逆向物流的混杂性随着废旧物资的产生而逐渐衰退。

（4）多变性。由于逆向物流的分散性及消费者对退货、产品召回等回收政策的滥用，因此有的企业很难控制产品的回收时间与空间，这就导致了多变性。多变性主要表现在以下四个方面：①逆向物流具有极大的不确定性；②逆向物流的处理系统与方式复杂多样；③逆向物流技术具有一定的特殊性；④相对高昂的成本。

13.3 企业物流的运作

13.3.1 企业物流运作流程的结构与特征

1. 企业物流运作流程的结构

企业物流运作流程基本上分为横向结构和纵向结构。

（1）横向结构。横向结构是指企业物流运作从投入到产出总过程相关的一系列基本流程，主要包括：物流作业流程，即由接单、采购、运输、库存、检验、配送等组成的基本流程；物流服务流程，主要是为顾客提供物流需求分析、系统设计、管理咨询等系统物流服务组成的基本流程；物流信息流程，是指从各部门各方面收集、处理、汇总、传递信息、共享信息、创造信息价值等活动组成的基本流程；物流管理流程，即对物流运作过程实施计划、组织、控制、协调，以优化资源配置，提高管理效率的活动组成的基本流程。

（2）纵向结构。纵向结构是指从企业物流运作决策到物流运作执行的过程，主要包括：物流运作决策流程，即企业从最高层到基层员工形成物流运作决策的基本流程，目标是实现企业物流的有效运作；物流运作执行流程，即企业物流运作的实施流程，包括执行方法、执行监督等。

2. 企业物流运作流程的特征

（1）逻辑性。所谓逻辑性是指流程包含着很多工作环节和工作步骤的全过程，任何流程都需要按照特定环节与步骤的顺序进行，具有较强的逻辑性。企业物流运作流程带有一定的经验和行为习惯，在与企业物流目标完成的效率要求、费用要求、时间要求相吻合时，就成为普遍规范。

（2）变动性。当企业物流运作目标、战略、组织结构发生变动时，相关的物流运行流程自然要发生变化，否则新的目标与战略就不可能实现。同时，物流运作流程内部的工作环节、工作步骤的变动也是经常的。

（3）可分解性。任何流程都可以按照工作环节、工作步骤分解开来，如何分解则视专业化要求及技术的可行性而定。当专业化和技术条件不一样时，同样一个企业物流运作流程的分解方法和分解结果是不同的。

13.3.2 企业物流运作的功能

众所周知，任何企业都需要各个业务单位的支持与协调，才可能完成整个物流过程。企业物流的活动可以归结为五大功能，分别为网络设计、信息、运输、存货以及仓储、物料搬运和包装。企业物流的综合能力就通过这五大功能的协调来实现。

1. 网络设计

网络设计是物流管理的一项基本功能。网络设计要确定完成物流工作所需的各类设施的数量和地点，同时还要确定每一设施内应储备存货的种类、数量以及安排应在何处交付用户订货等。物流设施的网络形成了物流作业据以进行的框架结构，因此，该网络也融合了信息和运输功能，还包括了与订货处理、存货管理以及物料搬运等有关的具体工作。

2. 信息

物流中依赖于信息的工作主要是物流预测与订单管理。物流预测要估计未来的需求，以指导存货定位，满足预期的顾客需求，订单管理部门的工作是处理具体用户的需求，用户下订单是物流活动中的一项主要交易活动。因此，物流信息的质量和及时性是物流运作的关键因素。

3. 运输

在既定的网络设施和信息能力下，运输就是从地理上给存货定位的一个物流功能领域。由于运输具有十分重要的意义和可见成本，因此，长期以来，运输始终得到企业管理部门的普遍重视。从物流系统的观点来看，影响运输的三大因素是成本、速度和一致性。

4. 存货

企业的存货需求取决于网络结构和期望的用户服务水平。良好的存货管理政策基于五个方面的内容，即客户细分、产品需求、运输一体化、时间上的要求以及竞争性作业表现。高收益率的用户构成企业的核心市场，有效进行物流细分的关键就在于为这些核心用户优先安排存货权，以满足他们的需求。

5. 仓储、物料搬运和包装

物流系统中需要用到仓库时，企业可以选择自己经营仓库，也可以从外部获得专业仓储服务。很多物流过程中的重要活动会出现在仓储这个环节上，比如货物分类、排序、订单分拣、联合运输，有时还包括产品的修改与装配。

物料搬运是仓库中的一项重要活动。搬运会产生货损，产品搬运的次数越少，产品受损的可能性就越小，仓库内的整体运作效率就越高。

包装是为了提高搬运效率。通常将罐装、瓶装或盒装的产品装入更大的包装内，即工业包装。工业包装起到两个方面的作用：一是在物流过程中起到保护产品的作用；二是将零散的产品打包成大包装的形式，以提高搬运安全性和效率。

13.3.3 企业物流作业的目标

实践表明，只有目标明确的企业才能得到迅速的发展。同理，也只有目标明确的企业才能将物流作业高效运转起来。企业物流作业的目标包括快速响应、最低库存、集中运输、最小变异、质量以及生命周期支持等。

13.4 企业物流整合

13.4.1 企业物流整合的框架

企业物流可以分解为货物流和信息流两大流。其中，货物流可以进一步细分为采购、制造支持和产品配送；信息流则细分为计划/协调流和作业流。事实上，无论是货物流还是信息流，都与从供应商到用户所经历的采购、制造与配送等过程紧密相关。

1. 货物流

首先货物流始于原材料的采购。在物流领域，采购是指企业从供应商那里购买原材料、零部件或产成品存货，并安排运往制造工厂或装配工厂、仓库、渠道商的内向运输。它包括的活动主要有制订资源需求计划、寻找供应商、价格谈判、下订单、收货、验货、存储搬运和质量保证等，而这些正是构成信息流的主要内容。

其次是制造支持。制造支持涉及制造企业控制之下的运输需求。从全面计划的观点看，制造支持与外向活动（产品配送）和内向活动（采购）分离，使企业更具有专业化，效率更容易得到提高。

最后是产品配送。产品配送是指将产成品运送到用户手中的过程。产品配送活动主要是指提供用户服务相关的一些活动，主要包括接收订单、订单处理、安排存货、仓储和搬运以及配送渠道内的货物外运。产品配送的主要目标是在总成本最低的基础上战略性地提供预期的用户服务水平，从而最终实现用户收益。

2. 信息流

物流中的信息流主要是用来辨别需求的，分为两大部分：计划/协调流和作业流。在供应链成员之间构成的整个信息系统结构中，计划/协调流起到了支柱性的作用。

研究发现，整个供应链的主要动力来自由各成员的营销目标和财务目标相结合产生的战略目标。能力限制协调内部与外部的制造需求，即发现自身能力上的限制所在，从而有目的地对企业内外制造需求加以协调。物流需求将执行作业计划所需的配送设施、设备和劳动力具体化，即需求描述。存货安排是介于计划/协调流与作业流之间的一个连接面，它详细说明了安排存货的时间与地点等问题。

产生于制造需求的主生产计划（master planning schedule，MPS）和 MRP 则是一份日常生产计划，它主要用于确定原材料和零部件的需求。采购需求支持制造需求，它确定需要从企业外部运往内部的原材料和零部件。预测则是根据历史资料、当前的业务情况等预估未来的业务水平。物流预测一般包括对相对较短期间的预测（通常不超过一个季度）和定期预测（通常为周度或月度预测）。作业流涉及以下主要内容：订单管理、订单处理、配送作业、存货管理、运输、采购等。

订单管理是指在产成品配送过程中，在供应链有关各成员间传递的信息需求。订单管理的主要活动是对用户所下订单进行准确登记并加以确认。订单处理是指安排存货并分配执行任务以满足用户需求。

配送作业中的信息流主要是为方便和协调在物流设施中的物流作业的。物流设施的主要作用是对原材料和产品进行分类，从而满足用户的订单需求。存储管理是利用信息执行特定的物流计划。而运输信息则指导存货如何从企业或企业的仓库流向渠道商或最终用户。采购中的信息通常是指为完成采购订单的准备、修改及发放所必需的信息。

13.4.2 制造企业内部的物流整合：ERP

从 MRP 到制造资源计划（manufacturing resource planning，MRP Ⅱ），再到企业资源计划（enterprise resource planning，ERP），这些计划软件逐步使企业内部的物流整合程度加深。尤其是 ERP，它在传统的 MRP Ⅱ 的基础上扩展了管理范围，给出了全新的结构，把用户需求和企业内部的业务活动以及供应商的制造资源组合在一起，体现了完全按照用户需求制造的思想。

更为具体地说，ERP 是一种面向企业内部的管理工具，它可对诸如订单、采购、库存、计划、生产制造、质量控制、运输、分销、服务与维护、财务管理、人事管理、实验室管理、项目管理、配方管理等进行有效管理。ERP 是整合了企业管理理念、业务流程、基础数据、人力物力、计算机硬件和软件的企业资源管理系统，因此 ERP 可以实现企业集中式管理、集中监控、规模经济。企业在实施 ERP 的过程中，企业管理组织体系要主动适应 ERP，而不是 ERP 去适应管理体系，否则必然导致应用失败。

如果企业现有的组织模式不适应 ERP，那么就有必要进行业务流程重组（business process reengineering，BPR），依据整合性管理思想构建新的组织模式。企业在实施 ERP 系统之前，需要做大量的前期准备工作，包括企业管理诊断、企业信息技术规划以及人力和物力的准备等。

企业管理诊断是指识别行业可能出现的挑战，分析竞争环境，找到自身管理存在的问题，从而确定企业近远期的发展和经营战略。一个全面的 ERP 系统包含了很多模块，企业应根据自身实际需求来进行规划，不要奢望一朝一夕就能完全实现，也不一定非要实现 ERP 的全部功能。

其次是 BPR，它是美国的迈克尔·哈默于 1990 年在《哈佛商业评论》中提出来的。他认为，BPR 的核心就是面对激烈的市场竞争，企业要加强过程控制，要不断地对原有的业务流程进行根本性的思考和彻底重组，从而使成本、质量、服务和速度这些反映企业竞争能力的要素得以明显的改善或提高，以适应市场竞争的需求。大量实践表明，企业 ERP 只有在成功实施 BPR 的基础上才能获得最佳经济效益。

最后是 ERP 系统的应用。ERP 只是对企业内部进行的整合，它无力承担企业之间的集成和协同。20 世纪 90 年代中期，寻求克服 ERP 缺点的努力开始有了成果，这就是物流的进一步整合，即将整合扩展至独立企业之间的协调和企业外部的物流与信息流的集成及优化——高级计划与排产技术（advanced planning & schedule, APS）的实用化和供应链管理（supply chain management, SCM）。

13.4.3 企业物流整合的阻力

企业物流整合涉及跨职能部门的作业，因此面临的阻力是多方面的。概括地说，企业物流整合的阻力主要来自以下几个方面：企业组织结构、绩效衡量体系、存货所有权问题、信息技术和知识相互传递的能力等。

第一是企业组织结构。企业传统的业务组织结构会影响到任何一项跨职能部门作业的执行，因为传统的业务组织结构反映出来的是相对独立的部门运作，而企业物流整合则要求在各职能领域间进行高效的合作与协调。因此，企业实施物流整合首先要从调整企业组织结构入手。

第二是绩效衡量体系。企业传统的绩效衡量体系往往针对相对独立的组织部门分别制定标准进行考核，也就是说企业传统的绩效衡量体系基本上是依循企业传统的组织结构来设计的。企业实施物流整合，调整了传统的组织结构，就必须相应地调整绩效衡量体系，否则达不到预期的目的。

第三是存货所有权问题。存货可以有效帮助物流的某一功能的实现。获得存货所有权的传统方法是保持足量供应，为了安全起见，应同时避免需求及作业中的不确定因素。但保持足量供应势必增加库存对财务资金的占用，同时相应增加企业风险。

第四是信息技术。信息技术是实现物流整合的关键因素。企业的信息系统传统上也是按照组织结构的思路来分别进行设计的，这就使企业的许多数据库仅限于在特定的职能部门内使用，在涉及跨职能部门时，信息难以共享。因此，无法实现信息共享无疑是物流整合的又一大阻力。

第五是知识相互传递的能力。实践证明，如果在企业内分享经验的能力受到限制，同样严重影响到企业的物流整合。比如，当富有经验的工作人员出于退休或其他原因离开企业时，无法对知识进行转化或传递，而新人又需要很长的一段时间才能适应，那么在这种情况下就会对物流整合形成阻力。

总之，物流是一项综合性的业务，涉及众多职员和各功能领域，而在物流领域中知识和经验的传递又往往很难标准化。因此，企业要实施有效的物流整合，还必须解决知识与经验的积累和传递问题，即解决企业的知识库问题。

> **案例研究　从企业物流到物流企业，京东物流已实现盈利但仍在调整**
>
> 　　2017年4月，京东宣布成立京东物流子集团，其物流业务正式独立运营。从企业物流到物流企业，京东物流进行了艰难的调整，自独立以来，京东物流的内部组织架构已经过多轮调整。
>
> 　　从企业物流到物流企业，当物流所面对的各种不同客户的需求形式不断变化和扩大，SKU数量和订单数量不断上涨时，原来只适用于企业自身产品的系统形式，已经跟不上市场服务的需要。仓储储位的管理、运输线路的优化管理以及物流运作成本控制等，都是京东物流眼前面临的挑战。
>
> 　　对已经独立的京东物流来说，向社会开放可以摊薄前期巨大的投入成本，尽快地规模化是实现盈利的关键。京东物流的独立、与天天和百世的矛盾、"双十一"为社会化商家提供6.66亿元补贴，这些行为都被外界解读为京东与顺丰、通达系同台竞技。
>
> 　　对第三方商家来说，相对于自己的"单仓发全国"，京东拥有遍布全国的仓储体系和完整的物流网络，当客户下单完毕后，京东官方自营会在第一时间匹配最近的仓库进行揽件发货，这也就在无形之中提升了送货的效率。使用京东物流仓配一体化服务、订单渗透率超过50%时，商家销量增速为97%，远远高于POP平台46%的平均增速，配送时效普遍提升了两倍以上，但相对应的是较高的成本。
>
> 　　京东物流的外单收入主要来源于POP平台上的第三方商家，但其规模并不可知，京东物流还在寻找外部客户。除了自有平台上的商家，京东物流也在以线上线下、全渠道、一体化的供应链服务（业内称为"一盘货"服务），配合"新通路"的B2B平台、京东商城的B2C平台，吸引外面的大商家、大客户。
>
> 　　京东物流自从宣布与达能（中国）签署战略合作协议后，将向达能（中国）开放其覆盖全国的物流基础设施，并为后者提供更高效、更优质的仓配服务。同时，双方将在成都联合建设"共享仓库"，达能（中国）将多渠道商品统一前置到共享仓，实行同仓布货。具体的合作模式是，通过智能化库存管理系统，实现同仓内线上线下的"一盘货"管理，从而实现将达能（中国）配送中心覆盖的线下渠道和京东商城及京东新通路等线上销售平台的库存共享、统一供应。
>
> 　　关于与达达的合作，京东物流把在"最后一公里"上积累的丰富经验共享给达达，包括系统信息和服务客户的一些关键细节，帮助达达提高服务质量。在此前提下，某一年"双十一"，京东物流接近30%的订单都是交给达达完成"最后一公里"配送的，让商品能够快速送到消费者的手中。
>
> 　　资料来源：界面新闻，2017年12月13日。

> **讨论题**
>
> 写一份案例分析报告，报告应包括对京东物流目前存在问题的分析，以及你对京东物流从企业物流到物流企业的理解。（回答要点：企业物流和物流企业定义的区别与联系，结合时代发展去描述物流企业在物流各个阶段所存在的共性问题）

本章小结

企业物流是企业内部的物品实体流动，主要包括供应物流、生产物流、销售物流及逆向物流，它是企业生产经营活动的重要组成部分，是企业生产经营活动得以顺利进行的基本前提。企业物流的运作包括作业目标和为企业制定作业目标。企业物流的整合包括企业物流整合的框架、内部整合和整合时遇到的阻力。企业物流可以分解为货物流和信息流两大流，同时企业物流整合涉及跨职能部门的作业，因此面临的阻力是多方面的。

复习思考题

一、单选题

1. 企业意识到顾客满意是实现企业利润的唯一手段，因而（　　）成为经营管理的核心要素。
   A. 物流　　　　B. 顾客服务　　　C. 生产　　　　D. 销售
2. 企业物流管理是以（　　）为出发点的。
   A. 增加利润　　B. 获取市场　　　C. 客户满意　　D. 销售额
3. （　　）是指所有接受产品、服务或信息的组织和个人。
   A. 供应商　　　B. 客户　　　　　C. 需求方　　　D. 物流企业
4. 供应链是物流管理的（　　）。
   A. 外部一体化　B. 内部一体化　　C. 销售信息一体化　D. 企业的功能集成
5. 通过物流活动的有效组织和协调，能够对企业的成本降低和差异性产生影响，从而形成（　　）。
   A. 竞争优势　　B. 降低成本　　　C. 规模经济　　D. 范围经济

二、多选题

1. 物流信息交易系统不是用于（　　）的最基本层次。
   A. 物流活动开始　　　　　　　　　B. 物流作业
   C. 启动和记录具体物流活动　　　　D. 物流供应商与需求商交易
2. （　　）不是物流信息系统的核心过程。
   A. 订单准备　　B. 订单处理　　　C. 订单实施　　D. 订单完成

3. 企业战略的基本要素应包括（   ）。
   A. 经营范围　　　B. 成长方向　　　C. 竞争优势　　　D. 协同作用
4. 物流企业内部招聘的方式有（   ）。
   A. 提拔晋升　　　B. 猎头公司招聘　C. 工作调换　　　D. 工作轮换
5. 企业投资分为（   ）。
   A. 长期投资　　　B. 短期投资　　　C. 对内投资　　　D. 对外投资

三、判断题

1. 现代物流是一种以合作伙伴为出发点的服务，强调一切以用户为中心。（   ）
2. 全球化是导致企业物流实行国际外包的主要动力。（   ）
3. 目前决定物流企业竞争能力的是物流信息技术。（   ）
4. 通常物流企业是指第一方物流。（   ）
5. 物流企业专门从事物流活动并且追求利益，是享有合法权益的法人。（   ）

四、问答题

1. 简述企业采购的流程。
2. 简述准时化采购与传统采购方式的不同之处。
3. 物流企业有哪些特征？
4. 物流企业有哪些种类？
5. 企业物流运作的功能有哪些？

第14章 国际物流

教学目标

通过本章的学习,学生应掌握国际物流的含义和特点,了解国际物流的发展历程和发展趋势,掌握进出口合同的履行程序,并熟悉商品检验、货物通关、保险等业务的基本知识,了解国际海上货物运输、国际铁路货物运输、国际公路货物运输、国际航空货物运输、集装箱与国际多式联运等多种形式的特点及作用。

教学要求

知识要点	能力要求	相关知识
国际物流概述	(1) 理解国际物流的基本含义 (2) 了解国际物流概念的发展历程 (3) 了解国际物流的发展趋势	(1) 国际物流的基本含义 (2) 国际物流概念的发展历程 (3) 国际物流的发展趋势
国际物流的分类及特点	(1) 掌握国际物流的分类 (2) 了解国际物流的特点	(1) 国际物流的分类 (2) 国际物流的特点
国际物流的基本流程	(1) 了解国际物流的基本流程 (2) 了解进出口合同的履行	(1) 进出口合同的履行 (2) 国际物流的主要业务
国际货物运输方式	(1) 了解国际海上货物运输 (2) 了解国际铁路货物运输 (3) 了解国际公路货物运输 (4) 了解国际航空货物运输 (5) 了解集装箱与国际多式联运	(1) 国际海上货物运输 (2) 国际铁路货物运输 (3) 国际公路货物运输 (4) 国际航空货物运输 (5) 集装箱与国际多式联运

基本概念

国际物流　进出口合同　国际货物运输方式

14.1 国际物流概述

国际物流是指不同国家或地区之间的物流活动。例如意大利有一家专门经营服装的公司，它有 5 000 家专卖店，分布在 60 个国家和地区，每年销售的服装约 5 000 万件。其总部在意大利，所有的工作都是通过 80 家代理商进行的。若某一专卖店发现某一款式的服装需要补货，便立即通知所指定的某一代理商，该代理商立即将此信息通知意大利总部，总部再把这一信息反馈给配送中心，配送中心便根据专卖店的需求在一定的时间内进行打包、组配、送货。整个物流过程可在一周内完成，包括报关、清关等。

14.1.1 国际物流的基本含义

广义的国际物流研究的范围包括国际贸易物流、非贸易物流、国际物流合作、国际物流投资、国际物流交流等领域。其中，国际贸易物流主要是指组织货物在国际上合理流动；非贸易物流是指国际展览与展品物流、国际邮政物流等；国际物流合作是指不同国别的企业完成重大的国际经济技术项目的国际物流；国际物流投资是指不同国家的物流企业共同投资建设国际物流企业；国际物流交流主要是指物流科学、技术、教育、培训和管理方面的国际交流。

狭义的国际物流（international logistics，IL）主要是指：当生产和消费分别在两个或两个以上的国家（或地区）独立进行时，为了克服生产和消费之间的空间间隔与时间距离，对货物（商品）进行物流性移动的一项国际商品或交流活动，从而完成国际商品交易的最终目的，即实现卖方交付单证、货物和买方收取货物。

国际物流的实质是根据国际分工的原则，依照国际惯例，利用国际化的物流网络、物流设施和物流技术，实现货物在国际的流动与交换，以促进区域经济的发展与世界资源的优化配置。国际物流的总目标是为国际贸易和跨国经营服务，即选择最佳的方式与路径，以最低的费用和最小的风险，保质、保量、适时地将货物从某国的供方运到另一国的需方。

14.1.2 国际物流概念的发展

国际物流概念的发展经历了以下几个阶段。

1. 第一阶段：20 世纪 50 年代至 80 年代初

在这一阶段，物流设施和物流技术得到了极大的发展，建立了配送中心，广泛地运用电子计算机进行管理，出现了立体无人仓库。一些国家建立了本国的物流标准化体系。物流系统的改善促进了国际贸易的发展，物流活动已经超出了一国的范围，但物流国际化的趋势还没有得到人们的重视。

2. 第二阶段：20世纪80年代初至90年代初

随着经济技术的发展和国际经济往来的日益扩大，物流国际化趋势开始成为世界性的共同问题。进入20世纪80年代，美国经济已经失去了兴旺发展的势头，陷入了长期衰退的危机之中，因此，必须强调改善国际性物流管理，降低产品成本，改善服务，扩大销售，在激烈的国际竞争中获得胜利。与此同时，日本正处于成熟的经济发展期，以贸易立国，需要实现与其对外贸易相适应的物流国际化，并采取建立物流信息网络、加强物流全面质量管理等一系列措施，提高物流国际化的效率。这一阶段物流国际化的趋势局限在美国、日本和欧洲一些发达国家。

3. 第三阶段：20世纪90年代初至今

在这一阶段，国际物流的概念和重要性已被各国政府和外贸部门普遍接受。贸易伙伴遍布全球，必然要求物流国际化，即物流设施国际化、物流技术国际化、物流服务国际化、货物运输国际化、包装国际化和流通加工国际化等。人们已经形成共识：只有广泛开展国际物流合作，才能促进世界经济繁荣，使物流无国界。可以说，21世纪将是物流信息化高度发展的时代。

14.1.3 国际物流的发展趋势

由于现代物流业对一国的经济发展、国民生活水平提高和竞争实力增强有着重要的影响，因此，世界各国都十分重视物流业的现代化和国际化，从而使国际物流发展呈现出一系列新的趋势和特点。

1. 系统更加集成化

国际物流的集成化是将整个物流系统打造成一个高效、通畅、可控制的流通体系，以此来减少流通环节、节约流通费用，达到实现科学的物流管理、提高流通的效率和效益的目的，以适应在经济全球化背景下"物流无国界"的发展趋势。

当前，国际物流向集成化方向发展主要表现在两个方面：一是大力建设物流园区；二是加快物流企业整合。物流园区建设有利于实现物流企业的专业化和规模化，发挥它们的整体优势和互补优势；物流企业整合，特别是一些大型物流企业跨越国境展开"横联纵合"式的并购，或形成物流企业间的合作并建立战略联盟，有利于拓展国际物流市场，争取更大的市场份额，加速该国物流业深度地向国际化方向发展。

2. 管理更加网络化

在系统工程思想的指导下，以现代信息技术提供的条件，强化资源整合和优化物流过程是当今国际物流发展的最本质特征。信息化与标准化这两大关键技术对当前国际物流的整合与优化起到了革命性的影响。同时，又由于标准化的推行，信息化的进一步普及获得了广泛的支撑，使国际物流可以实现跨国界、跨区域的信息共享，物流信息的传递更加方便、快捷、准确，加强了整个物流系统的信息连接。现代国际物流就是这样在信息系统和标准化的共同支撑下，借助于储运和运输等系统的参与，借助于各种物流设施的帮助，形成了一个纵横交错、四通八达的物流网络，使国际物流覆盖面不断扩大，规模经济效益更加明显。

3. 标准更加统一化

国际物流的标准化是以国际物流为一个大系统，制定系统的内部设施、机械装备、专用工具等各个分系统的技术标准；制定各系统内分领域的包装、装卸、运输、配送等方面的工作标准；以系统为出发点，研究各分系统与分领域中技术标准和工作标准的配合性；按配合性要求，统一整个国际物流系统的标准；最后研究国际物流系统与其他相关系统的配合问题，谋求国际物流大系统标准的统一。随着经济全球化的不断深入，世界各国都很重视该国物流与国际物流的相互衔接问题，努力使该国物流在发展的初期，其标准就力求与国际物流的标准体系相一致。

4. 配送更加精细化

随着现代经济的发展，各产业、部门、企业之间的交换关系和依赖程度愈来愈错综复杂，物流是联系这些复杂关系的纽带，它使经济社会的各个部分有机地连接起来。在市场需求瞬息万变和竞争程度日益激烈的情况下，要求物流在企业和整个系统必须具有更快的响应速度和协同配合的能力。更快的响应速度，要求物流企业必须及时了解用户的需求信息，全面跟踪和监控需求的过程，及时、准确、优质地将产品和服务递交到用户手中。协同配合的能力，要求物流企业必须与供应商和用户实现实时的沟通与协同，使供应商对自己的供应能力有预见性，能够提供更好的产品、价格和服务；使用户对自己的需求有清晰的计划性，以满足自己生产和消费的需要。国际物流为了达到零阻力、无时差的协同，需要做到与合作伙伴间业务流程的紧密集成，加强预测、规划和供应，共同分享业务数据，联合进行管理以及完成绩效评估等。

5. 园区更加便利化

为了适应国际贸易的急剧扩大，许多发达国家都致力于港口、机场、铁路、高速公路、立体仓库的建设，一些国际物流园区也因此应运而生。这些园区一般选择靠近大型港口和机场兴建，依托重要港口和机场，形成处理国际贸易的物流中心，并根据国际贸易的发展和要求，提供更多的物流服务。

6. 运输更加现代化

国际物流的支点离不开运输与仓储。而要适应当今国际竞争快节奏的特点，仓储和运输都要求现代化，要求通过实现高度的机械化、自动化、标准化手段来提高物流的速度和效率。国际物流运输的最主要方式是海运，有一部分是空运，但它还会渗透到其他一部分运输中，因此，国际物流要求建立起海运、空运、铁路、公路的"立体化"运输体系，来实现快速便捷的"一条龙"服务。为了提高物流的便捷化，当前世界各国都在采用先进的物流技术，开发新的运输和装卸机械，大力改进运输方式，比如应用现代化物流手段和方式，发展集装箱运输、托盘技术等。总之，融合了信息技术与交通运输现代化手段的国际物流，对世界经济运行将继续产生积极的影响。

14.1.4 我国国际物流现状

1. 我国国际物流中存在的问题

（1）物流基础设施"瓶颈"制约现象突出。我国基础设施和技术装备相对落后，国际物流运力不足。与发达国家相比，我们在海运、空运和铁路运输方式上都存在着落后性，导致了我国国际物流水平的相对低下状态。我国的管理体制和机制有待完善。就目前中国的物流发展现状来说，其中某些管理体制和机制还不够完善，这就造成了物流环节进行得不够顺利，使国际物流的利润减小。体制方面的障碍包括：物流的产业形态和行业地位不明确，物流组织布局分散，物流资源和市场条块分割，地方封锁和行业垄断等。这些都对资源整合与一体化运作形成了体制性障碍。

（2）粗放经营的格局尚未发生根本改变。①国际上通常把社会物流费用占 GDP 的比率作为衡量一个国家物流运作水平的重要指标。发达国家经过经济结构调整，推行现代物流运作模式，使这项指标普遍降为 10 左右。虽然总的来说，我国经济发展阶段和经济结构与这些国家相比差异较大，但这也在某种程度上反映出我国与这些国家相比在物流运作效率方面的差距。②物流服务社会化程度低，物流企业"小、散、差"问题还比较突出。

（3）物流企业信息化程度仍然不高。据我国物流信息中心调查，目前我国商业企业应用计算机系统的比例不到一半，服务业和运输业的比例更低。除了 POS 和条码技术外，其他信息技术在物流领域的应用程度普遍较低。物流技术和物流服务规范标准大多不统一。

（4）功能单一，缺乏特色。随着经济的快速发展，对物流服务业提出了更高的要求，物流企业不仅要提供"门到门"运输及有关的基本服务，还要实行一体化物流和供应链管理模式，提供从生产材料采购到产品送达消费者的一整套服务系统，包括相关的物流延伸服务，如包装、加工、配货等方面。"顾客至上"的经营观念尚未完全落实到行动中，相对落后的管理、技术、设备也影响服务质量的提高。

（5）物流专业人才缺乏，并不断流失。当前我国在物流人才的教育和培养上比较缓慢，市场上符合要求的物流人才较少，而且层次较低，物流专业人才缺乏。由于物流教育和培训的缺乏，能够切实为企业提供有效方案的中高级物流人才较少，这制约了物流业的发展。

(6) 物流发展的环境需要进一步改善。①体制方面的障碍。物流的产业形态和行业地位不明确，物流组织布局分散，物流资源和市场条块分割，地方封锁和行业垄断等对资源整合与一体化运作形成体制性障碍。②政策环境的影响。由于物流产业的复合性，造成了与物流有关的政策分属不同部门，缺乏统一、透明的产业政策体系。虽然我国国家发展和改革委员会等九部委已经出台了《关于促进我国现代物流业发展的意见》，但仍需要进一步落实。

2. 应对措施

(1) 加强物流基础设施建设。船舶现代化，船级及型号的选择要与实际运输量相适应；在建设港口上，既要重视集装箱化，又要考虑大批量散装的能源、物资的装卸。配送中心等的建设，逐步实现包装规范化、装卸机械化、运输集装箱化，积极开发推广先进适用的仓储、装卸等标准化专用设备，以实现国际物流作业连续性、快速化的要求。

(2) 完善我国的物流网络，促进国际物流合理化。在规划网络内仓库数量、地点以及规模时，要围绕商品交易的需要和中国对国际贸易的总体规划来进行；要明确各级仓库的供应范围、分层关系以及供应或收购数量，注意各级仓库的有机衔接；国际物流网点的规划要考虑现代物流技术的发展，留有余地，以备将来的扩建。

(3) 建立完善的物流信息管理系统。物流信息及时反映在内部局域网的数据库中，由管理信息系统对数据进行分析和调度；外部联系通过互联网，既可以在网上登记需求和网上支付，又可以对物流服务进行跟踪调查；公共物流信息平台，通过这个平台整合行业旧有资源，对行业资源实现共享，发挥物流行业的整体优势，从根本上改善物流行业的现状，真正实现物流企业之间、企业与用户之间物流信息和物流功能的共享。

(4) 建立和完善物流技术标准化体系，加快制定物流基础设施、技术装备、管理流程、信息网络的技术标准，尽快形成协调统一的现代物流技术标准化体系，广泛采用标准化、系列化、规范化的运输、仓储、装卸、包装机具设施和条码、信息交换等技术。

(5) 完善服务功能，强化增值服务。在欧美国家，物流服务业功能全、水平高，企业和用户联系紧密，甚至包括战略合作伙伴。鉴于此，我国物流企业在提供基本物流服务的同时，要根据市场需求，不断细分市场，拓展业务范围，发展增值物流服务，广泛开展加工、配送、货代等业务，用专业化服务满足个性化需求，提高服务质量，以服务求效益，而且要通过提供全方位服务的方式，与大用户加强业务联系，增强相互依赖性，发展战略伙伴关系。

(6) 加速培养开放性物流人才。政策上，要大力扶持和保护我国物流业发展运输服务、仓储服务、货运代理服务和批发配送业务的企业，允许它们根据自身业务优势，围绕市场需求，延伸物流服务范围和领域，逐渐成为部分或全程物流服务的供应者。

随着知识经济和信息化时代的来临，物流业必然向着国际化的方向发展。我国要在日趋激烈的国际经济竞争中站稳脚跟，必须大力培养一支高素质的物流人才队伍，打造一批物流精英，建立一套完善健全的物流体系，为我国参与国际经济竞争提供优质、高效的服务，促进我国经济的快速增长，增强我国的综合实力，从而提高我国的国际地位。

14.2 国际物流的分类及特点

14.2.1 国际物流的分类

国际物流通过商品的储存和运输实现其自身的时空效应。它由以下几个环节组成。
(1) 国际货物运输。
(2) 外贸商品储存。
(3) 进出口商品装卸与搬运。
(4) 进出口商品的流通加工与检验。
(5) 商品包装。

14.2.2 国际物流的特点

国际物流与国内物流相比在物流环境、物流系统、信息系统及标准化要求这四个方面存在着不同。国际物流的一个非常重要的特点是物流环境的差异，这里的物流环境主要指物流的软环境。不同的国家和地区有不同的与物流相适应的法律，这使国际物流的复杂性增强；不同国家和地区的经济与科技发展水平不同，使国际物流处于不同的科技条件的支撑下，甚至会因为有些地区根本无法应用某些技术，导致国际物流全系统运作水平的下降；不同国家和地区的不同标准使国际物流系统难以建立一个统一的标准；不同国家和地区的自身特征，必然使国际物流受到很大的局限。

物流环境的差异，迫使一个国际物流系统需要在多个不同法律、人文、习俗、语言、科技环境下运行，这无疑会大大增加国际物流运作的难度和系统的复杂性。

1. 环境差异

国际物流的一个非常重要的特点是各国和地区物流环境的差异，尤其是物流软环境的差异。不同国家和地区的不同物流适用法律使国际物流的复杂性远高于一国或一地区内的物流，甚至会阻断国际物流；不同国家和地区的不同经济与科技发展水平会造成国际物流处于不同的经济和科技条件的支撑下，甚至有些国家和地区根本无法应用某些技术，而迫使国际物流全系统水平的下降；不同国家和地区的不同标准，也造成国际"接轨"困难，因而使国际物流系统难以建立；不同国家和地区的风俗人文也使国际物流受到很大的局限。

2. 标准化要求较高

要使国际物流畅通起来，统一标准是非常重要的，可以说，如果没有统一的标准，国际物流水平就无法提高。目前，美国、欧洲基本实现了物流工具、设施的统一标准，如托盘采用 1 000 毫米×1 200 毫米、集装箱的几种统一规格及条码技术等，这样一来，大大降低了物流费用和转运的难度。而不向这一标准靠拢的国家和地区，必然在转运、换车底等许多方面多耗费时间和费用，从而降低其国际竞争能力。在物流信息传递技术方面，欧洲各国不仅实现了企业内部的标准化，而且实现了企业之间及欧洲统一市场的标准化，这就使欧洲各国之间的系统比其与亚洲、非洲等国家的交流更简单、更有效。

3. 国际化信息系统支持

国际化信息系统是国际物流尤其是国际联运非常重要的支持手段。国际化信息系统建立的难度包括：一是管理困难，二是投资巨大，再由于世界上有些国家和地区的物流信息水平较高，有些国家和地区较低，会出现信息水平不均衡，因而信息系统的建立更为困难。当前国际物流信息系统的一个较好的建立办法是和各国海关的公共信息系统联机，以及时掌握有关各个港口、机场和联运线路、站场的实际状况，为供应或销售物流决策提供支持。国际物流是最早发展 EDI 的领域，以 EDI 为基础的国际物流将会对物流的国际化产生重大的影响。

14.3 国际物流的基本流程

14.3.1 进出口合同的履行

在国际贸易中，买卖双方通过洽商交易达成协议后，按国际贸易的一般惯做法，大多需要签署一定格式的书面合同，以作为约束双方的法律依据。在交易双方所订立的买卖合同中，都规定了合同双方当事人的权利和义务。虽然交易对象、成交条件及所选用惯例不同，但每份合同中规定的当事人的基本义务却是相同的。《联合国国际货物销售合同公约》规定：卖方必须按照合同和本公约规定，交付货物，移交一切与货物有关的单据并转移货物所有权；买方必须按照合同和本公约规定支付货物价款和收取货物。合同签订后，买卖双方都应受其约束，都要本着"重合同，守信用"的原则，切实履行合同规定的各项义务，如合同一方没有或没有完全履行其在合同中所承担的义务，致使对方的权利受到损害时，受损害的一方可以采取适当的措施取得补偿。这种依法取得补偿的方法在法律上称为救济方法。

1. 出口合同的履行

在我国出口贸易中，多数按 CIF 条件成交，并按信用证支付方式收款，履行这种出口合同，涉及面广、工作环节多、手续繁杂，且影响履行的因素很多，为了提高履行效率，各外贸公司必须加强同有关部门的协作与配合，力求把各项工作做得精确细致，尽量避免出现脱节情况，做到环环扣紧、井然有序。履行出口合同的程序，一般包括备货、催证、审证、改证、租船、订舱、报关、报验、保险、装船、制单、结汇等工作环节。在这些工作环节中，以货（备货）、证（催证、审证和改证）、船（租船、订舱）、款（制单、结汇）四个环节的工作最为重要。只有做好这些环节的工作，才能防止出现"有货无证""有证无货""有货无船""有船无货""单证不符"或违反装运期等情况，我国对外贸易长期实践的经验表明，在履行出口合同时，一般应做好下列各环节的工作：备货、报验、催证、审证、租船、订舱、报关、投保、制单、结汇。

2. 进口合同的履行

我国进口货物大多数是按 FOB 条款并采用信用证付款方式成交的，按此条款签订的进口合同，其履行的一般程序包括：开立信用证，租船订舱，接运货物，办理货运保险，审单付款，报关提货验收与交货和办理索赔等。

3. 几种常用国际贸易术语的解释

（1）装运港船上交货（free on band，FOB）——指定装运港。该术语规定卖方必须在合同规定的装运期内，在指定的装运港将货物交至买方指定的船上，并负担货物越过船舷以前为止的一切费用和货物灭失或损坏的风险。

（2）成本加保险费加运费（cost，insurance and freight，CIF）——指定目的港。该术语是指卖方必须在合同规定的装运期内，在装运港将货物交至运往指定目的港的船上，负担货物越过船舷以前为止的一切费用和货物灭失或损坏的风险并办理货运保险，支付保险费，以及负责租船订舱，支付从装运港到目的港的正常运费。

（3）成本加运费（cost and freight，CFR）——指定目的港，又称运费在内。此术语后面接的是目的港，是指卖方必须负担货物运至约定目的港所需的成本和运费。

（4）货交承运人（free carrier，FCA）——指定地点。此术语是指卖方在指定地点将货物交给买方指定的承运人，当卖方将货物交给承运人照管，并办理了出口结关手续后，就算履行了其交货义务。

（5）运费付至（carriage paid to，CPT）——指定地点。按此术语成交的卖方应向其指定的承运人交货，支付将货物运至目的地的运费，办理出口清关手续。买方承担交货之后的一切风险和费用。

14.3.2 商品检验

国际货物买卖中的商品检验是指在货物离开或进入一个国家时，要由合同中约定或法律规定的商品检验机构（以下简称商检机构），对商品的品质、数量（重量）、包装、卫生指标、安全性能、残损情况、货物装运技术条件等进行检验和鉴定,从而确定货物的品质、数量(重量)和包装等是否与合同规定相一致,是否符合交易双方国家有关法律和法规的规定。商品检验是国际贸易中一个相当重要的环节,商检机构以公正的第三方的身份对货物进行检验或鉴定,并出具检验证书,作为买卖双方交接货物、结算货款和向有关方面进行索赔的依据。正是由于商检机构的参与,才使国际贸易中相距遥远的买卖双方不会因为无法在成交时当面验看货物,而在交货的品质或数量(重量)等问题上产生异议。也正是由于商检机构的参与,使在有关商品的品质、数量(重量)、包装等方面的争议发生时,可以明确责任的归属,受到损害的当事人能得到应有的补偿。可以这样说,商品检验是使国际贸易顺利进行的重要因素之一。

1. 商品检验的内容

在国际贸易中,商检机构可以针对进出口商品的不同方面进行检验。以下几种检验在进出口商品检验中比较常见:品质检验、数量(重量)检验、包装检验、卫生检验和残损检验。

2. 我国的商检机构

2001年4月,为符合 WTO 对商品检验与质量监督的要求,也为了使我国的商品检验和技术认证以及监督制度与国际接轨,国务院决定将国家出入境检验检疫局与国家质量技术监督局合并,成立中华人民共和国家质量监督检验检疫总局(以下简称国家质检总局),主管全国的质量、计量、出入境商品检验、出入境卫生检疫、出入境动植物检疫和认证、认可、标准化等工作,并行使行政执法职能。国家质检总局的成立,标志着我国进出口商品检验工作进入了一个新的时期,为不断提高我国进出口商品检验的水平创造了条件。

国家质检总局公证鉴定业务的范围包括:进出口商品的质量、数量(重量)、包装鉴定,车辆、船舶、集装箱等运输工具的清洁、密固、冷藏效能等装运技术条件鉴定、舱口检视、监视、装、卸载、验残、海损货物鉴定、鉴封样品、货载衡量、签发产地证明书、价值证明书以及其他公证鉴定业务。

3. 检验的时间和地点

(1) 在出口国检验。包括:①在产地(工厂)检验;②在装运港(地)检验。

(2) 在进口国检验。包括:①在目的港(地)检验;②在进口方营业处所或最终用户所在地检验。

(3) 出口国检验,进口国复验。这是国际贸易中规定检验时间和检验地点最常见的方法。按照这种规定方法,卖方在发运货物时,要委托合同约定的、装运港(地)的商检机构对货物进行检验,并出具检验证书,作为向当地银行议付货款的单据之一,但并不作为卖方交货品质和数量(重量)的最后依据。待货到目的港(地)后,再由双方约定的、目的港

（地）的商检机构对货物进行复验，如果发现货物的品质或数量（重量）与合同不符，并经分析证明确属卖方责任时，买方就可以凭复验证书向卖方提出异议。这种规定方式对买卖双方都比较公平合理，在国际贸易中被广泛采用，我国进出口业务中也多用此种规定方式来约定检验地点和检验时间。

（4）装运港（地）检验重量，目的港（地）检验品质。这种规定方法经常出现在大宗商品的交易中。为调和买卖双方在商品检验时间与地点问题上的矛盾，有时在合同中规定在出口国对货物的重量进行检验，而在进口国对货物的品质进行检验，称"离岸重量和到岸品质"。在采用这种做法时，装运港商检机构验货后出具的重量检验证书是判断卖方交货重量是否符合合同规定的最后依据，而目的港商检机构验货后出具的品质检验证书是判断卖方交货品质是否符合合同规定的最后依据。若货到目的港（地）后，经检验发现由于卖方责任致使货物品质与合同规定不符，则买方可凭检验证书向卖方索赔；但若是货物重量出现不符，则买方不得向卖方提出异议。

4. 检验标准和检验方法

在对出口商品进行检验时，凡交易双方在买卖合同中对商品的品质、数量、包装条件等有具体规定的商品，以合同规定为检验标准；凡合同规定按某项标准检验的商品，即以该项标准为检验依据；若合同中未规定检验标准或规定不明确的，以国家标准作为检验标准。若无国家标准，以专业标准为检验标准。无专业标准的，以企业标准为检验标准。目前尚无任何标准的，一般参照同类商品的标准，或由国内生产部门与商检机构共同研究后决定。如果国外买方要求按对方或第三国的标准实施检验，亦须与有关部门研究后再做决定。

在对进口商品进行检验时，凡买卖双方在合同中对检验项目的指标有具体规定的，以合同规定为检验标准；凡合同规定检验参照标准的，以该标准为检验依据；合同中未规定或规定不明确的，首先以生产国现行标准作为检验标准。无该项标准的，以国际通用标准作为检验标准。若这两项标准都不存在，就要以进口国的标准作为检验依据。此外，卖方提供的品质证明书、使用说明书也可作为检验标准。

另外，如果是对进口商品进行残损检验，则要以买卖合同中的有关条款、发票、装箱单、重量单、提单或运单、保险单、外轮理货报告或船务记录等有效单证作为检验标准。

在国际贸易的实际业务中还应注意，买卖双方必须保证合同中所规定的、作为检验依据的各种标准符合有关国家的有关法律、行政法规的规定，否则，该项合同内容无效。

14.3.3 进出口货物通关

通关是指进出境货物的收发货人及其代理人、进出境货物的所有人以及进出境运输工具的负责人向海关办理进出口手续，海关对其呈报的有关进出境单证和申请进出境的货物、运输工具和物品依法进行审核、查验、征缴税费、批准进出口的全过程。进出口货物的通关程序基本上可分为申报、查验、征税、放行四个环节。

14.3.4 货物运输与保险

在国际进出口贸易中，货物因运输方式的不同，除陆运、航空及邮政运输外，主要是海洋运输，保险也是以海洋运输货物险为主的。在海运途中，船只和货物由于遭受暴风、巨浪、雷电、海啸、洪水等自然灾害，或由于船舶或驳运工具搁浅、触礁沉没、碰撞、失火、爆炸以及船长、船员不法行为等意外事故所造成的各种损失，都称为海上损害，简称"海损"。在海损中，有全损、共同海损以及单独海损三种不同的损害程度。

国际上常见的保险险别有基本险和附加险。

基本险可分为平安险和水渍险。①平安险（free from particular average，FPA），又称单独海损不赔险，其责任范围是：由于海上自然灾害所造成的货物全损；在装载、转运或装卸过程中，一件或数件的完全灭失；共同海损及救助费用的分担；由于船舶或驳运工具的搁浅、触礁、沉没、焚毁、碰撞、出轨、失火和爆炸或在遇难港卸载所造成货物的全损或部分损失。②水渍险（with particular average，WPA 或 WA），又称单独海损赔偿险。其责任范围是平安险责任范围的全部责任。水渍险对单独海损予以赔偿，但有免赔率条款的规定，例如：鱼类、盐、水果、种子、谷物等不予赔偿；对糖、烟叶、麻、毛皮等，损失未达到保额价值的 5% 以上不予赔偿。但可以加保不受免赔率限制条款，即单独海损不论损失大小，一律照赔。

附加险，又可以分为一般附加险与特殊附加险两种。

14.4 国际货物运输方式

国际货物运输方式按照运输方式和运输工具可分为国际海上货物运输、国际铁路货物运输、国际公路货物运输、国际航空货物运输、集装箱与国际多式联运等多种形式，不同的运输方式有各自的优缺点。

我国国际货物运输的进出口货物，大部分是通过海运，少部分通过铁路或公路运输，也有些货物是管道运输。随着航空事业的发展，通过航空运输的货运量近年来有较大的增长，货物种类和范围也在不断扩大。

14.4.1 国际海上货物运输

国际海上货物运输是指使用船舶通过海上航道在不同的国家和地区的港口之间运送货物的一种运输方式。

1. 国际海上货物运输的特点

（1）运输量大。国际货物运输是在全世界范围内进行的商品交换，地理位置和地理条件决定了海上货物运输是国际货物运输的主要手段。国际贸易总运量的75%以上是利用海上运输来完成的,有的国家的对外贸易运输中,海运占运量的90%以上。主要原因是船舶向大型化发展,如50万~70万吨的巨型油船、16万~17万吨的散装船,以及集装箱船的大型化,船舶的载运能力远远大于火车、汽车和飞机,是运输能力最大的运输工具。

(2) 通过能力大。海上运输利用天然航道四通八达,不像铁路运输、公路运输要受轨道和道路的限制,因而其通过能力要超过其他各种运输方式。如果政治、经济、军事等条件发生变化,还可随时改变航线驶往有利于装卸的目的港。

(3) 运费低廉。船舶的航道天然构成,船舶运量大,港口设备一般均为政府修建,船舶经久耐用且节省燃料,所以货物的单位运输成本相对低廉。据统计,海运运费一般约为铁路运费的1/5,公路运费的1/10,航空运费的1/30,这就为低值大宗货物的运输提供了有利的竞争条件。

(4) 对货物的适应性强。上述特点使海上货物运输基本上适应各种货物的运输。如石油井台、火车、机动车辆等超大货物,其他运输方式是无法装运的,船舶一般都可以装运。

(5) 运输的速度慢。由于商船的体积大,水流的阻力大,加之装卸时间长等其他各种因素的影响,海上货物的运输速度比其他运输方式慢。较快的班轮航行速度也仅为每小时30海里左右。

(6) 风险较大。由于船舶海上航行受自然气候和季节性的影响较大,海洋环境复杂,气象多变,随时都有遇上狂风、巨浪、暴雨、雷电、海啸等人力难以抗衡的海洋自然灾害袭击的可能,故遇险的可能性比陆地、沿海要大。同时,海上运输还存在着社会风险,如战争、罢工、贸易禁运等因素的影响。为转嫁损失,海上运输的货物、船舶保险尤其应引起重视。

2. 国际海上货物运输的作用

(1) 海上货物运输是国际贸易运输的主要方式。
(2) 海上货物运输是国家节省外汇支付,增加外汇收入的重要渠道之一。
(3) 发展海上运输业有利于改善国家的产业结构和国际贸易出口商品的结构。
(4) 海上运输船队是国防的重要后备力量。

14.4.2 国际铁路货物运输

铁路是国民经济的大动脉,铁路运输是现代化运输业的主要运输方式之一,具有十分重要的作用。

(1) 有利于发展同欧亚各国的贸易。通过铁路把亚欧大陆连成一片,为发展亚洲和欧洲各国的贸易提供了有利的条件。

(2) 有利于开展同我国港澳地区的贸易,并通过香港地区进行转口贸易。

(3) 对进出口货物在港口的集散和各省、市之间的商品流通起着重要作用。

(4) 利用亚欧大陆桥运输是必经之道。

14.4.3　国际公路货物运输

公路运输（一般是指汽车运输）是陆上两种基本运输方式之一。在国际货物运输中，它是不可缺少的重要运输方式，具有十分重要的作用。

（1）公路运输的特点决定了它最适合于短途运输。

（2）公路运输可以配合船舶、火车、飞机等运输工具完成运输的全过程，是港口、车站、机场集散货物的重要手段。

（3）公路运输也是一种独立的运输体系，可以独立完成进出口货物运输的全过程。

（4）集装箱货物通过公路运输实现国际多式联运。

14.4.4　国际航空货物运输

国际航空货物运输虽然起步较晚，但发展极为迅速，同样发挥着举足轻重的作用。

（1）当今国际贸易有相当数量的洲际市场，商品竞争激烈，市场行情瞬息万变，时间就是效益。国际航空货物运输具有比其他运输方式更快的特点，可以使进出口货物能够抢行市，卖出好价钱，增强商品的竞争能力，对国际贸易的发展起到了很大的推动作用。

（2）国际航空货物运输适合于鲜活易腐和季节性强的商品。

（3）利用航空来运输像计算机、精密仪器、电子产品、成套设备中的精密部分、贵稀金属、手表、照相器材、纺织品、服装、丝绸、皮革制品、中西药材、工艺品等价值高的商品，可以适应市场变化快的特点；可以利用速度快、商品周转快、存货降低、资金迅速回收、节省储存和利息费用、安全、准确等优点弥补运费高的缺陷。

（4）航空运输是国际多式联运的重要组成部分。为了充分发挥航空运输的特长，在航空运输无法直达的地方，也可以采用联合运输的方式，如常用的陆空联运、海空联运、陆空陆联运，甚至陆海空联运等，与其他运输方式配合，使各种运输方式各显其长，相得益彰。

14.4.5　集装箱与国际多式联运

集装箱运输是以集装箱作为运输单位进行货物运输的现代化运输方式，目前已成为国际上普遍采用的一种重要的运输方式。国际多式联运是按照多式联运合同，以至少两种不同的运输方式，由多式联运经营人将货物从一国境内的接管地点运至另一国境内的指定交付地点的货物运输方式。

1. 集装箱运输的优越性

（1）对货主而言，集装箱运输的优越性体现在大大减少了货物损坏、偷窃和污染的发生；节省了包装费用；由于减少了转运时间，所以能够更好地对货物进行控制，从而降低了转运费用，也降低了内陆运输和装卸的费用，便于实现更迅速的"门到门"的运输。

（2）对承运人而言，集装箱运输的优点在于减少了船舶在港的停泊时间，加速了船舶的周转，船舶加速地周转可以更有效地利用它的运输能力，减少对货物的索赔责任等。

（3）对货运代理而言，使用集装箱进行货物运输可以为他们提供更多的机会来发挥无船承运人的作用，提供集中运输服务、分流运输服务、拆装箱服务、"门到门"运输服务和联运服务。

2. 集装箱运输的缺点

（1）受货载的限制，航线上的货物流向不平衡，往往在一些支线运输中出现空载回航或箱量大量减少的情况，从而影响了经济效益。

（2）需要大量投资，造成资金周转困难。

（3）转运不协调，造成运输时间延长，增加一定的费用。

（4）受内陆运输条件的限制，无法充分发挥集装箱运输"门到门"的运输优势。

（5）各国集装箱运输方面的法律、规章、手续及单证不统一，阻碍国际多式联运的开展。

3. 国际多式联运的优点

（1）手续简便，责任统一。由于责任统一，一旦在运输过程中发生货物灭失或损坏，由多式联运经营人对全程运输负责，而每一运输区段的分承运人仅对自己运输区段的货物损失承担责任。

（2）减少运输过程中的时间损失，使货物运输更快捷。国际多式联运作为一个单独的运输过程而被安排和协调运作，能减少在运转地的时间损失，降低货物灭失、损坏、被盗的风险。国际多式联运经营人通过他们的通信联络和协调，使在运转地各种运输方式的交接可连续进行，货物更快速地运输，从而弥补了与市场距离远和资金积压的缺陷。

（3）节省了运杂费用，降低了运输成本。由于国际多式联运使用了集装箱，因此集装箱运输的优点都体现在国际多式联运中，国际多式联运经营人一次性收取全程运输费用、一次性保险费用。货物装箱或装上一程运输工具后即可用联运提单结汇，有利于加快货物资金周转，减少利息损失，同时也节省了人、财、物资源，从而降低了运输成本。这有利于减少货物的出口费用，提高商品在国际市场上的竞争能力。

（4）提高了运输组织水平，实现了"门到门"的运输，使合理运输成为现实。在当前国际贸易竞争激烈的形势下，货物运输要求速度快、损失少、费用低，而国际多式联运适应了这些要求。因此，在国际上越来越多地采用多式联运。可以说，国际多式联运是当前国际货物运输的发展方向。我国地域辽阔，更具有发展国际多式联运的潜力。可以预料，随着我国内陆运输条件的改善，我国国际多式联运必将蓬勃发展起来。

> **案例研究　　　　国际货物运输**
>
> 某年我国某外贸公司出售一批核桃给数家英国客户，采用 CIF 条款，凭不可撤销即期信用证付款。由于核桃的销售季节性很强，到货的迟早会直接影响货物的价格，因此，在合同中对到货时间做了以下规定："10 月份自中国装运港装运，买方保证载货轮船于 12 月 2 日抵达英国目的港。如载货轮船迟于 12 月 2 日抵达目的港，在买方要求下，卖方必须同意取消合同，如货款已经收妥，则须退还买方。"合同订立后，我外贸公司于 10 月中旬将货物装船出口，凭信用证规定的装运单据（发票、提单、保险单）向银行收妥货款。不料，在航运途中，轮船的主要机件损坏，无法继续航行。为保证如期抵达目的港，我外贸公司以重金租用大马力拖轮拖带该轮船继续前进。但因途中又遇大风浪，致使该轮船抵达目的港的时间较合同限定的最后日期晚了数小时。恰逢核桃市价下跌，除个别客户收货外，多数客户要求取消合同。我外贸公司最终因这笔交易遭受重大经济损失。
>
> 资料来源：百度文库，国际物流案例，2016 年 4 月 6 日。
>
> **讨论题**
> 1. 我外贸公司与英国客户所签订的合同是真正的 CIF 合同吗？
> 2. CIF 的基本条件是什么？

本章小结

本章阐述了国际物流的主要特点；国际物流的发展历程和发展趋势；进出口合同的履行程序；国际物流的基本流程和进出口程序；商品检验、货物通关、保险等业务的基本知识；国际货物运输方式按照运输方式和运输工具可分为国际海上货物运输、国际铁路货物运输、国际公路货物运输、国际航空货物运输、集装箱与国际多式联运等多种形式；不同国际货物运输方式的特点及作用；从事国际物流工作的人员应全面掌握和了解各种国际运输方式的特点、业务流程及作用。

复习思考题

一、单选题

1. 下列关于国际物流的概念描述不正确的是（　　）。
   A. 国际物流是指货物经停的地点不在同一个独立关税区内的物流
   B. 国际物流是指发生在三个或三个以上国家网络间的货物流通活动
   C. 国际物流是指组织货物在国际的合理流动
   D. 国际物流是发生在不同国家和地区之间的物流
2. 国际物流的特点不包括（　　）。
   A. 跨越国家或地区界限

B. 涉及多种不同的运输工具

C. 面临的语言、法律环境等完全不相同

D. 国际物流的风险仅仅是指自然风险

3. 广义的国际物流是指（　　）。

 A. 国际货物物流

 B. 贸易型国际物流

 C. 非贸易型国际物流

 D. 贸易型国际物流与非贸易型国际物流

4. 紧跟在 FOB 价格术语后面的地理位置是指（　　）。

 A. 指定发运地　　B. 指定转运地　　C. 指定装运港　　D. 指定目的港

5. 国际贸易中最主要的运输方式是（　　）。

 A. 航空运输　　B. 铁路运输　　C. 公路运输　　D. 海洋运输

二、多选题

1. 国际物流与国际贸易的关系可以概括地表示为（　　）。

 A. 国际物流是国际贸易的产物

 B. 国际物流的发展可以促进国际贸易的发展

 C. 国际物流受国际贸易发展的制约

 D. 国际物流与国际贸易两者是完全一体化的

2. 下列关于国际物流的表述正确的有（　　）。

 A. 国际物流的总目标是为国际贸易和跨国经营服务

 B. 国际物流发生在不同的国家之间

 C. 国际物流必须遵从国际贸易的惯例

 D. 国际物流可以促进区域经济的发展和世界范围内资源的优化配置

3. 下面说明装运港船上交货的三个常用贸易术语——FOB、CFR、CIF（下称前者）与向承运人交货的三个常用贸易术语（下称后者）区别的表述中，属于正确表述的有（　　）。

 A. 前者适用于海上运输方式和内河运输方式，后者适用于所有运输方式

 B. 风险划分的界限不同，前者以货物在装运港"越过船舷"为界，后者以"货交承运人"为界

 C. 装卸费用的负担不同，前者装卸费用视具体情况由买方或卖方承担，后者由承运人负责装卸

 D. 前者必须使用信用证结算货款，后者则可以使用任何结算方式结算货款

4. 国际物流与国际贸易的关系可以概括地表示为（　　）。

 A. 国际物流是国际贸易的产物

 B. 国际物流的发展可以促进国际贸易的发展

 C. 国际物流受国际贸易发展的制约

 D. 国际物流与国际贸易两者是完全一体化的

5. 以存放货物为主要功能，国际货物停留时间最长的物流节点有（　　）。

A. 流通型节点　　B. 综合型节点　　C. 转运型节点　　D. 储存型节点

三、判断题

1. 国际物流需要合理地选择运输距离和运输方式，尽量缩短运输距离和货物在途时间，加速货物的周转并降低物流成本。（　　）
2. 就广义而言，国际物流包括捐赠物资、援助物资等的物流。（　　）
3. 根据《中华人民共和国进出口商品检验法》的规定，属于法定检验的商品指列入《商检机构实施检验的进出口商品种类表》内的商品。（　　）
4. 在国际贸易中，交易双方选择装运港离岸时的商检对买卖双方都比较合理，故广泛采用。（　　）
5. 凡是出口商品都必须经过国家商检机构的检验才能出口。（　　）

四、问答题

1. 国际物流的含义和特点是什么？
2. 简述国际物流的发展趋势。
3. 国际物流的基本业务有哪些？
4. 进出口业务的履行程序是什么？
5. 进出口货物报关有什么程序？

参 考 文 献

[1] 李传荣.物流管理概论［M］.北京：北京大学出版社，2012.

[2] 李宇箭，杨希玲，葛向华，等.物流管理概论［M］.北京：清华大学出版社，2012.

[3] 燕鹏飞.智能物流：链接"互联网+"时代亿万商业梦想［M］.北京：人民邮电出版社，2017.

[4] 罗毅，王清娟.物流装卸搬运设备与技术［M］.北京：北京理工大学出版社，2007.

[5] 刘伟华，李波，彭岩.智慧物流与供应链管理［M］.北京：中国人民大学出版社，2022.

[6] 张钦红.绿色包装与物流［M］.北京：机械工业出版社，2022.

[7] 丁玉书，刘阳威.物流管理概论［M］.北京：清华大学出版社，2012.

[8] 陈俊.现代物流管理与实训［M］.北京：清华大学出版社，2011.

[9] 于宝琴，陈晓，鲁馨蔓，等.现代物流技术与应用［M］.重庆：重庆大学出版社，2017.

[10] 张翼，顾超，孔晔.国际物流学［M］.南京：南京大学出版社，2019.

[11] 白世贞，郭健，姜华珺.商品包装学［M］.北京：中国物资出版社，2006.

[12] 张理.现代物流案例分析［M］.北京：中国水利水电出版社，2005.

[13] 邬星根，李莅，林慧丹，等.仓储与配送管理［M］.上海：复旦大学出版社，2005.

[14] 蒋小花，张晓惠.循环经济视角下绿色包装法律研究［J］.特区经济，2007（2）：230-232.

[15] 王利云.绿色包装壁垒对我国产品出口的影响及对策［J］.黑龙江对外经贸，2007（1）：30-31.

[16] 黄培.现代物流导论［M］.北京：机械工业出版社，2005.

[17] 沃特斯.物流管理概论［M］.刘秉镰，韩勇，等译.北京：电子工业出版社，2004.

[18] 兰伯特，斯托克，埃拉姆.物流管理［M］.张文杰，叶龙，刘秉镰，译.北京：电子工业出版社，2008.

[19] 黄中鼎.现代物流管理［M］.2版.上海：复旦大学出版社，2009.

[20] 王健.现代物流概论［M］.北京：北京大学出版社，2005.

[21] 张念.现代物流学［M］.长沙：湖南人民出版社，2006.

[22] 田源.物流管理概论［M］.北京：机械工业出版社，2006.

[23] 李严锋，张丽娟.现代物流管理［M］.大连：东北财经大学出版社，2004.

[24] 茅宁，郑称德，缪荣.现代物流管理概论［M］.南京：南京大学出版社，2004.

[25] 叶怀珍，邱小平，冯春.物流工程学［M］.北京：机械工业出版社，2008.

[26] OZCEYLAN E, GUPTA S M. Sustainable production and logistics：modeling and analysis［M］. Boca Raton：CRC Press, 2021.

[27] 哈里森，范赫克.物流管理［M］.张杰，译.北京：机械工业出版社，2006.

[28] 王晓东，胡瑞娟.现代物流管理［M］.北京：对外经济贸易大学出版社，2001.

[29] 辛奇-利维 D，卡明斯基，辛奇-利维 E.供应链设计与管理：概念、战略与案例研究［M］.3版.季建华，等译.北京：中国人民大学出版社，2010.

[30] 马士华，林勇.供应链管理［M］.6版.北京：机械工业出版社，2020.

[31] JONES E C. Supply chain engineering and logistics handbook：inventory and production control［M］. Boca Raton：CRC Press, 2019.

[32] 乔普瑞, 梅因德尔. 供应链管理: 战略、规划与运营 [M]. 李丽萍, 等译. 北京: 社会科学文献出版社, 2003.
[33] 包兴, 肖迪. 供应链管理: 理论与实践 [M]. 北京: 机械工业出版社, 2011.
[34] 张以彬. 创新产品供应链的供应柔性和库存风险管理 [M]. 上海: 上海财经大学出版社, 2010.
[35] LIANG Z, CHAOVALITWONGSE W A, SHI L Y. Supply chain management and logistics: innovative strategies and practical solutions [M]. CRC Press, 2015.
[36] KARA B Y, SABUNCUOGLU I, BIDANDA B. Global logistics management [M]. Boca Raton: CRC Press, 2014.
[37] 赵刚, 周鑫, 刘伟. 物流管理教程 [M]. 上海: 格致出版社, 上海人民出版社, 2008.
[38] 崔炳谋. 物流信息技术与应用 [M]. 北京: 清华大学出版社, 北京交通大学出版社, 2005.
[39] 蔡淑琴, 夏火松, 梁静. 物流信息系统 [M]. 3版. 北京: 中国物资出版社, 2010.
[40] 喻丽辉, 王丽梅, 李伟华, 等. 现代物流基础 [M]. 北京: 清华大学出版社, 2009.
[41] 周兴建, 王勇. 物流专业导论 [M]. 北京: 电子工业出版社, 2021.
[42] 林自葵. 物流信息系统 [M]. 北京: 清华大学出版社, 北京交通大学出版社, 2004.
[43] 张庆英, 张梦雅, 王勇, 等. 物流案例分析与实践 [M]. 3版. 北京: 电子工业出版社, 2018.
[44] 孙丽芳, 欧阳文霞, 叶萍. 物流信息技术与信息系统 [M]. 北京: 电子工业出版社, 2004.
[45] 周万森. 仓储配送管理 [M]. 北京: 北京大学出版社, 2005.
[46] 甘卫华, 傅维新, 徐静. 现代物流基础 [M]. 4版. 北京: 电子工业出版社, 2020.
[47] 丁立言, 张铎. 物流配送 [M]. 北京: 清华大学出版社, 2000.
[48] 白世贞, 言木. 现代配送管理 [M]. 北京: 中国物资出版社, 2005.
[49] 汝宜红, 田源. 物流学 [M]. 北京: 高等教育出版社, 2009.
[50] 崔介何. 物流学概论 [M]. 5版. 北京: 北京大学出版社, 2015.
[51] 黄辉, 林略. 物流学导论 [M]. 重庆: 重庆大学出版社, 2008.
[52] 王之泰. 新编现代物流学 [M]. 2版. 北京: 首都经济贸易大学出版社, 2008.
[53] 施先亮. 智慧物流与现代供应链 [M]. 北京: 机械工业出版社, 2020.
[54] 周启蕾, 许笑平. 物流学概论 [M]. 4版. 北京: 清华大学出版社, 2017.
[55] 蒋长兵, 吴承健. 现代物流理论与供应链管理实践 [M]. 杭州: 浙江大学出版社, 2006.
[56] 郑凯, 田源. 物流学导论 [M]. 北京: 机械工业出版社, 2022.
[57] 刘联辉. 配送实务 [M]. 2版. 北京: 中国物资出版社, 2009.
[58] 王文信. 仓储管理 [M]. 厦门: 厦门大学出版社, 2006.
[59] 谢如鹤, 张得志, 罗荣武, 等. 物流系统规划 [M]. 北京: 中国物资出版社, 2007.
[60] 丁小龙, 王富忠, 李化. 现代物流管理学 [M]. 北京: 北京大学出版社, 2010.
[61] 王长琼, 李顺才. 绿色物流 [M]. 3版. 北京: 中国财富出版社, 2021.
[62] 张海燕, 吕明哲. 国际物流 [M]. 大连: 东北财经大学出版社, 2006.
[63] 肖亮, 余福茂, 沈祖志, 等. 国际物流 [M]. 北京: 高等教育出版社, 2006.
[64] 刁宇凡, 程宏, 陈静, 等. 外贸运输与保险 [M]. 杭州: 浙江大学出版社, 2007.
[65] 张清, 杜杨. 国际物流与货运代理 [M]. 北京: 机械工业出版社, 2003.
[66] 杨长春, 顾永才. 国际物流 [M]. 7版. 北京: 首都经济贸易大学出版社, 2020.
[67] 施先亮, 王耀球. 供应链管理 [M]. 3版. 北京: 机械工业出版社, 2016.

[68] 谢富慧, 江若尘, 孙辛勤. 企业逆向物流检测指标及监测系统设计 [J]. 特区经济, 2006 (12): 363-365.
[69] 何黎明. 中国智慧物流发展趋势 [J]. 中国流通经济, 2017, 31 (6): 3-7.
[70] 魏际刚. 中国物流业发展的现状、问题与趋势 [J]. 北京交通大学学报 (社会科学版), 2019, 18 (1): 1~9.
[71] 何枭吟. 我国物流产业现状、存在问题与发展趋势 [J]. 改革与战略, 2007 (2): 13-16.
[72] 肖建辉. 物流高质量发展研究述评与展望 [J]. 中国流通经济, 2020, 34 (8): 14-26.
[73] 李佳. 基于大数据云计算的智慧物流模式重构 [J]. 中国流通经济, 2019, 33 (2): 20-29.
[74] 张敏洁. 国内外物流业新业态发展研究 [J]. 中国流通经济, 2019, 33 (9): 29-41.
[75] 杨延海. 我国智慧物流产业发展体系与对策研究 [J]. 技术经济与管理研究, 2020 (11): 98-102.
[76] 单扩军. 服装行业的专用物流周转箱 [J]. 物流技术与应用, 2010 (2): 108-109.